中国建设应用科技大学的研究与实践

主　　编：陈晓莉　尹浩亮

副 主 编：李文娟

参编人员：胡珺珺　高飞　霍敏霞　张衍学　刘鹏　林毅　陈仲华
　　　　　范俊华　李学军　谢承红　王双喜

南开大学出版社

天　津

图书在版编目(CIP)数据

中国建设应用科技大学的研究与实践 / 陈晓莉,尹浩亮主编 —天津:南开大学出版社,2016.10
ISBN 978-7-310-05233-2

Ⅰ.①中… Ⅱ.①陈… ②尹… Ⅲ.①高等学校—教育建设—研究—中国 Ⅳ.①G649.2

中国版本图书馆 CIP 数据核字(2016)第 236472 号

南开大学出版社出版发行
出版人:刘立松

地址:天津市南开区卫津路 94 号   邮政编码:300071
营销部电话:(022)23508339   23500755
营销部传真:(022)23508542   邮购部电话:(022)23502200

*

唐山新苑印务有限公司印刷
全国各地新华书店经销

*

2016 年 10 月第 1 版   2016 年 10 月第 1 次印刷
260×185 毫米   16 开本   15.75 印张   380 千字
定价:38.00 元

如遇图书印装质量问题,请与本社营销部联系调换,电话:(022)23507125

序　言

高等教育发展从大众化走向现代化

——兼论中国应用型高校（应用科技大学）的发展

一、马丁·特罗高等教育发展的三个阶段理论

20 世纪 70 年代初马丁·特罗（Martin Trow）将高等教育的发展分为三个阶段，即精英（Elite）阶段，适龄青年接受高等教育的比例小于 15%；大众化(Massfication) 阶段，接受高等教育的比例在 15--50%之间；和普及（Universal）阶段，接受高等教育的比例大于 50%，并对精英、大众化和普及三个阶段的特点进行了分析。①特罗的这一理论在国际高等教育界产生了较大的影响，并被许多国家，作为制定高等教育发展政策的重要理论依据之一。同时，特罗分析并总结了高等教育在历史上长期为少数人所垄断，直至 20 世纪以来，才将作为少数人特权的高等教育转变为大众的权利，高等教育的功能由培养学术精英与统治阶层，扩展为既培养学术、研究和管理人才，又培养应用型、职业型人才等社会大量需要的专业人才，提高了其适应社会和经济快速发展和变革的能力，从而密切了高等教育与社会的联系，高等教育逐渐成为国家和社会的重要组成部分，满足国家和国民对高等教育多样化的需求。高等教育进入大众化和普及阶段，必然对高等教育的发展在许多方面提出了更多的要求，并产生深刻的影响，如办学模式及教育教学内容的多样化、教育制度更加灵活、学校的组织结构发生改变、对学校的办学特色提出了更高的要求、高等学校管理的自主性增强等等，使高等教育的发展面临更多的困难和问题。

高等教育发展的三个阶段理论，对 20 世纪以来高等教育的发展做出了贡献，到上世纪末全球发达国家和发展较快的发展中国家的高等教育已陆续进入大众化阶段，部分国家已进入普及阶段。但由于这一理论是基于上世纪对部分发达国家高等教育发展情况的归纳分析得出的，对大量的发展中国家很少涉及，同时，对高等教育发展中的一些重要认识问题和理论问题探讨较少，具有较大的局限性和不足。在进入 21 世纪之际，高等教育发展面临着许多影响其发展的矛盾和问题，不利于高等教育的进一步发展，并影响经济、社会等方面的健康发展。教育、特别是高等教育肩负着重要的社会责任，可以认为，高等教育在经过 20 世纪较快的发展后，进入了一个新的发展时期和新的发展阶段——第四阶段：高等教育发展的 21 世纪现代化阶段。在这一阶段，高等教育发展面临不少认识和发展过程中的实际和理论问题，我们应重视这些问题，应从新的视角探讨高等教育的发展，以推动其对

---

①马丁·特罗（Martin·Trow，1926—2007）1957—1969 年在美国加州伯克利大学社会学系任教，1969—1993 年转入该校公共政策研究院，1976—1988 年任伯克利大学高等教育研究中心主席，1993 年为加州伯克利大学荣誉退休教授，并继续从事高等教育研究。马丁·特罗教授曾发表了大量论文和著作。

世界各国的社会和经济等多方面的发展发挥更大的作用，做出更大的贡献。

二、高等教育发展 21 世纪现代化阶段的目标和任务

进入 21 世纪，在高等教育方面，教育水平普遍提高，高等教育的普及有较大进展的同时，也面临许多新的问题，在高等教育进入一个转折时期，高等教育发展的新阶段（第四阶段）应该适应时代发展的特点，使高等教育的内涵充实、加强与社会(社区、地区)的联系与服务、全面提高教育质量和推动高等教育对社会及人类发展做出更大贡献。

高等教育发展第四阶段的目标和任务：

1. 进一步推动高等教育现代化理论研究。使人本论、知识论、工具论和现代性与国际化等理论相结合及扩展，建立新时代、高等教育发展的 21 世纪现代化理论体系。

2. 从人本论出发，建立从初等教育、中等教育到高等教育，从学校教育到社会教育的人本教育的新体系。建立将基本道德教育、法制教育、通识教育、素质教育、国家教育（爱国教育）与国际教育融为一体的现代社会教育体系。

3. 推动科教结合、文理工结合和教科文结合，促进全社会共同创造高水平的科学、技术、文化新成果，推动经济、社会发展，增加社会财富和个人财富，不断改善全社会的物质生活条件和提高精神、文化水平。

4. 深入研究现代教育和现代高等教育的教育、教学发展规律，进一步加强当代科学、技术、工程及文化（STEC）等方面与教育的联系和结合，使之融入现代教育和教学之中，并充分利用其最新成果，深入进行教育、教学改革，建立符合时代发展特点的教育、教学、课程及实践教学的新体系，全面提高教育、教学质量及人才培养的效果。

5. 在高等教育发展的现代化阶段，应对高等教育大众化或普及阶段的高等教育机构（高等学校）进行科学分类。例如，可分为"学术型"（以学术教学、科研为主）、应用型（以应用教学、应用科技研究为主）两类。同时，为了满足社会教育和终身教育的需求，在高等学校内可设立特色型课程教育类型（以学员申请的专门课程的学习、研究为主）。根据新的分类、分别设立相应的学位体系和制度，制定相应的教育、教学培养方案，以适应学生的不同需求，并采取不同的措施实现其培养目标和任务。

6. 探讨建立现代高等教育阶段的高等教育质量现，全面提高教育、教学质量。根据高等学校的不同类型分别制定质量评价体系，明确其质量评价的内容及指标，分别提出每一类型学校的教育、教学的质量要求，只有达到了相应的要求才能承认其具有相应的学历和学位，并使之获得政府和社会的认可。

7. 优化全社会的教育教学模式，使高等教育与终身教育相结合，校园集中教育与校外分散教育（网上教学）相结合，学校教育与社会教育相结合，素质教育与通识教育相结合、综合教育与专业教育相结合及理论教育与实践教育相结合，相互渗透、相互学习、取长补短，提高教育教学质量，达到最佳的教育效果。

8. 创新并建立高等教育的教育资源、经费投入和使用的新体系和机制，使高等教育在大众化和逐步普及的情况下，实现可持续性发展。

9. 逐步建立适合于教育、科学技术和医疗卫生等系统的学术性、技术性和公共服务性机构的治理（管理运营）新体制、机制和机构（组职），以有利于充分发挥这类机构和人员的积极性和创造性，从而为社会做出更大的贡献。

10. 从实际出发、继续逐步推进高等教育大众化和普及的同时，强调全面提高教育、教学质量。

三、应用型高等学校在中国的发展

1. 我国上世纪 50 至 70 年代建设和发展了应用型高等学校

我国早在建国初期，在一定程度上重点建设和发展了应用型高等教育体系。在 1952 年对国内高等学校进行了全国性的院系调整和建设，主要包括：（1）将一些学校的理工学科、专业分别陆续进行调整、合并，成立了一大批工科、农科高等院校，如华中工学院、成都工学院、北京邮电学院等及各省的农学院，培养工业、农业等方面需要的工程技术人员，当时十分强调高校与工矿、企业合作，加强了实习、实践环节，培养了一大批国家急需的专业人才，在上世纪 50 至 70 年代工农业的恢复、发展中发挥了重要作用。（2）在上世纪 50 年代，国内只有少数文理科较强的综合性大学，如北京大学、复旦大学等保留了原有的主要文理学科，部份系科专业也进行了调整，另外一些理工科较强的综合性大学都调整为服务于国家工农业生产建设和发展的多科性工业大学，如清华大学、浙江大学等，即使这些学校是综合性大学也调整为以工科为主的应用型高等教育机构（大学）。当时，这批大学和新建的工学院、农学院、理工学院和多科性工业大学的办学目的和任务非常明确，即：为国家工农业生产和社会发展服务，面向工厂、企业、社会，教育与生产劳动相结合，培养应用型人才。（3）在上世纪 50 至 60 年代，上述两类高等学校（经院系调整后新建的工科、农科高等学校和原来的综合性大学，经调整后重新组建的以工科为主的多科性工业大学或学院）在建设和发展中，在系科设置、专业设置、课程设置及教学内容上都进行了不断地调整和改革，使之适应当时国家建设发展的需要。在上世纪 50 年代至 70 年代，我国确有一批相近于当前所讨论的应用科技大学，但从上世纪 80 年代以来，由于我国在相当长一段时间内，对国内高等教育研究不够深入，对国外高等教育的学习和交流不够全面，比较偏重于关注"学术型大学"、"研究型大学"，对发达国家应用型高校和职业教育的发展，大量需要培养应用型人才的概念不清，认识模糊。虽然国家有关教育主管部门一再强调要重视和加强应用型高等学校和职业教育的发展，但并未取得社会的共识，且发展方向不太明确，办学导向有偏差，因此，我国当前应用型高等学校及职业教育的发展仍面临较多的问题和困难。

2. 德国在上世纪 60 年代以后大力发展应用型高等教育取得了重大成绩

在国外，高等教育的发展历史呈现不同的发展模式，在应用型高等学校及职业教育方面德国较有特点。

德国的中等教育（中学阶段）可分为完全中学、实科中学和普通中学等多种类型，学生在中学阶段就开始从学术和应用两方面分流。学生在完成 4 年或 6 年初等教育（小学）后，根据学生的学习情况和兴趣，选择进入不同类型的中学学习，其中完全中学（学制为 8 年）的毕业生进入综合大学或应用科技大学学习；实科中学和普通中学（一般均为 5 至 6 年）承担着普通教育与职业教育的双重任务，学生毕业后进入应用型中等和高等职业教育系统（主要包括职业学校和应用科技大学）继续学习，成为应用型人才。德国高等学校主要有两类，即综合大学和应用科技大学（其中包括双元制学校）。德国重视对科技快速发展下，新兴高科技产业发展对应用型人才和技能型人才的需求及对这类人才培养的探索，使技术、技能型人才教育和培养能适应新时代的要求。上世纪 60、70 年代以来，德国大力发展应用科技大学是适应上述需求的重要措施，也是当时的一种发展趋势。

德国应用科技大学的发展有显著效果，使德国产品能长期保持高质量，增强了国际竞争力，推动了德国工业、经济、社会的发展。同时，由于多数学生较早与企业建立了密切的联系，有利于他们今后的就业，从全社会考虑也有利于社会各阶层的稳定，这种做法值得我们研究和借鉴。在德国和美国等部分发达国家，对学术研究、应用实践和职业教育、工程教育等方面的社会认知，个人发展上"当官"和"为民"的社会认知及心理平衡方面都值得我们认真学习和研究。他们既重视并高度评价理论研究成果及学术研究人员、学者和大学教授，同时对技术创新成果、技术工人、工程师、技师、医生、律师、企业领导人也非常肯定，这类人员不仅勤恳劳动、拥有较多的财富，社会地位也很高。德国在上世纪 60 年代以来大力发展应用型高等学校（应用科技大学）取得了重大成绩。

3. 中国建设应用型高校——应用科技大学的探讨

1）高等学校的分类通常可分为学术型（研究型）和应用型（职业型）两大类，它们任务明确，各具特点。应用型高校的办学方向是办好本科，为企业、事业单位培养工程、技术、技能型人才。而学术型、研究型大学只有博士研究生向学术，研究工作方向发展，从事理论研究，多数本科学生仍应为企业、事业单位服务，当前，学生就业仍是其主要的教育培养任务。

2）中国当前在国内应重视对不同类型高校的正确认识。在理论上，认识上明确学术型、应用型两类高校分别对国家，社会，个人的重要性；在措施上，教育、人事部门应从制定薪酬、社会福利等方面力求合理，对不同类型高校毕业生应同工同酬；并制定科学、合理的晋升、福利待遇制度，不同职业、岗位均有相对合理的发展渠道，不同的职业不应分高低贵贱。

3）应用型大学和职业学院应该是我国高等教育当前和未来发展的重要方面（占高校学生总数的 80%以上），也是我国高等教育改革的重点和难点。全社会应重新认识和重视应用型大学的建设和发展，是国内形势发展对我国高等教育改革的需要，是改变社会观念并将高等教育引向合理发展方向的需要，将有利于优化劳动力结构和提升国民素质，也是部分普通本科院校发展的正确选择。

4）应用型大学办学的重要特点是理论与实践紧密结合，学校与企业密切联系。人才培养定位应该是培养具有较强实践能力、创新精神，并针对所学专业和学科从应用和实践出发，掌握必要的基础理论和应用基础理论知识的高素质应用技术和工程技术人才。突出应用型、技术性，专业设置与地方产业结构和职业门类紧密结合，人才培养过程强调校企结合。

5）应进一步加强对应用型高校、应用科技大学的研究并在办学实践中进行探索。应用型大学的专业设置及课程体系、教学研究、教育质量评价及认证、师资队伍建设、管理体系及运行机制、与企业的关系及科学技术研究等是办学中的重要方面和内容。专业设置应突出应用性特征、保持职业导向性、形成鲜明的地域特色，增强学生对专业的适应力，；应用型大学的课程体系建设应重视基础课程、实验实习环节、校企合作模块的开发与设计，优化理论教学与实践教学的关系，积极构建实践教育体系，支持多元参与和设置、重视教育发展的前瞻性。

6）应用型大学的建设和发展是一项长期的、系统的高等教育改革工程，更是每一所应用型高校、应用科技大学努力探索和发展的方向，除了学校本身外，需要政府、学术界、企业界及社会各方面的关注和支持，更需要法律、政策层面的保障和引导。

多年来，重庆邮电大学移通学院、山西农业大学信息学院积极探索并构建应用型人才培养体系，努力向应用型大学发展。两所学校致力于建设"一所与众不同的大学"，注重学生实践能力的培养，构建与企业紧密联系的双体系人才培养基地，开展素质拓展、工程训练、网络学堂等人才培养的全方位工程教育体系；借鉴国外办学模式，探索远景学院人才培养新机制。培养未来社会中坚力量的实践者和领导者，为学生全面发展，为推动地方区域发展提供人才保障和智力支撑。

清华大学公共管理学院　教授　何晋秋

Anwendungsorientierte und praxisnahe Studiengänge der Fachhochschulen

Die Partnerländer dieser wissenschaftlichen Fachtagung sind langjährige Partner bei der Wirtschaft, Gesellschaft und Kultur. Sowohl die Volksrepublik China als auch die Bundesrepublik Deutschland sind eng verbunden im globalen Kontext der ökonomischen Wertschöpfung und strategischen Außen- und Sicherheitspolitik. Positiv formuliert bestehen keine Abhängigkeiten voneinander, sondern gegenseitige Verstärkungen.

Es überrascht deshalb nicht, dass auch die Verflechtungen im Bildungsbereich seit Jahren intensiver werden. Es sei über Austauschprogramme für Studierende, Kooperationen zwischen Hochschulen und Forschungseinrichtungen oder über Auslandsaufenthalte für Wissenschaftler - beide Seiten sind auch hier längst gleichwertige Partner.

Zu dieser erfreulichen Entwicklung trägt auch diese Veranstaltung bei und versucht in der Wertschätzung beider Perspektiven die deutschen Erfolgsmodelle der Fachhochschulen näher zu kommen. Fachhochschulen werden oftmals etwas stiefmütterlich als nette Ergänzung für die Universitäten des Lands bezeichnet - doch ihr Potenzial ist weit höher einzuschätzen, wie die Erfahrungen der letzten Jahrzehnte belegt. Im Jahr 2014/2015 waren in Deutschland insgesamt 427 Hochschulen staatlich und privat anerkannt - davon sind 217 Fachhochschulen. Werden noch 52 Kunsthochschulen und 29 Verwaltungsfachhochschulen hinzugezählt, ergibt sich eine Anzahl von knapp 300 Bildungseinrichtungen, die stark in den Regionen verankert sind, und insgesamt knapp eine Million Studierende. (217 Fachhochschulen mit 896.187 Studierenden, 52 Kunsthochschulen mit 35.326 Studierenden und 29 Verwaltungsfachhochschulen mit 34.349 Studierenden）. [1]

Die traditionelle Aufteilung mit Grundlagen der Forschung und akademischer Ausbildung an Universitäten sowie angewandter Forschung und Praxisausbildung an den Fachhochschulen hat zwar ihre prinzipielle Berechtigung, verliert aber heutzutage in einer modernen Informations- und Wissensgesellschaft wie Deutschland stetig an Bedeutung. Unternehmen suchen keine Großtheoretiker, die vielleicht außer Praktikum noch nie an einer echten Aufgabe gearbeitet haben, sondern junge Menschen mit dem Blick für kreative Lösungen--Neudeutsch: mit Umsetzungskompetenz. Unternehmer erlangen Absolventen von Fachhochschulen im besonderen Maße.

---

[1] Vgl. https://www.destatis.de/DE/ZahlenFakten/GesellschaftStaat/BildungForschungKultur/Hochschulen/Tabellen/StudierendeInsgesamtHochschulart.html, Zugriff 10.11.2015

Auch in der Fächerplannung kann von einer Zweiklassengesellschaft keine Rede mehr sein. Abgesehen von Spezialitäten in den Geistes- und Sozialwissenschaften sowie der Medizin, ist für fast jede Fachdisziplin auch ein Studienangebot an einer Fachhochschule zu finden. Eine grobe Internetrecherche ergibt mindestens 3322 Bachelor- und Master-Studiengänger aus den Agrar- und Forstwissenschaften, Gesellschafts- und Sozialwissenschaften, über die zahlensmäßig sehr großen Ingenieurswissenschaften bis hin zu Studiengängen aus dem Gesundheitswesen sowie den Rechts- und Wirtschaftswissenschaften.[1]

Im Zuge der Bologna-Reform wurden die Abschlüsse von Universitäten und Fachhochschulen de facto gleichgestellt (Bachelor- und Mastertitel）. In der Praxis war die vorherige Betrachtungsweise mit der zugrundeliegenden Trennung von hoch-wertig (Universitäten） und geringer-wertig (Fachhochschulen ） schon längst obsolet. In der Praxis zählen Anwendungsorientierung und der Blick für das Wesentlichkeit, Machbarkeit und Effektivität nicht zu der ausgeprägtesten Eigenschaften von Universitätsabsolventen.

Es wurde also letztendlich etwas längst Überfälliges geradegerückt. Dass Fachhochschulen reine Lehranstalten sind, hat als Vorurteil nichts mehr mit den vielfältigen Forschungsaktivitäten dieser Einrichtungen zu tun. Zwar beträgt die Gesamtsumme von eingeworbenen Drittmitteln für die Forschung an Fachhochschulen mit 450 Millionen Euro im Jahr 2012 nur den Bruchteil von 7 Prozent aller Forschungsdrittelmittel an deutschen Hochschulen, allerdings ist ein solides Wachstum des Drittmittelvolumens zu konstatieren.[2]

Die Ausweitung der Forschungsaktivitäten an deutschen Fachhochschulen hat auch eine Ursache in einem sich wandelnden Selbstverständnis. Ausgehend von der traditionell starken regionalen Einbindung hat sich eine lebendige Forschungslandschaft entwickelt. Mehrere regionale Forschungscluster sind daraus hervorgegangen. Das Forschungszentrum Jülich kommt zu der Einschätzung: „Die angewandte Forschung hat sich in den staatlichen und staatlich anerkannten Fachhochschulen in Deutschland zu einem zweiten profilbildenden Merkmal neben der praxisorientierten Lehre entwickelt. Die Fachhochschulen verfügen über ein hoch anwendungsnahes FuE-Potenzial für den Wissens- und Technologietransfer in die Unternehmen."[3]

Die Rückkoppelung an die Lehre der Fachhochschulen liegt auf der Hand: Für anwendungsorientierte   Studiengänge   (maßgeblich   Ingenieurswissenschaften, Wirtschaftswissenschaften, Gesundheitswesen） stellen Fachhochschulen mittlerweile die von den Absolventen höchst bewerteten Einrichtungen dar. „Die Einbindung von Praxis und Berufsvorbereitung in die Lehre ist an den Fachhochschulen überwiegend gelungen, während an

---

[1] https://studieren.de/studiengangsliste.0.html?&tx_assearchengine_pi1［properties］=all%3A0%3A2, Zugriff 10.11.2015

[2] Vgl. CHE 2015） : Forschung an Fachhochschulen aus der Innen- und Außenperspektive: Rolle der Forschung, Art und Umfang, o.S., verfügbar unter http://www.che-ranking.de/downloads/CHE_AP_181_Forschung_an_Fachhochschulen.pdf, Zugriff 11.11.2015

[3] https://www.ptj.de/forschung_fachhochschulen, Zugriff 11.11.2015; siehe auch https://www.bmbf.de/ de/forschung-an-fachhochschulen-543.html, Zugriff 11.11.2015

Universitäten fast die Hälfte der Studierenden noch darauf verzichten muss."[1] Auf dieser Basis aus hervorragender Lehre und anwendungs- und transferorientierter Forschung werden die Studierenden ausgebildet.

Lässt sich diese Erfolgsmodelle auf die Volksrepublik China übertragen? Die Grundvoraussetzungen sind günstig und weitestgehend erfüllt. Einerseits besteht ein flächendeckendes, gut ausgebautes Schulsystem, welches in den kommenden Jahren im Schnitt 70 - 75 Millionen Absolventen mit höherer Bildung hervorbringen wird. Auch wenn in Anbetracht des stark einwirkenden demographischen Wandels[2] die absoluten Zahlen sinken, ist doch von einem stabil hohem Niveau auszugehen, da höhere Schulbildung zunehmend auch für Kinder aus bisher bildungsfernen Schichten und strukturschwachen Provinzen attraktiv wird.

Andererseits wird durch den Umbau der chinesischen Volkswirtschaft eine sektorale Verschiebung weg von sekundären, produzierenden, hin zum tertiären (und teilweise quartiären) Sektor stattfinden, in dessen Zuge der Produktionsfaktor Wissen ohne Zweifel eine höhere Bedeutung erlangen wird. Wenn die Werkbank der Welt zum Labor der Welt werden will, muss zunächst und vor allem in die jungen Köpfe des Landes investiert werden. Dies hat die chinesische Regierung längst erkannt und ist mit der Umsetzung des Ausbaus vom Hochschulbereich bereits ein gutes Stück vorangekommen. Im Jahr 2012 gab es ca. 16,7 Millionen Studierende (nach deutscher Betrachtungsweise) in mehr als 2442 Hochschulen (davon 811 mit Master-Studiengängen).[3]

Neben bekannten Leuchttürmen wie Tsinghua und PKU in Beijing oder Uni-Fudan in Shanghai gibt es zumindest in den östlichen Provinzen eine ausgezeichnete Abdeckung mit akademischer Bildung. Allein Chongqing als regierungsunmittelbare Stadt verfügt über knapp 20 Hochschulen – für geschätzte 7,7 Millionen Einwohner - ein enorm hoher Wert.

Die Initiative „Made in China"[4] gibt weitere Entwicklungsimpulse für den Hochschulbereich. Der Schritt in das Zeitalter der „Industrie 4.0", von dem in Deutschland seit geraumer Zeit als Zukunftsmodell die Rede ist, wird auch für China nur gelingen, wenn genügend hochqualifizierte Mitarbeiter zur Verfügung stehen. Dies schließt gleichermaßen Anstrengungen im Ausbau der berufsbegleitenden Studienmöglichkeiten mit ein.

Welche Maßnahmen für die Etablierung bzw. weitere Entwicklung von Fachhochschulen in China können aus den deutschen Erfahrungen abgeleitet werden?

1.Fachhochschulen brauchen eine Verankerung in ihre Regionen. Darüber bilden sie

[1] http://www.duales-studium.de/news/studierende-wollen-mehr-praxis, Zugriff 11.11.2015 – zitierte Stellungnahme des BMBF laut Berliner Morgenpost vom 27.10.2014: http://www.morgenpost.de/printarchiv/politik/article133682857/Deutsche-Studenten-sind-gluecklich.html, Zugriff 11.11.2015

[2]Vgl. Müller, A.; Pöllmann, G. 2013）: Demografischer Wandel in der Bundesrepublik Deutschland und der Volksrepublik China - eine komparative Perspektive, in: Göke, M.; Heupel, Th. Hrsg.） 2013）: Wirtschaftliche Implikationen des demografischen Wandels. Herausforderungen und Lösungsansätze, Wiesbaden, S. 37-52

[3] Vgl. https://www.bmbf.de/pub/china_strategie_bmbf_kurzfassung.pdf, Zugriff 11.11.2015

[4] Vgl. http://www.chinadaily.com.cn/bizchina/2015-05/19/content_20760528.htm, Zugriff 11.11.2015

spezifische Kernkompetenzen aus - die tatsächlich für die bestehende Bedarfe der Wirtschaft ausbilden. Nur wenn der Theorie-Praxis-Transfer offensiv angegangen wird, also neben begeisternden Vorlesungen auch Praktika und Betriebsbesichtigungen in Unternehmen angeboten werden, können die Studierenden ihren den Blick für die Wirtschaftsrealität schärfen.

2.Fachhochschulen benötigen flexible Studienmodelle. Sie müssen sowohl für klassische Vollzeitstudierende wie auch Berufstätige in Teilzeitstudiengängen attraktiv sein. Um die teure Infrastruktur effizient zu nutzen, sind Abend- und Wochenendveranstaltungen vorstellbar.

3.Fachhochschulen müssen sich in Lehre und Forschung internationalisieren. Die junge chinesische Mittelschicht schaut längst über die Grenzen des Landes hinaus und sucht nach Jobchance in global agierenden Unternehmen. Wenn hierfür bereits im Studium die ersten Weichen gestellt werden können, gewinnen die Fachhochschulen an Attraktivität.

4.Fachhochschulen setzen in der Lehre akademisch qualifizierte Fachexperten mit Praxiserfahrung ein. Die Muss-Bedingungen für einen deutschen Fachhochschulprofessor von mindestens 5 Jahren Berufserfahrungen, davon 3 Jahre außerhalb der Hochschule, hat sich bestens bewährt.

5.Fachhochschulen bieten durch all die genannten Punkte einen ausgezeichneten Nährboden für Public-Private-Partnership-Initiativen. Sowohl in der Kooperation mit den Kommunen als auch regional ansässigen Unternehmen liegt eine Chance, Innovationscluster aufzubauen, die nachhaltige Effekte für das Umland ermöglichen.

Die Teilnehmer an dieser wissenschaftlichen Fachtagung haben mit ihren Beiträgen in beeindruckender Art und Weise Perspektiven aufgezeigt. Es wird in Zukunft darum gehen, diese Ansätze in konkrete Projekte umzusetzen.

Fom Hochschule fuer Oekonomie & Manageme
Dr. Harald Beschorner

应用技术大学的应用导向和实践导向型专业课程

本届学术论坛的合作伙伴国——德国和中国，是经济、社会和文化方面的长期合作伙伴。无论是中国还是德国，都被紧密地交织在全球的经济创造、战略的外交及安全政策的相互关联中。其积极意义的表述是，双方不是相互依赖，而是相互助强。

所以，多年来双方在教育领域越来越紧密的融合不足为奇。无论是学生交流项目、大学及科研机构间的合作，还是学者的互访，双方在这些方面也早就成为平等的合作伙伴。

本届学术论坛对这一令人高兴的发展也有所贡献，并基于尊重两种高等教育模式的前景，试图进一步探讨德国应用技术大学的成功模式。德国应用技术大学起初在德国经常被冷落为州立综合性大学的很好补充。但是，过去数十年的经验证明，应用技术大学的发展潜力得到了超高的评价。2014/2015 学年，德国共有 427 所国家承认的高等学校（包括公立和私立），其中 217 所为应用技术大学；还有 52 所艺术类大学，29 所管理类应用技术大学，也就是说，约 300 所高等教育机构立足地方，培养约 100 万名大学生（217 所应用技术大学有 896187 名学生，52 所艺术类大学有 34326 名学生，29 所管理类应用技术大学 34349 名学生）。

综合性大学从事（基础）科学研究和培养学者，应用技术大学从事应用型研究和实践教学。这种传统的分工，虽然有其原则上的合理性，但在像今天德国这样的现代化信息及知识社会，却逐渐失去了其意义。企业不需要除了实习可能从未参与过实际工作的大理论家，而是寻找具有创新性地解决问题能力的年轻人；出现一个新的德语概念：具有实施能力。应用技术大学毕业生在特别的程度上获得了这种能力。

在专业规划中，再也没有两个等级社会之说了。除了人文科学、社会学和医学等专门学科，应用技术大学为几乎每一个学科都开设了专业课程。可在网络上大致检索到，德国应用技术大学至少有 3322 个本科和硕士专业课程，涉及农林业、人文及社会学、大量的工程学、健康卫生、法学和经济学领域。

在博洛尼亚—改革进程中，综合性大学和应用技术大学的毕业证书（学士、硕士学位证书）实际上是等值的。在实践中，过去从根本上区分高值（综合性大学）和较低值（应用技术大学）的看法也陈旧了。实践中，以应用为导向，以及着眼于本质、可行、效率，并不是综合性大学的显著特征。

这最终早已成为过时的东西。关于应用技术大学纯属教学机构的偏见，从此与从事多样性科研活动的应用技术大学不再相干。2012 年，应用技术大学获得第三方的科研资金为4.5 亿欧元，虽然只占德国高等教育机构获得第三方科研资金的 7%，但是应用技术大学获得第三方科研资金的数量在持续增长。

德国应用技术大学扩展科研活动的一个原因是一种顺其自然的改变。出于与地方紧密结合的传统，使得科研氛围日趋活跃，形成了许多区域科研集群。尤里西科研中心评价称：在德国，公立暨国家承认的应用技术大学，其应用型科研已发展成为与实践导向教学并列的第二大显著特征。应用技术大学拥有高度的将科学技术转化至企业的应用型研—发潜能。

对应用技术大学教学的反馈，显而易见的是：对于应用导向专业（尤其是工程类、经济类、健康卫生类专业），应用技术大学是获得毕业生最高评价的高等教育机构。"应用技术大学在极大程度上成功地将实践与就业准备融入了教学，而综合性大学将近一半的学生不得不中途辍学。"在优秀的教学和应用导向科研的基础上，应用技术大学的学生得到了培养。

应用技术大学的这种成功模式能够引进到中国吗？其基础条件是有利的，且也是完备的。一方面，在未来几年，中国良好的教育系统平均每年将会培养出 7000～7500 万接受过较高学校教育的毕业生。即使考虑到人口绝对数量的减少，接受较高学校教育的人数也会保持相对稳定的状态。因为，对于远离教育阶层的和经济结构不发达省份的孩子而言，接受较高学校教育是有吸引力的。

另一方面，中国的国民经济通过调整，开始了从第二门类、生产性门类至第三（部分第四）门类的门类性转移。在这一过程中，作为生产因素的知识，无疑具有较大的意义。当世界工厂想要变成世界实验室，国家必须先对青少年的头脑进行投资。中国政府很早就认识到这一点，并且在高等学校改革重组方面已经取得了一些进展。2012 年，中国逾2442 所高等学校（其中 811 所有硕士学位授予权）约有 1670 万在校生。

除了北京的清华和北大以及上海的复旦等灯塔型名校，至少在东部省份覆盖着一批优秀的学术型大学。仅在直辖市重庆，就有超过 20 所高校——对于约 770 万人口来说，这具极高的价值。

"中国制造"的倡议促进了高等教育的继续发展。近来，在德国人们谈论"工业"，被认为是未来模式。进入这一时代的步伐要取得成功，则必须拥有足够的高素质劳动者。这包括同样要致力于扩增与职业同步的学习可能性。

中国建设、发展应用技术大学，应该从德国学习哪些经验？

（1）应用技术大学需要立足于区域。此外，它还要培养特别的核心能力——对于经济的实际需求。只有进取性地开展理论—实践—转换，即除了令人兴奋的大课教室外，还能够提供企业实习和参观，学生才能够更加敏锐地注目于经济现实。

（2）应用技术大学需要灵活的课程模式，除了传统的全日制学习专业外，应用技术大学还应提供在职的业余学习专业课程。为了使昂贵的硬件设施得到更加有效的应用，还可以设想开办夜校和开设周末学习课程。

（3）应用技术大学的教学与科研必须国际化。中国年轻的中产阶层早就想要逾越国家界限，在全球的跨国企业寻找工作机会。如果在应用技术大学的学习过程中就开拓了初步的路径，应用技术大学会将更有吸引力。

（4）应用技术大学应该聘请具有实际工作经验和有学术资质的专家任教。德国应用技术大学聘任教授的"必须条件"是有 5 年工作经验，其中至少 3 年是在非高等教育机构。这一做法是非常行之有效的。

（5）应用技术大学通过以上所提及的各点，为公—私—合作伙伴—倡议提供了很好的温床。与地方政府以及与区域企业的合作，才有机会形成创新集群，使区域的可持续有效发展成为可能。

　　中德学术论坛的众多参与者以其令人留下印象的方式方法以及论文展现了前景。我相信，将中德学术论坛所提到的各种想法、建议、途径付诸于施行现实工作的项目，是今后的关键所在。

德国埃森经济管理应用科技大学

哈拉尔特·贝绍讷　博士

目　录

第1章 加快我国高等学校分类改革的步伐 推动高等学校健康发展

何晋秋 陈晓莉

我国现代高等教育的发展时间相对较短，但发展速度较快。对高等学校进行分类并实行分类指导和管理，对我国高校发展的重要性已讨论多年并已基本取得共识，但对如何进行分类及应采取的相应措施则长期处于议论之中，对我国教育主管部门早就提出的"要建立高校分类体系标准和相应的政策措施，使各种类型的高校合理分工，在各自的层次上办出特色"，及"建立高校分类体系，实行分类管理"的明确要求，应积极推进，加快实施，以适应我国社会、经济等方面快速发展的需要。本章在对我国高校分类改革的情况进行简要的讨论后，从我国的实际出发，提出了较为合理和科学的分类改革思路：建立研究型大学、应用型大学或学院、职业型高等学校或学院和特色型高等学校（专门学院）等四类的分类体系，并对积极推动我国高校分类改革和发展进行了较全面、深入的讨论，最后提出了相应的政策、措施和建议。

1.1 我国高等学校应尽快实施分类改革和发展

对我国高等学校进行分类并实行分类指导和管理的意见已提出多年，在1993年的《中国教育改革发展纲要》中就已提出要建立高等学校分类体系标准和相应的政策措施，使各种类型的高等学校合理分工，在各自的层次上办出特色。2010年颁布的《国家中长期教育改革与发展纲要（2010～2020）》中提出"建立高等学校分类体系，实行分类管理"的明确要求，但现在尚未付诸实施。

目前，在我国高等教育发展中，存在两个突出的问题：一是部分高等学校定位不够明确，办学目标模糊，部分高等学校未从本校实际情况出发，在学科、专业及院系设置上求齐全，在办学规模上追求大规模，在办学层次上以学术为导向、盲目追求所谓的高层次；二是对高等学校的评价片面地以学术水平及其标准作为导向，以学校的行政级别（副部级高等学校、司局级高等学校、处级高等学校等）和学生攻读学位的类型（博士学位、硕士学位、学士学位，专科层次等）区分学校的地位和水平，影响了部分高等学校的办学方向，不利于高等学校内涵式发展。我国高等学校管理存在着体制性障碍，亟需对此进行分类引导、分类管理和分类发展。

美国和部分欧洲国家高等教育历史较长，高等教育比较规范，现代高等教育制度建设和实施已有100多年。例如：美国目前有约4000所高等学校，培养博士生的学校大约为

200 多所，约占美国高等学校总数的 5%；大量的办学质量和水平较高的州立大学原则上不招收博士生，可以招收硕士生，重点发展本科教育；数量占学校总数 1/3 以上的社区学院（相当于职业教育），原则上只招收二年制大学生；一批办学质量优秀的独立文理学院和理工学院只招收本科生，不招收硕士生。高等学校的办学层次与办学质量是两个不同范畴的概念，每一层次的高等学校都应培养高质量的学生；高等学校的办学层次与学校的社会地位不相矛盾，美国的本科大学和社区学院在社会上都享有较高的社会地位，不同层次高等学校对国家和社会承担不同的人才培养责任。

高等教育分类引导和分类发展在国内教育界和社会也有不同的看法，有人认为高等学校分类发展会限制高等学校的自主发展，会影响部分高等学校办学的积极性。但是，在现阶段高等学校分类引导和发展符合我国高等教育发展的现实需求，对加快高等学校内涵式发展有利，也是十分必要的。一是高等学校的分类发展有利于国家在宏观层面上规划人才培养的类型、层次，有利于从整体上提高高等学校质量，满足国家生产建设、经济发展、科学研究及社会服务对人才的不同需要；二是根据我国的财力状况，当前对公办高等学校①，国家不可能更多地投入资金②，在有限的财力状况下，高等学校分类发展的目标明确，可以将有限的经费用在最急需的方面，提高经费的使用效益；三是高等学校分类发展便于社会对高等学校的了解，学生和家长根据学生的实际情况和特点来选择学校和学科、专业方向。在这些方面，当前国内外已逐步取得共识，我们应抓住机遇，积极推进高等学校的分类改革，使我国高等教育事业能得到健康、稳定的发展。

1.2　我国高等学校分类的现状

《国家中长期教育改革和发展规划纲要（2010～2020 年）》提出，建立高等学校分类体系，实行分类管理。然而，目前我国并没有一个取得全社会共识、相对科学合理的高等学校分类方法。不同学者和管理人员根据我国高等学校发展的实际情况进行了一些分类的探索，提出了不少的分类方法或综合述评。目前，国内对高等学校的分类主要有以下方式。

1. 影响较大的是将国内高等学校从研究和教学两个维度、共四种类型进行分类，分为研究型、研究教学型、教学研究型和教学型四类③。这种分类方法比较简明，其缺点是将研究与教学简单分离，并将学术研究置于教学之上作为高等学校分类标准，影响了科教结合的高等教育发展方向，对高等学校的定位和发展难以发挥正确的指导作用。

2. 按照学校的主管部门进行分类（部属、中央和地方共建、地方属等）。我国地方高等学校（大学）约占全国高等学校总数的 95%，这种分类在客观上降低了地方高等学校的地位，容易在对高等学校的资源分配上出现较多的问题，并过分强调了高等学校对行政主管部门的依附性，不利于高等学校在逐渐加强自主办学的发展方向上进行探索。

---

① 对于民办高等学校（或私立高等学校）在办学资金保障、招生、教育质量等方面除应遵守国家有关法律、规定外，在办学中，这类学校只要有足够的资金，办学方向和办学质量得到社会的认可，并能保持一定的生源，使学校能正常运营，则不必完全按公办学校的模式办学，可自行确定办学模式，但应接受政府和社会的监督，以便进一步办好学校。

② 在我国教育总经费中，中等教育、初等教育、学前教育等方面尚需投入大量资金，以实现教育公平并提高全民教育水平和质量。

③ 何晋秋，我国高等教育办学、管理体制和结构，《中国高等教育的改革与发展》（M）北京:清华大学出版社 2001 年 2 月，52~78 页。

3. 按照所授学位和办学层次的不同对高等学校进行分类。将学校分为博士、硕士、学士或专科等不同类型，它反映了学校的学术特点，但过分强调了大学的学术性，忽视了其培养多样化人才的根本任务，且只按学术标准来区分学校办学的层次也是不合理的。

4. 20世纪50年代，曾以学校的主要学科门类[①] 或以学校是单学科或多学科对高等学校进行分类。依据学校的学科覆盖情况将所有高等学校划分为综合、理工、农业、医药、师范、政法、财经、体育、艺术等类别。这种分类方法能表明高等学校可能的专业范围和服务面向，但由于高等学校在发展过程中学科增多和学科交叉情况比较复杂，现在它已难以反映学校发展的真实情况。目前虽然有不少高等学校校名仍保留了原学科的内容，其内涵已有较大变化，至于以学校是单学科或多学科进行分类就更没有必要了。

5. 以高等学校的行业属性进行分类。这种分类方法的特点是体现了高等学校与行业的密切联系，可以增加高等学校与行业、企业之间的责任感和亲近感，但严格说来、几乎绝大多数高等学校都应与行业、企业、事业单位有密切的关系，其分类的边界不易界定，概念不够清晰。

6. 以重点还是非重点对高等学校进行分类。中央政府和省、直辖市教育主管部门曾多次将高等学校分为全国重点高等学校和省、自治区、直辖市属重点高等学校，且不断有所调整。确定为重点高等学校表明中央和地方政府对该校将重点予以支持，其结果是重点高等学校基本上集中在教育部属院校和少数综合性高等学校，它不利于调动各类高等学校的办学积极性，增加了高等学校对教育行政管理部门的依赖性。在国家财力有限的情况下，应鼓励不同类型的高等学校均应创造条件、积极争取多方支持，在竞争中提高水平、办出特色，在本类高等学校中成为重点。重点高等学校应在学校的发展过程中自然形成，不必人为地由主管部门确定。

7. 以高等学校规模（学生数量及教职工数量等）进行分类。这种分类方法未涉及高等学校的办学内涵、特点，变相鼓励学校盲目扩大办学规模，未体现高等学校应强调内涵发展的要求。

8. 以高等学校是公办还是民办对高等学校进行分类。高等学校是公办还是民办只应该反映高等学校办学经费的主要来源上的区别，在办学的其他方面、特别是在对学生的教育和培养等方面应该有同样的要求，其社会地位也应该平等，它们之间可以在教育质量及办学特点上进行比较和相互学习，不宜人为地扩大它们之间的差别。

9. 联合国教科文组织曾于1997年发布并批准《国际教育标准分类》[②]，其中第三级教育指高等教育，其中又分为两个阶段（代号5的本科、硕士阶段和代号6的博士阶段），并按25个学科大类提出了详细的学科或专业方向的分类标准。值得国内研究和参考，这一分类标准更适用于教育统计并据此进行教育政策分析，是否适用于国内采用尚需进一步研究。

除上述高等学校分类方法之外，还有多种分类方法，如从多维度、以"类"（按学科特点分13类）和"型"（按科研、教学情况分为4型）对高等学校进行分类[③]；从办学经

---

① 当时的学科为哲学、经济学、法学、教育学、文学、历史学、理学、工学、农学、医学、军事学、管理学、艺术等13个学科门类。

② 联合国科教文组织于1997年1月正式发布了《<国际教育标准分类>第二次修订稿》，同年8月，在巴黎召开的联合 国科教文组织第29届大会上被通过并向各国推荐。

③ 武书连.再探大学分类[J].科学学与科学技术管理.2002年10月。

费来源、高等学校履行三大社会职能和学校的学科（专业）覆盖面等三个层次、对高等学校进行分类[①]等等较为复杂的分类方法。上述多种对高等学校进行分类的方法，都各有特点及其特定的使用范围，但都有不足之处。如第 5 至第 8 项、它们往往只反映了高等学校的某些现实情况，还不能作为国内对高等学校进行分类的单一方法；至于多维度、多层次的分类方法有其特点，在维度和分层的内容选择上值得进一步探讨，同时也显得比较复杂，还有待进一步研究。

1.3　我国高等学校分类改革的思路

　　高等学校的分类通常可以从两个角度进行，一是以分类学为基础的学术性分类[②]，另一是从政府、高等学校及社会等方面对高等学校的现实需要的实用性分类。学术性分类涉及的问题太多，很难取得共识，将会在学术界继续讨论，有可能得出一种复杂而全面的分类体系。实用性分类则应更多考虑现实的需要，提出一种较为实用的分类方法，在现阶段进行试行，同时在试行中加以总结、改进，使之不断完善。本文提出并讨论的分类方案均为实用性分类。

　　对高等学校的分类应当与时俱进、从我国高等学校的发展规划及实际情况出发，既考虑不同类型高等学校的基础、条件和特点，同时应考虑其培养人才的主要服务对象以及政府和社会对高等学校治理、评价及监管的需要。为此，高等学校分类应遵循三项基本原则，即：高等学校的办学具体目标和任务相近、对高等学校的评价内容相近、分类应简明并能普遍实用。基于以上原则，从实际情况出发，建议对当前我国的 2879 所[③]普通高等学校分为下列四类为宜。

　　第一类，研究型大学。主要包括目前由国家教育主管部门直接管理的部分高等学校（即 985 计划资助的高等学校）和少数省市所属的高等学校（即部分 211 工程建设的高等学校），这类高等学校其学术水平相对较高，其中又可分为两类，A 类为高水平综合研究型大学，B 类为高水平应用研究型大学[④]。

　　第二类，应用型大学或学院。主要包括：大批省、市所属的一般多科或单科行业高等学校；建校时间较短的、省市所属的一般性多学科大学或学院（基本上以理工科为主）；部分独立学院以及由地方有关部门设立和管理的部分应用文理学院。

　　第三类，职业型高等学校（大学或学院）。包括大量的单科或多科高等职业教育机构（高等职业学校）及高等专科学校，目前学制为三年。其中多数由当地政府归口管理，部分由省、自治区、直辖市有关部门管理。

　　第四类，特色型高等学校（专门学院）。包括艺术及体育类院校；民族大学或学院；国防大学或学院；从事学历教育的政治培训学校以及从事特殊教育理论和实践研究及教学的学校等。属于中央或地方有关部门管理。

---

① 陈厚丰.中国高等学校分类与定位问题研究[M].湖南大学出版社，2004 年 4 月
② 雷家彬.分类学与类型学：国外高等学校分类研究的两种范式[J].清华大学教育研，2011，02:110~118+124 页.
③ 2016 年 6 月 3 日，教育部官方网站发布 2016 年全国高等学校名单。截至 2016 年 5 月 30 日，全国高等学校共计 2879 所，其中：普通高等学校 2595 所（含独立学院 266 所），成人高等学校 284 所。
④ 其中包括学术及研究水平较高的行业高等学校。

对当前高等学校分类管理的建议见表 1-1。

表 1-1　我国高等学校的分类管理

类型	特点	目前管理部门	建议高等学校管理方式
研究型大学	招收本科生、硕士生、博士生，以高水平学术及科技研究导向为主，可分为两类：A 类为综合研究型大学，B 类为应用研究型大学。	部、省、直辖市多数由部委、省、直辖市管理，少数由部委、省、直辖市共同管理）	自主办学，目前由部委、省、直辖市共建共管，其中 15 至 20 所高等学校以部管为主，其余以地方管理为主。建立协会。
应用型大学	招收本科生、硕士生，一般不招收博士生，应用型导向，个别高等学校允许招收联合培养博士生。	省、自治区、部、市地方大学）	地方管理，其中 5 所以内由部委、地方共建共管。逐步试行自主办学。建立协会。
职业型高等学校	目前为三年制高职学院及专科学院，招收高职生及专科生，职业教育导向，建议增设四年制（学士）和二年制（副学士）学院。	省、自治区、市地方大学）	地方管理，其中 5 所以内由部委、地方共建共管。逐步扩大办学自主权。建立协会。
特色型高等学校（专门学院）	根据学校的实际状况，一般招收本科生、硕士生，部分学校招收博士生。学术型与应用型相结合，以应用型为主。	部、省、自治区、市	逐步扩大办学自主权。根据学校具体情况，分别由部、省、直辖市和市管理，其中 5 所由部委、地方共建共管。并按学校的办学特点，分别建立协会。

在上述分类当中应对以下几个方面的关系进行探讨，以使逐步取得共识。

1. 关于研究型高等学校与应用型高等学校的界定。它们之间区分重点不仅在于"研究"与"应用"，主要区别还在于对"学术"方面的要求。研究型高等学校以高水平学术及科学、技术研究和教育导向为主，同时，应充分发挥这类高等学校的优势，重视对国家经济、社会发展的应用研究及技术开发，为行业、企业等培养人才。而应用型高等学校则强调应用科学、技术、工程等方面的教学及研究，培养应用型人才。

2. 应用型高等学校与职业型高等学校的界定。其区分重点不仅在于"技术"与"技能"，主要在于"服务对象及内容"的某些差别。职业型高等学校应强调学生要为其所学专业服务，重点是更好地掌握相关的技术、操作、技能及相应的基础理论知识，以职业为导向，在所从事职业的企业、事业单位中发展，做出成绩。而应用型高等学校培养的学生其主要工作单位虽然也是行业、企业、事业机构，但其服务对象应较宽，其工作内容也应更宽，以应用工程技术及应用科学技术（包括应用文科、社会科学及管理）教学、科研为导向，学习的内容不仅是操作、技术和相应的理论，还应包括工程、设计、试验、开发、推广和管理等，重视创新能力的培养。

3. 特色型高等学校的界定。这类学校人才的培养具有某方面的特点，主要包括三个方面：学生个人具有某种特殊才能，如艺术、体育类院校的学生具有的才能；学生毕业后从事的工作具有某种特殊性，如国防院校、民族院校等毕业生服务机构（国防部门、民族地区）的特殊性；人才培养过程具有特殊性，如特殊教育师范院校对残障人士教育的研究及其培养训练方法的研究及实践。特色型高等学校根据各校的特点，分别培养偏于应用的高水平学术研究人才、高水平应用技术人才或特殊教育人才。

4. 为适应现代社会、经济、科技发展的需要，各类高等学校应该在学科专业发展与开放交流学习上与时俱进，同时，还应适当考虑到学生毕业后在工作中根据本人的特点有进一步发展的空间，提供终身学习、自由发展的可能性。

1.4　积极推进我国高等学校的分类改革和发展

1.4.1　明确不同类型高等学校的具体办学目标及任务

高等学校的基本任务是为国家培养所需的建设人才，教学工作是高等学校的主要任务。应明确规定各类高等学校不同的具体办学目标和任务。研究型大学、应用型大学、职业型高校及特色型高校（专门学院），均应有人才培养、科学研究和社会服务的任务及明确的目标，但要各有侧重并各具特点。

研究型大学人才培养强调基础理论及综合知识教育，在博士生培养阶段，主要培养从事基础研究、应用基础研究及学科前沿研究的复合型人才。在本科教育阶段强调通识教育[①]，注重基础知识、技术知识和实践能力的培养，为社会培养高素质通用型人才，在工作岗位从事技术工作及研究工作，同时为继续深造、为攻读研究生打下基础。研究型大学科研应以基础理论、应用基础、工程技术研究为主，并以高水平的科学研究推动高水平的人才培养和社会服务。

应用型大学人才培养强调应用基础理论及应用技术（重点是工业、工程，同时应包括应用文科、社会科学及管理等）、知识和技能教育，主要培养应用技术、工程技术人才及技术前沿的专门人才，本科阶段教育为在行业、企业、事业单位等从事工程、技术、设计、试验、开发、推广及管理工作打下基础，提高创新能力，科研以应用基础和工程技术为主，培养高素质工程、技术人才为社会服务。这类高等学校经考核可以招收和培养硕士研究生。不得单独招收和培养博士生，少数这类学校经考核并经教育主管部门批准，可以与研究型大学联合招收和培养博士生。

职业型高等学校人才培养注重职业素养及职业基础知识教育，结合行业、企业中的专业所需要的理论和技术，重视技能教育及培养，为企业、行业、事业等单位培养在生产及业务第一线工作的技术、技能人才及基层管理人才，重视创新能力的培养，根据教学和企业的需要开展科研工作，培养高素养的技术、技能型人才为社会服务。这类学校招收和培养职业教育的四年制本科生和二、三年制职业教育的学生。

特色型高等学校（专门学院）根据各校的特点，分别培养偏于应用的高水平学术研究人才、高水平应用技术人才或特殊技能人才。在科研方面、有的学校强调应用基础研究，有的学校偏重应用技术、技能研究，以培养高素质、高水平的专门人才为社会服务。

通过明确不同类型高等学校的具体办学目标及任务，可以使我国高等教育摒弃浮躁、

---

① 通识教育可以是一种教育理念、教育方式和为了实现人们追求的教育理念、教育方式而进行的课程和环境的安排和组织。较为简明、实用的解释可以认为，通识教育是通过一定组合的课程和训练来构建学生合理的认知基础，培养良好的思维、行为能力和优良的道德品质。

回归正常轨道，使每所高等学校在合理目标和任务的范围内，全力办好学校，提高质量，担当责任，办出特色。明确规定每类及每所高等学校学生攻读学位的类别，严格控制招收博士学位学生的学校数及招生数量，引导高等学校从热衷于盲目"提高办学层次"的办学思路，转向扎扎实实提高各类学生（本校所承担培养任务的学生）的培养质量。强调培养高质量的具有学士学位的本科生是各类高等学校的基本任务。同时，建议在高职院校增设大学二年制的副学士学位、四年制的学士学位，以适应职业型高等学校改革和发展的需要。目前三年制高职，建议用较长的时间（约半年以上）参加实习、实训和试验，加强实践教学环节，以突出职业教育的特点。

1.4.2　建立具有中国特色的教育体系

吸取国外经验并从我国的实际出发，通过规范的学校间学分互换及不同类型的专门考试，使我国普通高等教育与职业教育系统（包括中职、高职和应用科技大学）之间建立具有中国特色、更加公平合理的现代教育体系衔接及联系的立交桥。应用型高等学校可以培养应用类硕士生，应严格限制设立联合培养博士学位的应用型高等学校数。职业型高等学校主要是培养技术、技能型职业教育本科和专科的人才。职业型高等学校毕业生有志于继续在高等学校学习，可以通过考试进入应用型高等学校（应用科技大学）攻读学位。

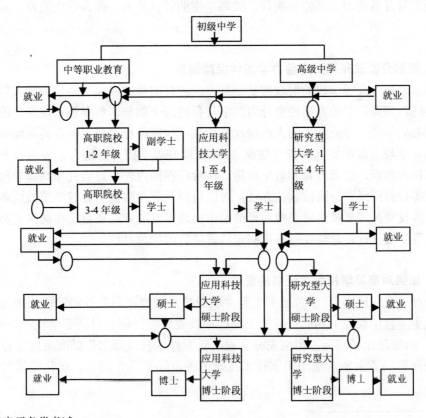

图1-1　各类教育机构之间的沟通衔接关系图（立交桥）

1.4.3　科学研究应成为高等学校的主要任务之一

100多年的国外经验和50多年的国内实践表明,高等学校和科研机构是国家科学研究的主要力量,高等学校具有较多的教学、科研人才,较齐全的学科专业以及良好的研究条件和人文环境等多方面的优势,是国家知识创新、基础研究的主力军,是应用研究的重要力量。因此,科学研究应成为高等学校的主要任务之一,各类学校应从本校实际出发,开展科学研究、技术研究及推广应用等不同类型、不同层次的研究和试验,使高等学校能提升创新能力,加强高等学校与经济和社会的融合,为在新时期推动大众创业、万众创新做出更大的贡献。

1.4.4　理顺实习实践环节

各类学校的学生在学习过程中都应大量参加实习、实训和试验等环节,应理顺企业(含行业、事业单位等)、学校和学生三方面的关系,加强实践环节的教育、教学工作,提高学生的实践能力和水平。

长期以来,各类学校的学生在学习过程中参加实习、实训和试验等方面的培养和训练,面临很大的困难。建议国家通过立法,在高等教育法和职业教育法等修订时增加有关内容,明确企业(含行业、事业单位等可以容纳学生进行试验、实习和实训的机构和场所)、学校和学生三方面的关系,通过国家立法明确并保证上述三方的责任、权利和利益,使各类学校的学生能正常开展实习、试验和实训,提高学生的实践能力,提高学生教育、培训的质量和水平。

1.4.5　根据分类改革需要完善办学条件保障制度[①]

完善国家对公办高等学校的财政拨款制度,改进目前单纯以高等学校招生人数确定拨款基数的办法。将高等学校办学经费分为教学与科研两个部分,教学经费按规定的招生总数、按不同类型学科、专业学生的人均拨款数拨款;科研经费(非竞争性科研经费)按不同类型的高等学校分级确定基数按年拨款[②],以保障高等学校开展适合本校特点和能力的科研活动,科教结合、提高教育和教学质量。现阶段在国内先只对研究型高等学校及特色型高等学校实行科研经费分级拨款的办法;对应用型及职业型两类高等学校,由各省、直辖市、自治区设立高等学校科研经费项目或由中央政府资助专项资金,在这两类高等学校中的少数高等学校试行,总结经验后再制定科研经费的拨款办法。

1.4.6　加强对高等学校各类证书的管理

应加强对"毕业证书""学位证书"及"职业技术技能证书"等的管理,规范各类高等学校毕业生(含中职生)的聘任、招工的程序及要求。目前,对高等学校"毕业证书""学位证书"的管理比较规范,但应充分重视"职业技术技能证书"制度对国家建设及事业发展,提高劳动者素质,推动国家技术技能劳务市场正常、规范、优化发展等方面的重要性。

[①] 办学条件包括用于支持教学、科研、社会服务等方面的基本费用及仪器、设备、装置和场地。
[②] 改变目前国内高等学校经费中没有保证科研基本条件和科技管理的费用,参考英国、澳大利亚等国对高等学校分级拨款的做法。

由人事及社会保障部门与教育部门和全国总工会共同协商对"职业技术技能证书"制度的改革、规范和优化发展，积极推进对原有运行机制的改进，对相关文件的修订，并征求有关部门的意见，进一步明确申请考试、评定、审核、发证的程序，规范运作部门、办证过程及收费事宜。收费应合理、公开，公布接受监督投诉的部门。特别要明确"证书"合法使用的相关规定，建立必要的保障、监督机制。

为了保证各类高等学校学生毕业后就业的合法权利及用人单位在招聘人员过程中合理的择优录取权利，国家有关部门应制定科学、合理的招聘人员的规章和条例。在现阶段，应正式发布不同学历（和学位）人员（学生）的最低工资标准及申请求职人员（含各类学校的学生）应持有"职业技术技能证书"的专业（行业、企业及事业单位）、岗位及其对技术技能等级的要求。各招聘单位应严格执行，并由有关部门加强执法检查监督，对不按上述要求招聘的单位及个人应依法处理并采取有效措施予以纠正。

有关部门应从提高各类学校的教育、教学质量，严格考试、考核制度，使用人单位能招聘到合乎要求的人员（毕业学生）；另一方面，"职业技术技能证书"的实施和管理部门应严格要求，提高"职业技术技能证书"的含金量，减轻申请"证书"申办人员的经济负担，使"证书"持有者及招工单位双方都满意，从而使招聘工作逐渐走向良性运行、健康发展。这些都应该在"职业教育法"的修订中引起重视，并能妥善处理。

1.4.7　建立各类高等学校协会

各类高等学校协会的主要任务是：研究讨论本类高等学校办学的共性问题，探讨解决问题的办法；进行同类高等学校之间的校际合作与交流；向各级教育主管部门反映本类高等学校面临的重要问题和困难，提出意见和建议；争取各类高等学校的合法权益等。

各类高等学校协会的特点是：1）有利于逐渐扩大并落实高等学校的办学自主权，各校在探索中相互交流启发，使这一长期议论的话题从议论走向实质性的实践，以推动高等学校办学自主权走向正常发展的轨道；2）有利于使高等学校与各级教育管理部门正确处理它们的位置及相互之间的关系，逐步走向法制化及规范化管理的道路；3）通过协会集中、正常反映各类高等学校共同的问题及诉求，使高等学校管理向科学治理的方向发展。

各级教育主管部门应积极支持并指导各类高等学校协会开展工作，各类高等学校协会是各类高校最重要的校际组织，由国家教育主管部门（教育部）会同地方教育主管部门及有关专家，制定各类高等学校协会的章程及运行、管理条例①。

教育部主管司局充分支持并协助各协会开展工作。各协会应总结经验，相互交流，使之在各类高等学校建设中发挥重要作用，并能推动我国各类高等学校健康发展。

各协会的经费来源，建议由教育部有关部门制定计划，拨付协会经费，各高等学校应

---

① 对各类高等学校协会的章程及运行、管理条例，建议可包括以下内容：各校现任正职校长及书记代表学校作为当然的会员，由会员协商推荐并选举产生会长（1人）及副会长（3人），任期均为三年，会长及副会长均不得连任，但本届副会长可允许被推选为下一届会长。各类高等学校协会可分别设立5-7人组成的咨询小组，可聘请各高等学校教育专家、教授参加（其中可包括1-2名退休校长或书记）。协会设秘书长1人和副秘书长2-3人（其中1人由会长所在高等学校推荐，另一人可由教育部相应管理部门的正司长兼任）。对于学校数多于200所的高等学校协会，可按地区设立5-7个协会的分会开展日常工作。设有分会的协会，总会可设立常务委员会，每分会2人参加常务委员会。未设分会的协会每年召开一次全体会议，设立分会的协会每2至3年召开一次全会，但分会应每年召开一次。协会开会时教育部分管副部长参加会议，听取大家的意见，教育部主管司局负责人参加会议，并参与筹备，保证开好会议。

按一定的办法拨付一定数量的会费，协会费用的使用由会长负责，教育部审计部门负责审计，并实行财务公开、透明，加强监督。

1.4.8　建立认证和评价体系

在调查研究的基础上，吸取国内外的成功经验，在国内建立高等学校的认证体系。规范对高等学校的评价制度，延长评价周期、减少评价次数，对不同类型高等学校按不同的评价标准及评价办法进行评价，以引导并鼓励形成爱岗敬业、质量第一、开拓创新、"行行出状元"的发展氛围。鼓励踏实办学，潜心教育、教学和科研，改变浮躁、虚夸的风气。

由高等教育主管部门与各类高等学校协会共同制定高等学校的评价及认证工作条例及实施办法。评价及认证工作由具有资质的第三方评价及认证中介机构[①]进行，评价及认证工作的要求由教育主管部门及各高等学校协会共同提出，按评价及认证工作条例及实施办法执行。评价及认证中介机构应该是独立运作的专业机构，其数量的控制及审批均由教育主管部门与高等学校协会共同进行，评价及认证机构接受各高等学校和社会的监督，应定期进行复核，对不符合要求的评价及认证中介机构应采取必要的行政措施，停业整顿直至撤销。

要下大力气改变我国长期以来形成的、对高等学校学生课程考试要求不严和对学生毕业考核要求不严的现象，要改变教风和学风，将长期形成的高等学校学生"严进宽出"的现象，逐步改变为"严进严出"，最终进一步改变为"宽进严出"，提高教学质量和水平，保证人才培养的质量。

1.4.9　加强对各类高等学校建设、发展及治理（管理）的研究

各类高等学校均应重视对本类型高等学校建设、发展及治理（管理）的研究工作，各高等学校在研究本校建设、发展有关问题的同时，也应关注对本类高等学校建设、发展及治理的共性问题的研究及探讨，各类高等学校协会亦应提出研究课题，组织本类高等学校协会的成员开展研究，研究成果在协会内部交流和使用。

当前各类高等学校应突出本类高等学校的关注重点，取得共识，推进本类高等学校的健康、高效发展。

研究型大学应强调在提高教学质量的同时，加强科研工作，特别是在基础研究及自由探索课题的研究及结合国家重大需求的研究等几方面、应较快取得突破性进展，为国家做出更大的贡献。

应用型大学及高等学校，应重点探索本类高等学校的定位和在教学中如何处理理论联系实际或实践联系理论的问题，应在这方面有所创新和突破，以便培养国家建设发展急需的工程技术等方面的创新、创业人才。由于对这一类型高等学校过去缺乏系统的专门研究，因此应突出重点，加强实践，总结、研讨和交流，多出成果指导本类学校建设发展。

职业型高等学校应重点关注学生在培养过程中技术技能的掌握与就业后在企业（事业单位）任职发展之间的关系，使之更符合工农业、服务业等对职业型人才的需求。

---

① 认证、评价机构应与各级教育部、科技主管部门完全脱钩，这类机构应接受政府有关部门及社会组织和公民的监督和监管，国家应制定相应的管理办法。被评价或认证的机构与评估及认证中介机构之间不发生任何经济关系。

特色型高等学校应根据其中不同类型的专门人才培养进行研究，以适应国家、社会对这类人才的需求以及特色型高等学校建设、发展的需要。

1.4.10　合理确定研究型与应用型等四类高等学校数量并制定其近期发展规划

我国目前共有各类普通高等学校 2879 所（不包括成人教育高等学校），根据我国人口数量、适当提高高等学校入学率以及优化各类高等学校的办学规模的要求，包括经政府认可的民办高等学校在内，经适当调整后，当前高等学校总数建议以约 3000 所为基础进行规划，今后根据国家经济、社会发展的需要进行调整，适当增加高等学校数量。

研究型大学是国家创新的基础，建议在一定时期内，我国要逐步地、切实办好约 180 所这类大学（包括公办及民办高校）。目前大约有 50 至 60 所高等学校已达到或初步达到国内研究型大学的基本要求，其中，在近期有 10%至 20%的研究型大学（约 5 至 10 所）应努力争取逐渐达到世界一流大学的水平。在目前研究型大学相对集中的城市或省、直辖市，近期内暂不增设研究型大学。要保证在尚无研究型大学的 13 个省、自治区应至少设立一所研究型大学，或设立一所研究型大学和一所高水平的医科为重点的大学。对目前只有一所研究型大学的 7 个省、直辖市应创造条件增设一所研究型大学。对新疆、内蒙古、西藏、广西、宁夏、青海、贵州和海南等 8 个自治区和省，建议由国家教育主管部门安排重点高等学校在师资、人才培养及教学、科研等方面进行对口支援。建议在目前高等学校管理体制未改变的情况下，凡确定为研究型大学的高等学校均应由教育部和所在省、直辖市、自治区共同管理，其基本经费均由中央政府和地方政府（以中央政府拨款为主）统筹划拨和管理。

应用型大学的培养目标应突出培养应用型工程、技术人才，在一定时期内应逐步办好约 1000 所这类学校，在今后一段时间内，应重点研究这类学校的办学，明确其与研究型大学和职业型高等学校的区别，改善办学条件，拓宽毕业学生的就业方向，使之在国家建设事业发展中发挥更大的作用。

职业型高等学校应加强与部门、行业、企业的联系，鼓励合作办学。目前已有这类学校约 1327 所，在现有基础上，主要是提高办学质量和水平，在近期要逐渐办好已有的这类学校。

特色型高等学校（专门学院）应从实际出发，规范办学、改善办学条件、提高教育、教学质量，办好 100 多所这类学校。

政府应鼓励办好高质量的民办高等学校和中外合办高等学校，在一定时期内，争取办好这类学校 300 多所，要办出特色、提高办学质量和水平。当前要采取积极、有效措施，鼓励私人投资或设立基金办学，应提高民办高等学校创办人的社会地位，引导和支持他们更多地从事公益事业，为国家培养人才，提高社会大众的文化、科技素质。同时，对学校用于教学、科研及改善办学条件等方面的投资和经费支出应予以免税。民办高等学校应聘任高水平、高素质的教师、专业人员，提高学校的教学质量和办学治理（管理）水平，争取国内民办高等教育能得到较快的发展。

参考文献

[1] The Carnegie Classification of Institution of Higher Education，2000 Edition，2005 Edition.

[2] Thelin，J.R.A History of American Higher Education［M］，孙益等译，北京：北京大学出版社，2014 年 2 月

[3] 张燕军.美国教育战略研究［M］.杭州：浙江教育出版社，2013 年 8 月

[4] 沈红.美国研究型大学形成与发展［M］.武汉：华中理工大学出版社，2000 年 2 月

[5] 何晋秋.我国高等教育办学、管理体制和结构.中国高等教育的改革与发展［M］.北京：清华大学出版社，2001 年 2 月， 52~78 页

[6] 何晋秋，曹南燕.美国科技与教育发展［M］.北京：人民教育出版社，2009 年 3 月

[7] 王战军.中国研究型大学建设与发展［M］.北京：高等教育出版社，2003 年 12 月

[8] 许涛.中国"985 工程"研究及政策建议［M］.北京：高等教育出版社，2008 年 1 月

[9] 孔寒冰，叶民等.国际视角的工程教育模式创新研究［M］.杭州：浙江大学出版社，2014 年 7 月

[10] 雷家彬.分类学与类型学:国外高校分类研究的两种范式［J］.清华大学教育研究，2011，02:110~118+124 页

[11] 陈厚丰.中国高等学校分类与定位问题研究［M］长沙：湖南大学出版社，2004 年 4 月

[12] 潘懋元，吴玫.高等学校的分类和定位问题［J］.复旦大学教育论坛，2003，3，5~9 页

[13] 李国强.学术:高校分类的重要视角［J］.国家教育行政学院学报，2013，09:41~45 页

[14] 马陆亭.我国高等学校分类的结构设计［J］.2005，4，102~103 页

[15] 佘远富，陈章龙.基于职能视角的高校分类方法研究［J］.现代教育科学，2012，11:19~22 页

[16] 陈凡，吴跃文.社会服务型大学:高校分类新类别［J］.高教探索，2014，01:10~13 页

[17] 周廷勇，王保华.关于高校分类评估的几个理论问题［J］.高等教育研究，2011，04:37~41 页

[18] 肖昊，李国年.中国高校分类标准体系的哲学基础与实用价值［J］.江苏高教，2013，05:1~5 页

[19] 陈厚丰.国外高等学校分类法及其评析—以美国卡内基和联合国教科文组织的分类法为例［J］当代教育研究，2004，03: 96~99 页

[20] 吕冰.《美国加利福尼亚州高等教育总体规划》对我国高校分类定位的启示［J］.中国科教创新导刊，2012，26:5~6 页

[21] 孙丽昕.美国公立高校分类评估指标体系:特点与启示——基于田纳西州的实践［J］.中国高等教育评估，2013，04:69~74 页

[22] 雷家彬，沈红.欧洲高等教育机构分类框架解读［J］.比较教育研究，2011，7，40~44 页

[23] 谢亚兰，刘莉，刘念才.多样性:欧洲高校分类的灵魂［J］.比较教育研究，2010，04:41~46 页

[24] 张建新.走向多元——英国高校分类与定位的发展历程［J］.比较教育研究，2005，03:66~70 页

[25] 习勇生.我国高校分类管理研究十年 2000～2009[J].高校教育管理，2011，01:86～91 页

[26] 陈武元，洪真裁.关于中国高校分类与定位问题的思考[J].现代大学教育，2007，02:56～59 页

[27] 张喆，李文霞.教学、科研、创业三维一体的高校分类评价指标体系构建思考[J].科教文汇下旬刊，2014，11:171～172 页

[28] 肖昊，江娟.高校分类标准:尺度与根据[J].华中师范大学学报（人文社会科学版），2013，03:147～153 页

[29] 李德方.我国高职院校与普通高校分类的必要性与可行性浅析[J].职教论坛，2012，22:10～15 页

[30] 刘少雪，刘念才.我国普通高校的分类标准与分类管理[J].高等教育研究 ，2005，7，40-44.

[31] 安心.大学分类制度：影响大学发展的一个重要瓶颈—兼伦我国大学分类的利弊，国家教育行政学院学报，2005，4，45～48 页

[32] 潘金林.高校分类:高等教育多样性发展的重要导向[J].教育发展研究，2010，01:34-37.

[33] 陈力凡.基于区位商的高校分类管理研究—以"985 工程"高校为例[J].研究生教育研究，2014，01:60～64 页

[34] 王刚，刘鸿雁，孙百臣.辽宁省高校分类办学与特色化发展研究[J].大连大学学报，2014，04:119～122 页

[35] 王玲，宋尚桂.山东省高校分类管理的财政拨款模式构想[J].济南大学学报（社会科学版），2013，01:23～26 页

[36] 刘法虎.中国高校分类研究的困境与路问[J].学园，2012，01:92～96 页

[37] 王保华.关于高校分类评估的若干思考[J].中国教育政策评论，2012，00:301～313 页

[38] 王静.基于 U-Map 的中国高校分类问题研究[D].东北财经大学，2013

[39] 陈凡，吴跃文.欧洲高校分类新动向:大学图[J].中国高教研究，2012，02:48～51 页

[40] 黄姣华，徐秋玲.我国高校分类现状述评[J].文教资料，2009，20:175～176 页

[41] 马崇刚.从加州高等教育总体规划看我国高校分类定位问题[D].西北大学，2008

[42] 刘澍，杨绍珍.我国高校分类与定位新视角[J].河北师范大学学报（教育科学版），2008，01:113～116 页

[43] 许霆.高校分类发展研究的重要成果—读《新建本科院校转型发展论》[J].高教探索，2013，01:148～152 页

第2章 应用科技大学的发展研究

何晋秋　谢承红

应用科技大学是我国当前及未来高等教育改革和发展的重要力量，也是当前大部分地方本科院校和独立学院在发展及转型道路过程中的正确选择。建国初期，高等教育领域中重实习实践和动手能力培养的举措，以及国外应用型高校和职业教育对我国当前应用科技大学的建设和发展，都提供了十分具体和全面的借鉴意义。当前，我们在建设、转型、发展应用科技大学的过程中还面临很多困难和问题，应进一步加强对应用科技大学定位的思考。在实际探索和尝试的过程中，突出技术型、应用型人才培养，加强校企联动，正确处理理论教学与实践环节教学的关系、科学研究和应用技术研发的关系、与行业、企业、事业机构的关系，全社会联动，从政策、法律层面给予保障和支持，稳步推进应用科技大学建设。

2.1 应用型高等教育体系在我国的实践和探索

应用科技大学（目前在国内称为应用技术大学）虽然在我国高等教育体系内正式提出的时间不长，但是从目前对应用技术大学的内涵和定位的讨论中可以看出，我国早在建国初期，实际上在一定程度上重点建设和发展了应用型的高等教育体系。当时，全面学习苏联的高等教育体制，在 1952 年对国内高等学校进行全国性的院系调整和建设中有如下特点：（1）高等教育与科学研究分离，科学研究由 1949 年设立的中国科学院承担，高等学校成为单纯培养人才的教育机构；1952 年中国仿照苏联的体制，在院系调整时将一些学校的理工学科、专业分别陆续进行调整、合并，成立了一大批工科、农科高等院校，如华中工学院、大连工学院、成都工学院、太原工学院、北京邮电学院、华东化工学院及各省的农学院，培养工业、农业等需要的工程技术人员。当时十分强调高校与工矿、企业合作，加强了实习、实践环节，培养了一大批国家急需的专业人才，在上世纪 50、60 年代工农业的恢复、发展中发挥了重要作用。（2）在上世纪 50 年代，国内只有少数文理科较强的综合性大学，如北京大学、复旦大学、南京大学、武汉大学、四川大学等保留了原有的主要文理学科[①]，另外一些理工科较强的综合性大学都调整为服务于国家工农业生产建设和发展的多科性工业大学，如清华大学、浙江大学、上海交通大学、天津大学、重庆大学等，即使

---

① 这些综合性大学保留了其主要的文科、理科，其余的工科和农科一般均建成独立的多科或单科学院（大学）或与其他学校合并重组。医科、政法、财经、外语等也经调整、重组后，分别成立了独立建校的单科学院（大学），如北京医学院（北京医科大学）、北京政法学院、北京外语学院、西南政法学院、中南财经学院、上海外语学院等。

这些学校是综合性大学也调整为以工科为主的应用型高等教育机构（大学）。当时，这批大学和新建的工学院、理工学院和多科性工业大学办学目的和任务非常明确，即：为国家工农业生产和社会发展服务，面向工厂、企业、社会，教育与生产劳动相结合，培养应用型人才。（3）在上世纪 50～60 年代，上述两类高等学校（经院系调整后新建的工科、农科高等学校和原来的综合性大学，经调整后重新组建的以工科为主的多科性工业大学或学院）在建设和发展中，在系科设置、专业设置、课程设置及教学内容上都进行了不断的调整和改革，使之适应当时国家建设发展的需要。

进入 21 世纪，这批高等学校大多数都已经发展成为国内高水平的研究型大学（综合性大学）。但与此同时，这类高等学校也面临较大困难，即使原来工科很强的大学和学院也与工厂、企业联系减弱，而各地在上世纪 80 年代以后，新建或由三年制专科升格为四年制的本科院校、也纷纷向综合性大学、学术型大学和研究型大学方向发展，使当前我国服务于工矿企业、农业及各类服务业的应用型人才的培养面临困难。另一方面，在 20 世纪 90 年代末国内高等教育大发展后，高等学校规模迅速扩张，由于在学校定位、专业设置、教学内容确定及学生实践能力培养等方面存在不少问题，出现了当前高等学校毕业生就业难，工矿企业、农业、服务业等又难以招聘到符合要求的大学毕业生的两难现象。

从上述对我国半个多世纪高等教育发展历史的简要讨论中可以看出，在 20 世纪 50 年代至 70 年代，我国确有一批相近于当前所讨论的应用科技大学。从上世纪 80 年代以来，由于我国在相当长一段时间内，对国内高等教育研究不够深入，对国外高等教育的学习和交流不够全面，比较偏重于关注"学术型大学""研究型大学"，对发达国家职业教育的发展，大量需要的应用型人才的培养概念不清，认识模糊。虽然教育主管部门一再强调要重视和加强应用型高等学校和职业教育的发展，但并未取得社会的共识，且发展方向不太明确，办学导向有偏差，因此，我国当前应用型高等学校及职业教育的发展仍面临较多的问题和困难。

2.2　国外应用型高校及职业教育发展对我国的启示

在国外，高等教育的发展历史呈现不同的发展模式，在应用型高等学校及职业教育方面以德国和美国较有特点，也有一定的代表性。

1. 德国。德国的中等教育（中学阶段）比较复杂，可分为完全中学、实科中学和普通中学等多种类型，学生在中学阶段就开始分流。学生在完成 4 年或 6 年初等教育（小学）后，根据学生的学习情况和兴趣，选择进入不同类型的中学学习，其中只有完全中学（学制为 8 年）的毕业生才能进入学术研究型综合大学①；实科中学和普通中学（一般均为 5 至 6 年）承担着普通教育与职业教育的双重任务，学生毕业后可以进入应用型中等和高等职业教育系统（主要包括职业学校和应用科技大学）继续学习，成为应用型人才。德国高等学校主要有两类，即综合大学和应用科技大学。德国重视对科技快速发展下，新兴高科技产业发展对应用型人才和技能型人才的需求及对这类人才培养的探索，使技术、技能型人才教育和培养能适应新时代的要求。20 世纪 60、70 年代以来，德国大力发展应用科技

---

① 应用科技大学后来也可以招收完全中学的毕业生。

大学是适应上述需求的重要措施，也是一种发展趋势。

2. 美国。美国的初等教育和中等教育学制比较统一和规范，均属于义务教育阶段。初等教育（小学）6 年；中等教育 6 年（通常分别设立 2 年制初级中学和 4 年制高级中学，也有初中和高中分别各为 3 年或初中、高中成一整体的 6 年一贯制中学校），但并未从学术和应用两方面进行分流[①]。美国在高等教育阶段十分重视应用型人才的培养（这是学生毕业后就业的现实需求），但在学校学习阶段并不过分强调职业培训（职业培训由专门机构进行）。美国主要有四类高等院校，即研究型大学、州立大学、四年制本科学院及社区学院，前三类高校在本科阶段均重视通识教育[②]（主要在 1、2 年级），在高年级强调专业教育，仍以培养应用型人才为主。美国的研究型大学十分强调工程教育，在这方面做出了较大的成绩，在四年制本科和硕士学位学生中培养了大批应用型人才—高水平的工程师。同时，从本科学生中培养和遴选部分（少数）学生，通过推荐和考试，向学术型方向发展，学术研究型人才的培养、重点在研究型大学中的学生攻读博士学位阶段进行。社区学院一般为二年制职业教育，两年毕业后获副学士学位，参加工作，也可进一步接受企业或社会的职业培训项目，进行专门的技能或技术训练；也有部分学生继续在四年制社区学院学习，或经过考核和考试合格者，转学至其他四年制本科大学再学习二年，接受进一步的教育，毕业后可获学士学位，参加工作，也可以报考研究生。

3. 德国和美国的职业教育对我国的启示。

（1）德国教育系统及社会（人群）对职业教育和工程教育的认可度较大，对学生教育的早期分流，社会（学生和家长，官员和中产阶层等）也可以接受。事实证明，由于德国重视对年轻人技能和技术的培养和训练，对德国的工农业及服务业的发展有显著效果，使德国产品能长期保持高质量。同时，由于多数学生较早与企业建立了密切的联系，有利于他们今后的就业，从全社会考虑也有利于社会各阶层的稳定，这种做法值得我们研究和借鉴。

（2）美国在总体上重视对各类学生的通识教育和工程教育，也重视科学、技术的应用及技能、技术教育，并力图将两者有效地结合起来，在各类学校的实践中，既有经验也存在许多困难和问题，这些都值得我们进一步研究和探索。同时，美国社会（含家庭和学生）对理论联系实际、对提高实践能力的高度重视为世界各国所肯定，美国年轻人劳动观念的建立及重视"动手能力"的培养是从家庭教育、社会教育开始，具有传统性（如大学生利用假期在社会上从事临时性兼职工作—"打工"比较普遍，中小学生在车库、后院或工场跟随家人从事简单的汽车和设备保养或维修、某些简单物品的手工制作等），他们从小就参加家务劳动以及作为志愿者参加社会义务劳动，提倡在学习科学文化知识的过程中逐步拥有完整的人格、健全的身心和较强的动手实践能力，值得我们重视和提倡。

（3）在德国和美国等部分发达国家，对学术研究、应用实践和职业教育、工程教育等方面的社会认知，个人发展上"当官"和"为民"的社会认知及心理平衡方面都值得我们认真学习和研究。他们既重视并高度评价理论研究成果及学术研究人员、学者和大学教授，

---

① 何晋秋，曹南燕. 美国科技与教育发展[M]. 北京：人民教育出版社，2003 年 9 月
② 通识教育可以是一种教育理念、教育方式和为了实现人们追求的教育理念、教育方式而进行的课程和环境的安排和组织。较为简明、实用的解释可以认为，通识教育是通过一定组合的课程和训练来构建学生合理的认知基础，培养良好的思维、行为能力和优良的道德品质。

同时对技术创新成果、技术工人、工程师、技师、医生、律师、企业领导人也非常肯定，这类人员不仅勤恳劳动、拥有较多的财富，社会地位也很高。反观我国，在上世纪 80 年代以后的一段时期内，部分人目无法纪、追逐个人名利的风气未能制止，为个人谋利而走向仕途；追求做各类"名人"并企图从中获利、暴富；不劳而获的思想、行为死灰复燃；社会对这类现象批判不够，对这类人羡慕、重视的程度和其社会地位超过从事创新研究、应用发展、企业生产和社会服务的踏实、勤奋劳动的工作人员和普通劳动者。国家和政府虽然重视纠正和制止这种情况，采取多种措施，但效果并不显著，社会文化因素对职业教育和社会风气的影响值得我们深入研究，应采取更有效的措施、推动在全社会树立正确的劳动观念、正确的人生观和价值观。

2.3　在新形势下我国应用科技大学的发展

时过半个多世纪的 2013 年初，根据国家建设和发展的需要，国内又重新提出了要对现有部分高校转型建设成应用技术大学，并要进行应用技术大学（学院）改革试点和战略研究工作。2013 年 6 月，在教育部的推动下，应用技术大学联盟正式成立，参加应用技术大学联盟的学校包括部分四年制本科院校、独立学院、民办本科院校等。联盟的成立是希望提升这些地方院校的办学质量，提高这类学校与行业、企业和区域经济发展的联系与合作，加快应用技术型人才培养，为企业提供人才培养和技术服务支撑，同时也希望促进解决当前大学毕业生就业难的问题。面对新的发展形势和要求，一批地方本科高校已开始向应用技术型高校转型发展。2014 年 6 月召开了全国职业教育工作会议，同年，教育部等六个部门联合颁布了《现代职业教育体系建设规划（2014—2020）》[①]；2015 年 10 月，教育部、国家发展改革委、财政部联合印发了《关于引导部分地方普通本科高校向应用型转变的指导意见》，这是国家行政主管部门第一次系统、全面阐述应用科技大学建设的举措和思路，对推动应用技术大学的发展具有重要意义。

2.3.1　高等教育改革需要重新认识和强调应用技术大学建设

近年来，在产业转型升级和产业结构调整过程中，技术、技能人才与生产、服务部门一线人员短缺的问题凸显，劳动者素质和能力与企业的要求不一致的矛盾也更加突出，"招工难"和"就业难"现象并存，供求不匹配的结构性问题进一步加剧。这一问题的出现引发了社会各界对我国高等教育结构失衡的关注，即在强调培养学术型人才的同时，忽视了对应用技术、技能型人才的培养。在扩大就业规模的同时应推动实现更高质量的就业，需要高校办学定位和培养模式的转变。十八届三中全会明确提出要深化教育领域综合改革，要加快构建以就业为导向的现代职业教育体系，引导一批普通本科高校向应用技术型高校转型发展[②]。

---

① 教育部.教育部等六部门关于印发《现代职业教育体系建设规划（2014-2020 年）》的通知 http://www.moe.edu.cn/publicfiles/business/htmlfiles/moe/moe_630/201406/170737.html

② 李克强：2014 年 2 月 26 日在国务院常务会议上的讲话。http://news.sina.com.cn/c/2014-02-26/191929572047.shtml

2.3.2   向建设应用型高校的方向发展是部分普通本科院校发展的正确选择

目前，不少本科院校虽然具有一定的学术水平和办学条件及较大的办学规模，但办学质量和服务地方及区域的能力亟待加强。过去，许多本科院校办学目标和任务比较模糊，办学定位不清，往往脱离国家的需要及本校实际而选择学术型发展方向，较多关注所谓的层次提升和规模扩大，这与国家对人才培养的要求不相适应。国家急需一大批培养应用技术人才的高等教育机构，在这一背景下，部分本科院校向建设应用技术大学的方向发展既是保持自身可持续发展的正确选择，也是实现内涵式发展的重要路径。

2.3.3   建设和发展应用科技大学是改变社会观念并将高等教育引向正确发展方向的需要

国内一直有"学而优则仕"的传统观念，对于具有技术、技能的专业人员社会认可度不高，使得从事专业技术、技能的职业在社会上低人一等，社会上的这种错误观念一直存在。在高等教育方面体现为应用类、职业类高校的社会地位都较低，许多高等学校都纷纷向综合性、研究型大学方向发展，导致我国高等学校结构失衡，办学绩效不佳，毕业生缺乏社会竞争力。随着国内经济体制改革的深入推进、产业结构调整和战略性新兴产业的发展，对于高校人才培养的类型、层次提出了新的要求，政府进一步强调应用型人才和职业教育人才对国家、社会发展的重要性，并陆续采取了相关的政策措施，推动社会提高对应用型人才教育的认识，因此，建立和办好应用科技大学是转变社会观念、保持高等教育健康和谐发展的需要。

2.3.4   探索和推进应用科技大学建设将有助于优化劳动力结构和提升国民素质

高等教育是国家劳动力结构优化和国民素质提升的重要途径，截至 2014 年，我国各类高等教育在学总规模已达到 3559 万人，高等教育毛入学率达到了 37.5%，高等教育总量较大，毛入学率提升较快。但高等教育的结构不够合理，高等教育与经济社会发展相对脱节，这直接体现在劳动力供给结构出现明显的不对称现象。

应用科技大学的探索和推进，将着重解决高等学校与企业联系不紧密、专业设置与区域经济发展脱节、人才培养模式单一、技能型和应用型人才匮乏等问题，这从长远来看将有助于劳动力结构的优化，使学术型、应用型和技能型等人才结构趋于合理，从而助推全社会产业转型升级和产业结构调整。此外，应用科技大学强调的体验式学习、实践式学习、浸润式学习方式，将有助于学生树立正确的劳动观念和择业观念，这对于培养和提升国民素质具有重要的积极意义。

2.4   我国应用科技大学发展面临的困难和问题

尽管我国曾在相当长的一段时期，应用科技大学（或类似应用科技大学的高等院校）得到一定的发展并呈现了较为显著的社会效益和人才培养效应，但是当前我国应用科技大学发展面临新的形势，存在定位不明确、理论与实践教学环节矛盾突出、教学质量评价标准模糊等各种困难和问题。这些困难和问题有些需要高等教育体系自身协调和改革，有些需要政府、社会等建立联动机制，协调推进予以解决。

2.4.1　我国应用科技大学定位尚不明确

应用科技大学的提出必然会对我国高等教育的发展产生重要的影响，虽然这一类型大学在国外——特别是德国已有近半个世纪的实践，我国在上世纪 50 年代以后相当长时期十分重视，也有一定的实践经验。但是，国内外的实践与目前提出应用技术大学的关系哪些可以借鉴、哪些还有待改进，均缺乏深入研究。当前，我们应理清：应用技术大学与我国的研究型大学中四年制本科教育和高等职业教育之间的关系，明确人才培养的分工及各自的特点。同时，还应与德国的应用科技大学、美国的四年制州立大学（本科）、四年制文理、理工学院及社区学院进行比较，掌握其特点，吸取其办学的经验教训。只有明确定位，对我国应用科技大学的建设取得共识、才有可能集聚资源办好学校。

2.4.2　国内对应用科技大学中如何处理实践环节教育和理论知识教育的关系缺乏深入研究和实践探索

对应用科技大学的教学，理论界和教育界一直强调了实践环节的重要性，但理论教学内容也不能忽视，要使实际应用的内容上升到理论，"实际联系理论"，再以理论指导实际应用。如何掌握理论与实践的关系，在德国按不同专业进行了深入研究和较长期的实践探索，在我国如何正确处理应用科技大学的实践环节与理论教学的关系，是办好应用科技大学的关键问题之一，国内对此未深入研究也未在实践中认真总结，是比较明显的薄弱环节。

2.4.3　应用科技大学中科学技术研究的位置及研究方向不够明确

教学是应用科技大学的基本任务，但科学研究也十分重要。特别在当前国家提出创新驱动发展，积极推进大众创业、万众创新的背境下，处理好教学与科学研究的关系，同样是应用科技大学办学的一个重要方面，也是应用科技大学加强与行业、企业、事业机构联系的重要内容和手段。从各校的实际出发，明确应用科技大学的科研方向，并积极推动教师、学生参加适当的科学研究、试验开发和推广应用等科技创新活动，特别是参加与行业、企业、事业机构和中小企业的应用技术课题的研究，对应用科技大学的发展十分重要。

2.4.4　与行业、企业、事业单位在实习实践环节的关系一直未理顺

我国高等学校与行业、企业、事业单位及服务机构，在解决学生实习、实践环节方面的关系问题上，长期以来都未理顺，应用科技大学面临的这一问题更为突出。从这个维度讲，我国应用科技大学与职业院校都面临实习、实训、实践场所不易解决的问题，这一问题比国外更为突出，也不如上世纪 80、90 年代以前我国企业与学校之间相互支持和配合的情况。其重要的原因是：我国企业、行业和高等学校的内部体制和外部的管理系统发生了变化，学校、企业（行业、事业机构）之间的关系没有与时俱进加以调整，同时它们之间的关系也没有法律保障，长期以来仅靠单位和个人之间的关系进行协调是无法完全解决的，这一问题的实质是没有重视和从法制的角度根本解决学校、企业（行业、事业单位和服务机构）和学生三方之间责任和权利的关系，也未从国家层面明确并强调行业、企业、事业等用人单位对培养应用型人才和职业教育人才的相应责任，并未采取相应的补偿、支持政策和措施。

2.4.5   对学生的培养目标和学生今后的就业发展方向和体系不够明确

应用科技大学在高等教育体系中，学校数量多、学生人数也比较多，在一开始就应明确其毕业生今后的就业和发展方向。目前，国内已有的、各类人才的职称系列比较复杂、不够规范。对国内现行的教学和研究类的教授、研究员系列，工程技术类的工程师、技术员系列，技能类的技师、技工系列等，应合理界定并明确它们之间的薪酬差别及相应的关系，使之更加科学合理。目前在社会上往往出现很多自立名目的职称，也未对此深入研究，从而难以适应当前社会发展的需要，对年轻人的就业和事业发展不利。

2.4.6   师资队伍建设滞后于学校的发展

应用科技大学的师资队伍建设是当前四年制本科院校转型发展面临的突出而紧迫的问题。一方面要符合对应用型人才培养的要求，学校要加强实践环节的教学，应聘用和培养与企业紧密联系的双师双能型教师，目前在转型发展的高等学校中除少数学校略有基础之外，多数学校均十分不足。德国对应用科技大学双师双能型教师的要求很高，在获得博士学位后，还应在企业等高校之外的机构从事技术等业务工作不少于五年，我国这类人才极为缺乏。另一方面应用科技大学教学工作中重视联系实际的理论教学，因此对进入学校做教师的人选在学术、理论知识（重点是专业理论基础）方面也有较高的要求，我国应用型高校在招聘教师时近年来才比较重视对师资业务能力的要求，当前在这方面也存在一定的差距，应采取积极的措施，以满足学校发展的需要。

2.4.7   未建立对应用型高等学校科学合理的评价体系

长期以来，我国对高等学校的评价，基本上沿用对学术型高校的评价体系，虽有过局部调整，但并未体现不同类型高校的定位、目标、任务及学校特点。特别是对学术型和应用型两大类高等学校，在教学工作中的理论教学及实践性环节的要求，以及对两类高校的科学研究工作的要求均不够明确，使各类高等学校办学目标趋同，脱离学校实际，不利于高等学校及高校教师规划自己的发展方向，对不同类型高等学校的发展十分不利。

2.7.8   我国高等学校内部治理结构还不能完全适应应用科技大学建设的要求

高等学校的内部治理结构在高等教育体系中占有举足轻重的地位，也是学校战略导向、发展愿景和顶层设计的集中体现，更关系着学校办学目标和人才培养目标能否实现。我国现有的高等学校内部治理结构是沿袭上个世纪 80 年代以来的结构模式，更多地服务于学术型、研究型大学的办学职能，与以实践和应用为导向的应用科技大学的要求有很大的差距。

应用科技大学的内部治理结构在功能上要求服务于学校应用型、实践性的工程、技术人才培养；在体系上应符合我国的基本国情，要吸取我国高等学校的发展规律和经验；在过程中要求更加务实、更加实际地服务学校育人工作和中心工作。应用科技大学还应加强调查和研究，按照应用科技大学的一般要求和办学目标，慎重做好内部管理体制优化和改革，逐步理顺学生实习实践、教学服务与后勤保障、对外联络与企业合作、内部风险管控等各个环节，以期适应应用科技大学的转型、建设和发展的要求。

2.4.9　在新形势下高等学校的国际交流与合作需进一步加强

目前，高等教育中应用型人才的培养为世界各国所关注，随着全球科学技术的快速发展以及在重要技术领域陆续取得重大突破（如纳米技术、信息技术和生物技术等），高新技术产业的迅速发展，对高等学校的应用技术教育、实践教育和理论教育均提出了新的课题及要求，应用技术人才及职业教育人才的培养方向、内容及方法，世界各国都在进一步探索之中。在德国，应用科技大学的发展方向及趋势，综合性大学面临的新挑战、如何认识职业教育的早期分流等，都是德国社会关注的问题。美国对通才教育、职业教育如何适应社会发展的要求，学校的职业教育和社会机构的职业培训之间的关系，社区学院面临的困境及发展趋势，以及美国研究型大学的高收费和如何维持其高水平的发展等等，都引起教育界和社会的议论。我国大学教育的国际合作与交流、比较关注国外的办学模式和方法，如德国应用类学校的双元制、学徒制等，美国的研究型大学和社区学院等，对如何跟上时代快速发展的步伐，结合中国的国情研究国外的教育理念和办学方向不够，对国外的高等教育的发展及存在的问题研究深度不足，对国外应用类高校和职业学校的办学，它们与企业、社会密切联系，如何得到社会的认可及广泛支持等，都有待进一步探讨，我国高等学校在新形势下的国际合作及交流亟待进一步加强。

2.5　应用科技大学的发展定位

应用科技大学的发展定位是：培养具有较强实践能力、创新精神，并针对所学专业和学科能从应用和实践的角度出发，掌握必要的基础理论和应用基础理论知识的高素质应用技术和工程技术人才；其科研工作以应用类、工程、技术科学研究为导向；应用科技大学应依托行业，为企业和区域经济、社会发展服务。应用科技大学的人才培养目标应更贴近经济、社会发展的实际需求，培养为地方经济、社会发展需要的工程技术、设计、操作和管理人才，包括工农业、服务业以及应用文科、社会科学、管理科学等方面的专业人才。应用科技大学以本科教育为主，有条件的学校可招收硕士研究生，少数具备条件的应用科技大学，可与研究型大学合作、联合培养个别学科、专业的博士研究生。

2.5.1　培养目标突出应用型、技术型人才

应用科技大学应适应高等教育大众化、国家和社会对工程技术技能型人才的迫切需求、以及产业转型升级和产业结构调整等经济社会发展变化的需要，在加快地方本科院校转型发展、调整人才培养结构的需求方面发挥重要作用。应用科技大学的人才培养目标是为社会发展提供适用的工程技术技能的应用型人才，他们应具有较强的实践能力、技术应用和开发能力、技术创新能力，毕业后可直接服务于地方，推动区域经济、社会发展。

2.5.2　专业设置与地方产业结构和职业门类紧密结合

应用科技大学的专业设置应从服务地方经济、社会发展，培养学生实践能力出发。专业设置要考虑学校所在区域的主导产业、特色产业，符合地方产业发展和未来发展的需求。形成专业设置、产业结构和职业门类三者的融合，建立专业设置动态调整机制，实现人才培养与社会工作需求之间的对接，提升学校毕业生的就业能力和市场竞争力。

2.5.3 人才培养模式强调校企结合

应用科技大学的人才培养目标决定了人才培养模式应强调校企结合，这正是应用科技大学的重要办学特点和发展方向。应用型人才培养需要在现实的工作环境中从事实践活动，强调能力本位。因此，在教学过程中必须强化实验、实习、实训，加强双师双能型教师队伍建设，为学生掌握工作岗位所需技术和技能、将所学理论知识运用于实践、提高实践应用能力打下扎实的基础。实践、实习、实训需要校企深度合作，实现人才培养目标与企业用人需求的匹配，共同培养应用型人才。

2.5.4 在人才培养及就业方面应明确应用科技大学与研究型大学和职业型高校之间的关系

在人才培养、毕业后就业方向等方面，应明确使各类高校在自己的任务和人才培养方面各得其所，发挥所长，做出成绩。如表 2-1 所示。

表 2-1 研究型大学、应用科技大学、职业学院的学生学习及就业方向

学校类型	教学、科研主要方向	毕业学生就业主要面向	学生就业后主要工作	职务职称系列及个人主要发展方向
研究型大学	学术、技术、工程技术	主要面向全国	学术（研究机构、大学）、技术（企业等）	研究员、教授，技术员、工程师
应用科技大学	技术、工程技术及应用文科等	主要面向本地区	技术、工程、设计等（专业、行业、企业）	技术员、工程师、设计师等
职业学院	技能、技术	本地为主、行业、企业、事业单位	技术、技能、操作（行业、企业、事业单位的工作岗位）	技师、高级技师，技术员、工程师

2.6 积极推进我国应用科技大学的建设和发展

在当前，应用科技大学的建设和发展已经成为高等教育改革和发展的重要内容，积极推进我国应用科技大学的建设和发展既是经济社会发展的需要，也是人才培养质量提升的需要，更是当前高等教育的重要发展方向。

2.6.1 明确应用科技大学人才培养的任务

应用科技大学致力于培养具有实践能力、创新精神的高素质应用技术和工程技术人才。其具体任务是：为国家（主要面向所在省、直辖市、自治区及其所辖的市、县）培养中、高级工程、技术人才以及应用文科人才。其主要工作单位是工矿企业、农业及服务业等各行业的生产、设计、技术和管理服务部门以及社会、经济部门。其学制主要为四年制本科，有条件的可招收硕士研究生。少数应用科技大学与研究型大学（主要是行业高校中的研究型大学）合作，招收个别专业的联合培养博士生，但必须经合作培养的研究型大学正式考查同意，并经国家教育主管部门正式批准。

应用科技大学四年制本科可招收普通高中毕业生，亦可招收经过考试达到应用科技大学本科要求的中等职业学校的毕业生。应用科技大学的硕士生系统可招收各类高等学校的本科毕业生，也可招收高等职业学院具有学士学位的毕业生。应用科技大学招收博士生的要求应与合作培养的研究型大学一致，采取联合培养并进行博士论文答辩及评审，以保证博士生的质量。

2.6.2　应用科技大学应正确处理理论教学与实践环节教学的关系

应用科技大学强调实践教学环节和理论联系实际是其办学的两个重要特征，也是其区别于其他几类大学的重要方面。

应认真吸取国外的经验，并结合我国实际、探索新的思路并在实践中总结经验，不断改进。关于实践环节，除了结合课堂教学内容应安排正常的实验课内容之外，实习、实训环节应根据学生所学专业的需要（可适当扩大专业涵盖的范围），将实习和实训结合起来，实习时间的长短应根据不同专业需要在教学计划中合理安排。关于理论教学，国外某些学校的作法是"实际联系理论"，即根据不同专业对学生应掌握应用技术、技能的要求，从中总结应掌握的基础理论及应用基础理论知识的内容，在此基础上将理论知识系统化，以有利于学生接受和掌握的方式安排在教学计划中①。

实践教学环节是目前国内四年制大学转型为应用科技大学的薄弱环节，各应用型高校在这方面应努力创造条件，在实验室建设和实习、实训基地的确定上应取得实质性进展，有关教育主管部门也应给予支持并重点考查这方面的进展及实际效果。

2.6.3　加强以应用为导向的科学研究

应用科技大学的科学技术研究工作应根据本校的专业学科方向，围绕相关的行业、企业、事业机构的需求，开展以应用为导向的科学技术研究和应用技术研究。应用科技大学的科学技术研究工作应为地方行业、企业、事业机构服务，其所从事的研究工作应从本地区的行业、企业及事业机构的需要出发，通过人才培养和科技研究工作进一步加强与他们之间的联系。学校在科研选题上应根据地方有关部门的要求，并尽可能从行业、企业、事业机构的生产、技术发展的需要，接受企业的科研任务。学校也应从行业、企业等方面的需要出发提出研究课题，特别对中小企业、研究力量较弱的单位，更要主动关心并开展有利于企业、事业单位需要的研究任务。在研究工作中应强调实用性，要以能用于企业生产为目标，而不能仅为教师发表论文。鼓励教师、学生与企业单位研究人员共同研究，在研究工作中相互学习提高，使学校能更好地为地方服务。

2.6.4　理顺应用科技大学与行业、企业、事业机构的关系

应用科技大学要办出特色，培养出高质量的学生并受到行业、企业、事业机构的欢迎，最重要的有两个方面：一是学校的专业设置及相应的课程安排要符合地区和地方行业、企

---

① 这与我们过去强调的"理论联系实际"应有所不同，而是要更深入探讨对学生的培养目标（以应用技术、技能为主），并从中提出对应用技术和技能的要求，再进一步上升到理论层次的需要，并将理论内容按理论知识的内在逻辑，系统地加以组织，照顾学科学术的内在联系，但不是完全按学科、学术性的系统去安排。这一要求是很高的，绝不是将理论内容支离破碎地凑合在一起，既无系统也使学生难以掌握。

业发展的需要；二是学校要与相关行业、企业、事业机构建立新型的（校企）关系。在这方面，德国具有历史性的优势，我国处于相对劣势和困难的局面，其困难程度远大于我国20世纪50～60年代。要解决这一问题，学校应深入了解和研究当地经济、社会发展的现状及近期、中期发展的趋势，设置相应的专业和课程。在与行业、企业、事业机构的关系方面应沿着两个方向去探讨，一方面是学校的师生均应树立为本地区、行业、企业、事业单位服务的思想，关注它们发展中的困难和需求，在学校力所能及的方面关心、支持他们的发展，建立良好的校企关系，另一方面是学校和企业双方建立平等互惠的友好、正常的关系，在某些方面要通过立法、并适当考虑合理的经济补偿等措施予以保证。

目前，随着我国应用科技大学的建立和发展，对这一问题应作为重点加以研究和解决，其主要应包括以下三个方面：（1）明确行业、企业、事业机构和单位对人才培养（特别是专业、技术人才的培养）应承担一定的责任，由国家在与此相关的法律文件中加以明确；（2）在立法中应包括：政府应采取必要的措施保护行业、企业、事业机构的利益，对企业、事业机构在支持学校的人才培养和教学实习、实训工作中的付出，有关政府部门应在某些方面进行适当的补偿（如在经济方面，给予减税、免税或贴息贷款、科研补贴等）；（3）学生在企业、事业机构内参加实习、实训的阶段，应明确学生、学校的责任和权利，在法制的基础上规范三方面的责任和利益关系，进而建立高校、学生与企业（事业、行业机构）之间新型的合作关系。

2.6.5 加强师资队伍的建设，特别要尽快形成双师双能型教师队伍

对应用科技大学教师的要求应该与研究型大学对教师的要求基本一致，对学术、理论研究要求应符合应用型高校的基本要求，但对他们应适当要求并培养其掌握有关行业、企业一定的实践知识和技术，以满足应用科技大学人才培养的需要。

应用科技大学办学目标的实现需要一支知识、技术和能力过硬的"双师双能型"教师队伍。他们不仅需要具备良好的知识储备和教学与科研能力，同时还应有较长时间在企业工作的经历，具备良好的工程、技术、技能和实际操作能力。"双师双能型"教师要在学校和企业间合理流动，尤其要让教师定期在企业工作，使其及时掌握行业最前沿的技术和发展需求，具备指导学生实践操作的能力。此外，还需建立兼职教师队伍，聘请来自行业、企业的工程、技术专家和高级技师为学生授课和指导学生学习。

2.6.6 建立应用型高校的科学合理的评价体系和制度

要改变我国高校办学目标趋同的状况，提高应用类高校—应用科技大学人才培养质量和教学、科研水平，更好服务于地方、行业、企业、事业机构和单位的需要，应尽快建立应用型高校及其教师的评价体系和制度。对学校的评价主要应包括：在教学计划制定中如何结合专业、学科的需要安排合理的实践环节和理论教学；提高学生实践能力的措施和效果；提高人才培养的综合素质及企业等用人单位的满意程度的措施；承担服务于行业、企业、事业单位的科研项目数及其科研成果在行业、企业、事业单位利用情况、效果及经济效益；高校聘任和培养双师双能型人才（教师）的人数及效果；教师教学及科研能力提高的情况，高水平和高素质的教师在学校工作情况及是否能稳定在学校工作；学校与本专业方向相近的企业的关系，相互联系与合作及取得的实际效果等方面。

对应用型高校教师的评价与其他类型高校应有区别，分别设立评价标准，明确其发展方向，建立相应的制度。主管部门应加紧制定评价体系、制度和实施办法，引入第三方评价机制，在应用科技大学中执行，并总结经验，使之渐趋完善。

2.6.7　建立应用类人才职称晋升及事业发展的制度

应用技术类人才根据其专业和学科特点，基本上应在工程—技术系列的职称（职务）上发展，应对技术员、工程师系列做进一步的研究，使之符合当前实际情况，与研究类人才系列及技能型人才系列之间能明确相互对应关系，保持一定的平衡及在发展过程中保持合理的经济收入差距，使不同类型的人员都有自己的发展前景，通过努力达到各自的事业目标、地位及合理的经济收入水平。制定发展路线图，使每一个人都知道自己的正当、合法的发展空间和路径，促进社会在公平和公正的基础上和谐、稳定发展。

2.6.8　建立健全全社会联动机制，从政策法律层面保障应用科技大学建设

高等教育的发展关乎全社会和区域经济的发展，因此高等教育的改革和应用科技大学的建设与发展也应全社会一盘棋，尽快建立联动机制，从政策、法律、制度等各层面给予保障和支持。

一方面政府、学术界、社会、企业和行业要达成共识，构建应用科技大学是高等教育改革以及经济社会发展的必然选择，要在办学方向、办学思路、学生实习实践、就业创业、校企衔接等方面形成合力，全方位支持应用科技大学转型、发展；另一方面要尽快出台相关法律法规，在法律和制度层面上确立应用科技类高校的地位和发展保障。政府及学校要加强对应用科技大学发展的规划和顶层设计，以及相应的改革试点和校际间的交流、探索，建立政府、学校、社会新型关系，共同推动应用科技大学的建设和发展。

2.6.9　推进国际合作与交流，提高应用科技大学的办学质量和水平

当前在推动我国应用类高等学校——应用科技大学的发展时，应关注国外相类似高校的发展动向，广泛而有重点地加强与国外高等学校及教育管理部门、研究部门的交流与合作，深入探讨应用科技大学及职业院校发展面临的问题，使我国能在其他国家的经验、教训的基础上得到较快的发展。同时国内的应用类高校也应加强对国内和国外的调研，探讨建立有中国特色的应用型高校的发展道路，加强国内外的合作与交流，提高学校的教学质量和科研能力，以满足国家建设发展的需要。

教师和学生的国际学术交流，要结合国内和本校的实际，结合应用型高校发展的需要，通过交流和学习提高教师的教学、科研水平和对学生的培养质量，推动学校教学和研究工作健康发展，从整体上提高学校的办学水平。

参考文献

[1] 朱方来等.中德应用型人才培养模式的比较研究与实践[M]，北京：清华大学出版社，2014 年 12 月

[2] 杨明，赵凌.德国教育战略研究[M].杭州：浙江教育出版社，2014 年 4 月

[3] 孔寒冰，叶民等.国际视角的工程教育模式创新研究[M]，杭州，浙江大学出版社，2014年7月

[4] 乌尔里希·森德勒等[德国].邓敏，李现民译.工业 4.0—即将来袭的第四次工业革命，北京：机械工业出版社，2015年4月

[5] 邹晓东等.打造第四代工程师—工程领导力及创业能力开发[M].杭州：浙江大学出版社，2014年7月

[6] 林凤彩，陈晓莉等.德国应用科技大学的调查与研究[M].天津：天津科学技术出版社，2015年2月

[7] 张婕，陈光磊.德国应用科技大学对我国地方高校转型发展的启示[J].国家教育行政学院学报，2015，01:87~90页

[8] 余晓玫.地方本科院校建设应用技术大学的改革探索——以奥地利应用技术大学发展为例[J].科技视界，2015，04:87~207页

[9] 丁彦，张伟.国外应用科技大学的发展研究综述——以德、荷、芬、瑞为例[J].中国校外教育，2014，03:47~53页

[10] 李建忠.芬兰应用技术大学办学特色与经验[J].2014，02:65-73页

[11] 张春月.欧洲应用科技大学的科学研究及启示[J].浙江树人大学学报（人文社会科学版），2014，03:114~119页

[12] 马陆亭.应用技术大学建设的若干思考[J].中国高等教育，2014，10:10~14页

[13] 孙诚，杜云英.欧洲应用技术大学的发展思路[J].中国高等教育，2014，12:60~63页

[14] 李婉.欧洲应用技术大学国别研究分析及借鉴[J].职业教育研究，2014，12:173~175页

[15] 曲一帆，史薇.中国应用技术大学路向何方——基于英国与芬兰多科技学院不同发展路径的比较研究[J].清华大学教育研究，2014，04:71-77+91页

[16] 陈斌.建设应用技术大学的逻辑与困境[J].中国高教研究，2014，08:84~87页

[17] 王洪才.中国该如何发展应用技术大学[J].高校教育管理，2014，06:16~20页

[18] 胡天佑.应用技术大学面临的理论与实践问题[J].高校教育管理，2014，06:21~24页

[19] 王冰，陈兆金.地方本科院校向应用技术大学转型基本问题探讨[J].天中学刊，2014，06:117~122页

[20] 杨荣.德国"双轨制"应用科技大学对中国高等教育的借鉴意义[J].河池学院学报，2014，04:75~80页

[21] 陈小虎，杨祥.新型应用型本科院校发展的 14 个基本问题[J].中国大学教学，2013，01:17~22页

[22] 邱奎，刘东燕，黄林青.欧洲应用科技大学办学模式分析[J].重庆科技学院学报（社会科学版），2013，09:167~169页

[23] 杜云英.荷兰应用技术大学:国家竞争力的助推器[J].2013，09:39~46页

[24] 张智.奥地利应用技术大学发展研究[J].2013，09:47~53页

[25] 张鸣放，窦立军，于雷，张杰.中德应用型大学课程设置比较分析[J].现代教育科学，2011，11:50~55页

[26] 曾永卫，蔡毅.工程应用型本科产学研合作的分析和探索[J].中国高等教育，2011，Z2:70~71页

[27] 陈新民.应用型本科的课程改革:培养目标、课程体系与教学方法[J].中国大学教学，2011，07:27~30 页

[28] 曹明.应用型本科高校创新创业人才培养模式初探[J].中国大学教学，2011，11:35~36 页

[29] 鲁武霞，李晓明.高职专科与应用型本科衔接:内涵特性及内蕴价值[J].教育发展研究，2011，19:46~52 页

[30] 柳友荣.我国新建应用型本科院校发展研究[D].南京大学，2011

[31] 葛喜艳.国外应用型大学人才培养的特点及启示——以米兰理工大学为例[J].现代教育管理，2010，04:109~111 页

[32] 郑世良，朱云仙，曹建清.应用型本科院校产学研合作中的问题与解决策略[J].科技管理研究，2010，18:100~102 页

[33] 潘懋元.什么是应用型本科?[J].高教探索，2010，01:10~11 页

[34] 刘志鹏，杨祥，陈小虎.应用型本科院校发展模式的创新与实践[J].中国高等教育，2010，11:34~36 页

[35] 陈萍，柴鸿斌，穆婕.应用型本科人才培养实施通识教育的思考[J].现代教育管理，2009，12:53~56 页

[36] 潘懋元，车如山.略论应用型本科院校的定位[J].高等教育研究，2009，05:35~38 页

[37] 周建平.应用型本科教育的倾向性问题剖析——课程改革的视角[J].教育发展研究，2009，05:41~44 页

[38] 潘懋元，周群英.从高校分类的视角看应用型本科课程建设[J].中国大学教学，2009，03:4~7 页

[39] 袁兴国.美国应用型本科教育的实践探析[J].江苏高教，2009，03:147~149 页

[40] 欧阳逸，阳德华.美、英、德合作教育的成功经验对我国应用型大学建设的启示[J].未来与发展，2009，07:73~76 页

[41] 蔡敬民，魏朱宝.应用型本科人才培养的战略思考[J].中国高等教育，2008，12:58~60 页

[42] 毕雪阳.应用型本科人才培养的国际比较[J].中国大学教学，2008，08:89~92 页

[43] 许德仰，刘国买.台湾应用型本科人才培养目标定位及能力结构[J].福建工程学院学报，2008，05:455~459 页

[44] 程建芳.借鉴国外经验强化应用型本科教育实践教学[J].中国高教研究，2007，08:54~55 页

[45] 张有龙，赵爱荣.德国应用科技大学办学特色分析及借鉴——兼论我国应用型人才的培养[J].高等职业教育（天津职业大学学报），2007，01:93~95 页

[46] 董大奎，刘钢.德国应用科技大学办学模式及其启示[J].教育发展研究，2007，Z1:41~44 页

[47] 钱国英，王刚，徐立清.本科应用型人才的特点及其培养体系的构建[J].中国大学教学，2005，09:54~56 页

[48] 陶岩平.发达国家培养应用型本科人才的实践[J].世界教育信息，2005，01:13~14 页

第3章 应用科技大学的专业设置及课程体系

李文娟　胡珺珺

专业设置与课程体系是中国建设应用科技大学的关键环节，是高校人才培养的基础性工作，也是人才培养模式的重要标志。应用科技大学的专业设置反映了社会对于人才的长期需求，体现了高等教育的育人理念，也直接影响人才培养的质量。课程设置与课程内容的选择则直接决定着学生的知识能力与综合素质，课程体系随着社会、学科和学生的发展而不断演变，是与之相应的教育思想和教育目的的体现。本章主要通过研究国外特别是德国典型应用科技大学的专业设置，并借鉴国外处理专业设置与社会需求的方法，为我国应用科技大学专业设置能更好地适应社会需求提供一些思路和方法。同时，通过分析各典型专业的课程设置，比较研究型大学、专科学校与应用科技大学相同专业在课程设置上的区别，以得其对中国应用科技大学建设在课程设置上的启发。

3.1　专业设置与课程体系的关系

1. 专业设置

专业设置作为建设高等院校和发展的核心，直接关系到学校发展的整体水平和综合实力，也影响着人才培养质量以及学生毕业后的就业等。专业设置要考虑多方面的因素，在专业建设中，其课程体系的建设尤为重要，它是人才培养目标的具体体现。

（1）专业与专业设置

专业是高等学校根据社会的专业分工需要和学科体系的内在逻辑而划分的学科门类。专业的形成以一定的社会分工为前提，与自然科学、社会科学的不断分化与综合的趋势密切相关，当然，也与高等教育自身的发展有着密切的关系。按照专业设置来组织教学，进行专业训练，培养专门人才是高等学校的特点之一。所谓专业设置是指高等学校专业的设立及其调整。专业教育是高校培养人才的主要方式，专业设置则是高校人才培养的基础性工作，也是高等教育发展的一个关键环节，它既反映社会对于人才的长期需求，也体现了高等教育的育人理念。

（2）人才培养与专业设置

高校作为人才和知识的聚散地，它服务于社会，为社会培养和提供高级知识人才。要培养什么样的人才，首先要根据学校的性质和特点明确人才培养目标，通过人才培养定位来进行专业设置，调整和优化专业结构。例如综合性大学把培养研究型创新人才作为人才培养目标，一般按照学科来设置专业；应用型大学以培养适应社会需求的应用型技术人才为人才培养目标，则可按照工程领域和技术领域来进行专业设置；高等职业学院的人才培养更具有针对性，专业设置可以市场为导向，专业按服务对象或技术领域分类，其专业可认为是"技术专业"。[①]

（3）社会需求与专业设置

从社会的角度来看，专业是为了满足从事一定的社会职业而必须接受训练的需要而设置的。专业设置反映了社会的客观需求，经济的发展、产业结构的调整以及社会的进步都动态地影响着高校的专业设置，因此专业设置因社会需求的发展而具有灵活性。专业设置关系到高校的办学方向、特色以及资源效益，更关系到学校是否能够适应国家经济和社会发展的需要。有效地协调专业设置之间的矛盾，使之适合社会需求，并且符合人才培养的基本规律，显得极其重要。

专业设置不能单一考虑社会需求。有的行业人员"供大于求"，是培养的人才过量，而有的专业，市场不接纳的主要原因是人才质量问题，培养的人才不能符合社会的要求，从而难以走上职业岗位。这样的专业设置，重点应该是强化培养过程、提高培养人才的质量。

2. 课程体系

课程体系是指同一专业包含的不同课程门类，是教学内容和进程的总和，课程门类排列顺序决定了学生通过学习将获得怎样的知识结构。课程体系是育人活动的指导思想，是培养目标的具体化和依托，它规定了培养目标实施的规划方案。课程体系主要由特定的课程观、课程目标、课程内容、课程结构和课程活动方式所组成，其中课程观起着主导作用。

高等学校课程体系是高等学校培养人才的载体，包容了课程各层面的性质，把课程的知识、目标、计划、学习评价诸多要素整合为一体。课程体系在人才培养中的作用，不是单靠一个课程要素或是各门学科机械加合作用的结果，而是由不同学科、课程之间相互搭配融合并整合在一起以达到教育目的。

学校课程体系是一个动态的系统，一方面它与社会经济有着密切的关系，社会政治、经济制度制约着课程的设置以及课程编制过程，另一方面学校课程既传递和影响社会文化，同时也受到社会文化尤其是意识形态的制约，必须服务于社会对人才的需求。课程体系建设的总体目标是课程系统内各种课程类型的划分与各科目和活动项目的设置合理，能满足课程的多方面要求；课程系统内部各要素间应实现最充分的相互协调，形成一个有机整体，能最大限度实现功能的耦合。[②]

3. 专业设置与课程体系的关系

在专业设置和建设时，必须要把握四个要素：即专业人才培养目标、专业课程体系、专业师资和专业设备。这四个要素既相对独立，又互成一个有机整体，是专业建设在微观层面上的四个重要内容，其中专业课程体系是不可或缺的一个要素。

专业设置是课程体系建设的前提，课程体系是专业建设的基本构件，两者的具体关系如下：

（1）专业设置是课程体系建设目的的综合体现

课程体系是高校教学活动的重要内容之一，各专业如何体现其专业特征和专业层次，

① 何兰英，龙大为.中美研究型大学专业设置与人才培养的差异及其启示[J].思想战线，2004（30）4，99~102 页
② 肖芬.本科课程体系优化研究[D].湖南农业大学.2007

都取决于其课程体系结构。加强专业重点基础课和主干课的建设，提高它们的课程质量，对提高专业教学水平和学生专业质量有着重要作用。人才的专业素质培养绝大部分是在课程教学过程中实现的，每门课程教学质量的积累就形成了一个专业培养人才的质量。课程教学是师资、教材、教学设施共同作用的结果，没有高质量的课程体系就培养不出高质量的专业人才。

（2）专业设置是课程体系建设任务的有序迭加

一个专业的设置和建设是由专业师资队伍、专业课程、专业教材、专业实验室、实训基地等有序迭加而成。任何一支专业师资队伍都是由从事该专业主干课教学的教师所构成，任何一个专业的课程体系也都是由每一门具体的专业课程所组成。而专业师资队伍、专业课程、专业教材、专业实验室、实训基地的序迭加便形成了专业教学计划的课程组织方式，课程体系建设的任务之一便是组织课程教学。因此，也可以说专业设置是课程体系建设任务的有序迭加。

（3）课程体系建设推动专业建设

专业设置是否有价值，其度量之一就是看其是否能培养高质量的专业人才。一个专业的教学过程是通过一系列的课程教学实现的，课程是教学的基本单元，课程通过教材、教学大纲、教学内容、教学手段等对学生完成知识传授、能力及素质的培养。专业建设为课程建设提供必备条件，而课程建设却推动专业建设，课程的建设质量代表着教学的质量。课程体系建设中，课程的设置的建设、教学内容、教学方法、教学手段等，都关系到专业人才的质量。课程建设是专业的质量支撑点、专业建设的基础和落脚点。

（4）专业的可持续发展要以课程体系为核心

专业的持续发展，是指专业的调整和发展要始终保持专业的生机与活力，从可持续发展的角度设置、调整和改造专业。专业设置不能盲目地迎合当前社会热门的市场需求，而要适应社会可持续发展的需要，专业的教学内容不是一般地满足某些行业专门人才知识结构的需求，而要适应社会可持续发展所需要。因此，在正确把握专业的科学内涵的基础上，不断更新观念，坚持以课程建设为核心，不断强化师资队伍建设和教学条件建设，并根据市场要求优化课程体系，改革教学内容，建立专业课程组织形式的新观念，这样才能提高专业的市场适应性，保证专业人才的市场竞争能力。

总之，专业的设置和建设是宏观的，课程体系是微观的；专业设置是高层次的，课程体系是基础性的；专业设置是整体性的，课程体系是基元性的；专业设置以人才素质为目的，课程体系以教学质量为目的。

3.2   应用科技大学的专业设置

前面对高校专业设置、课程体系以及两者之间的关系作了阐述，也说明了专业设置与多方面因素有关，而学校的人才培养定位和培养目标是专业设置首先要考虑的要素。

3.2.1   应用科技大学专业设置的特点

1. 应用科技大学人才培养目标

应用型本科教育以培养技术、工程应用型、服务应用型和职业应用型人才为目标，应用型人才的特点是直接为生产、生活、工作服务，具有一线工作的性质。应用型人才的培养应立足于行业、企业、专业机构，并能在生产、建设、管理、服务等一线岗位上从事实际工作；在培养规格上，不仅具备系统的专业基本理论和基本知识，具有分析和解决实际问题的能力，而且具备一定的从事一线岗位实际工作的技能。因此，应用科技大学应该认清目前的新形势，在人才培养定位上应既符合自身的办学条件又要充分考虑经济社会发展对人才的现实需求。

应用科技大学人才培养有别于学术研究型人才。学术研究型人才是以学科为基础，主要从事学术研究，可以就一个学科或学科方向进行；而应用型人才则以专业为基础，强调的是知识的集成以及实践应用能力。因此，在人才培养上，围绕社会对应用型人才知识、能力和素质的要求，要考虑学科专业的交叉，打破课程界限，实行模块化教学。应该坚持通识课、学科基础课、专业课、实践课合理安排、相互衔接配合的原则，以此构建应用型人才培养方案，以培养具有应用、工程、技术、设计开发能力，有一定理论基础，知识面较宽、素质优良和具有创新精神及实践能力的适应社会需求的应用型技术人才。[①]

2. 应用科技大学专业设置的总体思路

应用科技大学培养人才强调应用能力、职业能力、实践能力和综合能力，在进行专业设置时，应与综合型大学有所区别。应用科技大学专业设置除了考虑学科分类，还要按照工程领域和技术领域，为了增强毕业生对社会的适应性，要有针对性地在专业领域下，设置若干专业方向，其专业设置不能过窄，应该宽窄并存，具有一定的通用性。另外，专业设置要以职业分析为出发点，与生产结构、经济发展及企业需求相适应，相对稳定，广泛适应。也就是说，专业设置应在相当长的时间内满足行业领域内各企业的普遍要求。应用科技大学的专业设置不仅要用系统的观念来筹划教育系统与职业系统的分工合作，以及教育系统内部的分工合作，还应加强育人单位和用人单位的紧密合作，争取企业界参与到应用科技大学的专业教育的各个方面，给学校带来务实创新的真实需求、资源和动力。学校要从地区的资源优势、区位特点、企业分布特点和产业发展前景出发，利用自身优势，设置新的专业和专业方向。新专业的培养方案必须要进行充分的市场调研并与国内外相关专业对比，汲取教育界、企业界和工程技术领域的意见和建议[②]。专业设置还要考虑国际交流合作的可行性，合作教育是应用科技大学专业设置要考虑的一个重要因素。

总的来说，应用科技大学专业设置要以知识的分类、市场需求、优化资源、企业合作等为出发点。同时，为了增强专业的适应力，保持专业的活力和可持续发展，专业设置调整必须与经济社会发展、当地产业结构紧密结合。

3. 德国应用科技大学专业设置的特点

上世纪 60 年代，德国快速发展的新兴产业以及出现的"经济奇迹"，迫切需要大量的高层次应用型专业技术人才。为缓解这一矛盾，德国各州政府于 1968 年共同决定，在工业技术学校和专科学校的基础上，创建一种新型的高等教育机构：高等应用科技大学（Fachhochschule，简称 FH），以弥补现有教育体系在人才培养和专业设置以及在区域发展规划分布方面的不足与缺陷。高等应用科技大学规模发展的速度非常快，不到 10 年的时间就

---

① 蔡敬民，陈啸.走应用型人才培养之路-合肥学院人才培养模式改革与探索[M].合肥：大学出版社.2013.

② 荀勇等.高等工程教育——德国工程技术教育的研究与实践[M].北京：中国水利水电出版社.2008

开办了 97 所（1975 年）；开设的专业从初期的 47 个逐步精选到 17 个，全是德国经济和社会发展所急需的。1990 年后，东部地区开始兴办高等应用科技大学。1991 年，德国东部新建高等应用科技大学 17 所，3 年后便增至 33 所。相比之下，高等应用科技大学规模发展的速度比普通综合性大学的规模发展速度要快。50 多年中（1949 年～2000 年），西部地区仅新建普通综合性大学 37 所；10 年中（1990 年～2000 年），东部地区仅新建 5 所普通综合性大学。

高等应用科技大学开设多种应用性学科和专业。作为一种有别于综合性大学的新型高等教育机构，其使命是培养高层次应用型人才。应用科技大学在专业设置上有四个明显的特点：针对性、区域性、应用性以及校企合作并与产业接轨。

（1）针对性

德国应用技术大学不是按照学科，而是主要按照工程领域和技术工艺领域划分专业。其专业设置包括建筑工程、采矿技术、冶金技术、化学技术、电子技术、交通技术、精密技术、塑料、飞机制造、机械制造、核处理技术、纺织服装、信息技术、能源与热处理技术、食品加工、农业技术、林业技术、陶瓷玻璃制造技术、农林、金融、工商管理和设计、经济工程、企业管理、营养与家政等。为了增强毕业生对社会的适应性，应用技术大学有针对性地在专业领域内，设置了若干专业方向，体现其专业设置宽窄并存。例如，机械制造专业领域设有通用机械、加工技术和自动化、加工工艺操作等专业方向。

（2）区域性

德国应用科技大学大多由各州创办，因此，其专业设置的审批权由各州教育与科学部管理。各州政府往往根据本州的实际情况严格控制专业设置，这就使应用技术大学的专业设置带有明显的地方特色。例如，埃斯林根应用技术大学的前身是斯图加特"符腾堡皇家建筑学校"的机械工程系，由于埃斯林根市机械工业发展迅速而迁到了该镇，后来由于周围 Bosch、Daimler-Benz、Mercedes-Benz、AEG 等大工业企业的要求，多次扩展专业设置。汉诺威应用技术大学是下萨克森州首府城市汉诺威市的第二大高等学校，根据下萨克森州森林多、河流多的特点，汉诺威应用技术大学开设了"持久性规划与建造"专业和可再生原材料技术专业，以便在充分运用资源的基础上保护环境。[①]

这些都反映了德国应用科技大学专业设置的区域性。专业设置的区域性特色，也是德国应用科技大学能够迅速发展的重要原因之一。

（3）应用性

综合性大学的学科专业设置更多地是遵循学科发展的逻辑，重在培养学术型后备人才，其特点在于按照学科内部的发展逻辑来设置专业，教学和科研都是为了推动学科的进一步发展。而应用科技大学重在培养高层次应用型人才，即能够应用科学知识和方法解决实际问题的人才。因此，应用科技大学的专业设置是以解决实际问题和行业发展对人才能力结构的需求为导向的。应用科技大学很少设立纯粹的、基础性的自然科学（如物理学、化学）或社会科学（如社会学）专业。它们或者完全不设立此类专业，如果设立，更多地也是设立应用性自然科学或社会科学，例如科隆应用科技大学设有应用社会科学学院，开设社会工作管理、幼儿和家庭教育学、社会法律咨询等学士或硕士专业，后又新成立了应用自然科学学院，开设技术化学和药剂学化学两个学士专业，并且计划开设物理技术和生

---

① 孙进.德国应用科学大学专业设置的特点与启示[J].清华大学教育研究，2011（32）4，99~103

物医学技术两个专业。[①]

（4）校企合作并与产业接轨

德国应用科技大学的发展离不开企业的支持。1996 年德国科学委员会通过《对应用科技大学双轨制改革的建议》的决议，明确指出企业也是应用科技大学的学习地点，在企业中学习是应用科技大学学习整体不可缺少的组成部分[②]。德国的应用科技大学总是与企业有着非常密切的合作，由企业为学生提供实践岗位。他们在专业设置上非常注重企业的需求，和当地经济以及产业结构接轨。布朗施维格/沃芬比特尔应用科技大学的其中一个校区位于德国大众汽车公司的总部沃尔夫斯堡，学校专门设立了车辆技术学院，主要培养车辆制造行业的工程师。另外，德国应用科技大学的专业设置也很善于利用产业结构的优势及特色，将它转化为专业上的优势和特色。位于斯图加特地区埃斯林恩应用科技大学，利用该地区有奔驰和保时捷等汽车企业及大量的汽车零部件供应商，设置了机械制造和电子科技专业，其专业水平在全国名列前茅。而位于德国著名的葡萄园种植区的莱因美茵应用科学大学利用地区优势，设置了全国独一无二的葡萄种植专业、国际葡萄经济专业以及园艺学等相关的专业。

3.2.2　欧洲应用科技大学的专业设置案例分析

欧洲应用科技大学成立的初衷和办学目的几乎一致，都旨在培养能够满足新经济时代发展需要的高级应用型技能人才，为国家经济发展贡献力量。欧洲应用科技大学和研究性大学的不同只表现在目标定位和专业设置方面，不存在学校品级或技术知识优劣的区别。德国应用科技大学是德国高等教育体系中的一个重要组成部分，其办学特色鲜明，成效显著，在全世界范围内都有一定影响力。分析德国应用科技大学的办学模式对中国建设应用科技大学具有现实意义，对于促进中德两国高校在培养应用型人才方面的合作也具有重要的价值。

3.2.2.1　德国不来梅应用科技大学的专业设置分析

不来梅应用技术大学 Fachhochschule Bremen）是不来梅州的一所公立学校，该校成立于1982 年，拥有约 8000 名在校生。不来梅应用科技大学于 1982 年由经济学院、技术学院、社会教育学院、社会经济学院等四所高等专业学院合并而成。因此它年代久远，其教育传统可以追溯到 1799 年。不来梅应用技术大学是卓越的德国大学协会联盟 UAS7 的 7 个成员学校之一。不来梅应用科技大学与国际接轨，在全世界范围内与 258 所大学建立伙伴关系；同时，与地区工业密切合作。不来梅应用科技大学作为一个被国家认可的高等教育机构获得了无数奖项。2000 年获得由德国艺术与科学学院联合赞助的 CHE-大学发展中心的最佳实践大学奖，表彰她的改革；2000 年获得德国学术交流中心奖，表彰大学在国际市场的营销；2004 年获得苏格拉底伊拉斯谟奖等。

该校积极推进教育全球化，开设了多种国际课程，并与许多国家和地区的高校建立了合作关系。不来梅应用技术大学共设有 5 个大系，分别为：经济学系、建筑与环境学系、社会科学系、电气工程学和计算机科学系、自然和技术学系。不来梅应用技术大学开设有本科、硕士以及 MBA 课程。此外，该校还设有语言培训中心，不仅为本国学生出国留学

---

① 张玉芳.德国应用科技大学专业开发特色及其借鉴[J].潍坊工程职业学院学报，2013（26）6，17~20.

② http://www.cscse-germany.com/

打好语言基础，也为国外留学生尽快学好德语创造了便利条件。

由不来梅应用技术大学本科专业设置按八个学科分类，分别有医学、法学、工学、管理学、经济学、理学、文学、职教及其他类别，具体专业如表 3-1 所示。

由不来梅应用技术大学专业设置可以看出，其主要开设的是工学和管理学专业。除了按照学科分类，设置了当前社会人才需求较大的一些专业外，不来梅应用技术大学专业设置的一大特点，是利用该地区产业结构的特点和优势来开设专业。

不来梅历史悠久，在现存的最古老的城市中，不来梅的历史仅次于圣马力诺，居第二位。早在 8 世纪时，它是主教教区首邑，由于拥有市场特权而迅速繁荣。11 世纪时，它曾被称为"北方的罗马"。从外贸看，不来梅处于德国商业中心的领导地位，拥有广泛的业务部门，包括从高新技术产业、分销和物流、港口设施、汽车制造（戴姆勒克莱斯勒）和多媒体，到两极研究、食品工业（卡夫食品、沏宝、凯罗格斯、英博啤酒及贝克啤酒）和航天航空（EADS/空中客车）。不来梅重点发展未来的技术，各种各样的研究项目在不来梅和不来梅港的许多科研院所中进行。除了大学系统，还有许多著名的研究机构，如不来梅 Fraunhofer 材料研究所、艾尔弗雷德韦格纳研究所、不来梅港的德国中心的极地研究所。不来梅应用科技大学利用所在地区有空中客车公司生产厂这一优势，设立了航空和航天科技研究机构，并与汉莎航空公司一起开设了航空系统科技与管理专业。同时，它还利用位于不来梅港的优势，设置了造船与海洋技术、船运与租船等专业，这些专业都已发展成全国领先的专业。

表 3-1   不来梅应用技术大学本科专业设置

学科	专业
医学（1 个专业）	护理与健康管理
法学（3 个专业）	社会工作
	经济与管理
	政治管理
工学（19 个专业）	建筑工程
	建筑学
	信息工程系统
	造船与海洋技术
	微系统技术与光电系统技术
	航空系统技术与管理—维护工程
	中国工业管理与工程
	媒体信息学
	机械工程学
	航空系统技术与管理
	数字媒体
	能源工程
	机械制造与工程
	机电一体化
	信息学
	电气工程学
	技术信息学
	环境技术
	造船与海洋技术

续表

学科	专业
管理学（共 11 个专业）	船运与租船
	工商管理/国际管理
	实用经济学用语与国际企业管理
	航空系统技术与管理—维护工程
	航空系统技术与管理
	护理与健康管理
	全球化管理
	商业管理学
	全球产业管理
	旅游管理学
	应用休闲科学
经济学（共 5 个专业）	企业经济
	经济工程学
	国民经济
	经济与管理
	欧洲金融与会计
理学（共 2 个专业）	技术与应用生物学
	仿生学
文学（共 1 个专业）	专业新闻学
职教及其他类别（共 2 个专业）	成像物理学
	技术与应用物理学

3.2.2.2 德国安哈尔特应用科技大学的专业设置分析

德国安哈尔特应用科技大学 Fachhochschule Anhalt）位于德国萨克森—安哈尔特州，为该州公立第一应用科技大学。安哈尔特应用科技大学现已成为该州高等教育界中一个重要的组成部分。该大学现有 8000 多名学生，190 多名教授以及一大批商业联合会的师资人员。安哈尔特应用科技大学是培养研究和发展活动人才的高等院校，尤其重视培养社会需求的大量应用型人才，由德绍、贝恩堡、科滕（Bernburg、Dessau、Köhte）三大校园组成，其优势专业除了建筑学，还有景观建筑、机械、设计、经济贸易、生物医学、食品科学等。

表 3-2 列出了安哈尔特应用科技大学具体的本科专业设置。

表 3-2 安哈尔特应用技术大学本科专业设置

学科	专业
工学（共 9 个专业）	建筑学
	工艺流程学
	软件本地化
	机械制造
	传媒技术
	电气与信息工程
	景观建筑学与环境规划
	自然保护与景观规划
	生物工程

续表

学科	专业
经济学（共 4 个专业）	房地产经济
	农业经济学
	经济工程学
	企业经济
理学（共 4 个专业）	应用信息学
	测量学
	地理信息学
	家政营养学
管理学（共 2 个专业）	设施管理
	国际商务
医学（共 2 个专业）	生物医学技术
	医药科技
法学（1 个专业）	经济法
文学（共 2 个专业）	传媒技术
	设计学

安哈尔特应用科技大学正式成立于 1991 年，其前身是闻名世界的以包豪斯学院为代表的建筑设计学院，具有近百年的历史，至今该大学的德绍设计学院还连续排名德国建筑专业第一。在这样的历史背景和成熟的建筑专业基础上，加上萨克森—安哈特州迷人的自然风光和高水平的艺术，安哈尔特应用科技大学设置了景观建筑学与环境规划、自然保护与景观规划等相关专业。

萨克森—安哈特州位于德国中部，具有悠久的文化渊源和上百年的工业传统，其首府是有着1200年历史的帝王主教之城—马格德堡。该州处于欧洲枢纽的地理位置，德国政府在交通方面的大量投资（其中仅在公路网投资就已超过80亿欧元）使该州拥有发达的公路和水路网，堪称欧洲最密集的铁路网络之一，使其成为一个连接东西、南北地区的重要交通枢纽（马格德堡市距首都柏林仅 40 分钟车程）。

自 1850 年起，其首府马格德堡城内陆续开办了许多机械厂，此后该地区逐渐演变成德国国内一个重要的工业基地，并被认为是德国机械制造业的摇篮，他们的革新技术和高质量的产品成为德国工业产品的代表，航空航机天机械、农用机械，风能发电也是该州的优势。安哈尔特应用科技大学也相应地开设了机械制造专业。

该地区已成为德国生产能力最强的生物化学工业生产区。90 家企业和研究机构的加入，已使该州成为德国的生化中心，其生化工业的生产水平已经达到了欧洲顶尖水平。除了基本生化产品外，其医药制造业、洗涤产品制造业都相当发达，占德国所有联邦州同类产品销售额的一半，越来越多的企业正把他们的科研力量转到该州，并与该州的大学和研究机构合作，使科研成果顺利转化成经济成果。萨克森—安哈特州内，科学机构网发达，为企业发展提供了强有力的技术支持。11 所高等院校除了在机械制造、电气技术和医学领域保持传统优势外，还在褐煤精练、高分子聚合物化学、焊接技术、药物学、动植物种子学、环保等学科的研究取得了先进水平。因此，安哈尔特应用科技大学相应地开设了生物医学技术、医药科技、生物工程、电气与信息工程等专业。这些专业的设置既能培养出满足该地区需要的专业人才，解决学生就业问题，同时也充分利用地区优势，突出了专业设置的应用性、学科交叉性以及产业接轨的特点。

作为该州重要的具有创新能力的大学，安哈尔特应用技术大学还与哈勒—维腾贝格大学（马丁·路德大学）利用本州的产业领先地位，合作开设了生物医学工程高端国际硕士专业，并于 2001 年开始招生，目标是为急需人才的领域，培养一批国际化、复合型的高端人才，同时欧洲的学分转移系统也被引入，可无障碍地承认学分，并以英语作为教学语言，使学生成为同时掌握德语和英语的双语人才，毕业时可授予硕士学位。通过对教学和研究的严格质量跟踪管理和定期实施评估，保证了很高的教学水平。学生经过注册（双重注册），可获得一个联合的硕士文凭。

3.2.2.3　其他欧洲国家应用科技大学专业设置分析

20 世纪 60 年代中期开始，除了德国，欧洲其他国家如瑞士、奥地利、荷兰和芬兰等，也陆续将一大批职业性院校合并升格为应用技术大学。如今，在欧洲各国这类学校肩负着培养高层次应用型人才、开展应用研发创新、服务就业和区域发展及促进终身学习等重大使命。下面来看看其他欧洲国家应用科技大学在专业设置上有何特点。

1. 芬兰赫尔辛基应用科学大学专业设置

芬兰公立大学赫尔辛基应用科学大学于 2008 年 8 月 1 日由埃斯波万塔理工学院与赫尔辛基理工学院合并而成。赫尔辛基应用科学大学的三个校区分别在首都赫尔辛基、埃斯波和万塔。赫尔辛基作为芬兰的首都，濒临波罗的海，是一座古典美与现代文明融为一体的都市。她不仅是芬兰政治、经济、文化和商业中心，同时也是芬兰最大的港口城市和最大的工业中心。埃斯波离首都赫尔辛基仅 17.7 公里，是芬兰第二大城市，其经济发达，诺基亚和通力的全球总部便位于此处。从赫尔辛基市中心驾车前往万塔仅需 20 分钟，她以快捷的交通、迷人的风光，吸引着各地游客。由于地理优势，使赫尔辛基应用科学大学在专业设置上选择面较广，各种人才的需求也相对较多，较稳定。因此，赫尔辛基应用科学大学在专业设置上是比较综合性的，根据自身的规模优势，走"大而全"的特色化发展路径。

赫尔辛基应用科学大学开设的学科涵盖以下四个领域：技术，卫生保健与社会服务，经济学与工商管理学以及文化。所有课程的授课语言除了芬兰语外，还用英语进行教学。赫尔辛基应用科学大学开设本科与硕士层次的专业，本科专业有欧洲工商管理、欧洲管理、国际商务与物流学、环境工程、信息技术、媒体工程、护理学、社会服务等，硕士专业有工业管理、移动编程信息技术、多媒体通讯信息技术。该校还开设专业化进修学习项目，包括计算机网络与安全、施工与房地产管理、工业管理、媒体工程、移动设备程序设计以及多媒体通讯。

2. 荷兰旅游物流应用科学大学专业设置

在欧洲类似赫尔辛基应用科学大学这样规模较大、专业覆盖比较全面的应用科技大学有不少。但也有一些应用科技大学专业特色非常鲜明，比如荷兰旅游物流应用科学大学，从学校的名称便可以看出这是一所专门培养与旅游、物流相关的应用型人才的高校。

荷兰旅游物流应用科学大学成立于 1966 年，是一所独立的高等教育学院。旅游物流应用科学大学有着自己的特点。该学院追求教学与研究的学术多产以及在数字娱乐、酒店设施、休闲、旅游、城市发展和物流机动等领域的专业化发展。旅游物流应用科学大学下设城市发展及物流机动学院、旅游学院、数字娱乐学院、休闲学院和酒店设施管理学院等五个学院。旅游物流应用科学大学开设有丰富的专科、本科、硕士专业，比如国际游戏建筑与设计、国际酒店管理，国际休闲管理、国际物流与经济、国际物流与运输管理、国际媒体与娱乐管理、旅游目的地管理、假想工程、国际休闲学、管理学、国际旅游学、国际房地产与设施管理、国际交通管理、战略商务管理与营销等等。

3. 瑞士西北应用科技大学专业设置

瑞士西北应用科技大学位于欧洲中部，是一所国际化的大学，由四所州立应用科技大学于 2006 年 1 月 1 日合并而成。瑞士西北应用科学大学以多样化、讲求实际、适应市场需求为教学核心，重点致力于实现本科生、研究生以及在职人员所学专业的知识转化。九所学院组成了瑞士西北应用科学大学：应用心理学院，建筑学院，艺术造型学院，生命科学学院，师范学院，社会工作学院，技术学院，经济管理学院，音乐学院；校址分布于瑞士的阿奥、巴塞尔、埠戈、木潭姿、奥尔滕、索罗通各市。

瑞士西北应用科技大学的九所学院可分别看作一个规模较小的学校，例如瑞士西北应用科技大学技术学院，目前拥有在校生约 1000 人，是瑞士西北部培养工程师的中心，注重培养学生的创新能力与实践技能。其本科专业有：电气与信息工程、能源与环境技术、信息学、信息与通信系统、机械制造、眼科学、系统技术学、经济工程学等；硕士专业有：工程学。

又例如瑞士西北应用科技大学建筑学院拥有在校生 324 人，由四个学院组成，分别是建筑学院、建筑工程学院、测量与地理信息学院、建筑能源学院。瑞士西北应用科技大学建筑学院专业设置系统性强，课程设置广泛，课程内容深入，注重培养学生实际应用能力。其本科专业有：建筑学、建筑工程学、地理信息学；硕士专业有：建筑学、工程学—地理信息学工程、工程学—可持续建筑技术等。

其他几个学院就不列举了。总之，瑞士西北应用科技大学按各学院各自的办学特色和培养目标来设置专业，专业特色鲜明。在每个学院学生和专业都按少而精的特点发展。

3.2.3 欧洲应用科技大学专业设置的经验

欧洲的应用科技大学在办学和专业设置上按应用型大学的特点进行，每个大学在开设专业上有自己的特色，也有一些共同的特点。纵观欧洲各国应用科技大学专业设置的状况，可以总结出以下几点可资借鉴的专业设置经验。

1. 极强的应用性特征

欧洲各应用科技大学都十分重视应用性专业的设置。一方面，复合型人才的需求使各院校考虑到跨学科人才培养的重要性，很多欧洲应用科技大学都开设了跨学科专业或交叉学科专业，以拓展学生的职业覆盖面，提高学生的综合应用能力。另一方面，欧洲应用科技大学提供以解决实际问题为目标的应用性教育，各院校的专业普遍具有很强的应用性特征，从各国应用科技大学的学科大类和专业领域中不难发现，欧洲应用科技大学大都涵盖应用性极强的专业，这不仅遵从了其应用性的人才培养目标，同时也有利于目标的实现。总之，应用性的专业设置是欧洲应用科技大学突出的特色和核心的比较优势。

2. 显著的职业导向性

欧洲各应用科技大学都注重依据经济和职业的发展需要来设置专业，旨在为学生提供广阔的就业前景，使毕业生更好就业，并根据就业市场的需要适当调整专业招生人数。欧洲各国应用科技大学在设置专业时无一不是衡量职业需求、主动适应就业结构的，足以看出其专业设置的职业导向性。

3. 鲜明的地域特色

欧洲各国的应用科技大学都极其重视参照区位优势来发展特色专业，其中地域特色最浓的当属德国，各应用科技大学依托当地不同的地域优势和经济实力，开设不同领域的专业。除了不莱梅应用科技大学充分利用其港口和毗邻飞机生产基地的优势，大力发展航空和船舶等相关特色专业外，马格德堡应用科技大学也依据当地发达的制造业，突出发展制造业专业。莱因美茵应用科技大学根据其葡萄园种植区的地缘优势，开设了葡萄培植、葡萄酿造品鉴以及园艺等独有的专业。瑞士应用科技大学开设的专业也都是培养专业技能和实践能力的高层次应用型人才，突出应用性和实践性，直接面向社会经济生活。同时专业设置也是为本地经济服务的。许多欧洲应用科技大学都有相应的硕士专业，这也是其区别于职业学校的一大特点，说明应用科技大学同样重视研发，但研究更侧重于应用性研发创新。

3.2.4　中国大学专业设置案例分析

1. 重庆科技学院

重庆科技学院的专业设置"以工科为支撑，以石油与化工、冶金与材料、安全与环保、机械与电子为特色，各学科相互扶持、协调发展的学科专业发展格局"为原则大力发展工科专业，开设有石油工程、冶金工程、机械设计制造及其自动化、计算机科学与技术、化学工程与工艺、土木工程、安全工程、会计学、国际经济与贸易、数学与应用数学、英语、艺术设计等 49 个本科专业。本科专业中，石油工程和冶金工程为国家级特色专业，石油工程、冶金工程、油气储运工程、无机非金属材料工程和自动化专业为国家卓越工程师教育培养计划学科专业。该校不仅在对传统优势专业改造成果之上积极构建了以钢铁冶炼、材料成型为一体的冶金类学科专业群和集地勘、钻采输和化工为一体的石油石化类学科专业群，还明确指出要依据"两业两域"（重庆地域、安全领域和石油、冶金行业）打造极具特色的学科专业群，该校的 4 个省级重点学科均是服务于两业两域的，近年来该校近一半的本科毕业生在石油和冶金行业就业，接近三分之一的本科毕业生在安全领域就业。

该校有 20 个本科专业直接服务于重庆市战略新兴产业和重点支柱产业的转型升级，占全校本科专业数的 40.8%；有 4 个本科专业服务于重庆市重点支柱产业，占全校本科专业数的 8.2%；17 个本科专业服务于重庆市地方经济发展的需要，占全校本科专业数的 36.7%。该校也在努力探索与地方企业联合设置专业、联合培养人才、定向就业的合作机制，聘请工程技术专家和管理专家参与制定人才培养方案和专业及课程的设置。该校以理工科著称却依然持续发展公共事业类、管理类以及法学类等文科类专业，也仍保留物流管理、市场营销、人力资源管理等一系列对于本校而言发展价值不大的专业。该校学科专业与产业对接如表 3-3 所示。

表 3-3   重庆科技学院学科专业表

产业领域	对应学科专业
能源工业	石油与天然气工程、资源勘查工程、油气储运工程、电气工程及其自动化、化质学、石油工程
装备制造业	控制与天然气工程、机械电子工程、能源与动力工程、理论与应用力学、机械设计制造及其自动化、材料成型及控制工程、自动化
产业发展保障	安全技术及工程、消防工程、安全工程
化工产业	制药工程、应用化学、化学工程与工艺、化学
电子信息产业	测控技术与仪器、物联网工程、数学与应用数学、计算机科学与技术
材料产业	冶金工程、无机非金属材料工程、功能材料
现代服务业	英语、艺术与科技、视觉产达设计、社会工作、人力资源管理、酒店管理、会计学、环境设计、汉语言文学、国际经济与贸易
西部物流园	物流管理、市场营销
传统优势产业	土木工程、建筑环境与能源应用工程

2. 钦州学院

钦州学院是广西北部湾沿海一所本科院校,国家首批应用技术大学改革试点高校之一。钦州学院位于广西省钦州市,该市地处南海之滨,是广西北部湾经济区的中心、是连接东南亚的重要枢纽,也是中国大西南最便捷的出海通道。为促进海洋经济的发展壮大,钦州学院以开设海洋类专业、发展海洋高等教育为切入口,主动承担起海洋人才的培养重任。该校设有海洋学院、海运学院、机械与船舶海洋工程学院、石油与化工学院、食品工程学院、电子与信息工程学院、资源与环境学院、人文学院、经济管理学院、教育学院、陶瓷与设计学院、理学院、建筑工程学院(筹)、思想政治理论课教学部、体育教学部、国际教育学院、继续教育学院、工程训练中心等 18 个教学单位。面向全国 28 个省、市、自治区招生。有本科专业 41 个,覆盖工、管、文、理、法、农、经、教育、艺术等 9 大学科门类。

该校在努力打造海洋性专业特色的目标下不仅开设了一大批海洋类专业,还积极拓展与海洋产业发展和海洋资源开发利用相关的专业方向。该校的办学特色即海洋特色,海洋科学已成为省级稀缺专业;轮机工程、物流管理(港口物流方向)、艺术设计(现代陶艺与装饰雕塑)等专业也已发展为省级特色专业。而在专业调整方面,该校亦把地方需要作为专业设置的首要条件,根据区域和行业发展适当调整专业发展方向。该校还注重培育学校的国际性特色,开设了对外汉语、国际经济与贸易、旅游管理(东南亚旅游方向)等专业。此外,该校也尝试通过"订单式"人才培养、产学研合作等方式积极开展与地方企事业单位的合作,以企业和行业的需求为导向、根据订单企业或行业的岗位需要有针对地设置专业,并不断探索合作育人模式。

表 3-4　钦州学院部分重点学科专业与产业对照表

重点学科	重点专业	服务领域
海洋科学	海洋科学、航海技术	海洋环境保护、海洋经济开发、海洋交通运输
机械工程	机械工程、轮机工程	港口建设、临海船舶制造、整车进口、临海加工业、电子信息产业
中国语言文学	汉语国际教育	中国与东盟国家的交流
石油化工	油气储运工程	石油化工、林浆纸
管理学	物流管理	滨海旅游、东盟旅游、港口物流、国际交易
艺术设计	产品设计（现代陶艺）	钦州坭兴陶产业、地方文化

然而，在学校的 7 大类学科专业中仍有 4 类为非应用性的学科专业，学校也尚未建立人才市场调查委员会或专业评估委员会等部门组织。钦州学院极具特色的重点学科及重点专业与之相对应的服务方向如表 3-4 所示。

3.2.5　中国大学的专业设置现状及主要问题

专业设置对于中国建设应用科技大学是非常关键的一个环节，我们首先必须了解中国大学的专业设置现状，在此基础上，通过借鉴国外应用科技大学在专业设置上的经验，进行改革和调整。

中国大学的专业是按学科分类（分得也比较细），高校现行 12 个学科门类是：哲学、经济学、法学、教育学、文学、历史学、理学、工学、农学、医学、管理学和艺术学。一级学科下设有二级学科，再分三级学科。比如工学下面设有力学、机械、电子信息等 31 个门类，而电子信息类下面又设有电子信息工程、通信工程、电子信息科学与技术等专业。

在建国初期，国家对高校专业实行严格的控制和管理，国家统一制定学科专业目录，地方政府教育部门和高校没有专业设置自主权。自 1997 年以来，我国高等学校开始探索打破计划经济时代的专业设置方式和就业方式，逐渐扩大高校专业设置自主权和打破传统的统招统分的就业模式，使得专业结构逐渐符合经济发展的趋势[①]。尽管如此，中国大学在专业设置上仍然存在一些问题：

1. 专业设置雷同，个性不突出

在中国高校中，专业设置重复的现象相当严重，相同专业在不同高校中开设，例如，2013 年设有通信工程专业的高校在重庆招生的就有 151 所。而相同专业在培养模式和课程设置上也十分类似，人才普遍是批量生产，同一个专业的学生在一个专业领域里接受相同的课程，经过专业教育后，所掌握的知识结构、专业模式几乎相同，缺乏个性。不仅如此，一些高校为了追求学科门类的齐全，或者因某专业是热门就盲目开设。专业设置的雷同，也直接导致了学生就业难、社会竞争过大的现象。例如，计算机专业人才本来是被当今市场大量需求的，但是由于设置计算机专业的高校过多，毕业生数量多，并且培养质量也有所下降，计算机专业毕业生目前已出现就业难的状况。设置专业的学校数量的增加和招生

---

① 王辉，朱健.论基于产业结构调整的高校专业设置[J].教学研究，2011（34）1，20~23 页

人数的迅速扩大，毕业生普遍缺乏专业个性，会使得不少专业出现毕业生市场饱和的现象。

2. 新兴专业设置缺乏前瞻性

近年来，虽然应市场经济的需求，许多高校设置了一些新兴专业，但是交叉学科、边缘学科的相关专业设置仍然不多，特别是一些很有发展前景的学科前沿性领域。学校对专业的划分太细，比较强调专业性和专业对口，大部分学生或学生家长在选择专业时就按着专业对口就业的思路进行，高校也按这样的心理来进行专业设置和专业培养，然后，这样往往导致学生毕业后不能适应社会经济的发展趋势。本科教育需要历经四年的时间，入校时和毕业时的社会形势以及专业形势很可能存在一定的距离。如果在专业设置时没有一定的前瞻性，高校对专业的调整便会赶不上社会经济的变化。中国很多高校在专业设置时都存在这个问题，往往是某个行业或专业人才需求旺盛之后，才纷纷都来开设专业。当然，高校是一个相对庄严的组织，不可能像反应迅速的商业机构，非常灵活地对社会变化作出快速反应。另外，专业的设置和调整并不是由高校直接决定的，牵涉很多因素，也需要相关教育行政部门、地方教育机构等参照社会的经济发展状况、高校实际情况进行反复磋商而定。因此，这个问题的解决目前看来并不是那么容易。

3. 专业设置与市场需求还存在一定的差距

中国高校设置专业是按照《普通高等学校本科专业目录》来进行的。《普通高等学校本科专业目录》规定了专业划分、名称及所属门类，是专业设置和调整、人才培养实施、招生安排、学位授予、指导就业，进行教育统计和人才需求预测等工作的重要依据。然而，专业目录的设置，基本遵循的是学术性导向，侧重适合培养研究型、学术型人才，缺乏职业型导向。市场经济发展需要更多知识和技能复合型人才，要求高等学校既能培养白领又能培养灰领[①]。因此，目前许多大学生在毕业找工作时有不少抱怨声：工作岗位没有特别合适的；大学专业学习的内容跟具体的工作相距甚远；用人单位需要复合应用型的人才，即便专业对口，不少职位也难以胜任等等。可以看到，中国高校的专业设置与市场经济的发展以及市场需求之间还是存在一定差距的。其实，这也正是该书讨论的问题，中国的大学不只培养研究人才，更急切地需要培养具有一定理论水平的应用型人才。建设中国应用科技大学是一个很好的途径，然而专业设置要与市场同步，突出复合型和应用型也显得尤为重要。

3.3   应用科技大学的课程体系

现在，普遍的教育模式是在学科下面再细分各个专业，每个专业需要学习不同的课程。课程建设的任务就与学科探索和专业设置有所不同。学科建设的关键在于培养创造性人才，创造先进性成果；专业建设在于增强人的社会从业能力；而课程建设则在于提高教学效果和质量。课程的主要目的是为高效传递知识、进而培养出合格的人才服务。在此前提下，为了适合专业人才培养的需要，课程的首要内容多为该学科的一些基本概念和理论，旨在组合成综合、完整、全面的知识结构。其基本要求主要包括师资队伍建设、教学大纲建设、教材建设、教学方法改革、教学手段改革、考核办法改革等六个方面的内容。

---

① 汪文婷.我国应用技术大学双师型师资队伍建设研究[D].哈尔滨理工大学.2015

　　高质量的人的培养，是离不开合理、有效的课程结构设计的。因此，探讨应用科技大学的课程结构、培养目标及两者的联系，对我国应用型人才培养的课程结构改革以及提高培养人才的质量，有着重要的意义。①

　　在德国的政治制度和文化传统下，德国形成了现有的这种教育制度。即使同为德国的应用科技大学，其州与州、学校与学校之间的培养目标和课程结构，都存在不同程度的差别。因此，本章将对德国应用科技大学课程结构的总体特征进行概括，辅之以个别州、校的例证。由于德国应用科技大学是典型的"专业教育"，因此课程设置的主要原则被定位为"以专业为主线来进行课程配置"。以下根据专业大类的不同来分别分析德国应用科技大学课程体系的特点，选取工程类、经济/管理类和艺术类三种典型专业大类。

3.3.1　应用科技大学工学典型专业课程体系分析

　　德国作为一个欧洲工业强国，其工科类院校是传统强项。随着近年来，应用科技大学的高速发展，其在德国工学业内的贡献也愈发突出：目前，德国约有近 2/3 的工程师、以及 1/2 的计算机信息技术人员毕业于应用科技大学，而且应用型科技大学的毕业生的就业率始终高于其他受教育人群。下面通过案例，对德国应用科技大学中工学大类中某些专业的课程体系进行分析。

1. 纽伦堡应用科技大学机械工程专业的课程体系分析

　　纽伦堡应用型科技大学全名为：纽伦堡乔治西蒙欧姆应用技术大学，建校于 1823 年，位于巴伐利亚州。和大多数德国的应用科技大学一样，纽伦堡应用科技大学机械工程专业的课程体系也由基础课程、专业基础课程和专业方向课程三大部分组成。

　　近年来，在德国应用科技大学的课程设置中逐渐强调"基础化倾向"，即"专业口径要宽，之下再细分成若干专业方向"。这种倾向同样在纽伦堡应用科技大学机械工程专业的课程设置也得到了反映。其机械工程专业的基础课程和专业基础课程都没有划分专业方向，就读于同一专业的所有学生，人人都必须学习这些课程。其基础课程主要包括物理、数学等理论课程，专业基础课程则主要涉及到本专业的知识和技能。而专业方向课程则旨在加深专业某个领域，主要针对于专业深化和拓宽知识面。

　　我们用这三大部分课程的课时数，除以总课时数，得到的比例可以看出：基础课程加上专业基础课程所占的比例总数超过了 80%，而专业方向课程占总学时则不到 20%。通过对这三大部分课程时间比例的分析，可以看出：该校整个课程结构呈现出了分段进行、层层递进、从宽泛走向专深的动态特征。纽伦堡应用型科技大学机械工程专业所需学制是四年（八个学期）。第 1~3 学期主要从事基础课程学习。所有课程必须在学习完毕之后，经过考试，达到规定的合格标准，才能进入专业基础课程的学习。4~6 学期则为专业基础课程学习。同样也需要经过考试完全合格，然后方能进入专业方向课程的学习。7~8 学期则为专业方向课程学习。由此可见，纽伦堡应用科技大学机械工程专业的整个课程结构可以说是安排紧凑、逐步递进、环环相扣、系统性强、整体性强。②

---

① 张笑涛，张铁牛."学科·专业·课程"辨析[J].中国电力教育，2008（1），20~21 页
② 鲁晓泉.试析德国应用科技大学的课程结构与培养目标[J]. 晋城职业技术学院学报，20103）5:33~36 页

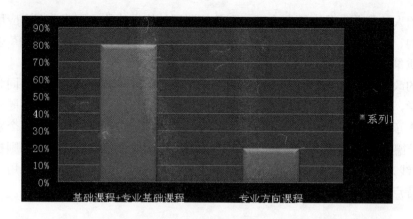

图 3-1　纽伦堡应用科技大学机械工程专业课程分布

课程实施

从课程实施来看,纽伦堡应用科技大学机械工程专业每个板块的课程,又可以分为理论课程和社会实践课程两部分。理论课程主要是教学计划中所列出的各门学科课程,而社会实践课程则主要体现在学生的 3 次社会实习和毕业论文中。从这个角度来划分的话,理论课程的总学时数和社会实践课程的总学时数之比约为 3:1。

纽伦堡应用科技大学机械工程专业的理论课程和社会实践课程的具体时间安排也十分合理:第一次社会实习通常安排在第 3 学期,也就是基础课程和专业基础课程两者之间。通过基础课程中的各门考试科目且成绩合格的学生们,进入第一次社会实践课程学习。这一阶段的社会实践课程要求学生在企业中参与到一线的生产组织和管理中去,目的是巩固、拓宽学生的基础理论与技能,并使学生对所学的专业有一定程度的了解。

第二次社会实习,则一般安排在第 6 学期,也就是专业基础课程和专业方向课程之间。通过专业基础课程中的考试科目且成绩合格的学生,方可取得第二次社会实习的资格。这一阶段的社会实践课程要求学生到企业从事本专业技术工作,在教师的指导下解决实际的问题。学生必须在学院教授的指导下,独立完成一定的课题。

专门开辟出两次、每次长达 1 个学期的社会实践课程,这是德国应用科技大学在课程设置上的一大特色,这样的设置,体现出了应用型大学对实践教学的高度重视,对培养学生的职业能力是非常有利的。而社会实践课程与理论课程的交替安排,体现了理论与实践相结合,使学生能够及时地巩固理论知识、并且培养学生运用知识解决实际问题的应用能力。

最后,第三次社会实践课程就是毕业论文,安排在第 8 学期,时间大约为 3 个月。毕业论文的课题按照要求,必须“真题真做”要求学生在企业中结合生产实际来完成,并且由企业工程技术人员和学校教师共同指导。有的课程甚至要求学生独立设计图纸,而且必须出样品,参与安装、加工和调试。

课程教学

从课程教学的形式看,理论课程和社会实践课程还可以各自细分下去。理论课程可以分为讲授课程和教学实践课程,社会实践课程分为讲授课程或讨论课程和实习课。

纽伦堡应用科技大学机械工程专业的课程教学十分重视应用性和实践性，教学形式多样，对各种各样的教学形式进行了有机的结合。他们的理论课程教学，主要采用"讲授课"和"教学实践课"。"教学实践课"主要有练习课、实验课等形式。比如，《机械零件》课程，就分为"理论讲授"和"练习"两门课程，"理论讲授"的周课时为 4 课时，"练习"的周课时为 2 课时。《电力拖动》一课，没有"练习课"，在每周 2 个课时的"讲授课"以外，还有每周 1 个课时的"实验课"。

纽伦堡应用科技大学机械工程专业不仅设置了丰富的社会实践时间，而且还在其中搭配了"针对社会实践的理论课程"。每一次社会实践时间为 20 周，每周 5 天，其中仅有 4 天为实习时间，另有 1 天用来进行"针对社会实践的理论课程"。也就是说，在社会实践的学期里，仍有一定量的理论学习，其实习时数与理论学习时数的比例约为 4∶1。第 1 次社会实践学期的理论课程包括：实习专题讲座/讨论课、生产组织与工业企业管理、劳动与健康保护等。第 2 次社会实践学期开设的理论学习课程则有：实习专题讲座/讨论课、企业经济学和法律等。每一门课程的周学时均为 2 课时。

这样的课程要素，组成了德国应用科技大学基本的课程结构。[①]

2. 莱比锡电信应用科技大学信息与通信技术专业的课程体系分析

莱比锡电信应用科技大学（Deutsche Telekom - Hochschule für Telekommunikation, Leipzig FH），HfTL）坐落在莱比锡市南端的 Connewitz 区，是一所著名的私立高校。成立于 1991 年，其前身是德国邮政在莱比锡成立的一所培训学院，现在该大学的法人依旧是德国电信股份有限公司，该大学也是唯一一个能提供前往德国电信公司实习的高校。在著名的德国高等教育发展研究中心的高校排名中，莱比锡德国电信应用技术大学一直排在前列。其在中国国内的合作高校包括北京邮电大学、西安邮电大学、南京科技大学等。

莱比锡电信应用科技大学的信息与通信技术专业，在课程设置上紧密结合了区域发展的前沿，其应用性十分明显，前瞻性突出。该校还十分重视针对企业的需求和发展进行深入的研究，这都使得他们专业方向和专业能力的培养能够更加明确的定位。课程标准的制定以学生专业能力培养为出根本发点，强化学生专业基础和专业基本能力，并对专业发展能力进行拓展。

学制与学期

该信息与媒体设计专业是全日制学士学制，共有 6 个学期，其中 5 个学期是理论学期、1 个属于实践学期。与纽伦堡应用科技大学机械工程专业一样，也分为：基础学习、专业基础学习、专业方向学习三大板块。最后一个学期也是毕业论文学期。

课程模块设置及学分管理

信息与媒体设计专业的教学计划和课程安排如表 3-5 所示，学生可以享受教授、讲师、助教以及实验工程技师的专业指导，并提供个性化教学。

---

① 德国唯一受国家承认免学费的私立大学[EB/OL].http://kaoshi.china.com/abroad/News/focus/News-13-39-7091.html，2011-9-29

表3-5   莱比锡电信应用科技大学信息与媒体设计专业课程设置

序号	课程名称	进行时间	学分	理论课时	实验课时	授课人数	授课频率	时长
1	电气学（上）	第1学期	5	40	5	80	每个冬季学期	1学期
2	计算机科学（上）	第1学期	5	30	15	40	每个冬季学期	1学期
3	数学（上）	第1学期	10	72	0	120	每个冬季学期	1学期
4	物理	1、2学期	10	48	24	40	每个冬季学期	2学期
5	专业英语（上）	1、2学期	5	24	0	80	每个冬季学期	2学期
6	模拟电路设计	第2学期	5	24	8	80	每个夏季学期	1学期
7	电气学（下）	第2学期	5	36	9	80	每个夏季学期	1学期
8	计算机科学（下）	第2学期	5	30	15	40	每个夏季学期	1学期
9	数学（下）	第2学期	5	24	0	160	每个夏季学期	1学期
10	电磁场与电磁波	第3学期	5	32	0	80	每个冬季学期	1学期
11	计量技术法	第3学期	5	24	12	72	每个冬季学期	1学期
12	光通信技术	第3学期	5	35	0	80	每个冬季学期	1学期
13	信号与系统（上）	第3学期	5	36	0	80	每个冬季学期	1学期
14	数字系统设计	第3学期	5	32	16	80	每个冬季学期	1学期
15	经济与法规	第3学期	5	24	0	80	每个冬季学期	1学期
16	高频技术	第4学期	5	24	0	80	每个夏季学期	1学期
17	信息论与编码	第4学期	5	33	0	80	每个夏季学期	1学期
18	综合试验	4、5学期	5	0	36	40	每个夏季学期	2学期
19	网络（上）	第4学期	5	30	12	80	每个夏季学期	1学期
20	信号与系统（下）	第4学期	5	36	0	80	每个夏季学期	1学期
21	专业英语（下）	4、5学期	5	24	0	80	每个夏季学期	2学期
22	传输技术	第4学期	5	40	0	80	每个夏季学期	1学期
23	财务咨询	第5学期	5	24	0	48	每个冬季学期	1学期
24	市场与客户管理	第5学期	5	24	0	80	每个冬季学期	1学期
25	移动通信	第5学期	5	48	0	80	每个冬季学期	1学期
26	网络（下）	第5学期	5	30	12	80	每个冬季学期	1学期
27	网络管理与规划	第5学期	5	40	0	80	每个冬季学期	1学期
28	光学传输技术	第5学期	5	12个练习课时		15	每个冬季学期	1学期
29	项目实践	第5学期	5	30	15	40	每个冬季学期	1学期
30	电信系统，无线通信	第5学期	10	15	0	20	每个冬季学期	1学期
31	本科毕业设计	第6学期	12	自学为主			每个夏季学期	0.5学期
32	答辩	第6学期	3	5个选修课时			每个夏季学期	0.5学期
33	实习	第6学期	15	自学为主		80	每个夏季学期	0.5学期

从表3-5中可以看出莱比锡电信应用技术大学信息与媒体设计专业的课程设置与德国电信股份有限公司的工作内容高度衔接，除了重视理论知识的传授以外，该校还特别注重对学生实验技能和方案作业能力的培养。

师资队伍

莱比锡电信应用技术大学拥有众多的专业教授，有26名教授教学之外还参与管理。

例如校长 Volker Saupe 教授，其主要教学领域涵盖了电气工程学、电子学、材料学、建筑构建学（大型预制等）；副校长 Claus Baderschneider 教授，主要负责市场与国际关系；副校长 Jean-Alexander Müller 教授，主要负责教学和研究；Lutz Michael Büchner 教授，主要负责权限管理和高校合作。另外还有诸如主要研究声波和语言信号处理的 Oliver Jokisch 教授，讲授电气工程学和电磁场的 Detlef Schlayer 教授，研究电气工程学和 CAD 应用的 Brigitte Obst 教授，研究无线电转播系统和高频技术的 Thomas Schneider 教授，研究计算机和网络系统应用的 Thomas Meier 教授，研究信号和系统的 Ines Rennert 教授，研究物理和无线移动应用的 Ulf Schemmert 教授等，都是行内的佼佼者。

在莱比锡电信应用技术大学采用的这种合作模式下，许多德国电信公司的员工参与深造学习项目，完成本科和研究生学习，同时学校的在校学生也通过在德国电信公司的实习积累了丰富的经验，为将来就业打下良好的基础。学生在学习过程中能够参加到德国电信以及德国电信所有合作公司的项目当中去，学生的学士论文、硕士论文以及平时大部分的项目论文都在德国电信公司里完成。该校所有的科研项目都有实践项目支持，这一来，学生不但可以参加到项目的研发甚至革新当中，还可以参加到项目的运行和推广当中。在通过了 3 年的课程学习之后，再加上 5 年的实习经历，则可进而成为工程师。这样培养出来的学生，在毕业后进入德国电信公司工作的机会大大增加，较其他学校拥有无可比拟的就业优势。这种教企合一的方式十分值得我们学习研究。[①]

3.德累斯顿工程和经济应用技术大学通信工程与多媒体技术专业的课程体系分析

德累斯顿工程和经济应用技术大学成立于 1992 年，是德国的一所公立应用技术大学。该校所在的德国萨克森州德累斯顿市是著名的历史名城，即是奥迪轿车的创始地，也是西门子、IBM、ABB、AEG 等知名大型公司的研究中心所在地。其通信工程与多媒体技术专业拥有良好的教学设施和一流的实验设备以及过硬的师资力量，是留学申请的热门专业。该专业的课程设置拥有非常高的含金量，具体分为：基础学科、专业学科和选修课程三个部分。

其中的基础学科，集中在 1~3 学期完成，凡是通信工程与多媒体技术专业、自动化技术专业、电子技术专业或者机电系统/汽车机电一体化专业的学生，都必修同样的基础学科，如表 3-6 所示。

表 3-6　德累斯顿工程和经济应用技术大学通信工程与多媒体技术专业的基础学科设置

课程名称	学期课时			学分
	第一学期周课时 讲座/练习/实习课时	第二学期周课时 讲座/练习/实习	第三学期周课时 讲座/练习/实习	
数学 1	3/2/-			6
数学 2		3/2/-		6
数学 3			3/2/-	6
技术物理学	3/-/-	2/-/1		7
设备设计	4/1/-			6
信息学 1	3/2/-			6
信息学 2		2/2/-		4
电子技术 1	4/2/-			6

① 莱比锡大学学院主页［EB/OL］.https://www.hft-leipzig.de/de/hochschule/personalverzeichnis.html，2013-8-14

课程名称	学期课时			学分
	第一学期周课时 讲座/练习/实习课时	第二学期周课时 讲座/练习/实习	第三学期周课时 讲座/练习/实习	
电子技术 2		2/2/2		6
电子技术 3/测量学			4/2/2	8
电子学 1		3/1/1		6
电子学 2			3/1/1	6
电子工程		2/1/-		3
系统理论/控制工程			4/2/-	8
英语 1	-/2/-			2
英语 2		-/2/-		2
英语 3			/2/-	2
总计	26	28	26	90

其中,《英语》一课在通过语言考试之后,每人可选择不同的英语等级,甚至更换为其他的外语。

该校的专业课程安排在扎实的基础课程学习之后的 4~7 学期,陆续开展,如表 3-7 所示。

表 3-7 德累斯顿工程和经济应用技术大学通信工程与多媒体技术专业的专业学科设置

课程名称	学期课时				学分
	第四学期周课时 讲座/练习/实习	第五学期周课时 讲座/练习/实习	第六学期周课时 讲座/练习/实习	第七学期周课时 讲座/练习/实习	
数字系统	2/1/-				3
电磁理论	3/2/-				6
微处理器技术	2/1/1				4
调制和过滤器	3/1/1				7
信号与系统	3/2/1				6
通信技术 1	3/-/1				4
实习学期		x			30
微电子/CAD			3/1/1		6
网络技术			2/-/1		4
信息传输 1			3/1/-		4
光电子学			2/-/1		4
信号编码			2/1/-		3
高频技术			3/1/1		6
电磁兼容性			2/1/-		3
系统设计				2/-/1	5
商务/工程法				4/-/-	3
嵌入式系统				2/1/-	4
选修课程 1				Anl.2	3
选修课程 2				Anl.2	3
学士论文		第七学期			12
总计	27	-	26	16	120

在上表中，第 5 学期是被安排为"实习学期"的，该学期内，没有安排任何理论课程，而第 7 学期在完成学士论文的同时，安排有 3 门专业课程及 2 门选修课。选修课的选择范围如表 3-8 所示。

表 3-8　德累斯顿工程和经济应用技术大学通信工程与多媒体技术专业的选修课程设置

课程名称	周课时 讲座/练习/实习	学分
数字图像处理	2/1/-	3
高能效的数据传输系统	2/1/-	3
高频技术 2 /天线	2/1/-	3
信息传输 2	2/1/-	3
光传输系统	2/1/-	3
卫星通信	2/1/-	3
技术语言处理	2/1/-	3

从表 3-8 中可以看到：德累斯顿工程和经济应用技术大学通信工程与多媒体技术专业的教学目标十分明确：在基础学习阶段主要教授与应用领域密切相关的基础知识，简单介绍整个专业领域的总体概况。在专业课程的设置当中着重突出了实用性强的特色。尤其重视学生的实习，安排了长达整个学期的实习时间，而且选择在第五学期，因为教学是以实际工作为导向的，应该以"解决工作上的实际问题"为根本，着眼于理论付诸于实践，只有在实践中才能知道自己的不足，才知道以后学习要提升的部分。德累斯顿工程和经济应用技术大学把实习安排在第五学期，而不是像大多数中国的学校那样设置在最后一学期的毕业设计前，这样做的好处是可以使得学生在回到学校之后，更有针对性地进行学习。

通过对德国纽伦堡应用科技大学机械工程专业、莱比锡电信应用科技大学信息与通信技术专业和德累斯顿工程和经济应用技术大学通信工程与多媒体技术专业——三个不同大学的工学专业的课程设置分析，可以看出，应用科技大学在工学类学科的课程设置中，重点放在了突出应用型大学的办学特色，紧紧围绕着技术应用和工程实践来开展。[①]

3.3.2　应用科技大学经济、管理学典型专业课程体系分析

德国明斯特应用技术大学（MFH）创建于 1971 年，分为两个校区，明斯特校区和史丹福特校区。明斯特高等专业学院开设有 50 多个本科和硕士专业，是德国四所最大的国立高等专业学院之一，也是德国研究实力最强的应用技术大学之一。明斯特应用技术大学的专业构架清楚明晰，重点突出，不同的专业重点使学生能够在扎实的基础学习之上，根据本人的兴趣在高级阶段达到专业化水平。

德国明斯特应用技术大学的工商企业管理专业在德国乃至世界经济界领导层中享有崇高的声誉。该专业历时 6 个学期，在表 3-9 中可以看到其课程设置的详细安排。

---

① 德累斯顿工程和经济应用技术大学官网［EB/OL］.http://www.htw-dresden.de/fileadmin/userfiles/htw/docs/SOPO/7200/E21b122b123b129b_2014_SO.pdf

表 3-9   明斯特应用技术大学工商企业管理专业课程设置

课程名	学分	课程下属模块	各模块每周课时	该课程每周课时总计
金融经济学 I	7	财务会计	2	6
		税收	4	
管理流程	7	组织	2	6.5
		人力经济学	2	
		BW·导论	2	
		学习方法	0.5	
数学及经济信息学	8	经济数学	3	7
		经济信息学	4	
经济法 I	8	经济法 I	4	6
		经济法练习 I	2	
第一学期学分总计	30	第一学期每周课时总计		25.5
统计学	5	统计学	4	4
企业主要经济流程	6	物料管理	2	6
		生产	2	
		营销	2	
金融经济学 II	7	投资与融资	3	7
		财务会计：会计及会计政策	2	
		管理会计：成本会计 I	2	
国民经济学	7	微观经济学	2	6
		宏观经济学	4	
关键技能第一部分）	3	科学著作基础	2	2
第二学期学分总计	28	第二学期每周课时总计		25
关键技能第二部分）	2	演讲，沟通及团队合作	2	2
企业管理第一部分）	6	战略管理	2	4
		项目管理	2	
选修课程	6	选修课程	4	4
第三学期学分总计	14	第三学期每周课时总计		10
企业管理 第二部分）	6	比如 商业游戏等等.	4	4
选修课程	6	选修课程	4	4
第四学期学分总计	12	第四学期每周课时总计		8
关键技能 第三部分）	3	科学作品	1	3
		特殊的及与职业相关的技能	2	
企业与社会	3	以企业与社会为主题的为期两天的讲座	1	3
			2	
扩展课程	12	扩展课程	8	8
第五学期学分总计	18	第五学期每周课时总计		14
过渡课程	5	项目家庭作业	3	3
扩展课程	12	扩展课程	8	8
论文 学士论文）	12	论文 学士论文）	12	12
研讨会	1	研讨会	1	1
第六学期学分总计	30	第六学期每周课时总计		24

在表 3-9 中的"选修课程"和"扩展课程",是分别开始在第 3~4 学期和第 5~6 学期的选修课程。在"选修课程"中,学生必须从 11 个选修课程中至少选出 4 门课程来学习。其遴选范围如表 3-10 所示。

表 3-10　明斯特应用技术大学工商企业管理专业选修课程的设置

课程名称	学分	课程下属模块	各模块每周课时	该课程每周课时总计
企业管理经济基础	6	金融收益分析及控制	2	4
		金融风险分析及控制	1	
		企业金融管理	1	
物流	6	物流学	4	4
营销学	6	市场调研	2	4
		消费者行为	2	
流程管理及 ERP 系统基础	6	ERP 系统基础	2	4
		流程管理基础	2	
人力资源管理/组织行为学	6	组织行为学– 宏观层面: 人力资源及企业战略	2	4
		组织行为学– 微观层面: 组织中团体及个人行为	2	
定量法	6	运筹学导论	2	4
		统计工具和方法	2	
会计学	6	财务会计: 会计政策及财务报告分析	2	4
		管理会计: 成本会计 II	2	
税收	6	税后利润计算,税收帐户和收入帐户盈余特点	2	4
		交易税概况	2	
全球化及欧洲一体化	6	全球化	2	4
		欧洲一体化	2	
经济法 II	6	经济法 II	4	4
商务英语 B2 CEF）	6	商务英语 Level B 2 CEF）	4	4

而"扩展课程"则要求学生在表 3-11 所示的 21 门课程中,先选出 2 门课程,于第五学期完成,再选出 1 门课程,于第六学期完成。

表 3-11　明斯特应用技术大学工商企业管理专业扩展课程的设置

课程名称	学分	课程下属模块	各模块每周课时	该课程每周课时总计
业务营销	12	价格政策	2	8
		产品政策	2	
		交流政策	2	
		分配政策	2	
战略营销	12	战略营销	2	8
		部门营销	2	
		战略营销项目	2	
		战略营销研讨课	2	
国际市场营销	12	国际市场营销	2	8
		国际市场营销：项目	2	
		国际商务	2	
		案列研究	2	
企业税务 I	12	诉讼法	2	8
		企业税收	2	
		企业伙伴税	2	
		税务会计法	2	
企业税务 II	12	企业继任	2	8
		国际税收	2	
		税收影响及税务负担比较	2	
		企业税务 II 研讨课	2	
审计	12	审计	2	8
		审计技术	2	
		企业评估/其他审计	2	
		审计研讨课	2	
企业融资	12	资本市场和衍生金融工具	2	8
		融资过程和手段	2	
		融资政策和企业评估	2	
		关于企业融资实时主题研讨课或者项目研讨课	2	
国际市场上的成功战略	12	国际经济发展 VWL）	2	8
		精选经济政策问题	2	
		国际管理	2	
		国际惯例案例分析	2	
应用统计学	12	市场调研	2	8
		多元方法	2	
		商业智能	2	
		应用统计学方法精选	2	
运筹学	12	优化	2	8
		运筹学方法精选	2	
		决策理论	2	
		项目管理技术和系统	2	

课程名称	学分	课程下属模块	各模块每周课时	该课程每周课时总计
课程名称	学分	课程下属模块	各模块每周课时	该课程每周课时总计
组织及信息管理	12	增值过程	2	8
		信息管理	2	
		电子商务	2	
		组织及经济信息学研讨课	2	
学习项目 组织经济信息学和物流	12	促进剂变更管理社区活动，3 天）	2	8
		项目任务 在企业大约 2 天/周）	6	
商务信息系统	12	ERP	2	8
		企业应用程序	2	
		数据库系统	2	
		商务工程	2	
供应链管理	12	价值网络管理	2	8
		生产计划与控制	2	
		供应商关系管理	2	
		研讨课/案列分析/练习	2	
以潜力为本的人员管理	12	人才培养	2	8
		教育和培训	6	
有效人力管理	12	人才招聘	2	8
		人力资源管理	2	
		激励制度	2	
		有效人力资源管理研讨课	2	
领导与变革	12	领导架构	2	8
		人事管理	2	
		变革管理	2	
		领导实践问题研讨课	2	
管理	12	运营管理	2	8
		运营计划	2	
		战略管理	2	
		管理研讨课	2	
财务会计	12	国际会计	2	8
		集团会计	2	
		财务报表和财务报分析	2	
		财务会计问题研讨课	2	
劳动法和经济法	12	劳动法	2	8
		劳动法研讨课	2	
		私人经济法	2	
		执法权	2	
特殊经济法	12	公共 经济法	2	8
		互联网法	2	
		竞争法，知识产权法和版权法	2	
		经济法研讨课	2	

从明斯特应用技术大学工商企业管理专业的课程设置方式中可以看出，应用科技大学在经济、管理学类的学科中，虽然没有像工学类学科那样安排长达一整学期的实习，但也有为期 2 周的企业项目实习安排，并辅之以社区活动、商业游戏、讲座等丰富多样的课程安排，突出了应用型大学紧密结合实践的特色。[16]①

3.3.3 应用科技大学艺术类典型专业课程体系分析

亚琛应用技术大学成立于 1971 年，坐落于德国工业的心脏、著名的大学城亚琛市，位于德国、比利时、荷兰的三国交界处，比邻多所高校、教育及研究机构、以及爱立信、微软、福特、飞利浦等国际知名企业。亚琛应用技术大学分为亚琛和余利希两个校区，共计在校生一万余人，是德国最大的应用技术大学之一，不仅有雄厚的科研资金，而且与当地企业、跨国公司以及欧洲最大的科研中心，都有着密切的学术和科研关系，拥有区域性大学自然科学学科教研中心、研究开发中心、和技术转化中心。

亚琛应用技术大学的产品设计专业，特别注重理论与实践相结合，为学生提供一流的教育、现代化和最有未来市场竞争力的课程。该专业的本科阶段时长 8 学期，总共需要修满 240 个学分。其具体课程设置如表 3-12 所示。

表 3-12 亚琛应用技术大学产品设计专业的课程设置

课程名称	上课方式	课程性质	课程下属模块	上课时间	各模块学分	该课程总学分	考试方式
设计基础	实践 / 项目	必修	造型：基础项目 1	第 1 学期上半学期	5	34	打分形式的考试方式
			造型：基础项目 2	第 1 学期下半学期	5		
			造型：基础项目 3	第 2 学期上半学期	5		
			造型：基础项目 4	第 2 学期下半学期	5		
			色彩，样式，构图	第 1~2 学期	8		
			绘图基础	第 1~2 学期	6		
技术 1	练习	必修	描绘技术	第 1~2 学期	5	15	打分，和不打分的形式兼有
			材料与生产技术	第 1~2 学期	5		
			技术交流	第 1~2 学期	5		
设计学 1	大课 / 研讨课	选修	艺术史	第 1 学期下半学期 ~第 2 学期上半学期	4	11	不打分形式的考试
			设计史	第 1 学期下半学期 ~第 2 学期上半学期	4		
			相关学科	第 1 学期下半学期 ~第 2 学期上半学期	3		
构想与草图	实践 / 项目	必修	项目练习 1	第 3 学期	8	32	打分形式的考试方式
			项目练习 2	第 3 学期	8		
			项目练习 3	第 4 学期	8		
			项目练习 4	第 4 学期	8		

---

① [16]明斯特应用技术大学官网[EB/OL].https://www.fh-muenster.de/bwl/downloads/_290949/ Curriculum_ BA_ Wirtschaft_ab_WS_0910.doc

课程名称	上课方式	课程性质	课程下属模块	上课时间	各模块学分	该课程总学分	考试方式
技术 2	练习	必修	媒体技术 CAD	第 3~4 学期	4	13	打分形式的考试
			媒体技术 DTP	第 3~4 学期	4		
			特殊领域技术	第 3~4 学期	5		
设计学 2	大课 / 研讨课	选修	设计理论/设计史	第 3 学期下半学期~第 4 学期上半学期	4	12	不打分形式的考试
			艺术学	第 3 学期下半学期~第 4 学期上半学期	4		
			相关学科	第 3 学期下半学期~第 4 学期上半学期	4		
			市场营销	第 3 学期下半学期~第 4 学期上半学期	4		
通用技能 1	大课 / 研讨课	必修	关键技能 1	第 3 学期下半学期~第 4 学期上半学期	3	3	不打分形式的考试
产品设计项目	实践 / 项目	必修	产品设计项目 1	第 5 学期	20	40	打分形式的考试
			产品设计项目 2	第 6 学期	20		
设计学 3	大课 / 研讨课	选修	设计理论	第 5 学期下半学期~第 6 学期上半学期	4	13	打分，和不打分形式的考试兼有
			艺术学	第 5 学期下半学期~第 6 学期上半学期	4		
			相关学科	第 5 学期下半学期~第 6 学期上半学期	4		
			市场营销	第 5 学期下半学期~第 6 学期上半学期	4		
项目支持，技能资质	大课 / 研讨课	必修	专业特殊领域	第 5 学期下半学期~第 6 学期上半学期	4	4	打分形式的考试
通用技能 2	大课 / 研讨课	必修	关键技能 2	第 5 学期下半学期~第 6 学期上半学期	3	3	打分形式的考试
实践学期	实践 / 项目	必修	实践学期	根据选择在第五，第六或者第七学期附加必修实习课	3	30	不打分形式的考试
本科毕业	实践 / 项目	必修	项目构想 / 实践项目	第 7 学期下半学期~第 8 学期上半学期	15	30	不打分形式的考试
			本科论文	第 7 学期下半学期~第 8 学期上半学期	12		
			课堂讨论	第 7 学期下半学期~第 8 学期上半学期	3		

　　分析表 3-12，可以发现：在 240 分总学分当中，"实践/项目"类课程为数最多，学分累计 166，占总学分的 69%，尤其是其中的"实践学期"，学分高达 30 分，时间横跨一整学期，并且可由学生灵活选择在第五、六或者第七学期进行。而采用 "大课/研讨课" 来作为教学方式的只有 46 分，占 19%；最后还有 28 学分的"练习"，占总学分的 12%。从这样的课程设置中，可以明显看出亚琛应用技术大学产品设计专业对实践应用的高度重视，有别于国内讲多练少的课程设置方式，亚琛应用技术大学产品设计专业的这种以实践为主、与市场高度结合的教学模式自然备受学生的青睐。[①]

3.3.4　中国应用科技大学的课程体系建设应该以专业建设为核心

　　在我国的高等学校当中教学改革工程是高等教育的工作重心向"深度内涵建设"以及"提高教学质量"方向转移的又一重要举措。应用科技大学更应该主动去适应这种新趋势，配合工作重心点转移，积极探索提高教学质量的方法。

　　分析我国应用科技大学课程建设的现状，可以发现其中依旧存在着不少有待改进的问题：

　　1. 专业建设重学科，轻课程体系

　　在我国的高等学校中，一直以"专业方式培养人才"模式，作为高校的主要人才培养模式。近几年来，由于我国在应用科技大学的建设上较多地强调了"学科建设"，导致许多高校在专业建设中，往往只把注意力放在了学科性成果上，仅以科研项目、学术论文的多少来作为衡量指标，从而忽略了专业建设的另外一个环节——课程及课程体系建设的主要内容。如果仅仅只注重学科建设，却忽视课程及课程体系的建设，学生就难以学到最新的知识和技术。培养出来的学生质量也就难以得到保证。

　　2. 专业课程体系不够严密

　　在实现人才培养的过程中，课程教学是实现培养目标的具体途径。课程体系设计的合理性、科学性，是实现人才培养目标的基本保证。我国应用科技大学在基础课程的设置上，往往科目比较少，其内容也相对贫瘠。应用科技大学在课程的内容选择和组合上，也仍然从学科或科目出发，偏重于理论的、基础的知识。

　　3. 课程建设缺乏特色

　　现在，我国的应用科技大学办学特色不够鲜明。具体到专业设置和课程建设方面，表现尤为突出。一些热门专业以及办学成本相对较低的专业，往往大多数高校都开设。虽然是不同的高校，这些课程的设置往往都大同小异，没有体现出学校的特色。课程设置趋同，也就难怪各个学校的课程建设普遍缺乏特色。

　　由于长期不重视课程建设，应用科技大学的课程建设观念相对落后，忽视了课程在整个人才培养计划中的作用。一方面，不少高校在课程建设的改革中，把课程看作了孤立、零散的点，只关注各门课程本身的问题，而没有将课程与学校的人才培养目标紧密结合起来，更未认识到课程是教育思想的反映和人才培养观念的具体体现。另一方面，课程内容的设计没有考虑到如何结合应用科技大学学生的认知规律，没有将建构的思想融入课程设计中去，更没有考虑如何结合社会生产和科学研究的实际，没有将解决问题的思路和方法

---

① 亚琛应用技术大学官网［EB/OL］. http://www.aachen.de/

纳入改革后的课程内容当中，很难设计具有启发性的、创造性的、想象力的课程设计。

4．课程建设内涵薄弱

课程建设无疑是一种不断积累的过程，它应该是教师在长期的教学研究与实践中得出的结果。我们身边的不少高校，教学计划、课程大纲、教案范本汗牛充栋，格式统一，但究其内容，细看之下就会发现，其中存在着不同程度的追风赶潮、流于形式。更糟糕的是：各个高校之间相互照搬照抄，中规中矩有余，特色不足。深入观察，我们还会发现：在具体的课程建设过程中，形式化现象也很严重。例如在信息高速发展的当下，不少课程都纷纷加入了现代化的信息手段，但有的时候出现了"为了多媒体而多媒体"的现象。虽教学手段多样，多媒体形式很花哨，但只是在课件的外观制作上下功夫，忽视了内容的精练与精彩。许多课程所使用的课件内容，与书本内容完全雷同、照本宣科。这样的教学方式下学生很难从中获益，其结果必然是：课程建设成了摆设的"花瓶"，只是好看，但无实际意义。①

3.4 中国建设应用科技大学在专业与课程设置方面的探讨

3.4.1 中国建设应用科技大学在专业设置方面的探讨

中国应用科技大学在专业设置上还有一些问题，除了借鉴欧洲特别是德国应用科技大学相对成熟的专业设置经验外，还必须结合中国应用科技大学建设发展的实际情况，总结前面对欧洲及中国大学专业设置的具体分析。

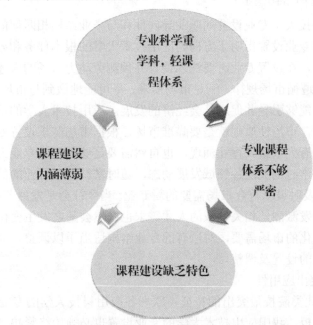

图 3-2 中国应用科技大学在专业设置上存在的主要问题

---

① 雷炜.高校课程建设现状分析与对策研究[J].高等工程教育研究，2008（1），103~106 页

1. 专业设置要考虑科学性、前瞻性、可行性和效益性

科学性：专业设置的定位要满足经济社会发展需求和个人成才愿望，为社会培养全面发展的高素质人才。专业设置的操作过程要科学，从规划、实施、教学到管理，每个环节都要符合教育规律。

前瞻性：专业设置要具有长远规划，满足学生、专业和学校可持续发展的需要，不但要以当前的地方经济社会发展对人才的需求为导向，还要具有一定的前瞻性，考虑社会发展的未来需求。

可行性：专业设置要结合自身的办学条件、学校发展定位和社会经济环境，为社会发展服务。要根据高校自身的发展情况、软硬件建设条件，不能违背学校定位原则盲目办学。

效益性：高等教育系统进行管理的目的同样在于降低成本、提高效益，它追求的不是最大利润，而是高等教育系统的最大经济效益和社会效益。在专业设置中，既要追求办学效益，又要遵循教育规律，确保教学的高质量。

图 3-3　专业设置要考虑的几个因素

2. 专业设置紧跟市场需求

欧洲各应用科技大学专业设置的职业导向性和与产业结构相匹配的显著特征，也为我国应用技术大学的专业设置指明了方向。应用技术大学的根本任务和办学宗旨要求此类院校遵循市场性原则，在设置专业时要深入调查并预测劳动力市场的人才需求，立足于人才市场的现实需要，遵循市场规律、满足市场需求，尽可能地做到与市场接轨、与需求合拍，使学校的专业发展能够引导并促进社会经济的发展。应用技术大学的培养目标决定了专业设置的市场化特征，市场性原则就是要瞄准市场、根据市场需求设置专业。伴随着经济的飞速发展，必然会有大量新兴行业涌现，也自然需要足够数量的专业人才与之相适应，这就要求应用技术大学时刻关注各领域发展动态，随时掌握新兴行业的信息，不断了解人才市场需求的变化，及时设立符合市场需要的新专业。当今社会是发展节奏日益加快的时代，各行业的竞争也愈发激烈，相关领域的人才需求也必然会随之发生变化，对此，应用科技大学要根据动态变化的市场需要，对原有的专业结构适当予以调整，并且应由用人机构、企业共同参与专业的设置及调整。

3. 专业设置突出应用性

"应用性"是此类院校最突出的特征，欧洲各应用科技大学的专业均有着极强的应用性特征，以此为样板，我国应用技术大学的专业设置也必须始终紧扣"应用"二字，集中于设置应用性专业。在设置专业时要考虑职业岗位需求，同时根据专业领域的要求设置课程内容、选择培养模式，使培养出的人才能够直接有效地服务于生产实际。专业设置上不但要重视选择那些应用性较强的专业，专业人才的培养也要建立在应用技术的基础之上，

专业的总体设计即课程设置、教学环节和学时的分配等都要坚持以应用为主体、以应用为重点、符合应用的标准。实践能力的培养是促进学生理论联系实际、提高学以致用能力的重要环节，这就要求应用技术大学加强实践教学的比重，不仅要增加实践教学时间，还要增加生产性实习实训，把能力培养纳入教学计划，努力将实际工作所需的知识、技能和态度内化到学生的认知结构中，为学生的就业和从业打下坚实的基础。

4. 专业设置要有地域针对性

欧洲特别是德国应用科技大学的成功之处，主要在于其专业设置具有明显的地域特色，能够对地方经济的发展起到积极的促进作用，这对我国应用技术大学的专业设置具有极大的借鉴价值。我国的应用技术大学大多为近年来升本的地方院校，其办学宗旨主要是面向地方和行业培养高层次应用型人才。应用技术大学专业设置的区域及行业针对性原则就是由其办学方向、办学任务和服务面向所决定的。所谓"区域及行业针对性"就是要立足当地经济建设发挥对应行业优势，针对地区及行业发展的实际需要来设置专业。

我国应用技术大学大多都有着自己的行业优势，如钦州学院主要引领海洋行业的发展等等，各院校在与对应行业的长期合作中已经拥有了一定的行业优势；加之我国疆土辽阔、民族众多、地域性特征明显，这便为应用技术大学专业设置的区域和行业针对性原则提供了实践的可能。作为培养地方和行业建设后续劳动者的基地，学校的发展与区域和行业的发展紧密相连，因此各院校在专业设置时必须盯紧当地的行业发展和经济建设的实际需要，突出地方及行业特色。区域行业针对性是应用技术大学的办学特色，也使应用技术大学打破全而弱的专业束缚，同时也有利于大学生就业难问题的根本解决。[①]

3.4.2　中国建设应用科技大学课程设置方面的探讨

通过以上对中外几所典型的应用科技大学具体专业的层层分析，我们可以发现，德国一些学校的办学模式、人才培养方案、课程体系等，都很值得国内各应用型大学学习与借鉴。比较中外各应用科技大学的专业与课程设置，可以看到，我国的应用科技大学还可以在以下几个方面进行加强和改进：

1. 以课程为中心，坚持产学研结合

（1）以课程为中心

我国的各个高校，在其专业建设中，以往都是以学科建设为中心的。这样的思路，对于研究性大学来说，基本是合适并且有效的。但是，对于大多数应用型科技大学来说，换之以课程为中心的专业建设理念，才是更为科学合理的。因为这类院校以培养应用型人才的本专科生为主，因此，这些院校的学生需要更多的与社会生产和生活紧密联系的应用性知识和技能，仅仅强调学科的学术性特点难以满足这类学生的需求。而以问题或主体形式出现的课程建设，知识与问题紧密结合在一起。不仅能够教会学生理论联系实际，掌握基本方法，更能开阔学生的视野，培养他们关注生活和现世的情怀。因此，要提升本科教育质量，必须在专业建设中，坚持以课程建设为核心，围绕专业培养目标，建构合理的课程体系，选择合适的课程内容，体现每一门课程在人才培养中的价值。在这一点上我们应更多借鉴国外应用科技大学的人才培养模式，突出课程在人才培养中的中心地位，国外的专

---

① 郝雪.人才市场需求导向的应用技术大学专业设置研究[D].哈尔滨理工大学.2015

业名称更多考虑的是如何组合课程，以适应市场变化、满足学生需求。

（2）坚持产学研结合

我国的本科生教育，更需要从产学研结合的角度来考虑课程建设问题。由于我国应用科技大学以专业为依托培养人才的特点，使得各类高等院校尽管已经在专业结构调整上投入了相当大的精力，但是专业变更的历史传承性，仍使我国高校的专业建设难以适应快速变化的社会发展需求。《北京人才市场报》的记者孟庆伟从2000年开始，每年都对至少2000名大学生和不少于1000家的企业，进行持续的跟踪调查，并在他的报告中分析归纳出了毕业生就业难的7大原因。[①]这其中，首当其冲的就是：高校专业设置与快速变化的市场需求之间的错位！调查中发现：产业结构调整后，随之带来的是职业、职位、岗位等重大变化，形成了人才供需之间市场配置的巨大时间差。而课程的变更，相对于专业的变更来说，应该是更加快捷、更加方便一些。因此，要想克服专业变更缓慢的缺陷，其方式之一就是在课程建设上，打破学科制约，在课程命名和内容选择上，把对于现实问题的反映与解决提上日程！任课教师要能够将"产学研"三者统统结合在一起，时刻关注社会的发展以及因此形成的需求变化，这样教师才能及时更新课程内容，完成课程建设，为学生建构良好的知识结构与能力结构，使学生们的学习更贴近现实。

（3）增加课程总量

为了满足学生选修课程的需要，目前我国很多应用科技大学向西方国家的应用科技大学学习，动员教师参与公共选修课程的建设。大多数高校为了搭建公共选修课平台，尽快赶上或接近发达国家应用科技大学课程开设的数量，采取多种措施，积极鼓励教师尽可能地开设新课程。并且，在多开课、增加学生选择机会的同时，更加重视课程建设质量，把好课程尤其是新开课程的质量关，多开设高质量、时代气息强的课程来满足学生学习的需要。

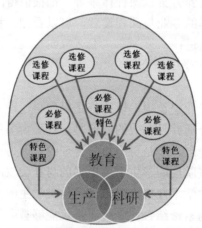

图3-4　以课程为中心的教学模式

2. 在课程中加入校企合作的内容

为落实应用型本科教育"以服务为宗旨，以就业为导向"的办学方针，要进一步提高

[①] 高红英.德国应用科技大学机械工程专业课程体系的研究与借鉴——以代根多夫应用科技大学为例[J].河北能源职业技术学院学报，2013（8）

应用型人才的培养质量，不断满足企业和社会的需求，必须进行校企合作，并将校企合作的内容纳入课程体系的建设当中。

（1）校企合作，随时调整课程体系

教育集团化办学是一个新生事物，职教集团建立的目的是为了整合教育资源，集中优势力量来加强应用教育。要想建成"校际联合、校企合作、校协联手"的良好局面，还有待各方共同努力。对高校而言，应加强素质教育，加强宣传教育，使教职员工形成校企合作的基础。这是高教发展的根本出路的共识。同时，要认真研究学习国外的成功经验，建议成立地区高校科研机构的联动机制，加强地区间各级各类学校对该问题的区域性研究，集中各校的科研力量对地区的共性问题进行探讨，加快研究进程。还要建立校企双方的动态调整更新机制。企业的设备和技术更新了，学校应随时调整课程和教学场地等；学校的教育理念更新和变化了，企业也应随之调整对新进员工的职业培训。要树立一个理念，即合作双方都应该及时关注对方变化，同时根据时代和社会需求来调整自己的发展计划。因此，建立动态调整更新机制对校企合作的顺利进行及成功尤为重要。

（2）更新课程教学内容，注重行业发展需求

各行业虽然与学校有一定的合作，但是，不同行业对校企合作的热情还不够高，更多地是满足于挑选到自己中意的人才，而对培养人才并不关心。行业协会、商会等组织是掌握企业信息、能为学校提供相关信息的重要机构，然而大多数行业协会等组织的作用发挥不好，仅体现为帮助学校与企业牵线搭桥，这与美国的行业协会和商会在校企合作中起到很大作用形成鲜明对比。因此，学校加强校企合作时必须重视融入的行业要素，在运行机制上，加大行业参与职教的力度。在教学内容上，要注重行业发展的要求，加强与相关行业的联系，把校企合作向深度推进，充分发挥行业协会等部门的作用。[①]

（3）企业高管或高级工程师参与课程建设

要转变校企合作各方及社会各界的认识，充分认识到校企合作的互利互惠并不是简单的经济利益，而是高校和企业承担社会责任的体现。校企双方应该在办学理念、人才培养、课程改革、产学研项目、技术开发、学校和企业文化建设等深层次和长远利益上进行合作，建立优势互补、资源共享的平衡机制，做到人、财、物、资源双向流动，走出去与请进来并举，重视"软"资源的互补和共享。教师定期到校企合作单位培训，理论与生产实践相结合，参加实践学习锻炼；邀请相关专业领域的合作单位高管及高级工程师参与指导课程体系的调整、课程内容的更新，并面向师生开设讲座等。[②]

3. 在课程建设中凸出应用型本科特色

根据职业教育、应用型大学以及研究型大学各自不同的培养目标和特点，针对学生的不同方面进行培养。在职业教育阶段，学生应具备实际联系理论的理解能力，通过学习基础知识，对该学科有宏观的理解。而在应用型大学阶段，学生应具备应用能力，例如根据事件的变化特征，找到相应的分析工具，进而具备分析能力将复杂的问题简单化，找到规律。最后，在研究型大学阶段，学生应具有评价能力，评价项目的机会与风险，提供多个解决问题的方法。

---

① 马宇，钟昆明.曾诗岚.重庆地区职教校企合作现状及提升对策[J].重庆科技学院学报社会科学版.2015（5）

② 吴建成，王媛媛.校企合作在欠发达地区高职教育中受制的原因分析与出路探寻[J].镇江高专学报，2011，01

以《通信原理》一课为例。该课程是是电子信息类专业本科生的一门重要专业基础课程，也是诸多院校相关专业硕士研究生入学考试课程之一，这门课程对于进一步学习通信领域的相关专业知识起着承上启下的"桥梁"作用，为此作为精品课程建设显得尤为重要。《通信原理》课程的主要特点总体上表现为：理论性强、内容丰富、概念抽象、原理复杂，对数学基础及其应用能力要求较高；系统性强，课程主要围绕通信系统的模型框图展开，基本上每一章就是该框图的一部分，也就是传输系统的一部分；先修课程起点较高，该课程一般要在信号与系统、高频电子线路等专业基础课程开设的前提下开课。

在以职业教育为主的高职高专院校中，该课程的教学往往使用《通信原理简明教程》，学生在对系统原理理解不够透彻的情况下，往往只能按部就班地对相关设备进行初级使用。而在以科学研究为核心的研究型大学中，该课程的教学主要以公式推导、原理讲授为主，附以 MATLAB 仿真实验，其教学大纲中对各知识点的证明十分详细，配套的教辅资料往往直接是《考研真题集》，显得"应试"有余"应用"不足。而遵循应用型人才的培养目标，应用型大学在该课程建设中应突出自己的特点：

1）在课程标准、教材选用与编写、教学指导与习题解答、试题库、网络教学、实验环境、师资队伍等方面全面发展，形成一个立体化的践行应用型人才培养目标的课程教学体系。

教材应体现以下特色：

A. 重视理论知识与工程实践相结合。将抽象的理论知识与具体的实践紧密结合，理论指导实践，促进学生将专业知识转化为工程实践能力。

B. 重视知识的系统性，理论分析、公式推导避繁就简。理论知识偏多、偏深的教材不仅不利于学生的学习，反而会导致学生厌学情绪而大大影响教学效果。

C. 重视引入新的通信技术。通信新技术可以拓宽学生的视野，激发学生的兴趣，为后续的相关课程打下基础。[①]

2）课程体系结构的优化。

课程体系紧紧围绕应用型大学主要为地方经济建设培养应用型人才的培养目标。主讲教材选用适合应用型大学的特色教材，所选教材应在教学内容上突出基本概念和基本原理，也兼顾一些新型的通信技术。随着电信产业的迅猛发展，各种新型的通信技术层出不穷。任课教师在有限的课堂教学时间内不能只满足于向学生灌输知识，更要注重培养学生主动学习、自主学习和终生学习的能力，使教与学与时俱进。

3）加强师资队伍建设。

为使课程建设工作顺利开展和深入，课程教学团队非常重视对青年教师的培养。实施助教制的同时加强在职培养，有针对性地安排教师参加学术会议和实践培训，跟踪和学习国内外先进经验和教学方法。

4）改革教学方法与教学手段。

将以教师为主体的教学方式转变为以学生为主体的启发式教学方式。教学过程中穿插提问、设问、讨论等方式，启发学生多方位的思考与分析，突出自主分析与团队协作发挥群体优势，赞赏学生合理的质疑和设问，以开放的态度、开放的课程、开放的资源运用，

---

① 夏菽兰，王吉林.应用型本科院校《通信原理》精品课程的建设与实践[J].信息系统工程，2012，05

为学生学习和创新创造机会和条件，挖掘蕴藏在学生身上的创造性品质，使学生以自主的求知态度和创新精神去探索未知的知识领域。

①结合实际生活和实践工业应用，让学生除了理解基本原理和理论以外，还能学会如何分析、解决问题，而不是一味地记公式、做考题。

②以往以"教"为主导的传统教学模式，现在需要改为以学生的"学"为主导方式。教师应该从调动学生对课程的积极性的角度来进行教学设计，而不是把课程的内容生搬硬套地讲授给学生。通过启发式和讨论式教学，把学习的主动权还给学生，留给学生更多的自学和研究思考的空间。同时，重视学习方法的培养，使学生具有独立获取知识和解决问题的能力。为提高教学效果，可以采用黑板讲授和多媒体演示相结合的教学手段。通信原理这门课程原理复杂、图形及公式较多，如果只采用黑板讲授，不仅浪费了课堂时间，而且静态的框架图不利于学生的理解，因此需要引入先进的计算机仿真系统，借助生动的动画来讲解原理，对晦涩难懂的理论进行仿真，以便学生直观地观察到结果，并结合当前的技术发展趋势，把教学的理论引入到实际工程应用中去。另外，还可以将一些与本课程相关的学生竞赛作品、创新训练作品和教师的科研成果带到课堂上进行现场展示，以此来激发学生的学习兴趣。

③采用新颖的教学方法引导学生。经常不定期地举办各种学术讲座，邀请校内外通信领域的专家学者、电信一线的工程技术人员来校介绍通信技术的实际运用和最新发展，带动学生的学习热情。教学手段影响课程教学质量的提高，为此应在实际教学中注意教学手段的多样化，充分融合与发挥出各种教学手段的功能和优势。多媒体教学信息丰富，可节省大量板书的时间，在增大课堂容量、开阔学生知识视野的同时，提高了课堂的教学效率；配合多媒体教学，适时地引入仿真软件，课堂教学中进行适当的简单的仿真，可使原本抽象的概念、结论变得直观、通俗，利于学生接受、理解。

④端正学生学习专业知识的态度。将教学的重点放在通信系统的基本概念和典型技术上，结合教师的科研工作及大学生创新训练项目，将学科的先进知识及时反馈到课程教学之中，兼顾对新技术的介绍，通过对比典型技术和新技术的差异，强调新技术的优势，激发学生对技术创新模式的思考，了解技术变革的途径，适应时代发展的需要。

5）重视实验环节，完善课程体系。

本课程实验目的是使学生建立起通信系统的系统性概念，加深对通信基本理论的认知，强化动手实践能力的培养。在做好验证性实验的同时，可对已有的实验箱进行二次开发，拆分原有的电路模块，增加能使学生弄清实验原理及过程的接口或测试点，结合教学实际设计制作部分具有综合性、设计性的电路模块，便于学生根据自身的兴趣与需要进一步深入学习。在实验中指导学生充分练习前续课程中的模拟电子线路、数字逻辑电路、高频电路等，适时引入 Matlab 或 Systemview 系统仿真实验平台，通过布置软件仿真实验项目，抛开实验的时空限制，将实验引向课外，这样通过验证、设计开发、综合扩展训练，对于较大型的仿真项目鼓励学生自行成立项目组集体攻关、团结协作，从多重角度和多个层次提高学生灵活运用知识的能力和实践操作能力。

图3-5 《通信原理》课程建设

综上所述，以《通信原理》课程建设为例，应用型本科的课程改革必须要准确定位，要具有创新精神和创新意识；要从教学方法、教学手段、教学内容、教学力量及实践环节等方面进行改革，提高教学质量和教学效率，并推出一系列数量丰富、内容新颖、面向未来的新教材及配套教学资源，建设的课程能充分反映出现代科学技术发展的趋势，使课程内容与教学手段的先进性、知识演进的逻辑性、课程体系的系统性及以学生为中心的教学理念更加突出。

参考文献

[1] 何兰英，龙大为.中美研究型大学专业设置与人才培养的差异及其启示[J].思想战线，2004（30）4，99~102页

[2] 肖芬.本科课程体系优化研究[D].湖南农业大学.2007

[3] 蔡敬民，陈啸.走应用型人才培养之路-合肥学院人才培养模式改革与探索[M].安徽大学出版社.2013

[4] 荀勇等.高等工程教育—德国工程技术教育的研究与实践[M].中国水利水电出版社.2008

[5] 孙进.德国应用科学大学专业设置的特点与启示[J].清华大学教育研究，2011（32）4，99~103页

[6] 张玉芳.德国应用科技大学专业开发特色及其借鉴[J].潍坊工程职业学院学报，2013（26）6，17~20页

[9] 王辉，朱健.论基于产业结构调整的高校专业设置[J].教学研究，2011（34）1，20~23页

[10] 汪文婷.我国应用技术大学双师型师资队伍建设研究[D].哈尔滨理工大学.2015

[11] 张笑涛，张铁牛."学科·专业·课程"辨析[J].中国电力教育，2008（1），20~21页

[12] 鲁晓泉.试析德国应用科技大学的课程结构与培养目标[J].晋城职业技术学院学报，20103）5:33~36页

［13］雷炜.高校课程建设现状分析与对策研究[J].高等工程教育研究，2008（1），103~106 页

［14］尹宁伟.德国应用科技大学实践教学模式及其启示[J].煤炭高等教育，2012, 30 页

［15］郝雪.人才市场需求导向的应用技术大学专业设置研究[D].哈尔滨理工大学.2015

［16］高红英.德国应用科技大学机械工程专业课程体系的研究与借鉴——以代根多夫应用科技大学为例[J].河北能源职业技术学院学报, 2013（8）

［17］马宇，钟昆明，曾诗岚.重庆地区职教校企合作现状及提升对策[J]. 重庆科技学院学报（社会科学版），2015（5）

第 4 章　应用科技大学的教学研究

高 飞

高等教育的核心工作是"育人"[①]，要让学生掌握某一专业领域的知识和技能，既有传承的义务又有创新的责任，还要培养学生有完善、独立的人格，能实现自身价值和为社会创造价值。基于"育人"这个目标而开展的一系列教育教学改革，如高校自身发展定位，人才培养方案优化，专业建设、课程体系、教学模式、教学内容的优化等才是有生命力的。教学工作是高校人才培养的生命线，没有高质量的教学作为支撑，任何培养目标都难以实现[②]。应用科技大学在教学上要紧跟时代发展，适应社会需求，培养符合 21 世纪现代化建设需要的高素质人才。

4.1　高等学校理论教学与实践教学

高等教育的内容从宏观上讲包括理论教学和实践教学两大部分，不同国家和不同学校对理论和实践的理解各有其特点。教育界对理论和实践关系的理解主要有三种：① 对立统一论：理论来源于实践，实践受理论指导，而二者又相对立。理论虽来源于实践，但有其自身的发展规律。实践促进理论的自身改造，但并不总是接受理论的指导。② 相互促进论：理论对实践的分析探究带来了实践的变革，实践的变革又给理论提出了新的要求，推动理论不断发展。③ 三分论：理论落后于实践、理论大致同步于实践和理论超前于实践发展。高校理论教学和实践教学相互关系也大致如此。理论教学主要是理论知识的讲解与传授，其实何尝不是另外一种形式的实践活动，只是这种实践活动系统性和理论性更强。长期以来，人们一直理解为理论联系实际，实践印证理论，所以在构建高校教学体系和教学实践中，过于突出了理论教学的地位，势必造成实践教学的偏失。

教学的内涵极为丰富，广义上讲，学生在大学四年中参与的所有活动及其过程都可以认为是教学活动，比如：课堂教学、实习实验、体育锻炼、人文修养、社会实践、公益活动、调查研究、自主创业等等。这些教学活动在不同的学习阶段，承担着相应的培养任务。狭义的教学是就某类知识进行合理组织，完成从教师到学生的传递过程。完成这一过程同样需要多个环节的密切配合，诸如教学基础设施保障、师资队伍建设、理论教学体系构建、实践教学体系构建、社会力量参与教学、课程体系构建、教学模式多样性、教学内容更新、课堂教学组织、教学质量监控与反馈等等各个方面。任何教学过程都要以促进"人"的成

① 翟博育人为本：教育思想理念的重大创新[J].教育研究，2011（1），8~13 页
② 刘金虎.学校教育科学研究的认识与思考[J].上海教育科研，2005（6），77~78 页

长为目标，围绕培养适应社会的"人"来组织教学过程，才能体现新形势下人才培养的理念[1]、[2]、[3]。

4.1.1　当前理论教学与实践教学存在的问题

随着经济、社会的发展，高等教育理论教学与实践教学[4]二者之间的不协调性突显出来，主要表现在如下三个方面：

1. 观念上偏重理论教学

受理论联系实际观念的影响，过于重视理论知识的讲授，一般情况下都是通过对某一问题确定一个"正确"的答案来传授知识。这种方式只要求对教学内容的正确表达，而忽视了学生的思维扩展，遏制了学生的创新思维意识。更重要的是，对实践教学也采用这种方式，事实上把实践教学当成了理论教学的附属。实际上，实践教学和理论教学是教学的两个方面，彼此无法取代，教学理念和方式也不尽相同，并不能认为实践教学只是课堂教学的延伸和补充，没有实践教学的理论教学是不完整和不充分的教学。只有把理论教学与实践教学相互结合、互相连接，才能实现知识体系的完整构建。

2. 理论教学与实践教学脱节

除了观念的偏失外，理论教学和实践教学在具体的教学环节也存在非常严重的脱节问题。一方面体现在理论教学内容与实践教学内容的脱节上，主要是理论教学内容和实践教学内容匹配度不合适的问题。国内很多高校典型的做法就是理论教学和实践教学归属不同的教学单位，由不同的教师实施教学过程，在教学内容的统一、衔接和教学进度上出现偏差。另一方面体现在理论与实践教学本身与社会发展的脱节上，主要体现在教学内容陈旧，跟不上社会发展的需要，不能把最新的社会需求体现在教学活动中，缺乏社会适应性和能力的培养，其后果就是毕业生的知识结构和水平跟不上时代的要求，"毕业即失业"的现象不可避免。这是对高等教育资源极大的浪费。

3. 实践教学保障措施缺失

如果说理论教学还可以通过提高教师个人的理论水平、教学能力、科研能力来弥补的话，实践教学就不仅仅是教师个人能力的问题了。没有良好的实践平台和硬件设施保障，根本无法开展有效的实践教学活动。对于应用科技大学这类强调"应用"为特色的高校而言，实践教学便是重中之重。此外，高校重视理论课程的师资力量建设，有很多激励措施对理论课教师进行培训和提升，而对实践教师的培养则相对滞后，造成的后果是从事实践教学的教师其价值无法得到应有的体现，以致于多数教师不愿意从事实践教学。

当然，制约高校教学质量提升的因素还有很多，比如高校实践教学平台能否与时俱进满足社会发展需求；高校（尤其民办高校）持续投入与产出不成比例而造成的社会效益与经济效益之间的博弈；高素质教师引进难、留下更难；还有一些体制性的制约因素短期内无法克服，比如：校企合作中如何提高合作企业的合作意愿；如何保障合作企业合理的经济利益；如何发挥政府在校企合作中的作用等等。种种因素制约之下，如何提高教学质量、

---

① 胡金木.当前中国教育理论研究的使命与立场[J].国家教育行政学院学报，2014（7），45~49 页

② 魏宏聚.何为真正的教育理论[J].国家教育行政学院学报，2014（2），3~8 页

③ 朱晓进.叶圣陶教育思想的当代价值[J].江苏师范大学学报（哲学社会科学版），2013（9）1，131~137 页

④ 王鉴.关于实践教学论的几个理论问题[J].教育理论与实践，2005（25）11，34~37 页

如何"以'人'为本"构建理论与实践教学的新型模式,是应用科技大学的建设者们必须认真思考的问题。①

4.1.2　理论教学与实践教学的关系

理论来源于实践又指导实践,二者相伴而生。理论教学与实践教学亦是如此。高校根据自身发展和定位不同,对理论教学与实践教学的把握各有侧重。以往我们更重视理论联系实际,体现在教学过程中就表现为一门课程的理论教学课时远大于实践教学课时,且实践教学内容也以印证理论知识为主。虽然这种做法近年来得到了很大革新,但也仅仅停留在增加实践课时,减少验证型实验,增加设计型和综合型实验的阶段。再进一步的改革也只是体现在增加创新实践平台,开设具备一定创新性和综合性的课程设计。不管冠以什么名目,其本质还是作为理论教学的附属,这就从根本上降低了实践教学的地位。

如何理解理论教学与实践教学的关系,是教学改革的首要问题。只有理清了二者的关系,才能触及人才培养的核心环节。

1. 理论教学与实践教学无主次之分

目前存在的问题是注重理论教学而忽视实践教学,那么是否应该特别强调实践教学呢?当然不是,两者都是教学活动的两大部分,无主次之分,只存在两者是否协调的问题。即:哪个教学环节、哪个教学阶段、哪种能力培养适合理论教学就用理论教学,适合实践教学就用实践教学。从理论上讲,显性知识的传授主要靠理论教学环节,隐性知识的传授和活动主要靠实践环节。不能人为地、机械地认为理论教学比实践教学重要,或者必须以实践教学为中心。理论教学和实践教学都是手段,不是目的。用合适的教学手段达到教育目的就是基本要求。

2. 理论教学与实践教学在传授和掌握知识和能力方面有不同的作用

就某一门课程的教学而言,以理论教学还是以实践教学为主,只是教学的需要,要因势利导、因地制宜。理论教学偏重于知识本身的获取,强调的是知识结构和知识体系的完整。实践教学更多地体现知识的直接获取和学生的第一亲身感受。二者存在的目的不一样,教学的手段不一样,追求的效果当然也不一样。应用科技大学虽然强调实践,但绝对不能忽视理论教学,而是需要更精心的设计来提高理论教学的质量和水平。从这个意义上讲,不仅不是对理论教学的削弱,反而是提出了更高的要求。

3. 实践教学是在理论(而不是理论教学)指导下的教学活动

应用科技大学在培养模式上,以适应社会需要为目标、培养技术应用能力为主线来设计学生的知识、能力、素质结构和培养方案,以"应用"为主旨和特征构建课程和教学内容体系,重视学生的技术应用能力的培养。在理念上要给予实践教学平等的地位,不同的专业,不同的课程,要有针对性、阶段性的安排。实践教学涉及面广,场地、设备、师资、课程、教材等要素相互关联。这样一个庞大的实践教学体系必须有相应的理论来指导,系统、合理的构建实践教学体系,是提高人才培养质量的必然要求,而且理论知识本身也只有在实践教学的支持下才能更深入地理解和掌握。

---

① 高飞.以质量工程为引导,培养应用型人才的实践性教学改革[J].黑龙江科技信息,2012(6),171页

4.2　应用科技大学实践教学体系的构建

社会的发展和进步离不开高等教育，高等教育的目的就是面向社会培养应用型、工程型、职业型和研究型、具有创新能力的高素质人才。评估高校人才培养水平的核心指标就是能否适应社会发展需要。应用技术大学的定位就是以应用型人才为主要培养目标，培养适应生产、设计、建设、管理、服务第一线需要的高级技术人才。在培养模式上，以适应社会需要、培养技术应用能力为主线来设计学生的知识、能力、素质结构和培养方案，以"应用"为主旨和特征构建课程和教学内容体系，重视学生的技术应用能力的培养。

构建应用科技大学的教学体系，不仅包含理论教学和实践教学两大教学层面，还会涉及到教学理念、教学模式、教学资源、教学方法等技术层面。其目的就是突出应用科技大学所具有的工程性、应用性和创新性[1]、[2]。实践教学所承担的教学使命应重点增强，构建实践教学体系是重要任务。实践教学从大的方面可以分为校内实践教学和校外实践教学两大部分。校内实践教学主要包含在校内实验室及相关实践平台的教学，如课程实验、课程设计、电装实习、金工实习、程序设计等等。校外实践教学主要以企业为主导，增加学生与社会和就业市场的接触，根据市场对人才需求的要求，与时俱进提供实践内容和实践形式，提高学生的动手能力和创新能力。

4.2.1　适应社会需求、企业深度参与的校企融合

校企融合的培养模式需要在制度建设上保障参与企业的合理、合法利益，使更多的企业有意愿、有动力参与高校的人才培养工作[3]。校企分工要明确，企业拥有实践教学和培训的决策权和管理权。企业以实际工作的操作规范为依据制定严格且细化的实践教学操作规范，以此保障实践教学在企业能够有条不紊地进行。高校要明确校企双方的具体权利、职责和利益，使其获得法律的保障、协调和规范。地方政府有责任对学校建设、教学设备、实训设备等进行必要的经费支持，或者是对合作企业给予相应的政策优惠，充分保证企业开展实践教学的决定权。紧紧围绕操作性、实践性、应用性和创新性的教学特点，提高高校人才培养的质量。

校内实践教学要在充分调研市场需求的基础上，大力革新人才培养方案，针对社会需要和本专业人才的能力需求，对专业定位、课程体系、课程实施、教学内容、配套教材、师资建设、硬件投入等方面进行全面梳理，使之形成结构严谨、能力突出、衔接紧密的培养体系。

校企融合推动合作办学、合作育人、学生就业，校企合作发展，实现合作共赢，是学校、企业、学生三位一体的培养模式，其落脚点是学生。学生得到的是包含理论知识、实践技能、职业素养在内的"人"的全面素质提高。学校得到的是贴近人才市场需求的专业设置、贴近企业需求的人才培养方案和模式、社会认可度高的人才培养质量以及招生、就

① 王春荣，滕宝仁.依托工程训练中心优质资源构建大学生创新平台[J].实验技术与管理，2014（31）11，147~149 页

② 梁勇，王杰，任佳，田璐.构建校内创新实践基地、培育学生创新能力[J].实验技术与管理，2014（31）10，216~218 页

③ 安冬平，徐小容，陈甜.德国职业教育实践教学的系统性表征之审视[J].职教论坛，2014（30），90~92 页

业、科研能力、区域经济、文化建设、社会职能等方面的提升。企业得到的是高素质的人力资源、科技创新、新材料、新工艺、新技术、新成果的快速转化，经济效益和社会效益的双丰收。校企融合的主要特点是：

① 不拘泥于特定的行业和企业，而以企业对人才的共性需求为对象；

② 企业全程参与人才培养，做到校中有企、企中有校；

③ 不一定是一个企业全程参与，而是不同企业在不同阶段有针对性地提供不同的培养平台。

结合德国"双元制"的经验，保障校企融合的主要途径是：

① 发挥政府作用，统一规划统筹，对于经费、资源、信息、利益全面协调、维护双方共同利益，并对校企合作的具体实施方案监督、评价，给予指导。

② 完善相关法律制度，明确政府、企业、学校的责、权、利，适当政策倾斜，如减免合作企业的税收、学生带薪实习、政府出资支持教师到企业实践，对校企共建基地进行补偿，创设良好的环境。

③ 政府应建立校企合作的评价体系，制定科学的评价标准，设置严格的评价程序，对校企合作进行全方位的评估。同时以评价体系为基础，建立积极的激励机制，保护和激发企业参与校企合作的积极性。通过评估，树立参与校企合作的先进典型。

4.2.2　校外实践基地与校内实践平台建设

校外实践基地与校内实践平台是高校加强实践教学的基本物质保障[①]，是学校提高自身教学质量，贴近企业生产实践和社会需求的必要组成部分，也是校企合作中，提高学校合作水平和层次的客观需要。在校外实践基地的建设上，高校要根据人才培养要求遴选合适的企业。企业具备的基本条件有：较强的生产、设计和研发能力，先进的生产工艺和技术，现代化的企业管理制度，高效的营销策划团队和奋发有为的企业文化。只有在这样的企业里构建实践基地，才能保障学生有充分的学习实践平台，才能得到真实的职场锻炼。

校外实践基地主要依托企业自身优势和资源在企业里建设，不仅要解决学校人才培养的问题，还要解决企业的实际需求。校外实践基地在人才培养方案制定的过程中，要做到贴近行业、贴近企业、贴近需求，与时俱进。能够把校外实践基地发展成为企业人才培养的摇篮，不仅可以解决人才定向培养的问题，同时又满足了学生个人职业素质提高的要求。校外实践基地承担的教学培养任务，由校企双方共同制定。合作企业根据高校要求提供实践教学所需的各类资源，包括实践场地、实践项目、实践导师、学生管理、实践考核、成绩认定、信息反馈等，所有实践教学环节均由高校参与管理，并根据社会发展需求不断调整培训项目，优化培训环节，提高教学质量。

校内实践平台为大学生创新意识和能力的培养提供实践环境和氛围，学生可以在实践中把理论知识与实际问题结合起来，提高学习效率，同时进一步探索事物内在关系和变化规律，有利于学生主动学习，认真思考和积极创新。校内实践平台由高校根据人才培养方案要求和行业、企业用工需求在高校内部建设，要做到贴近市场需求来规划和建设校内实

---

① 沈山，王友建，管华.参与式研究型实践教学实验中心的建设与实践[J].实验室研究与探索，2014（33）11，149~152页

践平台，以解决高校人才培养与企业需求之间的匹配问题。校内实践平台主要包括：完成理论教学所需的实践平台（即实验室）、掌握必要技能的实践平台、具备一定研发功能的实践平台、模拟企业生产的实践平台以及参与企业研发设计的实践平台。校内实践平台主要使学生在学校学习期间，就能掌握必要的职场技能，缩短与职场需求的差距，提高大学生的就业能力和就业质量。

当然，校内实践平台的建设往往具有一定的滞后性，而且升级换代也受多种因素的制约而不能及时体现最新的社会发展需求。因此，高校实践平台的建设在规划和建设过程中，不仅要考虑当前一段时间内的教学需要，还要有一定的预见性和前瞻性，能根据社会发展及时更新实践内容。实践基地和实践平台虽然一个主要在校外、一个主要在校内，但两者的共同之处就在于通过实践基地与实践平台的建设，达到让学生走出校门就能无缝对接企业用工需求的目标，两者的关系如表 4-1 所示。

表 4-1　校外实践基地与校内实践平台的关系

项　目	特　点	能　力	目　的
实践平台	校内建设、学校为主 考虑企业用工需求	基本技能 团队素养 职业潜力	重基础
实践基地	校外建设、企业为主 考虑学生能力培养	工程能力 创新能力 工作能力	重能力

4.2.3　实践教学内容的多层次和模块化

实践教学体系建设的另一个重要方面就是实践教学内容。高校教学问题的核心要求是解决学生能力培养的问题，学生应该具备什么样的能力，说到底是由就业市场的需求决定，如何让学生在校学习期间掌握就业所需的技能，适应人才市场的需求，是当前高校教学改革的重要任务。

基于校外实践基地和校内实践平台建设的思路，梳理实践教学内容，提出多层次和模块化的构建体系。多层次就是大学八个学期在不同阶段掌握不同的实践能力。模块化就是把将能力需求划分，让不同的课程，不同的平台完成不同的能力培养目标。教学内容的整合要根据模块化的设计要求避免内容重叠，保障实践学习的连续性[1][2][3][4][5]。

1.多层次教学及其构建

在实践体系的构建方面，要明确校内实践平台重基础，校外实践基地重能力，校企合作重发展的构建理念，做到合理、有效匹配资源，发挥多层次实践教学体系的优势。

大多数高校的人才培养方案在大一阶段往往是教育部规定的公共课程，如数学、英语、

① 高飞.就业为导向的电子信息类人才培养方案的改革[J].中小企业管理与科技，2014（5），285 页

② 夏平，周学君.基于目标导向的工程应用型人才培养实践体系构建与探索[J].实验室研究与探索，2014（33）6，153~156 页

③ 殷代印，曹广胜.基于现代工程教育体系的实践教学改革与实践[J].实验技术与管理，2013（30）10，11~14 页

④ 居里锴，徐建成."大工程观"下工程实践教学改革的探索与实践[J].中国大学教学，2013（10），68~70 页

⑤ 闫绍峰，工程型人才培养模式下的实践教学体系构建[J].实验室研究与探索 2014（33）6，223~226 页

计算机、物理、思政与法律基础、体育、军训等，这些课程是对大学生基本素质和基本能力的培养，除此之外还需要团队协作、沟通交流和职业规划等方面能力的培养，可开展各类讲座、参观实习、社会调查报告、职场技能培训等多种形式，贯穿大一到大四整个教育过程。

仅从学生所学专业的角度而言，专业所需实践类课程大多开始于大学二年级，从这个阶段开始，要注重培养学生的实操能力，包括：各种器件认识、识别、选用；各种仪器的使用、保养、简单维修；各类软件操作、程序开发、项目研发；基于软硬件的综合系统开发；生产实践等等。

（1）配置不同类型的实验

对于专业课所配置的实验课程而言，一般分为验证型、设计型和综合型。这三种实验类型分别针对不同的课程和不同的实验阶段，可以在一门课程里配置三种实验类型，也可以在一个课程群里有侧重地配置三种实验类型，目标是通过合理配置来体现实验的价值及能力培养。比如《电路分析基础》实验作为电路信号课程群中的一门课程，一定要加大验证型实验的比重，目的是要学生熟悉实验仪器和各类元器件，掌握操作规范，掌握基本的电路理论，为今后设计型、综合型实验打基础，只有在正确的道路上才能追求能力的提高。另一方面，做为独立的一门课程，也需要做一些操作性强和带有设计性质的实验，以提高学生的学习兴趣和某个实践技能的提高。比如，完成一个小电路的焊接以训练焊接技能，设计一个基于电位器的电压取样与控制、简易调速装置等。在专业基础课和专业方向课中，要根据课程的特点和开课的不同阶段以及学生本身的能力，来确定不同实验类型的比例，这是一个动态变化的过程，需要在实践中不断优化以求最佳的教学效果。

（2）设置不同层次的实验

实验层次分为必做、选做和自拟三种。必做实验包含所有实验技能训练，要求所有学生必须独立完成。每个阶段、每个课程群、每个课程都必须有必做实验，保证基本实践技能的训练和掌握。选做实验针对学生的个人能力和兴趣爱好，在必做的基础上，适当添加设计和综合内容，合理提高难度，使学生通过一定的资料整理和课外学习能完成实验内容。个别优秀的学生可以自拟实验题目，从而有利于应用能力的培养和优秀创新人才的选拔。自拟题目需要教师把握题目的难度并给予相应的指导，保证学生在规定的教学时间内完成。每个实验要包含实验原理、实验器材、实验步骤、数据处理、实验结论和实验思考，提高学生自主实验能力。实验教学形式要不拘一格，以完成实验为目的，采取启发式、团队协作式，课内课外结合式等，以培养学生相互学习的意识和团结互助的精神。

不同类型和不同层次的实验，除了印证理论教学所学的知识以外，主要是锻炼学生应用所学知识分析和解决问题的能力。比如：从单一电路到电路系统设计；应用各种最新的硬件和仿真软件做到硬件电路与软件编程的相互融合；在专业课的实验中，还要注重与实际科研项目相结合。这些措施可以有针对性地提高学生分析、解决问题的能力，有利于创新能力的培养。

（3）改革课程设计内容

课程设计虽然是重要的实验教学环节，但以往重视程度不够，只是作为课程实验的延续，内容相对较少，没有真正把几门课程的设计性内容融合为一体。根据课程群革新教学内容和实验环节以后，课程设计的综合性才能很好地体现，而且必须是硬件设计与软件编程控制相结合的设计方式。

　　比如《电子电路基础》课程设计，除了分立元件设计电路以外，必须进行仿真实验；《数字电路与 EDA 技术》课程设计，除了芯片搭积木实现电路功能以外，必须进行 EDA 设计并下载到可编程逻辑器件实现功能；比如重庆邮电大学移通学院"综合电子设计平台"，可以完成软件和硬件相配合的几十种设计实验，让学生学会电路的设计、绘图、仿真、制版、焊接和调试；综合运用电子技术、传感器、单片机、信号与系统等方面的知识进行电子线路的设计、仿真和制作；指导学生参加各类设计竞赛，在比赛中相互学习，增长见识；还可选拔优秀的本科生参与到导师的科研项目中，在实践中进行锻炼，进一步提高学生的科研创新能力。

　　（4）开展平台间的相互协作

　　以上三个内容仅仅停留在校内实训的层面。从进入大学第六学期开始，整合教学资源开展研发实训、生产实践实训，是对接就业能力的必备环节。这一期间的学习，要根据平台实际建设的条件和水平，开展针对性的实训安排。比如重庆邮电大学移通学院建设的"PCB 生产线"，整套设备、生产流程及工艺，均按照生产企业的要求建设，学生在该实验室实训以后，完全对接企业的生产实际。校外实践基地在第六学期结束以后就开始进入企业实训的环节，或是在校企合作的企业进行相关合作培养。平台间的协作，在时间上可以相互交叉，根据实际情况采取合理的时间点完成即可。

　　2. 模块化教学及其构建

　　如果多层次可以多看做"纲"和"时间轴"的话，模块化就可以理解为"目"和"空间轴"。从表 4-2 可以看出：一个模块包含多系列课程，也并非一个学期或一个学年就可以完成。模块与模块之间并没有截然的分界线，多模块之间是相互交叉、相互联系的。构建应用科技大学的教学体系，要充分体现实践教学的重要作用来组织课程体系与教学体系。

表 4-2　实践教学体系模块化划分表

能力	课程	平台	时间
管理能力 理解与交流能力	思政 法律 艺术 经管 职场培训	认识实习 社会实践 参观调查 职业观教育 职业素质培训	大一到大四
科学思维能力 应用分析能力	数学 物理 计算机	各类实验室	大一到大二
动手能力	专业基础课程 专业课程	实践平台 实践基地	大二到大四
职业工作能力	校企合作 职场实训	校企合作 毕业实习 毕业论文	大三到大四

4.2.4　教学模式多样化

实践教学是教学的一个重要方面，是提高教学质量的必然要求。传统的实践教学多以实验室为依托，教师根据实验条件和教学要求组织实践内容，课题形式单一、教学模式单一，教学效果不佳。不少学生对实践教学认识不够，认为只要去了实验室按照教师的要求使用仪器、记录数据、撰写实验报告就是实践教学。不少教师也认为只要引导学生能完成实验内容即可，至于能否给学生带来理解的提升、思维的拓展和能力的提高，则很少关注。这不是某个教师的个人素质问题，而是高校对实践教学本身的理解问题。对于实践教学而言，针对不同模块的教学，要采取不同的方式，才能获得满意的教学结果。

基础层面的实践教学，比如验证型实验采取必做实验和课堂教学，必须要求学生在规定时间完成规定的实训科目。设计型实验采取必做、选做和引导式教学，坚持开放性，只规定完成时间，其他由学生自行安排，在规定的时间提交相应的实验成果和实验报告即可。综合型实验采取选做、自拟题目和启发式教学，教师只负责把关题目难度、可行性和实验条件保障，学生完全自主发挥，动用一切可以利用的资源在规定时间完成实验课题。可以说，把课题交给学生就是实践教学的核心思想。

坚持开放实验的思想。[1][2] 开放实验不能简单理解为开放实验室，开放实验室也不能理解为实验室 24 小时开门。开放实验是指：开放实验室资源、开放实验内容、开放实验指导教师、开放实验考核、开放实验师资力量建设。

开放实验室资源就是在规定的时间（如 8:00-22:00）没有实践教学任务的实验室统一向学生开放，学生经过一定程序的申请进入实验室，开展各类实验内容。不拘泥于学生如何完成实验，只要在实验室内没有违反相关的操作规定和安全规范即可。开放实验内容就是进入实验室的学生，可以完成记学分的实验内容，也可以完成学生自主申报的课题。开放实验指导教师就是在实验室内要有固定的值班教师，但不一定是实验指导教师。值班教师主要负责实验室的管理，有指导需求的学生可以请值班教师指导，学生也可以自请指导教师进入实验室完成特定的指导任务。在教师工作量核实环节要充分考虑教师的付出，制定合理的工作量计算模式。开放实验考核分规定实验内容的考核和自主实验内容的考核。规定实验内容只是形式上在开放实验室内完成，该内容的考核跟其他规定实验内容的考核相同。自主实验内容如果涉及学分的获取，则按一定的考核规定提交相应的实验成果和报告。无学分要求的实验内容，则无需考核，只是创造条件让学生完成他们的兴趣，同时保障实验室正常运转即可。师资力量建设主要体现在双师型教师队伍的建设上。

在校企合作和实践基地实训环节，以各类竞赛、项目开发、工程应用为主。

在这一层面，要发挥学校、企业、团队和个人的积极因素。对学校而言，可以建立相应的激励机制，如：获得各类竞赛奖项给予精神、物质以及学分方面的奖励；开发一个项目可以代替毕业论文；完成一个工程应用可以获得技术孵化支持和项目收益分红等。对企业而言，能否让学生参与企业的技术升级、设备改造、产品开发和市场营销等工作，有工作业绩的学生能否优先录用、免试用期，能否支持优秀学生自带项目、参与企业分红等。对团队而言，可以是学生自行组织，也可以是有指导教师，还可以有企业技术指导。其存在的目的就是锻炼队伍、体验职场、发扬团队精神。这样的团队，必须有成果或完成一定的工作业绩。对个人而言，能够在团队中体现个人自身价值，能够在团队工作中获得职业

① 高丹，徐新成.开放性实践教学体系的建设与探索[J].实验室研究与探索，2014（33）10，199~202 页
② 陈洪.高校实践教学资源共享策略探讨[J].黑龙江高教研究，2014（10），156~158 页

素质和业务能力的提高，能够获得进入更高学府或优秀企业继续深造的机会，就是个人发展最好的体现。

4.2.5　双师型教师队伍建设

应用科技大学的教学工作，对师资队伍的建设提出了新的方向。目前，高校要求教师具备博士学位，具备留学经历，发表核心、SCI、EI 论文，有国家级、省部级科研教研项目等。这就使高校的教师引进发生了扭曲，高校教师也越来越重视科研，教学能力反而不被重视。教学的目的不仅仅是传授知识，更重要的是培养学生学会思考，提炼技能。那些在生产、管理一线的专业技术人员，尽管可能没有博士学位，但他们拥有不可替代的实践优势。双师型教师，就是目前应用科技大学师资队伍建设的一个重要部分。

双师型一说为"教师"和"工程师"，在这里不妨扩大一些，凡是具备某项技能、能满足人才培养方案课程教学要求的人员，即可为师，"因需设岗，因岗引人"。企业中的管理人员、专业人员、工程师往往有深厚的实践能力，把这些人员充实到教学一线，能让学生学习到第一手的工作技能。这些具备企业工作经历的教学人员，不一定要做全职的教师，也不一定要在学校的课堂上课，生产一线就是最好的教学阵地。

另一方面，要培养高校在职的全职教师从事工程实践，参与生产实践。高校要出台政策鼓励教师进入企业实践，加强理论联系实际，从实践中汲取营养，提高自己的理论教学的深度，另外要求全职教师至少获得一个专业执业资格，如注册电气工程师、一二级建造师、注册会计师等等。请进来、走出去，是大势所趋，高校师资队伍建设要不拘一格，高校教师也要不断提升自身素质，才能在应用科技大学建设中发挥骨干作用。

4.2.6　重庆邮电大学移通学院"特色专业"实践教学改革

重庆邮电大学移通学院电子信息工程专业是重庆市"特色专业"，在建设特色专业的过程中，结合学校应用科技大学转型的要求，突出了实践教学在整个教学体系中的作用，现简要介绍如下。

1. 加大专业实验室建设

专业实验室，主要承担电子信息工程专业部分专业基础课和专业课的实践教学任务，在建设过程中，要求所选用的设备必须是当下最流行的芯片及最成熟的硬件产品，保证 3 年之内性能领先，5 年之内不落后，具备长期服役的能力。当然，所谓的"长期"不是不更新硬件，而是在一定的教学要求下，可以延长其使用寿命。

建设完成的专业实验室可以开展如下实践教学内容：《电路分析基础》《模拟电路基础》《数字电路基础》及《信号与系统》等课程的课程设计实验、电子系统综合设计、DSP 技术应用、FPGA 技术应用、PCB 设计、生产流水线。结合基础实验室，可以完成电子信息工程专业所有专业课程的实践教学工作，并且在完成实践课程的同时，能根据实际需求完成特色教学任务。比如，专业实验室可以满足学生参加全国电子设计大赛的要求，为学生提供训练和比赛平台。另外，还可以满足部分企业（校企合作单位）的研发要求，给学校师生提供参与企业研发的硬件环境，在做到深度校企合作的同时，力求与企业的无缝对接，增加学生求职的本领。

2. 深化校企合作

校企合作首先是合作单位的遴选，针对电子信息工程专业的特点，遴选相关行业的知名企业完成不同的培养功能。企业提供的合作范围包括：学生顶岗实习、一学期的企业生产实践、企业项目管理、营销策划、产品研发，另外还有教师挂职锻炼、培训师资等。这些内容是根据学校人才培养目标的痛点所做的针对性合作，在试点过程中，得到了师生的一致认可。

另一方面，校企深度合作体现在校内工作室的建立，工作室由企方在学校内部建设，所有的管理、运作、研发均由学校师生完成。企方提供必要的项目和经费支持，校企双方对工作室的成果共同拥有知识产权。这一模式的开展，极大地提高了师生参与的热情，涌现了很多有研发潜力的学生。在学校就能直接参与企业产品的研发，这是对以往校企合作模式极大的革新。

3. 改革实践教学模式

在以往的实践教学中，往往以做对实验、写好报告为主要考核要求，因此在教学过程中，教师更多的是教学生如何做实验，学生也以如何取得好的实验成绩为目标，看似很高的实验成绩却没有能力的实质提高。破解这一难题的关键还是前文提到的开放实验。

在目前的实践教学中，我们采取的教学模式就是项目驱动。类似于全国电子设计大赛的比赛形式，在上课时只给实验内容和要求，结合必要的理论知识和仪器仪表讲解，余下的所有工作均由学生自主完成。实验所需的时间也是开放式的，教师只给完成的时间段，至于学生什么时候来实验室、怎么安排实验内容等都不限制。给学生充分的自由，让学生充分发挥自主性。

当然，这种模式在一定程度上也会让部分学生产生抄袭的想法，这就需要教师在考虑实验内容的时候避免互联网上直接就能搜到的题目和答案，对于实验内容设计提出更高的要求。此外，这种实践教学模式不适用于验证型的基础实验，多以课程设计、综合设计为主。在实施过程中发现，学生对项目的理解和表达、对实验方案的设计、对实验结果的分析、对实验报告的撰写等方面都有极大的提高，所以，开放实验是值得推广的一种教学模式。

4. 引入企业工程师参与教学

在实践教学师资队伍建设方面，首次引入了企业工程师参与教学。在《PCB 设计》课程中，校企合作单位派出了高级工程师作为课程教师直接教学，打破了学校教师任教的藩篱。让有生产实践经验的企业工程师发挥自身优势，就是提高教学质量的保证。实际上在企业工程师给学生上课的同时，教师也一起参与了学习，教师的理论教学经验跟工程师的实践经验相结合，是对教师能力的一次提升。因此充分发挥企业人员的作用，不仅是对高校教学的补充，更是提高教学质量的重要途径。

5. 实践教学内容革新

在保证实验室硬件与时俱进的同时，还要保证实践教学内容的更新。以往教学中，课程内容一旦开发出来，基本就不变化了，因为一是开发难度不小，二是偷懒思想严重。从教学效果来看，多年不变的教学内容只是为了教学而教学，对学生的能力提高作用有限。电子信息领域的技术更迭非常快，如果不紧跟时代，实验室落伍是必然的。因此，稳步推进、小步快跑，渐进式更替实验内容尤为重要。比如在实验开发中引入新的芯片、基于新芯片开发新实验、基于新实验开发新的实验手段等。

以上就是重庆邮电大学移通学院电子信息工程专业实践教学改革的初步尝试，取得了一些成绩，当然还有很多可改进之处需要我们进一步探索。

4.3　应用科技大学理论教学体系的构建

应用科技大学强调"工程"、强调"应用"，相应的理论教学体系如何突出"工程"、加强"应用"，也是不可偏颇的重要部分。理论教学体系的构建要以实践教学体系为主导，特别强调的是实践教学体系为主导，而不是实践教学为主导。

4.3.1　模块化理论教学体系

应用科技大学的理论教学体系也采用模块化的构建方式。表 4-2 既是实践教学模块化划分的体现，也是理论教学模块化划分的参考。理论教学体系构建中，要体现以下四个方面的要求[①]。

1. 通识教育突出素质

通识教育的目的是培养学生能独立思考，造就具备远大眼光、通融识见、博雅精神和优美情感的人才。在培养方案的设计中，其目标是培养学生的理想信念、法制精神、人文情怀、艺术修养、交流沟通和团队协作等。对通识教育而言，涉及数学、英语、物理、计算机、思政、哲学、艺术、文史、经管、体育等课程内容。这些内容如何嵌入到高校人才培养方案中，不是某一个专业考虑的问题，而是需要学校层面的顶层设计。教育部规定的数学、英语、计算机、物理、思政、体育等内容必须开设，但如何合理开设，学期、学时如何安排，内容的深度和广度如何取舍；哲学、艺术、文史、经管等课程，培养学生为"人"的素质，同样面临如何开设的问题。重庆邮电大学移通学院的"通识教育、专业教育、完满教育"形成的"三位一体"教育模式，对此进行了有益的尝试。

2. 专业基础突出应用

在目前的高校教学中，对知识的运用重视不够，导致学生动手能力差。这种差不仅仅体现在操作能力差，更体现在发现问题、解决问题的能力差。就业市场体现最直接的就是就业困难。在这种现实下，不能仅仅靠提供实践训练来达到培养目的。专业基础课程就是要发展个人基本专业素质，做到"学以致用"。以能发现问题、能寻找解决方案、能解决问题为目标，来构建课程体系以及课程体系中理论教学与实践教学各自所占的比重。"应用"不是结果，而是过程，要以突出应用来改革专业基础的课程设置，在教学内容上实现优化，使学生自然而然获得应用能力的提高。

3. 专业方向突出发展

专业课有别于专业基础课，其主要特点是务实和广博兼顾，注重的是学生未来职业发展的可能。以电子信息工程专业为例，该专业涉及的专业方向有：信号获取与控制、信息传输与处理、信息安全、故障检测、设备维修、嵌入式系统、智能控制、电路设计、微波通信、多媒体技术和微电子技术等等。毕业生可在航空航天、通信电子、能源开放与应用、智能建筑、交通、汽车、机械、物联网、互联网、电子商务等行业从事产品设计、研究、

---

① 高飞.《EDA 技术》课程改革与实践[J]. 大学教育，2013（22），85~86 页

开发、应用、生产过程控制与管理、贸易销售等工作。不同的就业领域有共性的职场能力需求和个性的专业能力需求。在夯实专业基础的前提下，广泛涉猎本专业的专业方向，对学生的兴趣培养、职业规划和选择以及进一步专业深造都是大有裨益的，这是注重学生个体发展的必然选择。

4. "五个不断线"突出能力

"五个不断线"是指"数学、英语、计算机、实践、职场"四年学习不断线。数学、英语、计算机是工具，实践、职场是手段，能力是目的。不仅是大学学习期间不断线，进入职场工作，也需要终身学习才能与时俱进而不落后、不被淘汰。通过系统的课程设置、合理的理论教学、协调的实践教学等综合作用，实现"五个不断线"的人才培养，强化学生以"系统性"来思考和解决问题，突出"工程性"和"应用性"的理论和实践训练，使学生具有较强的动脑、动手能力和发现问题、解决问题的创新能力。

4.3.2　优化理论教学内容

理论教学必须辅以教学内容的合理优化，才能达到基本理论、基本技能、创新意识和创新能力的培养要求。以电子信息工程专业为例来阐述理论教学的内容优化。

1. 课程群设置

通过课程群来整合教学内容，以信息的采集、传输、处理、控制为主线，体现"以内容设课程"和"以内容定学时"的原则。

课程群内容包括：

电路群：《电路分析基础》；

电子电路群：《模拟电子电路》、《高频电子电路》和《集成电路原理与应用》；

数字电路群：《数字电路与逻辑设计》、《电子设计自动化》；

信号群：《信号与系统》、《数字信号处理》（理论部分）、《数字图像处理》、《Matlab 程序设计》；

电子与计算机群：《单片机原理与应用》、《嵌入式系统》、《微机原理与接口技术》、《DSP 原理与应用》（硬件部分）；

通信与控制群：《通信原理》、《信息论与编码》、《电磁场与电磁波》、《自动控制原理》。

2. 按照课程群整合课程

《电路分析基础》是整个电子类专业的基础课，所涉及到的"等效"、"变换域"、"双口网络"、"传递函数"、"频率特性"、"动态电路"和"相量法"等内容，直接与其他课程群相联系。因此，《电路分析基础》在教学内容上既要把握自身的理论体系，更要体现与后续课程的联系，整合到《电路分析基础》里的教学内容，在其他课程群里就不做详细介绍，以避免重复而压缩学时。建议《电路分析基础》理论教学 64 学时，实验教学 16 学时。

《模拟电子电路》和《高频电子电路》在分立元件构成电路部分，因为研究对象的频率不同，导致电路等效模型、分析和设计电路的思路不一样，二者只是前后顺序和难度深浅的问题，整合到一起更符合认知规律。两门课中的集成电路部分，可以整合到《集成电路原理与应用》，从而可以将三门课程整合成《电子电路》和《集成电路》两门课程。《电子电路》理论教学 64 学时，实验教学 32 学时，课程设计 16 学时。《集成电路》理论教学 48 学时，实验教学 16 学时，课程设计 16 学时。

　　《信号与系统》、《数字信号处理》（理论部分）本质上就是一门课，在以往的教学过程中，两门课程有过多的内容重叠。合成一门课可分为三大教学部分：连续信号与系统、离散信号与系统、数字滤波器，理论教学 64 学时，实验教学 32 学时，其中硬件实验 8 学时，Matlab 实验 24 学时。《数字图像处理》作为延伸内容，与《Matlab 程序设计》整合，主要用 Matlab 程序设计的方式，实现数字图像处理的目的，理论教学 32 学时，实验教学 24 学时。

　　《数字电路与逻辑设计》、《电子设计自动化》整合成《数字电路与 EDA 技术》，主要体现各种组合逻辑、时序逻辑电路如何通过硬件电路（中规模集成芯片）和软件编程（Max+plusII）来实现，并通过可编程逻辑器件（CPLD 或 FPGA）来验证。这样有利于学生从不同角度理解和认识数字电路，拓宽视野，提高学生分析和解决问题的能力。数字电路部分理论教学 40 学时，EDA 技术部分理论教学 16 学时，硬件实验 16 学时，软件实验 16 学时，课程设计 16 学时。

　　《单片机原理与应用》、《嵌入式系统》（可看做 EDA 技术的进阶部分）、《微机原理与接口技术》和《DSP 原理与应用》（硬件部分）这四门课，主要体现硬件电路搭载软件程序来实现设计功能，这是提高学生就业能力的核心课程，尤其以实践操作为主，辅以理论课教学。在整合中，可以根据教学条件择其一做重点课程，理论教学 32 学时，实验教学 32 学时，课程设计 16 学时。其他课程有选择地开设即可，控制在 32 学时为宜。

　　《通信原理》、《电磁场与电磁波》、《高频电子线路》（已整合）、《信息论与编码》四门课程从原理、基本理论、基本电路、应用四个方面来学习通信体系。作为电子信息工程专业的学生而言，完善知识结构是重点，建议除《高频电子线路》外，其他三门课安排 40 学时为宜。《自动控制原理》也是相同的思路，安排 40 学时为宜。

　　3. 专业方向课

　　专业方向课要针对专业特点和市场需求，按照"前沿性"、"先进性"的原则设置，增加教学计划的柔性，拓宽学生的知识面，灵活把握专业方向。可开设《天线技术》、《无损检测技术》、《仪器与仪表》、《故障检测与维修》、《现代显示技术》、《3D 与全息技术》、《智能控制》、《模式识别》、《物联网工程》等课程。专业方向课突出的是务实和广博，是为学生将来可能从事的行业奠定必要的理论和实践基础，理论教学力求简洁，重知识框架。还要加大专业实验室建设，发挥校企合作的优势，让学生尽可能到生产一线去实习。

　　此外，还需开一门紧跟时代发展的课程《电子工程最新进展与热点研究》，可在大四上学期期末开设。这门课程只确定学时，要根据开课当年的热点问题来组织教学，比如目前 VR（虚拟现实）、AR（增强现实）、MR（混合现实）比较火热，就可以作为授课内容。授课教师必须在该领域有一定研究成果，能准确把握专业发展方向，让学生把握最新的技术进展。

4.3.3　课堂有效教学

　　课堂教学在高校教学活动中占据主导地位，是学生获取知识的重要方式。有效教学理论和启发式教学是目前的热点讨论课题。要取得良好的教学效果，应首先明确两种认识。

　　1. 主体之分是否存在

　　当前有一些改变传统教学模式的探讨，比如启发式教学，特点是把以教师讲为主变为以学生学为主，强调学生是课堂的主体，教师是引导。教学模式的变是技术问题，而不变的核心是如何高效地进行知识的传递。"传递"一定是教师和学生两个主体，没有主次之分。教学是一个动态的过程，事先并不能确定课堂教学的进程一定按教师预想的路径实现。根据课堂的进程因势利导、随曲就伸才是高效课堂的灵魂。有些教师认为课堂上先让学生自己看书，然后教师再进行讲解，最后互动提一些疑问，就完成了以学生为主，教师为辅的启发式教学，这是对课堂主体机械的理解。

2. 模式之别是否存在

模式就是方法，并无对错之分，唯有合适之别。教师的首要工作就是用合适的方法来组织教学。关于一门课的基础理论、分析方法和数学工具，不仅是前人成果的总结，更是课程深入学习的必备条件，以此为基础才能引发学生对课程的深入探究以及跟其他课程和学科的融合。不要谈学习兴趣，也无捷径可走，这个阶段必须千锤百炼。课程基本框架建立以后，学生对于课程的理解和把握有了必要的基础，这才是学生发挥主动性的阶段，这个阶段可以是教师领着学生学，也可以是学生推着教师教，要看师生的磨合程度，完成知识的"传递"即可。

3. 有效教师与有效教学

以上两种认识是对启发式教学的辩证思考，模式和方法都是技术，达到教学目的的技术才是好技术，因此要获得好的教学效果，必须从有效教师和有效教学两方面来探讨。

（1）有效教师

所谓有效是指能达成预期或期望的结果。有效教师是能够达到预期的教育教学目的有效果的教师。有效教师的特征包括：

•责任心。教师的责任心会促进学生的学习，导致学生积极的学习态度。调查发现，55.53%的大学生、69.62%的大学教师、74.63%的大学教学管理人员认为教学责任心很重要。

•知识丰富。教师具有的知识是开展教学的基础，是有效教师的重要特征。调查发现，36.05%的大学生、56.96%的大学教师、58.21%的大学教学管理人员认为大学教师的知识很重要。

•条理清晰。上课有条理、有组织，表达清晰，是有效教师的重要特征。教师要吃透教材，根据知识内在的逻辑关系重组教材，根据学生的思维规律重组知识。教学逻辑严密，口齿清楚，教学易于理解。

•热情。教学富有激情，精力充沛，目光生动，肢体语言运用合理等。要通过改变语速、音量大小、面部表情、手势动作、变化上课位置等来展示上课热情和活力。

•教学效能感。教师对自己影响学生的学习活动及结果的能力的主观判断。包含：影响工作中的努力程度；影响对角色的适应性；影响工作中的情绪；影响对学生的态度和教育方式。

•教学反思力。教师对教学活动进行理性反省的能力。教师在教学活动中，不断地对自我以及培训活动进行积极、主动的计划、检查、评价、反馈、控制和调节。

（2）有效的教学

有效的教学体现在知识和能力上，表现为学生能够从不知到知、从少知到多知、从不会到会和从不能到能；体现在情感和态度上，表现为学生从不喜欢到喜欢而达到坚持学习的目的。

有效教学是目的，如何达到有效教学是方法，教无定法，不要刻意去追求某种放之四海而皆准的方法，要学会发现适合自己且行之有效的教之常规。教之常规包含：根据学科特点采用教学方法，制定不同的备课要求；不同教学对象，采取不同的教学方法；根据教师自身的客观情况，选择自己熟悉或喜欢的教学方法，扬长避短。有效教学具有以下的特点：

- 用尽量简洁的语言解释核心概念；
- 清晰呈现教学目标；
- 表现出对教材的精心准备和即兴发挥；
- 教学课程中变化教学方式；
- 教学风格自然，合乎自己的特长；
- 注意节奏，停顿、提问、讨论等；
- 课堂结束时及时总结并提出下一次上课的内容；
- 根据课堂变化，调整教学进度和内容。

4.3.4　理论教学规范化管理与多元化考核

规范化管理是保障教学质量与教学有序进行的制度保证。体现在如下方面：

1. 教师教学要求

根据专业人才培养方案开设的课程，教师在开课之前需提供必备的教学材料，包括：指定教材、教学大纲、授课计划、教案、电子课件（PPT）、作业或课后学习安排、考试要求。

教材由教学单位根据教学计划并征求教师的意见上选取，可以是正式出版的教材，也可以是教学单位根据本单位教学实际开发的自编教材或讲义，只要通过一定的合法程序确认即可。教学大纲和授课计划必须由教学单位统一制定，这是原则，授课教师以此为标准，可以根据教学实际做细微调整。教案和电子课件（PPT）在开课前至少完成 50%，三分之一教学进度时必须全部完成，这样才能保证教师本身对整门课程的整体把握。作业或课后学习安排是教学的延伸，以往都没有引起足够重视，认为只是对课堂教学内容的巩固。现在提倡课后学习安排，这不仅仅是要求学生完成巩固练习，也是学生自主学习、探究学习的必要途径。教师对课后学习的合理安排，体现了教师对课程在深度和广度上超越教材的理解，是启发式教学的必备要素。课上课下、课内课外一体化是未来教学的趋势。

2. 课程群教学要求

对课程群的规范化管理是针对专业基础课和专业方向课的教学实施体系而言。一个课程群原则上要求一个学期内完成，一个学期不一定只上一个课程群。实施过程要合理安排，要规范的是如何来组织教学过程，获得最佳的教学效果。

比如，哪些课程需要在半学期完成，哪些课程必须一学期完成。根据艾宾浩斯记忆遗忘曲线，半学期课程好处在于集中时间专项训练，有利于学生短期、迅速掌握知识点，教学效果好。一个课程群安排在一学期，最好由一位教师来完成教学，当然师资力量暂时达不到要求的，也可以由多个教师共同承担，但要注意统一授课思路，密切配合。按课程群同一学期组织教学，在内容上实现了有机的联系，在教学上实现了密切的衔接，有利于知识的学习和巩固，不至于出现以往一放寒暑假学生所学内容都忘得干干净净的局面，造成后续课程教学受阻。

3. 创新考核方式

课程考核以往关注多的是学生的考试成绩，考试成绩的构成通常由卷面考试成绩、实验成绩（非必须）、作业、出勤等环节构成，每个环节占一定的比例，根据成绩分布来分析教学质量的高低。这种成绩构成的方式看似考虑的因素多，成绩分布应该能反映教学质量，其实仔细分析就会看出这种考核的方式有几个缺陷：① 考虑了非学习因素（出勤）；② 作业不好量化（存在作业抄袭）；③ 理论考试形式单一（通常只有卷面考试）；④ 实验成绩评定标准不一，成绩差异性较大。就某门课程考核而言，要考核的是学生对该课程基本理论、基本分析方法的理解和掌握，而不仅仅是公式定理的应用与计算，更不能把非学习因素考虑在内，因此必须贴近课程创新考核方式。

理工课程的考核可以分为四个部分：理论卷面考试、实践实操考试、小型设计制作、技术综述论文。文史课程的考核也可以分为四个部分，理论卷面考试、调查报告、社会实践、热点问题分析论文。四个部分不一定每门课程都必须有，可以选两个以上作为最终成绩的构成，各自所占比例不固定。不固定比例体现的是教师对课程教学和学生完成情况的灵活掌握。如果某一学生就某个课题完成了一篇观点鲜明、数据详实、结构完整的论文，具有一定的学术价值，那么该学生就以该论文获得该课程的学分，且成绩考核为优秀，而无需参加其他项目的考试。创新考核方式是提高教学质量、发挥学生自主学习、培养创新性人才的需要，但不是教师随意考核。学校要出台保障创新的政策和考核规范，只是把考核的自主权交给教师而已。

4.4 应用科技大学教学建设和发展建议

当前高等教育教学改革中，不同类型的高校都强调"应用"，强调培养学生的实践能力和创新能力，然而对比不同高校的定位，还是能找到高校之间存在的差异。比如"研究型"高校，实行的是教学与研究的有机结合和以研究为本的学习模式[①]。高等职业院校则主要是"教、学、做"一体化教学模式[②]和项目化教学[③]，偏向于实际操作训练和技能培训。应用科技大学的教学应该介于两者之间，培养能应用理论知识解决实际问题的工程型人才。

基于这个特点，应用科技大学的教学应该有如下特征：

① 以实践教学体系为主导构建"理论实践融合"的教学模式；

② 以项目驱动构建综合能力培养体系；

③ 以校企融合促进学校与市场的无缝对接；

④ 创新师资队伍建设模式，构建"双师双能型"教师队伍；

⑤ 注重技术的积累和研发，以技术应用为核心落脚点。

前文分别对以上特点做了详细的探讨，给出了一些原则性的方法。随着时代的不断进步，新技术、新理论不断涌现，随之而来的教学模式、教学内容也必定是动态变化而逐步

---

① 汪蕙，张文雪，袁德宁.关于研究型大学教学模式的认识和实践[J].清华大学教育研究，2002（1），17~22 页

② 徐岩."教学做"一体化高职教学模式的构建[J].辽宁高职学报，2011（13）10，35~38 页

③ 汤 晓，朱建华."项目化教学"在高职教学改革实践中的探索[J].考试周刊，2008（31），11~13 页

提高的，我们只有抱定"以变化应对变化"的心态和行动，才能不断提高高等教育教学质量，做到无愧于学生、无愧于社会、无愧于时代。

参考文献

[1] 翟博.育人为本：教育思想理念的重大创新[J]教育研究，2011（1），8~13 页

[2] 刘金虎.学校教育科学研究的认识与思考[J]上海教育科研，2005（6），77~78 页

[3] 胡金木.当前中国教育理论研究的使命与立场[J]国家教育行政学院学报，2014（7），45~49 页

[4] 魏宏聚.何为真正的教育理论[J]国家教育行政学院学报，2014（2），3~8 页

[5] 朱晓进.叶圣陶教育思想的当代价值[J]江苏师范大学学报 哲学社会科学版），2013（9）1，131~137 页

[6] 王鉴.关于实践教学论的几个理论问题[J]教育理论与实践，2005（25）11，34~37 页

[7] 高飞.以质量工程为引导 培养应用型人才的实践性教学改革[J]黑龙江科技信息，2012（6），171 页

[8] 王春荣，滕宝仁.依托工程训练中心优质资源构建大学生创新平台[J]实验技术与管理，2014（31）11，147~149 页

[9] 梁勇，王杰，任佳，田璐.构建校内创新实践基地、培育学生创新能力[J]实验技术与管理，2014（31）10，216~218 页

[10] 安冬平，徐小容，陈甜.德国职业教育实践教学的系统性表征之审视[J]职教论坛，2014（30），90~92 页

[11] 沈山，王友建，管华.参与式研究型实践教学实验中心的建设与实践[J]实验室研究与探索，2014（33）11，149~152 页

[12] 高飞.就业为导向的电子信息类人才培养方案的改革[J]中小企业管理与科技，2014（5）年，285 页

[13] 夏平，周学君.基于目标导向的工程应用型人才培养实践体系构建与探索[J]实验室研究与探索，2014（33）6，153~156 页

[14] 殷代印，曹广胜.基于现代工程教育体系的实践教学改革与实践[J]实验技术与管理，2013（30）10，11~14 页

[15] 居里锴，徐建成."大工程观"下工程实践教学改革的探索与实践[J]中国大学教学，2013（10），68~70 页

[16] 闫绍峰.工程型人才培养模式下的实践教学体系构建[J]实验室研究与探索 2014（33）6，223~226 页

[17] 高丹，徐新成.开放性实践教学体系的建设与探索[J]实验室研究与探索，2014（33）10，199~202 页

[18] 陈洪.高校实践教学资源共享策略探讨[J]黑龙江高教研究，2014（10），156~158 页

[19] 高飞.《EDA 技术》课程改革与实践[J]大学教育，2013（22），85~86 页

[20] 汪蕙，张文雪，袁德宁.关于研究型大学教学模式的认识和实践[J]清华大学教育研究，2002（1），17~22页

[21] 徐 岩."教学做"一体化高职教学模式的构建[J]辽宁高职学报，2011（13）10，35~38页

[22] 汤 晓，朱建华."项目化教学"在高职教学改革实践中的探索[J]考试周刊，2008（31），11~13页

第5章 应用科技大学的教学质量评估及认证

霍敏霞 张衍学 刘 鹏

5.1 综述

通过前面章节的介绍，读者对应用科技大学有了更深层次的理解，无论从人才培养的目标，还是不同于其他类型高校的专业设置、课程体系，应用科技大学都有其独特之处。但无论从哪个角度来说，应用科技大学的根本任务依然是人才的培养。

提高人才培养质量的重点是提高教学质量。教学评估是评估、监督、保障和提高教学质量的重要举措，是我国高等教育质量保障体系的重要组成部分。开展教学评估的目的是促进高等学校全面贯彻党的教育方针，推进教学改革，提高人才培养质量，增强教学主动服务经济社会发展需要和人的全面发展需求的能力；促进政府对高等学校实施宏观管理和分类指导，引导高等学校合理定位、办出水平、办出特色；促进社会参与高等学校人才培养和评估、监督高等学校本科教学质量。

有效的教学质量评估，可以产生正确的导向和激励作用。那么，如何去评估，基本上每个学校都会根据学校自身的特点制定一套评估标准。无论评估标准如何制定，教学质量一直都是学校的生命线。

本章将从教学质量评估的内容、标准、方式、认证体系等方面进行介绍。

5.2 应用科技大学教学质量评估现状

5.2.1 教学质量概述

在我们谈论教育教学质量之前，先了解一下教育、教学相关概念。

教育，这个词可以分开来理解。先说教，就是教化的意思，是教育者按照社会要求传递各种文化，进一步促使受教育者社会化。再说育，就是培育的意思，除了接受各种文化之外，受教育者自身在其过程中也能够意识到自身思维能力的提升。总的来说，教育是客观、公正的意识思维的教化人。

教学是为实现教育目的而组织起来的有计划的教育活动[①]。通过前面对教育的理解，开展教育的形式就是教学。所以学校工作必须以教学为中心，其他诸项工作都是围绕教学

---

① 孔繁敏等.建设应用型大学之路.北京大学出版社，2006 年 10 月，108~109 页

工作而展开的。

通过上面两个概念，我们了解到教育过程离不开教学活动的开展，而任何活动的开展都势必会涉及到活动的内容、目的、意义等各项内容。对于教育教学而言，我们评估的无非是教学质量、教学体系等问题。在应用科技大学中，对于教学的质量评估可以从下面两个方面来考虑：一是思想品德方面，二是专业能力方面。

思想品德方面。这一方面在教育领域从入学到毕业，都是我们一直谈论的话题。应用科技大学思想品德的教育教学标准与其他类型大学一样，只是我们的教育教学的内容会随着时代的变化而有所不同，会根据时代的变化而赋予新的内容。

专业能力方面。对于应用科技大学而言，无论是我们前面提到的通识教育还是专业教育，客观来说仍然认为是专业教育，从教育层面上来说质量标准是有新界定的。

专业能力的检验可以从两个方面来讲，一是教学质量评估，二是就业情况。那么检验教学质量评估的标准是检验专业能力的主要依据。

5.2.2 国内教学质量评估现状

从上面对教学质量评估的两个方面来说，评估是教学中双方交流的一个平台。对于教育者而言，不仅要传授专业知识，使得受教者掌握专业技能，而且要在教育过程中时时关注受教者的身心，因为一个人的身心也是教育过程中非常重要的一部分，也是验证教学成果的关键点，也是教学质量能够有所提高的依据。那么，开展教学质量评估是促进教学质量提高的重要措施。

另一方面，学校对教学质量的评估存在较多的问题，主要表现在以下几个方面[1]：首先教师方评估指标偏重科研。目前，国内对于教师的评估，因为牵涉到职称评审，而职称的晋升又需要一定的科研水平，那么一个学校对教师职称也有一定的评估标准。

学生综合素质的培养很重要的一方面在于高水平的老师。然而，目前在我国，对于教学的重视程度远远不够，教师业绩评估指标严重偏向科研；不适当的大学排名的导向作用，造成高等学校盲目进行论文发表数量的竞争，而不是人才培养质量的竞争。在这种情况下，教师在教学上可能仍采用陈旧的教材和教学方法。从某种程度上说，在一些学校，教学未得到应有的重视。

实践教学的成功之处在于学校与企业的合作；学校与企业的合作是教师的实践应用能力、帮助企业解决实际问题的能力发挥的纽带。因此，高等学校教师要具有较高的专业理论水平、实践应用水平，还应具有良好的教学艺术。

从我国近几十年的发展来看，对于教学的评估主要经历了几个关键的发展时期，每个时期都是随着社会的发展侧重点有所不同。

上个世纪 50 年代以后，我国的教育曾受到苏联（主要是凯洛夫）的影响，建立了一套评估体系，这种教学评估体系以教师和书本为中心，以教师传授书本知识为重点[2]，教学评估的标准基本都是围绕着教学目标、教学内容、教学过程、教学结果等几个要素展

---

① 苟勇，程鹏环，王延树，吴发红.高等工程教育——德国工程技术教育的研究与实践.中国水利水电出版社，2008 年 5 月 82 页

② 王天一，夏之莲，朱美玉.外国教育史（下册）.北京：北京师范大学出版社，1985:395~399 页

开的①。

上世纪 80 年代，随着国家改革开放、相关政策的实施，借鉴西方文化的教学评估方法，开发多种评估方法并取得了一定成就。同时，也存在着一定的弊端。

因为我国的教学评估发展时间较短，而各高校的实际情况千差万别，社会又处于快速发展阶段，就导致目前我们的教学评估中存在着不少的问题。表 5-1、5-2 所示，是我国某校早前的听课记录表及教学评估表。

表 5-1 某高校教学情况调查表

学生班级			辅导员姓名		
年级及专业名称			评教日期		
序号	课程名称	系部（院）	任课教师	综合评分	建议
1					
2					
3					

表 5-2 某高校教师听课记录表

主讲教师			班 级		教 室	
课程名称				课程性质	□必修 □限选 □任选	
听课时间		年　月　日　第　周　星期　第　节				
课堂教与学情况	教学内容					
	教学内容组织	各 项 指 标	执 行 程 度			备注
		是否严格按大纲教学	□严格　□比较严格　□不严格			
		进度是否按计划进行	□是　　　□否			
		教学内容符合性	□切题　□基本切题　□不切题			
		课内教学重难点	□突出　□基本突出　□不突出			
		教学内容完整性	□好　□较好　□一般			
		授课熟练程度	□熟练　□较熟练　□不熟练			
		从授课反映备课	□充分　□较充分　□不足			
		课时利用	□合理　□基本合理　□不合理			
		教学内容逻辑性系统性	□合理　□较合理　□不合理			
		课内信息量	□适当　□基本适当　□偏多　□偏少			
	教学艺术及方法	使用普通话情况	□流畅　□较流畅□不流畅□使用方言			
		课堂语言表达	□清楚　□基本清　楚□不清楚			
		板书情况	□工整□较工整□不工整			
		课堂仪表仪态	□庄重□一般　□随便			

① 袁金华.课堂教学论.南京：江苏教育出版社，1996:223~225 页

		电教手段的使用	□有□无			
		教学方法	□灵活多样　□一般　□单一			
		与学生互动交流	□多　□较多　□基本无互动			

续表

课堂教学与学情况	学生学习及课堂管理	学生到课率	应到课人数　人	实到　人	迟到　人	
		学生学习注意力	□集中□较集中　□一般□多数不集中			
		课堂纪律	□好　□较好□一般□差			
		课堂气氛	□活跃　□一般□不活跃			
		课堂管理	□严格□较严格□无管理			
	教学纪律	教师上课迟到	□有□无			
		教师提前下课	□有□无			
		教师课堂使用手机等	□有　　□无			
总体评估			□优　　□良　　□中 □差			
意见或建议						

通过表 5-1 和 5-2 来看，大致出现的问题可以归纳为以下几点：

（1）评估太过于死板。这种评估方法，完全不考虑任课老师的上课特点、课程的特点等，采用同样的指标来衡量全校的教师，显然太过死板。

（2）评估的内容不够全面。只评估任课老师对某一门课程的授课效果、学生的反应程度等，却从不考虑通过这门课程的学习，学生在老师的带动下创新能力或者综合素质是否有明显提高。

（3）评估方法量化明显。目前我们所采用的评估体系基本都是采用量化分数来衡量，并不是说量化不好，而是这种经过加工处理后的分数，不能够给教师反馈更多具体内容。

5.2.3　国外教学质量评估现状

国外高校教育教学质量评估发展趋势是：注重所有评估活动关联对象的相互作用，使评估对象从传统的客体变为评估活动的主体。教学质量的评估结果直接影响到教师的职务评聘，教育质量的评估则影响着高校的社会认可度以及政府、社会资助。

1. 评估主体

教育教学质量的评估一般由内部质量评估和外部质量评估组成。其中，内部质量评估主体一般为学生、教师、家长、同行专家、校内评估机构。比如在美国，学生的评估结果具有公开性，学生可以根据评估结果来选课、选教师。国内应用科技大学可积极探索学生、教师、督导等方面评估的公开性。

国外高校外部质量评估主体一般为政府、社会、企业、毕业生组成。在欧洲，一些高校的办学质量由国家通过行政手段进行控制。还有一种是学术行业自治，办学质量的管理由学术行业负责。

2. 评估模式

许多国家的教育评估机构具有很强的社会性与权威性，政府虽没有完全退出评估领域，但一般并不直接参与评估活动。评估有的是协会性质的学术团体，如美国早先的 6 个地区教育鉴定机构和英国的大学校长评估委员会；有的是政府委托的专家团体，如法国的国家评估委员会，属于官方机构，但它独立于教育主管部门也独立于高校；还有丹麦的教育评估院、新西兰的资格认定局。在内部教育教学质量评估方面，国外高校更注重专家的学术权威性，而非国内较严重的行政权威性。

5.3 应用科技大学教学质量评估内容、标准、方式

5.3.1 教学质量评估内容

教学质量评估是监督、保障和提高教学质量的重要举措，其目的是推进教学改革，提高人才培养质量，增强教学主动服务经济社会发展需要和人的全面发展需求的能力。从 5.1 节中我们了解到，无论是应用科技大学还是其他类型高校，对于教学质量的评估受到教师、课程等诸多方面因素的影响。虽然在一些高校中有不太相同的因素，但大部分因素是相同的。对于国内应用科技大学教学质量评估的内容，不可能做到面面俱到，这既不现实，也不可能，那么在内容选择上本着有效、有用、求精不求全的原则，将从以下几方面展开讨论。

教师评估："教育大计，教师为本"。教师队伍建设是提高办学水平的关键，是教学管理的核心。对于教师的评估可以从职称、敬业精神、物质精神等方面进行。建设一支素质高、富有创新精神的教师队伍，对应用科技大学提高办学水平和教育质量、提升人才培养质量是一个关键措施和根本保证。教师队伍建设是一个长期、持续推进的工作，需要一个漫长的周期。

教学管理：教学管理包括教学计划管理、教学运行管理、教学质量管理与评估，以及学科、专业、课程、教材、实验室、实践教学基地、学风、教学队伍、教学管理制度等教学基本建设管理，还包括教学研究与教学改革管理。主要任务有：制定学校教学工作计划，明确教学工作目标，保证学校教学工作有计划、有步骤、有条不紊地运转。建立和健全学校教学管理系统，明确职责范围，发挥管理机构及人员的作用，加强教师的教学质量和学生的学习质量管理；组织开展教学研究活动，促进教学工作改革。深入教学第一线，加强检查指导，及时总结经验，提高教学质量；加强教务行政管理工作。

专业建设：专业作为应用科技大学教学活动的核心载体，是加强学校整体办学水平建设的关键。改革人才培养模式，对学生的知识、技能、素质等方面培养目标定位准确。培养计划具有保证培养目标实现的有效性、课程设置的应用性、培养途径的开放性、培养过程的实践性、学生发展的主体性等特点。

课程建设：课程建设是应用科技大学教学基本建设的重要内容之一。加强课程建设是有效落实教学计划，提高教学水平和人才培养质量的重要保证。它涉及教师队伍、教学内容、教学方法和手段、教材、教学管理等方面，是一项整体性教学改革和建设工作。

人才培养：应用型人才培养能够在学科竞赛方面得到很好的体现。学科竞赛是学校深

化教学改革、提升学生动手与实践能力的重要途径，锻炼学生独立思考、创新思维的有效手段，同时也是整合课内外实践教育教学、培养高素质应用型人才的重要环节。构建一个符合学生需求、结合专业教学、体现激励导向、展示学生能力的学科竞赛平台。建立一套以专业为依托、政策制度为保障、培养学生实践动手能力为目标的运行机制，推动专业建设、教学改革、人才培养、师资队伍建设的进程。培养当代大学生的科技创新意识，创新精神以及创新能力，是目前高校的一个重要课题，对于我们科技应用型大学，尤为重要，更为必要。通过开展学科竞赛，促使学生科技活动的整体水平提高，推进学校学生科技活动的发展；给得到锻炼、获得优秀成绩的学生留下能力依据，促进学生就业；实现以学科竞赛驱动应用型人才培养。

校企合作：校企合作是实践教学的重要途径，符合国家实施"创新驱动发展战略"要求，对应用科技大学深化教育教学改革、提高人才培养质量、专业发展、师资队伍建设具有重要作用。深化校企合作，切切实实从实际出发，学校保证人才培养质量，保证企业用人的优选权，为企业提供培训、技术等方面的支持。企业保证在设备、场地等条件上的支持及人员的支持，保证学生实训任务的安排。构建相互学习、相互沟通、相互促进的一种"双赢"合作凭条，从而达到实践应用型人才培养的目的。

学生发展方面：大致可以分成两个方向，一是考研，一是踏入社会。考研录取率、就业率作为衡量高校教学质量、人才培养水平和学风建设的重要指标，直接影响着学校的品牌形象和社会声誉，进而影响学校的整体竞争力。同时，也是建设优良学风，培育刻苦钻研、潜心学问、勇于攀登的良好学术环境的重要载体。围绕提高考研录取率的工作核心，落实倡导、鼓励和帮助学生考研的各项工作，为学生提供全面、周到的考研服务。营造起浓郁的学习氛围、考研氛围，逐步提高考研录取率，使考研成为毕业生就业的重要补充渠道。

5.3.2　教学质量评估标准

我们处在科技高速发展的时代，教学质量评估只是一种管理手段，是对教师课堂教学的监督和调控管理。相关部门通过收集、分析信息，可以了解到教学的动态过程、教师的教学水平和师资队伍建设状况，为学校决策提供依据。针对不同的学校不同的专业，评估指标会有所倾斜，但总的来说还是针对教学态度、内容、方法、效果等方面进行评估。通过评估可以达到以评促教、以评促建的效果。对于教学质量的评估，应用科技大学从学生、培养目标、毕业要求、持续改进、课程体系、师资队伍、支持条件七方面做了37条说明；同时在主要专业补充标准中，规定了相应专业在课程体系、师资队伍和支持条件方面的特殊要求。以下以计算机类专业为例：

1. 课程体系

（1）课程设置

①数学与自然科学类课程

数学包括高等工程数学、概率与数理统计、离散结构的基本内容。

物理包括力学、电磁学、光学与现代物理基本内容。

②工程基础和专业基础类课程

教学内容必须覆盖以下知识领域的核心内容：程序设计、数据结构、计算机组成、操作系统、计算机网络、软件工程、信息管理，包括核心概念、基本原理，以及相关的基本技术和方法，培养学生解决实际问题的能力。

③专业类课程

不同专业的课程须覆盖相应知识领域核心内容，并应培养学生将所学的知识应用于复杂系统的能力，能够设计、实现或者部署基于计算原理、由软硬件与计算机网络支撑的应用系统。

计算机科学与技术专业：课程应包含培养学生从事计算科学研究以及计算机系统设计所需基本能力的内容。

软件工程专业：课程应包含培养学生具有对复杂软件系统进行分析、设计、验证、确认、实现、应用和维护等能力的内容。还应包含培养学生具有软件系统开发管理能力的内容。课程内容应至少包含一个应用领域的相关知识。

网络工程专业：课程应包含培养学生将数字通信、网络系统开发与设计、网络安全、网络管理等基本原理与技术运用于计算机网络系统规划、设计、开发、部署、运行、维护等工作的能力的内容。

信息安全专业：课程应包含将信息科学、信息安全、系统安全、密码学等基本原理与技术运用于信息安全科学研究、技术开发和应用服务等工作的能力的内容。

物联网工程专业：课程应包含将标识与传感、数据通信、分布控制与信息安全等基本原理与技术应用于物联网应用系统的规划、设计、开发、部署、运行维护等工作能力的内容。

（2）实践环节

具有满足教学需要的完备实践教学体系，主要包括实验课程、课程设计、现场实习。开展科技创新、社会实践等多种形式实践活动，到各类工程单位实习或工作，取得工程经验，基本了解本行业状况。

实验课程：包括一定数量的软硬件及系统实验。

课程设计：至少完成两个有一定规模系统的设计与开发。

现场实习：建立相对稳定的实习基地，使学生认识和参与生产实践。

（3）毕业设计（论文）

学校需制定与毕业设计要求相适应的标准和检查保障机制，对选题、内容、学生指导、答辩等提出明确要求，保证课题的工作量和难度，并给学生有效指导。选题需有明确的应用背景。一般要求有系统实现。

2. 师资队伍

（1）专业背景

大部分授课教师在其学习经历中至少有一个阶段是计算机类专业学历，部分教师具有相关专业学习的经历。

软件工程专业应有一定比例的教师拥有软件工程专业的学位。

（2）工程背景

授课教师具备与所讲授课程相匹配的能力（包括操作能力、程序设计能力和解决问题能力），承担的课程数和授课学时数限定在合理范围内，保证在教学以外有精力参加学术活动、工程和研究实践，不断提升个人专业能力。讲授工程与应用类课程的教师具有工程背景；承担过工程性项目的教师需占有相当比例，有教师具有与企业共同工作经历。

3. 专业条件

（1）专业资料

配备各种高水平的、充足的教材、参考书和工具书，以及各种专业和研究机构出版的各种图书资料，师生能够方便地利用，阅读环境良好，且能方便地通过网络获取学习资料。

（2）实验条件

①实验设备完备、充足、性能优良，满足各类课程教学实验的需求。

②保证学生以课内外学习为目的的上机、上网需求。

③实验技术人员数量充足，能够熟练地管理、配置、维护实验设备，保证实验环境的有效利用，有效指导学生进行实验。

（3）实践基地

以校外企事业单位为主，为全体学生提供满足培养方案要求的稳定实践环境；参与教学活动的人员应理解实践教学目标与要求，配备的校外实践教学指导教师应具有项目开发或管理经验。

软件工程专业的校外实践指导教师应具有大型软件系统开发或项目管理经验。

对于教育教学质量评估，我们评估的是什么，简单来说，我们评估的是教师在教学过程中的教学现象，包括心理和行为的一种价值判断。它涉及到学科知识水平的评估、教学方法的评估、教学成果的评估等，除此之外，基于社会出现的一些不良现象，目前对于教师教育教学的评估还包括教师的思想、工作态度、学习进修、知识更新等方面的评估。随着社会科技的进步，有关的评估标准会随之变化，所以，我们并没有一个固定的标准体系或指标来衡量教育教学评估的好与差。

5.3.3 教学质量评估方式

新时期的评估体系形成了五位一体的评估体系，由自我评估、院校评估、状态数据常态监测、专业认证及评估、国际评估所组成。

在评估体系中评估机构扮演着重要的角色，国内的评估机构大体可以分为三类：第一类，由政府主办的评估机构，如：教育部高等教育教学评估中心；第二类，半政府性质的评估机构；第三类，社会组织及企业。前两类难免存在"教练员"、"裁判员"和"运动员"相互关联的现象，对评估的公正性存在影响。那么第三类由社会组织和企业组成的第三方教育评估机构（以下简称"第三方"）就起着重要的作用。

"第三方"在我国起步较晚，从 1991 年《中国大学评价》课题组成立开始，江苏省教育评估院、网大公司、上海市教育评估院、重庆市教育评估院、中国科学评价研究中心、麦麦可思等"第三方"机构相继成立，据不完全统计，有影响力的仅为 21 家。虽然"第三方"还不成熟，社会也存在一些质疑的声音，但其从"管、办、评"分离的角度来说具有积极的作用。如果我们选定某个"第三方"来参与教育教学评估，可否采用招标的形式，对其评估影响力、组织形式、操作流程及评估的公正性等方面进行评定，我相信"第三方"的评估影响力及评估结构的公正性将起到不可估量的作用。

教学质量的评估方式从以下两方面进行讨论：教学方法、教学成果。

教学方法的评估是教学的总体评估的重要组成部分。

教学方法是由四个基本要素即教师、学生、知识及知识的载体构成的。教学方法是完成教学任务的基础和保证，而教学方法又具有多样性、综合性、发展性和可补偿性等特征，制约教学方法的因素也有很多，比如面对的群体不同、教学内容的不同、社会的物质生产条件的不同等等，这些都会随着社会的发展制约教学方法。常用的教学方法有讲授、问答、演示、讨论、实验等等。不能简单地选用一种教学方法，应该让这些方法有机地结合起来。

教学方法的评估要符合学校的定位，要以社会的要求作为重要的依据，根据培养目标的要求来进行，考察教师教学中的应用情况，学生的接收情况。

应用科技大学选用的教学方法应当与培养应用型人才的目标相适应，应当与应用型的培养计划、课程体系相适应。应用型人才应该具有良好的思想品德，扎实的理论基础，较强的实践应用能力、组织管理能力和人际协调能力。

教学质量是一个动态的、发展的观念，具有时代和社会特征。教学质量评估也是一个动态化的过程。有很长一段时间，我们对于理论教学成果的评估一般采用量化的形式，应采用定性与定量相结合、评分与评语相结合的方式来评估教学成果。

由于实践教学处于辅助从属地位，实践教学的投入、实习基地建设和实践教学师资队伍的培养均不能得到足够保证，实践教学的过程和质量难以控制，因而实践教学的效果很难得到保证。

我们还在传统的评估方式上增加了毕业生的评估。很多时候，学生在校学习四年，有时教师在课堂上讲的某些内容他们并不能很好地理解其深刻含义。当他们踏入社会，经过社会的选拔和锻炼，就会有深刻体会，也能从社会需求的角度来客观地评估教师。

5.3　应用科技大学教学质量评估的实施

针对上述问题。重庆邮电大学移通学院作为应用科技大学院校，制定了一套评估方案。

师资队伍方面，移通学院现有专职教师人数 400 余人，分别归属在 11 个院系、4 个教学部。每个院系或教学部设立系主任 1 名，教研室主任 3~4 名。每个院系或教学部以教研室为依托，实现教师团队的有效建设，从而促进相关的专业建设、课程建设等工作，以达到促进教师成长从而真正促进教学的最终目的。具体举措如下：

1. 加强师资队伍建设工作的组织领导

学校成立由党政领导班子成员组成的师资队伍建设工作领导小组，统筹规划全校师资队伍建设工作，及时研究和解决师资队伍建设中的重大问题。积极推进人才培养、引进、使用和管理工作重心下移，强化二级学院在师资队伍建设中的基础和能动作用。

2. 优化师资队伍结构

顶层设计、合理规划教师队伍结构。目前我校大部分为青年教师，缺乏有经验、有学科和产业背景的高职称教师。引进或培养高职称、教学和实践经验丰富的学科带头人、专业带头人、课程带头人，构建一支从系（二级学院）—学科—专业—课程一体化的教师梯队，促进我校教学质量和科学建设。

建设教学团队，培养可持续发展的教学队伍。根据教学改革和教学任务的需要，建设一支教学水平高、学术造诣深的教学团队，研究和改革教学内容，开发教学资源，促进教学研讨、教学经验交流。

3. 提升思想意识

创造教师与学校领导、职能部门多种沟通渠道，例如开学动员大会、期末总结大会、教师表彰大会等，传达学校长期规划、短期目标，让教师了解学校，了解发展动向，理解职能部门的工作，培养教师责任感、全局观和凝聚力。加强教师师德师风建设，树立为学校发展作贡献、为学生负责任的思想意识。

4. 完善和改革激励机制

百万奖励基金：进一步完善和改革百万奖励评审制度，多部门进行总结、协商和论证，从实施目的反推考核评审指标，制定可量化的考核指标，扩大奖励层面，真正起到带头示范、激励的作用。

竞聘机制：完善主讲教授、骨干讲师、重点讲师、储备干部等竞聘流程，下发名额，采用系部初选、推荐，然后上报学校，再由人力资源部门根据学校规定的条件去认真审核。

激励机制坚持向教师、教学一线、高层次人才和优秀团队倾斜。重奖在教学科研、学科建设中作出突出贡献的教师，真正发挥激励功能。

5. 建立健全教师培训机制

制定详细的教师培训管理办法，制定每年的教师培养计划，形成制度化、层次化的教师教学能力培训机制。新进教师必须通过岗前培训、入职培训和岗位培训后才能承担教学工作任务。同时现有教师队伍为了能更好地适应工作岗位的需要，提高履行岗位职责的能力，组织部分教师不定期地进行针对性的进修。主要途径包括：访问学者，专任教师"双师型"培训，中青年骨干教师培训，课程进修和单科课程进修，到一线企、事业单位顶岗实习，专业培训，校本培训等。建立教师进修专门账号，专款专用。

6. 构建"双师型"教学团队

积极探索校企"互聘、互兼"双向交流机制，加快"双师"结构教学团队建设，促进专业骨干教师积累企业工作经历、提升工程实践能力、树立行业影响力，促进来自企业的兼职教师提升教学设计与课程开发能力，实现专兼职教师的有机组合，从整体结构上优化"双师"教师队伍。

7. 启动校级课题申报

在引进高层次人才的同时，注重自我培养。启动校内研究课题申报工作，培养教师课题研究能力，促使教师将了解的教学新手段、前沿科学技术运用到教学实践中，推动教学和课程的改革，也为教师的职称晋升提供帮助。

8. 建立考核评估机制

从思想、教学质量、工作水平等方面进行量化，建立一套完善的教师考核评估机制，从学生、系部、职能部门、主管院领导等不同层面进行综合评估，并将教师评估机制纳入到教学总的质量监控体系中，对不达标或者评估差的老师实行优胜劣汰的考核机制。

应用型人才培养方面：对于学科竞赛而言，根据学科竞赛类型及形式进行划分，根据专业结构，构架起涵盖每个专业的学科竞赛，包括理、工、经、管、文等。学科竞赛一般分为国际竞赛、全国竞赛、地区竞赛和校内竞赛。竞赛形式主要有培训、科技竞赛、科研论坛、科技参观、社会调查与研究，加强与企业之间的联系，让学生走出学校，在实际的工作场所进行创新活动。建立健全学科竞赛管理体系和运行机制，成立学科竞赛工作领导小组，形成学校、职能部门、各系（二级学院）、教师链条化的管理体系；组建具有指导性的团队，指导团队的骨干成员必须是责任心强，知识领域宽厚，分析问题、解决问题、动手能力强，实践经验丰富的教师；逐步形成由学院搭台、教务部门主管、教师指导、学生参与、系部（二级学院）负责的运行机制。学科竞赛的经费包括教师指导费、课时补助费、专家指导费、参赛相关费用、获奖奖励等，预计每年 40 万左右。

学生发展方面。大致可以分成两个方向，一是考研，一是踏入社会。考研方面，成立考研工作领导小组，全面负责指导、监督、管理学生考研工作；组建校级考研导师团，为考研学生提供从报考、备考到复试全过程的技术指导，关心考研期间学生的思想动态，帮助学生解决心理困惑。设立考研复习专用自习室，并在复习冲刺阶段通宵开放。建设考研网络服务平台为考研学生提供丰富、实时的信息服务和便捷的交流渠道。开设考研基础课、专业辅导课，组建考研复试辅导小组。推行奖励措施，对报名参加研究生入学考试并提供报名缴费收据（或准考证）和有效成绩的学生，每人资助 200 元。凡考研成绩优异并成功通过复试、在校期间未受任何纪律处分、课程无不及格的，可直接申报院级优秀毕业生。同等条件下，优先推荐申报市级优秀毕业生。

校企合作方面，具体措施有以下几点。

健全校企合作组织机构。成立由学校领导、各系部负责人、企业管理人员以及其他相关人员组成的校企合作委员会，全面指导协调校企合作各项工作，委员会成员可根据校企合作需要适当进行增删。各院、系、部由一名领导具体分管校企合作工作，负责校企合作工作的开展。

根据办学特色，突出技术与工程相结合的特点。以专业定位、对应行业背景、人才培养目标和区域发展优势为出发点，寻找门当户对，与学校实际条件、办学层次相对应的企业，技术、生产、经营、管理等方面和学院专业相匹配。实实在在分析和论证企业与学校的实际效益、能解决的实际问题，达成一致后签订合作合同。

构建形式多样的合作模式。合作模式可以根据办学需要、专业性质、企业要求等灵活多样。"订单式"培养、顶岗实习、职工培训和研发、共建校外实习、实训基地等，都是值得参考的合作模式。

校企合作的主要目的是促进人才培养，提升综合办学水平。在合作中应该从企业和学校共同利益出发，满足双方需求，才能实现双赢。主要内容可包括：

（1）企业接受学生参观、生产实习、顶岗实习等实践教学环节；

（2）企业接受教师参观、调研、双师型教师的培养；

（3）学校和企业实现资源共享，互派专业人员讲学、培训；

（4）共同参与人才的培养；

（5）共同进行技术研究、开发、试验、推广及新产品推介等工作；

（6）共建实验、实训室和生产车间；

（7）力所能及承接合作基地的生产任务；

（8）优先满足合作基地的用人需求；

（9）其他方面的合作。

合作企业实行挂牌，签订协议明确职责，规范双方的行为。对已签订合作协议书的单位，由学校制作统一的牌匾，并采用一定的方式举行挂牌仪式。对已挂牌的校外合作单位，要建立定期联系和走访制度，并做好记录，了解校企合作信息（包括合作内容、模式、进展情况、顶岗实习情况、招工信息等），实现资源共享、长期合作。

学校提供一定的资金运作，给予系（二级学院）或企业一定的经费支持，确保合作的顺利实施。

建立机制，凝聚特色。各系（二级学院）要建立基于企业需求为导向办学的长效机制，提高人才培养与企业岗位的对接程度。

建立评估和激励机制。学校制定相关制度规范校企合作工作，明确各部门职责，建立校企合作考核指标和奖惩措施。将开展校企合作工作情况纳入学校教学质量保障体系中，不断检验、改进校企合作工作。将校企合作作为考核各系（二级学院）工作的重要内容，在探索校企合作过程中取得突出成绩的系（二级学院），学校给予表彰奖励，并在政策和资金等方面给予扶持。

除以上举措外，为量化应用科技大学教学质量而定制了一套评估方案。本套评估包括所属单位考评、教学资料考评、课堂教学质量考评、教学业绩考评和学生评估。每项考评类别满分为 100 分，每个考评类别根据不同权重给予不同分值。最终结果以各考评项的成绩乘以该项权重后相加得出。其中教学资料考评、课堂教学质量考评、学生评估分为上下两学期进行；所属单位考评，教学业绩考评为学年结束后进行。

每一项的评分权重参考如下标准：

所属单位考评（权重 15%）

根据对被考评人平时的实际表现，工作情况的观察等做出客观真实的评估，并提出不足之处和指导意见（考评指标见附录 2）。

教学资料考评（权重 15%）

教务处学期末组织专家组根据被考评人提供的教学资料，对其质量作出客观真实的评估，并提出不足之处和指导建议（评估指标见附录 3）。

课堂教学质量的考评（权重为专家组 15%+督导组 15%）

督导办公室组织教学督导、教务处组织专家组对被考评人听课评估，按课堂教学质量考评指标作出客观真实的评估，并提出不足之处和指导建议（考评指标见附录 4）。

教学业绩的考评（权重 20%）

参评人根据自身实际情况将相关材料提交至其所在单位，所在单位整理汇总后统一交教务处，教务处对其进行核实并给出最后得分（考评指标见附录 5）。

学生评估（权重 20%）

通过学评教的方式，学生对被考评人作出评估。

5.4   应用科技大学教学评估标准体系

无论是应用科技大学还是其他类型高校，对于教育质量的评估基本都是围绕学校办学条件、教师队伍、学生、教育资源、教学管理、教学过程、科学研究、社会服务等方面展开的，这些都是影响教学质量的因素。针对国内应用科技大学教学质量的评估，目标是对此类高校进行办学水平评估，衡量其社会评估，促进质量提升，特色发展。在评估体系设计原则上，一是突出应用型，所有指标均为反映应用型高校关键特征的核心指标；二是多元设置，关键指标既有定量指标又有定性指标，同时也可对定量指标进行定性描述；三是具备扩展性，学校可提出超越于本标准中涉及的指标及证据，经过判断，作为扩展性的标准用于评估高校办学质量，推动高校特色化发展。结合我国本科评估现有的体系标准，围绕以上应用科技大学评估体系原则，建立由以下指标体系构建的评估体系标准。

评估标准与指标体系如表 5-3 所示。

表 5-3　评估标准与指标体系

一级指标	二级指标
定位与治理	办学定位、规章制度、治理结构
办学条件	教学科研仪器设备、实习实训场地、信息平台、就业与创业平台
师资队伍	师资数量、双师双能教师结构、教师质量、教师交流与培训
专业、课程与教学	专业建设、课程与教材开发、实践教学
应用型科研	应用科研导向、科研项目与经费、科研成果及转化
产教地融合	服务地方、服务企业行业、社区服务
学生培养质量	学生能力发展、学生就业与创业、雇主反馈
办学成效	文化与咨询服务、技术服务、教育教学改革、继续教育与培训
扩展指标：国际化	国际化教育理念、学生与教师交流、国际合作办学

定位与治理：本指标包含应用科技大学的目标定位、办学层次定位、学科定位、服务定位、人才培养定位、学校的发展规划。在治理结构方面，对校内要体现学校的权力下放和工作激励，充分调动二级院系在应用科技大学建设方面的工作主动性，对外要体现企业和社会的参与度，如董事会或理事会成员的组成。

办学条件：在教育主管部门现有的评估体系中，土地面积是一个权重比较大的指标，而在应用科技大学评估体系中土地面积不应该成为核心指标，应该更多地关注高校实习实训场地的建设，教学仪器设备的基础性、实践性、体系性、前沿性和产教融合性。体现按照工学结合、知行合一的要求，根据生产、服务的真实科技和流程构建知识教育体系、技术技能训练体系和实验实训实习环境。按照所服务行业先进技术水平，采取企业投资或捐赠、政府购买、学校自筹、融资租赁等多种方式加快实验实训实习基地建设。引进企业科研、生产基地，建立校企一体、产学研一体的大型实验实训实习中心。统筹各类实践教学资源，构建功能集约、资源共享、开放充分、运作高效的专业类或跨专业类实验教学平台。

专业与课程建设：专业作为应用科技大学教学活动的核心载体，是加强学校整体办学水平建设的关键。该指标要求建立行业和用人单位专家参与的校内专业设置评议制度，形成根据社会需求、学校能力和行业指导依法设置新专业的机制。改革人才培养模式，对学生的知识、技能、素质等方面培养目标定位准确。鼓励校企联合设置课程、编写教材、授课。

教学管理：建立产教融合、协同育人的人才培养模式，实现专业链与产业链、课程内容与职业标准、教学过程与生产过程对接。教学管理包括教学计划管理、教学运行管理、教学质量管理与评估，以及学科、专业、课程、教材、实验室、实践教学基地、学风、教学队伍、教学管理制度等教学基本建设管理，还包括教学研究与教学改革管理。主要任务有：制定学校教学工作计划，明确教学工作目标，保证学校教学工作有计划、有步骤、有条不紊地运转。建立和健全学校教学管理系统，明确职责范围，发挥管理机构及人员的作用。加强教师的教学质量和学生的学习质量管理。组织开展教学研究活动，促进教学工作改革。深入教学第一线，加强检查指导，及时总结经验，提高教学质量。加强教务行政管理工作。

师资队伍：该指标包含教师数量、双师双能教师结构、教师质量、教师交流与培训等4个二级指标。师资队伍建设是提高办学水平的关键，是教学管理的核心。建设一支高素质的师资队伍，建设一支德才兼备、富有创新精神的高素质教师队伍，对应用科技大学提高办学水平和教育质量、提升人才培养质量是一个关键措施和根本保证。具体考核引进行业公认专才，聘请企业优秀专业技术人才、管理人才和高技能人才作为专业建设带头人、担任专兼职教师情况。有计划地选送教师到企业接受培训、挂职工作和实践锻炼。通过教学评估、绩效考核、职务（职称）评聘、薪酬激励、校企交流等制度改革，增强教师提高实践能力的主动性、积极性。

人才培养：建立一套以专业为依托、政策制度为保障、培养学生实践动手能力为目标的运行机制，推动专业建设、教学改革、人才培养、师资队伍建设的进程。以社会经济发展和产业技术进步驱动课程改革，整合相关的专业基础课、主干课、核心课、专业技能应用和实验实践课，更加专注培养学习者的技术技能和创新创业能力。将创新创业教育融入人才培养全过程，将专业教育和创业教育有机结合。把企业技术革新项目作为人才培养的重要载体，把行业企业的一线需要作为毕业设计选题来源，全面推行案例教学、项目教学。将现代信息技术全面融入教学改革，推动信息化教学、虚拟现实技术、数字仿真实验、在线知识支持、在线教学监测等广泛应用，通过校校合作、校企合作联合开发在线开放课程。注重学生的分类培养、细化培养，培养当代大学生的科技创新意识，创新精神以及创新能力，是目前高校的一个重要课题，对于我们科技应用型大学尤为重要，更为必要。通过开展学科竞赛，促使学生实践能力和科技活动的整体水平提高，推进学校学生科技活动的发展。

应用型科研：融入以企业为主体的区域、行业技术创新体系，以解决生产生活的实际问题为导向，广泛开展科技服务和应用性创新活动，能够成为区域和行业的科技服务基地、技术创新基地。通过校企合作、校地合作等协同创新方式，加强产业技术技能积累，促进先进技术转移、应用和创新。广泛开展面向中小微企业的技术服务。

产教融合方面：体现行业、企业全方位全过程参与学校管理、专业建设、课程设置、人才培养和绩效评估。地方、行业、企业的经费、项目和资源在学校集聚，合作推动学校转型发展。校企合作是实践教学的重要途径，符合国家实施"创新驱动发展战略"要求，对应用科技大学深化教育教学改革、提高人才培养质量、专业发展、师资队伍建设具有重要作用。深化校企合作、产教融合，切切实实从实际出发，学校保证人才培养质量，保证企业用人的优选权，为企业提供培训、技术等方面的支持。企业保证在设备、场地等条件上的支持及人员的支持，保证学生实训任务的安排。构建相互学习、相互沟通、相互促进的一种"双赢"合作平台，从而达到实践应用型人才培养的目的。

学生培养质量方面。将学习者实践能力、就业质量和创业能力作为评估教育质量的主要标准，包括学生在科技竞赛中的获奖情况，就业趋向、薪酬待遇，创业能力。

评估形式及运用

实行评分制与审核评估指标体系相结合的评估体系，对各项指标赋值并进行打分，同时形成写实性审核评估报告。一方面通过分值为地区应用科技大学进行排行，另一方面通过评估报告，全面了解学校的定量和定性指标，寻找短板，相互促进，同时展现学校办学特色。

充分发挥评估制度的导向作用，以评促建、以评促转，使转型高校的教育目标和质量标准更加对接社会需求、更加符合应用型高校的办学定位。通过评估推动院校设置、招生计划、拨款制度、教育教学改革、师资队伍建设和职称评审、招生考试制度等重点难点领域的改革。

5.5　国内外高等教育机构的认证

5.5.1　德国高等教育评估认证体系

德国是我国应用科技大学建设值得仔细研究和认真学习的一个国家。在欧洲博洛尼亚进程中，德国开始引入与国际接轨的学士和硕士两级学制。为了保证新设立的学士和硕士专业的质量，德国文教部长联系会议（KMK）决定不再沿用传统的输入式的管理办法，而是要求由中立的认证机构进行认证。为此，德国专门成立了一个全国性的"认证委员会"，由它负责审核和监管其他具体开展高等教育认证工作的认证代理机构。经过十几年的探索和发展，德国已建立起一个非政府性的、分权式的认证体系，拥有高度规范化的认证机构和程序，多元化的认证形式以及详尽而完备的认证标准，形成了具有德国特色的高等教育评估认证体系。

1. 认证机构

认证委员会由 18 位委员组成，包括 4 名高校代表、4 名联邦州的代表、5 名来自职业领域的代表（其中 1 人来自主管职务和工资法的政府部委代表）、2 名国际专家、2 名学生、1 名认证代理机构的代表（仅有咨询权）。他们由德国文教部长联席会议和高校校长联合会负责任命，任期为 4 年。这种人员构成可以保证所有的利益相关者都能参与到这一教育政策的变革过程中来，体现出民主性的特点。

2. 认证类型

德国应用科技大学的认证对象主要是专业认证和体系认证。专业认证是以应用科技大学的某个专业或多个专业的组合作为认证对象，范围包括普通专业、远程专业和双元制专业。

德国应用科技大学进行专业认证的目的和意义在于，确保新开设专业的质量和就业率，并通过专业认证提高该专业的透明度，使专业的设立和发展符合社会的实际需要，达到为社会培养应用型人才的目标。同时，提高该专业的社会认可度和透明度，使社会各界了解和认可该专业。

体系认证。德国高校的体系认证产生于 2008 年。与专业认证不同，体系认证对象是高校内部整体的质量管理体系，而不针对单个专业。体系认证的核心是检验高校质量管理的有效性。认证机构对与高校教学息息相关的治校原则等因素进行检验，评估该校能否达到教学目标，其管理体系是否能保证高质量的教学活动。德国应用科技大学一旦通过体系认证，意味着该校所开设的所有专业的质量都得到了认可。

3. 德国高等教育认证的特点

经过十几年来的发展和完善，德国建立起一个极具德国特色的高等教育认证体系。其特色主要表现在以下几个方面：

第一，德国高等教育认证体系是一个非政府性的，分权式的认证体系。不过，政府作为平等参与的相关利益方之一仍能发挥恰当的影响。认证委员会隶属的"德国专业认证基金会"不是联邦政府或州政府的附属机构，而是一个独立于政府的法人，独立运营，可以向相关机构征收费用。不过作为法人，基金会需要接受所在联邦州的法律监督。另外，对高校进行认证的权力并没有集中在政府层面，而是下放给具体实施认证工作的认证代理机构。体系认证的引入将认证权力进一步下放至高校的质量管理部门，赋予高校很高的自主权。需要强调的是，非政府性和权力下放均不表示政府被完全排除在认证之外。因为德国认证委员会的成员中有 4 名成员来自州政府。另外，认证委员会的成员也是由各州文教部长联席会议和高校校长联合会共同任命的。通过任命成员和参与认证委员会，政府仍然可以对认证工作发挥影响，只不过是需要作为相关利益者的平等一方与其他利益相关者进行协商。这样，政府的角色更多地被限定在宏观管理——规则和规范的制订上，而不是具体去操作认证工作。因此，认证制度的引入进一步推进了德国新公共管理改革所要求的政府角色转型，由传统的注重微观控制的"干预式政府"转向帮助高校自主管理的"支持性政府"。

第二，德国的高等教育认证具有多元性的特征。这一多元性首先表现在认证代理机构的选择上，德国高校可以在不同的认证代理机构中进行选择。其次，德国的高校还可以在不同的认证形式——专业认证或体系认证中进行选择。作为专业认证的变体，高校可以选择聚类认证，即将专业接近的几个专业组合在一起进行认证。作为体系认证的变体，高校也可以选择对学校部分机构，如二级院系的内部质量保证体系进行认证。另外，考虑到学士和硕士专业的多样性，认证委员会并没有确定一个统一的模式，只是确定了一个开放性的框架供高校在设立学士专业和硕士专业时用作参考。对于特色专业，评估规范也确立了特殊的评估标准，以促进多样性。

第三，德国的高等教育认证体系采用双层式设计。认证委员会负责对认证代理机构进行认证和监督，认证代理机构具体负责对高校进行认证。同时认证委员会本身也定期得到评估专家的审核，确保最高认证机构也得到监督。每个层次都实现了权力制约。

第四，德国的高等教育认证充分保证让各方利益相关者的代表都参与。这一点充分反映在认证委员会的成员结构上，他们需要来自政府、高校、学生、职业领域、认证代理机构和国外。另外，认证代理机构所任命的评估小组成员也要保证让不同的利益相关者充分参与。

第五，德国的高等教育认证凸现出国际化的特征。表现在认证代理机构、认证标准和认证专家三个方面。首先，就认证代理机构来说，一方面德国的认证代理机构积极加入国际同类机构联合会，如欧洲高等教育质量保证联合会（ENQA）、欧洲认证协会（ECA）以及国际高等教育质量保证代理社网络（IN-QAAHE），有些机构还将其业务范围扩展至德国甚至欧洲以外的国家。另一方面，在获得德国认证委员会认可的十家认证代理机构中有两家来自国外（奥地利和瑞士）。其次，德国的认证标准是以《欧洲高等教育质量保证标准和准则》为基础制定的，这也保证了其具有与国际接轨的特征。最后，无论认证委员会的成员还是认证代理机构所任命的评估小组成员，都要求有来自国外的专家，这也是国际化的保证和体现。

第六，德国高等教育认证具有高度制度化和规范化的特征。认证委员会作为最高的认证机关，其工作目标、任务、程序和组织结构受到《德国专业认证基金会设立法》的规范。认证代理机构作为实施高校认证的机构，需要按照认证委员会制定的认证标准《专业认证和体系认证的规范》开展认证工作，同时认证委员会按照《对认证代理机构进行认证的规范》对认证代理机构进行认证。此外，认证委员会还会和认证代理机构签订专门的协定，确保认证代理机构按照既定的标准开展工作。对于高校来说，接受评估和认证等质量保证的义务在各州的《高等学校法》得到明确的规定。这些专门而细致的法律、规范或协定，确保德国的高等教育质量。

我国在 20 世纪 90 年代初正式引入了高等学校评估制度，并尝试在建筑类专业开展专业认证的试点工作。高等教育认证尚未建立起来。认证不同于评估。首先，从执行主体上看，教育认证一般是由社会专业中介机构组织实施，教育合格评估和督导一般都是政府组织实施的。教育认证的专业认证机构既不隶属于政府组织，也不受控于某些院校，它作为社会专业中介机构为院校提供质量认证服务，具有相对独立性。同时，为了保证这些认证机构的权威性、公信力和对社会公众的负责，政府可对认证机构进行"元认证"，即对认证机构的认证或认可[①]。其次，从参与原则上看，教育认证遵循自主、自愿的原则，教育合格评估和督导一般具有强制性。再次，从实施过程上看，教育认证是一个全过程循环性、发展性的评估活动，而非一次性、终结性的活动。从开放程度看，教育认证更强调社会公众、企业等参与。基于以上几点，在国内地方本科高校转型发展和应用科技大学建设过程中，可以将有官方性质的一些专业评估机构逐步过渡到独立法人性质的专业认证机构，加快培育客观公正、权威独立、社会认同、企业参与的教育认证机构。

5.5.2　教学质量评估及认证的探究

1. 建立完整的第三方的认证机构。我国没有建立完整的评估认证体系，所使用的标准较为笼统，在具体执行过程中会有所不一致。评估机构多为政府或主管部门，没有让社会机构第三方介入评估，在评估认证体系指标建立时，并没有考虑到社会企业、用人单位的真实需求。美国工程及技术认证委员会的前身 ABET 责任有限公司，是一家非盈利性的高等教育认证机构的例子。

2. 注重学生实践评估认证。《华盛顿协议》工程教育标准中注重学生结果导向，虽然我国也在标准中提到，但较为形式和笼统。在学生教学方面教师只要达到学校规定和最低标准，重点去研究学生学习状况，去调研市场需求，去让自身的专业与市场需求对接及提高。德国应用科技大学针对学生和社会市场需求不一致现象，从开始聘请企业工程师到高校兼职开始，培养学生专业实践，同时调整教学符合市场需求。带领一批教师进入企业服

---

① 李军，林梦泉等.教育认证发展现状及对我国教育认证构想[J].中国高等教育，2013（19）

务，使理论真正落地服务企业，了解市场对学生的需求，调整高校的用人机制，专业实践经验是非常重要的评判标准。

完善教育评估和督导机制[①]

应成立独立的专门性教育评估机构，由工程专家、企业界代表、教育专家、校长代表、教育行政管理和学生家长代表组成独立的、非营利的教育质量评估专门机构。建立教育评估的管理队伍，管理队伍要短小精干，熟悉评估理论，兼顾理论和实践。教育评估专家队伍建设要相对稳定，注意政府、学校和社会用人部门三者之间的比例，吸收社会各行业参与评估并提高评估的权威性和社会影响力，逐步形成专家库。不断完善评估指标体系，改进方法和技术，形成多层次的评估指标系统。充分利用现代化信息技术手段，降低评估工作成本，提高评估工作效率。

树立新的高等教育质量观[②]

有以下三层含义

1. 以高等教育发展为核心，为高等教育发展服务。

2. 用发展的眼光看待质量问题，通过发展来解决发展中的高等教育质量问题。

3. 质量观本身就是变化发展的。

树立适宜性的高等教育质量观。适宜性的高等教育质量观是指高等教育所提供的教育服务满足受教育者个人的程度，以及所培养的人才满足国家、社会和用人单位需要的程度，只要是能适应社会需要的人才，就是高质量人才。无论是教育服务还是教育产品，能够准确适应目标市场的需要，满足市场的要求，这样的高等学校就是高质量的。

高等学校实施教学质量监控，其目的是不断提高教学质量并最终实现高等教育的可持续发展。当前，高等学校不断完善教学质量监控与评估体系的现实目的，就是加强对学校教育教学质量的管理，把对教育教学产生重要影响的教学管理活动有机地联系起来，形成一个能够保证和提高教育教学质量的稳定、有效的整体，以保证高等教育的可持续发展。

参考文献

[1] 孔繁敏等编著 建设应用型大学之路 北京大学出版社 2006年10月，P108-109

[2] 苟勇 程鹏环 王延树 吴发红 高等工程教育—德国工程技术教育的研究与实践 中国水利水电出版社 2008年5月，P82, P93, P211-213

[3] 王天一，夏之莲，朱美玉.外国教育史，下册.北京：北京师范大学出版社，1985:395-399

[4] 袁金华.课堂教学论.南京：江苏教育出版社，1996:223-225

[5] http://ceeaa.heec.edu.cn/column.php?cid=17

[6] http://ceeaa.heec.edu.cn/column.php?cid=18&ccid=27

---

① 苟勇，程鹏环，王延树，吴发红.高等工程教育——德国工程技术教育的研究与实践.中国水利水电出版社，2008年5月，93页

② 苟勇，程鹏环，王延树，吴发红.高等工程教育——德国工程技术教育的研究与实践.中国水利水电出版社，2008年5月，211~213页

［7］ 李军,林梦泉等.教育认证发展现状及对我国教育认证构想[J].中国高等教育,2013（19）

附录 1：华盛顿协议

1.《华盛顿协议》介绍

《华盛顿协议》是目前国际缔约国最多，最具影响的高等教育认证的权威和标准。华盛顿协议涵盖了本科工程学学位，并没有涵盖工程技术以及研究生项目，尽管悉尼协议和都柏林协议中包含了工程技术项目，但只有华盛顿协议的缔约国家或者地区给予认证之后，才能被认可。此项协议并不能直接授予或者注册职业工程师或特许工程师，但它涵盖了缔约国授权过程中的学术要求。

目前《华盛顿协议》共有 17 个缔约国和地区的正式成员，5 个预备成员。2013 年 6 月 19 日韩国首尔召开的国际工程联盟大会经过正式表决，全票同意接纳中国科学技术协会成为《华盛顿协议》的预备成员。

2.《华盛顿协议》的主要框架及特点

《华盛顿协议》的主要内容框架：

（1）各缔约方所采用的工程教育认证标准、政策和程序基本等效；

（2）承认缔约方所认证的工程专业（主要针对四年制本科高等工程教育）培养方案的认证结果具有实质等效性；

（3）促进缔约方通过工程教育和专业训练的学生具备基本的专业能力和学术素养，为工程实践所需做好教育准备；

（4）要求每个缔约方认真履行自己的职责，严格开展本国或本地区的工程教育培养方案认证工作，保证各方认证工作质量，从而维护其他缔约方的利益；

（5）严格的相互监督和定期评审制度，使协议的相互认可持续有效；

（6）各缔约组织的认证对象不是学校，而是各教育机构的培养方案，强调的是培养方案所体现出的教育理念和教学目标。

《华盛顿协议》特点：

（1）统一与特性并存。协议的缔约国及地区在认证体系中保持框架的基本统一，又有各自的特性存在。保证了在协议内的缔约国及地区相互承认，又体现了每个国家的本土特色，使认证更加人性化、精准化。

（2）以结果为导向。考核以学生学到什么入手，不单纯只考核工程技术人员应掌握的基本工程知识，已扩展到辐射领域及团队合作等能力；着重学生工程实训，以确保学生可以真正接触所学专业领域，成为更具潜力从业人员；同时也对教师所具备的素质做了说明，不但需要扎实的专业基础知识也需具备社会实践水准。

附录 2：所属单位考评表（教师姓名：　　　　　　　所在单位：　　　　　　　）

考评内容	考评内涵	等级	分数	得分	考评办法
师德师风（10分）	治学严谨、为人师表	优	9-10		教学单位自行考评
		良	7-8		
		中	5-6		
		差	3-4		
		劣	1-2		
组织纪律（10分）	组织纪律性强，能发扬团结协作的团队精神，服从组织领导安排	优	9-10		教学单位自行考评
		良	7-8		
		中	5-6		
		差	3-4		
		劣	1-2		
课后答疑（10分）	注重学生课外学习能力提高，积极组织学生进行课后答疑	超过规定学时	10		教学单位考评，教务处抽查
		规定学时以内	5		
		未达到规定学时	0		
听课情况（10分）	注重自身教学能力提高，积极通过听课向他人学习，取长补短	超过规定学时	10		教学单位考评，督导组抽查
		规定学时以内	5		
		未达到规定学时	0		
作业布置及批改（10分）	作业布置符合大纲程度，题量，批改情况	优	9-10		教学单位考评，教务处抽查
		良	7-8		
		中	5-6		
		差	3-4		
		劣	1-2		
成绩、试卷提交（10分）	全学年上报学生成绩、试卷档案情况	按时按规定	10		教学单位初审，教务处复审
		按时不按规定	5		
		不按时	0		
成绩录入（10分）	成绩录入及上报情况	无错报、漏报	10		教学单位初审，教务处复审
		错报、漏报学生成绩 3 次以内	5		
		错报、漏报学生成绩 3 次以上	0		
调停课、调监考情况（10分）	全学年调停课/调监考情况（因私）	0 学时/0 次	10		教学单位初审，教务处复审
		4 学时/2 次以内	5		
		4 学时/2 次以上	0		
出勤情况（10分）	以《重庆邮电大学移通学院教职工请假管理办法》为准（因私）	0 天	10		教学单位初审、人事处复审
		范围内	5		
		范围外	0		
参加集体活动情况（10分）	全学年参加集体活动情况，包括教研活动、教学会议、培训等（因私）	全部参加	10		教学单位初审，教务处复审
		缺 3 次以内	5		
		缺 3 次以上	0		
分数合计					

附录 3：教学资料考评表（教师姓名：　　　　　所在单位：　　　　　　　　　　）

评价	评估内容	权重分数	评价结果			得分
			优秀	良好	一般	
教学目标	明确目标清晰、具体，便于理解）	15分	5分	3-4分	1-2分	
	恰当符合大纲、专业/课程特点和学生实际）		5分	3-4分	1-2分	
	全面体现知识、能力、思想等几个方面）		5分	3-4分	1-2分	
教学方法	教学方法选择恰当结合教学资源特点及学生、教师实际，教学方法多样，一法为主，多法配合，优化组合）	10分	5分	3-4分	1-2分	
	运用教学手段得当根据实际需要，教具、学具、软硬件并举）		5分	3-4分	1-2分	
教学程序	教学环节设计合理有层次，结构合理，过渡自然）	15分	5分	3-4分	1-2分	
	教学环节中小步骤设计具体根据实际需要有些教学环节中有小步骤设计，教学环节或小步骤时间分配合理）		5分	3-4分	1-2分	
	教学程序设计巧妙体现在教学过程中和方法运用上新颖独特，符合学生的认知规律和特点，有艺术性）		5分	3-4分	1-2分	
教材处理	教学思路清晰有主线，内容系统，逻辑性强）	15分	3分	2分	1分	
	以旧引新寻找新旧知识的关联和切入点，注重知识的发生发展过程）		3分	2分	1分	
	突出重点体现在目标制订和教学过程设计之中）		3分	2分	1分	
	突破难点体现在教材处理从具体到抽象，以简驾繁等方面）		3分	2分	1分	
	抓住关键能找到教材特点及本课的疑点，并恰当处理）		3分	2分	1分	
师生活动	精讲巧练体现以思维、技能训练为核心）	15分	3分	2分	1分	
	教为学服务体现在教师课堂上设疑问难，引导点拨，学生动口、动手、动脑，主动参与教学过程）		3分	2分	1分	
	体现知识、技能形成过程，符合学生的认知规律		3分	2分	1分	
	学法指导得当学生课堂上各种学习活动设计具体、充分，教师指导有方）		3分	2分	1分	
	体现现代教育思想的六种意识目标意识、主体意识、训练意识、情感意识、创新意识、效率意识）		3分	2分	1分	
板书设计	紧扣教学内容，突出重点，主次分明，有启发性	15分	5分	3-4分	1-2分	
	言简意赅，文图并用，有美感		5分	3-4分	1-2分	
	设计巧妙，有艺术性		5分	3-4分	1-2分	
创新及特点	遵循常规，但不拘泥，根据个人差异和特点，有创新写出有个性特点的教案	5分	5分	3-4分	1-2分	
书写要求	条理清晰、文通辞达	10分	4分	2-3分	1分	
	教学内容处理、教材分析与处理说明情况		3分	2分	1分	
	教学方法设计说明设计依据和策略等）		3分	2分	1分	
合计						

附录4：课堂教学质量考评表

院（系部）		专业		班级		教材	
课程		人数		教师		得分	

序号	内容	评价内涵	等级分数					得分
			优	良	中	差	劣	
1	课前准备	教学大纲（纸质）、授课计划（纸质）、教材、教案（纸质）、PPT、教学过程记录表	9-10	7-8	5-6	3-4	1-2	
2	教学目标	1.教材内容新颖多样，有价值、有创造性； 2.教学目标明确具体、可操作、有层次，符合大纲要求和学生实际； 3.注意认知、情意、技能、素质和适应能力的有机联系和统一。	9-10	7-8	5-6	3-4	1-2	
3	教学策略	1.教学方式的选择有利于课堂教学的实现，努力为学生提供实践、自主探索、独立思考、合作交流的空间； 2.尊重学生，课堂气氛和谐、融洽，注重学生兴趣、习惯、自信心等非智力因素的培养。给学生创造机会，激发他们积极参与、主动发展。	9-10	7-8	5-6	3-4	1-2	
4	教学内容	1.教学目标明确、恰当； 2.准确把握大纲要求，符合授课计划的进度，吃透教材内容，传授知识正确； 3.寓德育于教学之中； 4.突出对学生的创新意识、创新能力的培养； 5.科学安排课堂练习，练习内容既有现实性、挑战性，又有可接受性；练习的形式和要求具有开放性；练习安排有针对性、层次性，容量适中。	9-10	7-8	5-6	3-4	1-2	
5	课堂调控	1.学习活动的设计对课堂活动过程进行有效的引导； 2.教学方法灵活多样，并能根据反馈信息适时调整教学进度和难度； 3.能发现、利用课堂上生成的课程资源，创新教学活动，促进学生发展、师生相长。	9-10	7-8	5-6	3-4	1-2	
6	课堂氛围	1.学习环境和学习条件的创设能激发学生进一步学习的兴趣，有利于教学目标的实现； 2.师生、生生互动形式多样且有层次，体现语言的交际性和实践性； 3.师生、生生之间民主、和谐、相互尊重。学生的思维活跃、积极主动参与教学活动，充分展示自我。	9-10	7-8	5-6	3-4	1-2	

续表

院（系部）			专业		班级		教材	
课程			人数		教师		得分	

序号	内容	评价内涵	等级 分数					得分
			优	良	中	差	劣	
7	问题探究	1.能激发学生学习积极性，关注到不同学习基础的学生，做到全员参与； 2.探究学习、自主学习不流于形式，指导学生处理好合作学习与独立思考的关系，做到有效参与； 3.学生能在教师的指导下选用合理的、多样化的学习方式学习，并把独立思考与合作交流有机结合。	9-10	7-8	5-6	3-4	1-2	
8	改革创新	1.教学理念新、教材教法活； 2.反映主体性、人文性、开放性、基础性、娱乐性、竞技性、选择性、地域性等内涵。	9-10	7-8	5-6	3-4	1-2	
9	教学特色	1.教学方式与手段的运用富有特色与创造性； 2.注重活动课程开发及课内知识的延伸和运用，有效培养学生认知能力。	9-10	7-8	5-6	3-4	1-2	
10	教师素养	1.关心爱护学生，教学作风民主； 2.仪表大方，精神饱满； 3.语言简练生动、态度和蔼可亲； 4.专业功底厚，知识层面广，组织和应变能力强，教学经验丰富。	9-10	7-8	5-6	3-4	1-2	

评语

听课人：

附录 5：教学业绩考评表（教师姓名： 所在单位： ）

考评内容	考评内涵	等级	分数	得分	考评办法
毕业论文指导情况（10 分）	本学年指导毕业设计（论文）获校级优秀奖	每人	加 2 分每人		参评人提出申请，教务处复核。累加，上限为 10 分。
科技活动指导情况（20 分）	本学年指导学生获得经学校认定的科技竞赛奖励国家级	一等奖	加 4 分每项		参评人提出申请，教务处复核，指导记录报教务处备案。累加，上限为 20 分。
		二等奖	加 2.5 分每项		
		三等奖	加 2 分每项		
	本学年指导学生获得经学校认定的科技竞赛奖励省部级	一等奖	加 2.5 分每项		
		二等奖	加 2 分每项		
		三等奖	加 1 分每项		

考评内容	考评内涵	等级	分数	得分	考评办法
自编教材情况（10分）	本学年自编教材/实验指导书	主编	加5分每部		参评人提出申请，教务处复核。累加，上限为10分。
		第二主编	加2.5分每部		
教改立项情况/比赛获奖（10分）	本学年教改立项情况（排名前五，系数按1、0.8、0.6、0.4、0.2计算），比赛获奖	国家级	加5分每项		参评人提出申请，教务处复核。累加，上限为10分。
		省级	加2分每项		
		校级	加1分每项		
科研论文情况（10分）	本学年科研论文情况（第一作者）	检索	加5分每项		参评人提出申请，教务处复核。累加，上限为10分。
		核心	加2分每项		
		一般	加1分每项		
校企合作（20分）	本学年为学校校企合作所作贡献情况	联系成功并作出突出贡献（每个项目限2人及以内）	加10分		参评人提出申请，教务处复核。
		挂职锻炼	加10分		
考研工作（15分）	本学年为考研工作作出贡献情况	承担一定教学工作量	加8分		参评人提出申请，教务处复核。
		其他贡献	加7分		
兼职教学督导、教研室主任（5分）	本学年担任学校兼职教学督导、教研室主任	校级督导	加3分		参评人提出申请，督导组/领导小组复核。累加，上限为5分。
		二级学院督导	加2分		
		教研室主任	加3分		

第6章 应用科技大学的师资队伍建设

林 毅

6.1 应用科技大学师资队伍建设的基本要求

6.1.1 应用科技大学师资队伍的特点

为顺应改革开放以来我国经济社会的高速发展对各类人才的需求，自 1999 年开始的高校扩招，让中国的高等教育进入大众化发展模式。2014 年数据显示，我国各类高等教育在学总规模已达到 3559 万人，高等教育毛入学率达到了 37.5%[①]。但是，我国的高等教育质量仍未达到预期水准，高等教育质量的全面提升将成为我国教育界今后一项艰巨而长期的任务。

当前，在全球范围内，中国已形成最大规模的高等教育体系，在现代化的建设及发展中发挥着重要的作用。但随着经济发展进入新常态，人才供给与需求关系深刻变化，面对经济结构深刻调整、产业升级加快步伐、社会文化建设不断推进特别是创新驱动发展战略的实施，高等教育结构性矛盾更加突出，同质化倾向严重，毕业生就业难和就业质量低的问题仍未有效缓解，生产服务一线紧缺的应用型、复合型、创新型人才培养机制尚未完全建立，人才培养结构和质量尚不适应经济结构调整和产业升级的要求[②]。

想完成这样的任务，实现地方高校向应用科技大学的转型并建设一支与之相匹配的师资队伍建设，就显得尤为重要。

应用科技大学，是以培养面向生产、建设、服务、管理等工作，具备较强实践技术能力解决实际问题的应用型人才为教育目标的普通高等院校。在这一理念下，应用科技大学人才的培养强调知识的应用转化与能力的实践操作，强调学生不仅要掌握扎实的专业基础知识，还要具备较强的实践能力和较高的综合素质[③]。而要做到这一点，要求应用科技大学在传统专业型教师师资队伍的基础上，建立一支具有"双师双能型"特点的师资队伍。这样才能落实应用科技大学的人才培养目标；才能体现应用科技大学的办学定位；才能让学生获得在社会上生存所必备的知识、技能和能力；才能真正符合我国经济社会发展

---

① 2013 年全国教育事业发展统计公报[R].中华人民共和国教育部，2014
② 关于引导部分地方普通高校向应用型转变的指导意见[R].中华人民共和国教育部，2015
③ 周琳.地方性应用型本科高校"双师型"师资队伍建设的对策及途径[J].常州工学院学报（社科版），2004（29）5，107~109页

的需要。

6.1.2　应用科技大学"双师双能型"师资队伍建设的基本要求

作为一名高校教师，其个人素质的高低及能力的强弱往往对一所学校的建设与发展有着至关重要的影响。结合应用科技大学的特点，我们认为"双师双能型"师资队伍建设的要求应该包括如下三个方面：

1. 基本职业素质要求

"双师双能型"教师首先应具备一般高校教师的基本职业素质。具体说来，主要包括以下方面：

师德师风素质。作为"人类灵魂的工程师"，教师是学校开展教育工作和教学活动的前沿主导力量，其师德师风将直接关系到学生的培养质量和水平。教师的职业道德，是指教师从事教育工作中的行为准则和道德品质。韩愈在《师说》中有云："师者，所以传道授业解惑也。"这里所说的"道"，即是师德师风，它主要包括爱国守法、敬业爱生，体现在教书育人、严谨治学、为人师表，自觉履行教师应尽的各项义务。总之，高校教师唯有具备了高尚的人格魅力与崇高的职业道德，才能真正意义上做到对学生"言传身教"，才能帮助学生在价值观、人生观和世界观等层面形成正确认知，进而成为学生心目中的典范和榜样。

政治思想素质。作为一名高校教师，必须有坚定的政治立场，忠诚于党的教育事业，坚持社会主义的政治方向。要以与时俱进的精神，吸收新的教育理念，满怀强烈的教育使命感和教学责任感，引导和教育学生成长，完成人才培养的教育目标和教学任务。

身体心理素质。良好的身体素质是教师教育工作的基础。高校教师肩负着教学与科研的双重任务，高校教师应保持身体健康，工作生活饱含活力与生机。同时，高校教师职业的特殊性也要求教师有良好的心理素质，尽量保持一颗平常心，拥有豁达宽容的心胸和乐观积极的心态，认清现实和自身，努力适应社会。只有具备了良好的身体和心理素质，才能沉心于科研、静心于教书、潜心于育人。

2. 理论知识能力要求

从建设应用科技大学的需要出发，"双师双能型"师资队伍建设首先对教师的理论知识能力有所要求。具体说来，主要包括以下方面：

较深的专业理论基础。尽管信息大爆炸时代的到来让知识总量急剧上升，知识更新速度不断加快，客观上要求高校教师所需掌握的知识结构更加多元、丰富，但无论如何，一门学科专业理论基础方面的知识始终是相对稳定的。对于高校教师来说，要想向学生传授其所承担学科领域的相关知识，首先必须要弄清楚这些知识的来龙去脉——即它们是如何创立、构建和发展的。要想做到这一点，较深的专业理论基础是必不可少的。现实中的诸多事实已经证明，专业理论基础更深的教师，其教学实力会更高，其科研能力会更强，其创新潜力会更大，并最终凭借深厚的专业理论基础，不断促进自身的提高与发展。由此可见，拥有较深的专业理论基础是高校教师从事教育教学工作的基本前提，是高校教师走进课堂、传递知识的首要必备能力。对于应用科技大学所要求的"双师双能型"师资队伍建设来说，较深的专业理论基础更是"双师双能型"教师运用技术、展开实践的保障。

较广的相关专业知识。"双师双能型"教师除了要拥有较深的专业理论基础外，还需具备较广的相关专业知识。传统意义上的高校教师大都是"专一型"的知识结构,即在某一个专业、某一个领域方面的知识掌握十分透彻,但知识面过于狭窄,难以做到触类旁通。随着知识更新速度的不断加快,高校教师越来越多地需要向学生传授其所承担学科领域中最前沿、最新颖的知识,而这些知识又是随着交叉性学科的兴起与普及逐渐发展起来的,高校教师如果不具备较宽的知识面,就难以应对这种变化。此外,应用型人才培养的目标,客观上也要求高校教师不仅要熟悉本专业理论基础知识,还要熟悉相关专业、行业的知识,诸如与自己所承担的专业领域相关的社会科学、自然科学等方面,都要力争有所涉猎,使自己成长为具有"复合型"知识结构的教育工作者。

较强的教育教学能力。较深的专业理论基础和较广的相关专业知识是教师知识结构的主干和核心,是人才培养目标实现的基础;而较强的教育教学能力是实现应用型人才培养这一目标的有力保障。教育教学能力是教师完成教育任务的必要条件,是衡量教师教学水平的关键指标[1]。对于应用科技大学所需要的"双师双能型"师资队伍来说,这一点则显得尤为重要。"双师双能型"教师要通晓应用型人才的培养规律,采用切实有效的教学策略,对教学活动实施灵活高效的调控,这样才能将专业知识真正地传递给学生[2]。具体说来,"双师双能型"教师所具备的教育教学能力主要包括以下几方面:①挖掘和组织教材的能力;②了解和研究学生的能力;③教育科研能力;④良好的语言表达能力。

3. 实践技术能力要求

从建设应用科技大学的需要出发,"双师双能型"师资队伍建设要对教师的实践技术能力有所要求,这也是"双师双能型"教师与传统高校教师的最大区别。应用技术大学培养出来的学生,除了需要具备必要的专业基础知识外,还要掌握符合社会各行各业实际需求的种种专业实践技术能力,这就在客观上要求教师拥有一定的实践技术能力。这种能力既要保证专业课程与实践课程的一体化,还要确保理论教学与实践教学的连续统一性,从而达到教学进程的循序渐进,在给学生传授专业理论知识的同时,能够将实践操作技能同样传递给学生[3]。这种实践技术能力上的要求主要包括以下方面:

较长的专业实践经历。传统高校教师几乎没有其所在专业领域的实践经历。社会上现有的一些专门职业,如医生、律师等,其培养过程都是在学习理论知识的同时不断积累实践经验而实现的。"双师双能型"师资队伍建设要求应用科技大学的教师具备一定年限的从事本专业实际工作的经历。比如工程管理专业的教师,最好能有在建设工程单位或施工单位工作的经历,熟悉工程项目管理的相关流程和技能;信息管理与信息系统专业的教师,最好能有在信息行业工作的经历,熟悉信息系统分析与设计、信息资源管理与开发等方面的方法和实现技术。同时,"双师双能型"教师还要密切保持与相关企业的沟通和联系,定期到这些企业进行新的实践技能的学习、培训和锻炼,从而形成理论指导实践、实践验证理论的良性教学模式。像德国就明确规定博士生毕业后必须在企业从事所学专业至少五年的工作才能任教的硬性要求,这一点值得我们借鉴。

较强的科研转化能力。与传统研究型的高校相比,应用科技大学更强调教师实践方面的技能而非学术上的造诣,但这并不表明应用科技大学的教师可以不具备科研能力。恰恰

① 倪花.浅谈教师教育教学能力的培养[J].教育实践与研究, 2004 (2), 16~18 页
② 杨妍, 李立群.基于应用型人才培养的地方本科院校师资队伍建设策略[J].职业技术教育, 2014 (5), 76~78 页
③ 杨睿宇, 马箫.浅议应用技术大学"双师型"教师[J].商界论坛, 2014 (4), 290~291 页

相反，科研能力在这类高校更应该受到重视。只不过应用科技大学所强调的更偏向于科研"转化"能力，强调科研成果在教学和实践中的应用，强调科研成果转化为生产力的可能。"双师双能型"教师如果具备了较强的科研转化能力，不仅可以有效提高自身的专业知识和实践技能，强化自身的教育教学水平，还能够将科研成果直接应用于教学，切实有效地引导学生，真正做到学生创新能力和实践能力的有效提升。

较高的应用创新能力。作为应用科技大学的"双师双能型"教师，其实践技术方面的能力不能仅仅局限在过去实践经历所积累的经验上，还要具备发展的眼光，能够准确把握学科的前沿动态，预判企业的最新需求，将教学方面的知识与企业中的实践完满结合，形成较高的知识迁移与应用创新能力。"双师双能型"教师可以申报或参与应用项目研究，通过实地调研来深入了解相关企业在生产管理、技术研发、产品创新等方面的发展现状；可以主动投身到社会生产之中，通过对企业生产、研发、销售等环节的实践体验，不断丰富、更新、整合教学中所需的实践教学案例，指导和解决教学中遇到的理论与实践脱节的问题；可以同企业开展长期合作，通过校企合作模式走出课堂，走进企业，从而实现产学研一体化，不断积累和提升自身的实践经验及应用创新能力[1]。总之，较高的应用创新能力更加强调"双师双能型"教师需具备与时俱进、符合社会与企业发展需求的动态实践能力。应用科技大学的师资队伍唯有具备这一点，才能既在教学上满足学生的需要，又在社会上满足企业的需要，同时在成长上满足个人的需要。

6.2　我国应用科技大学师资队伍建设的现状及存在问题

6.2.1　我国应用科技大学师资队伍建设的现状

按照《国务院关于加快发展现代职业教育的决定》文件精神，众多地方本科院校开始相继走上转型发展之路。然而，我国应用科技大学师资队伍建设的现状却令人堪忧。首先，我国应用科技大学的生师比相对偏高，来自2014年的最新数据显示，我国应用科技大学的平均生师比接近20:1。而与此形成鲜明对比的数据是：德国应用科技大学的生师比大约仅为8~12:1。生师比过高会对教学质量和教师教学水平的提高造成不利影响，必将影响应用型本科人才培养的质量。其次，我国应用科技大学师资职称结构不合理。2014年教育部评估中心的最新数据显示，我国本科院校里高职称教师所占的比例普遍偏低，平均值不到20%（考虑到应用科技大学在我国尚处于起步阶段，这一数值应该会更低），大部分教师仅仅具备讲师甚至助教职称。相对于德国应用科技大学的职称结构来讲（如德国汉诺威应用科学大学的教授占教师队伍的80%以上），这种差距是十分明显的，这对于应用型本科人才的培养也会有明显的影响。最后，也是最重要的一点——我国应用科技大学师资队伍建设目前最大的短板就是实践型教师紧缺，新进教师实践经验严重缺乏。一方面，我国应用科技大学的师资本身就缺乏实践经历；另一方面，现有的制度又无法有效引导教师进行必要的企业实践，同时具有丰富实践经验的企业技术人员、技能人才进入学校也受到制度的制约。因此，相比德国应用科技大学要求实践型教师一般应具有博士学位并必须具备5年以上的

---

① 杜友坚.地方高校师资队伍建设发展研究[J].黑龙江高教研究，2014（10），79~81页

生产实践经验，获得 200 多个学时的教育学专业培训并通过相关考试等标准，我国应用科技大学的实践型教师存在巨大的缺口，这在一定程度上影响了"双师双能型"教师队伍的建设。

6.2.2　我国应用科技大学师资队伍建设存在的问题

1. 师资认证标准尚未统一

我国对"双师双能型"教师认证标准的探讨起始于 20 世纪 70 年代，当时这方面的研究主要是围绕着高等职业教育这一领域展开的。随着高等教育大众化培养模式的普及与应用科技大学建设理念逐渐深入人心，关于"双师双能型"认证标准的话题又再度兴起，但迄今为止，无论是国家层面还是地方层面仍然没有一个统一标准，这也导致目前我国"双师双能型"认证标准存在诸多问题。

"双师双能型"师资认证标准的问题，首先体现在"双师双能型"教师的概念模糊不清。目前关于"双师双能型"教师概念的理解大概分为三类：第一类偏重于教师的胜任资格，即教师获得教师系列资格证书或职称的同时，还需获得其相关专业的技术资格证书或职称，也就是所谓的"双职称型"或"双证书论"；第二类强调教师的素质或能力，即教师需同时具备理论教学和实践教学的素质或能力才能被看作"双师双能型"教师，也就是所谓的"双素质型"或"双能力论"；第三类则是前两类的综合，强调教师既要持有"双证"，又要具备"双能力"，也就是所谓的"双融合论"。

也正是"双师双能型"教师概念模糊不清这一问题，进一步产生了"双师双能型"师资认证标准不统一的问题。尽管教育部、相关学者和院校率先开始了"双师双能型"师资认证标准这一课题的研究甚至是实践，并形成了一些较有影响力的结论、成果和推广经验，但受制于国家层面在师资认证标准上尚未有明确规定的制度缺失，这些标准也都有一定的局限性。

具体来看，我国目前关于"双师双能型"师资认证标准的观点主要包括以下两类：

（1）行政标准

这一标准是教育部针对高职高专院校"双师双能型"师资的认证，强调"双师双能型"教师必须具备以下条件：①至少具备讲师职称；②至少具有与本专业相关的工作中级技术职称；③两年以上的企业工作经历；④两项以上应用技术成果转化[①]。

（2）学者标准

学术界关于"双师双能型"师资认证标准的理解呈现出百花齐放的特征。众多学者从不同的视角提出了各自的观点。其中，较具代表性的有：贺文瑾（2002）提出的"一全""二师""三能""四证"的"双师双能型"师资认证标准[②]；卢双盈（2002）提出的"双师双能型"师资认证的八个标准[③]；刘勇（2004）的初级"双师双能型"教师、中级"双师双能型"教师和高级"双师双能型"教师的差异化标准等[④]。

无论是行政标准还是学者标准，都存在各自的优缺点。比如，教育部的标准优点在于

① 关于开展高职高专院校人才培养工作水平评估试点工作的的通知[R].中华人民共和国教育部，2003
② 贺文瑾.略论职技高师"双师型"师资队伍建设[J].职业技术教育（教科版），2002（4），50~52 页
③ 卢双盈.职业教育"双师型"教师解析及其师资队伍建设[J].职业技术教育（教科版），2002（10），40~43 页
④ 刘勇.高等职业教育"双师型"教师队伍培养方案探讨[J].武汉职业技术学院学报，2004（2），15~19 页

其规范性和标杆化优势，是我国第一次以文件形式来确定"双师双能型"师资的认证标准，对我国"双师双能型"师资认证标准的界定起着引导性的全局作用；但该标准同样存在过于宏观、指标过于模糊、可操作性不强及缺乏相关保障制度等缺点。学者标准由于是对教育部标准的补充和完善，因此在个别细节上更加清晰明了化；但也因此造成标准各异进而同样难以在实际中进行操作的问题。当然，最关键的问题在于，由于这些标准都是针对高等职业教育环境下的"双师双能型"师资队伍建设提出的，并不完全符合应用科技大学"双师双能型"师资队伍建设的实际，所以迄今为止，我国应用科技大学的"双师双能型"师资认证标准到底应该包含哪些内容，仍旧是一个难以解决的问题。

2. 师资引进渠道单一、缺乏灵活性

尽管我国的高等教育已进入大众化发展模式，但受传统精英教育模式及观念的影响，应用科技大学在师资引进方面仍然存在诸多问题。

首先是师资来源单一。目前，我国应用科技大学的教师来源符合我国高等院校教师来源的共同特征，即绝大部分都是高校刚刚毕业的学生；即便能通过若干激励手段引进一些经验丰富的教师，但也基本上属于单一的高校背景出身。这类教师普遍具备较强的本专业领域的理论知识，也能够通过岗前培训或依托过去的任教经验胜任相关的课堂教学，但他们的缺陷在于缺乏本专业相关行业、职业的实践经验，因此动手能力较弱。而应用科技大学人才的培养强调知识的应用转化与能力的实践操作，强调学生不仅要掌握扎实的专业基础知识，还要具备较强的实践能力和较高的综合素质，这在客观上要求教师必须拥有足够的实践经验和较强的实操能力，而现有的单一化师资引进来源是难以符合应用科技大学人才培养的需要的。

其次是引进师资要求缺乏灵活性。受国家教育政策和传统观念的影响，一所高等院校所拥有的学科带头人、高级职称和优秀教师的数量及比例成为决定该校生源好坏的重要标志之一。由于现有的应用科技大学多数是从原先的独立学院或高职院校转设而来，生源是其生存的根本。由于同时具备高学历高职称和实践能力的人才并不多，因此，多数应用科技大学在引进师资时，更加侧重强调教师是否具有高学历（博士、硕士）和高职称（教授、副教授），是否具有较强的科研能力，而不是强调一定年限的企业工作经历和实践能力。

当然，还有一些应用科技大学试图采用从企业直接招聘实践经验丰富的人员来学校任教的方式来解决这一问题，但收效并不明显。因为现有的体制及主流观念使得企业人员不太愿意来学校任教。还有个别应用科技大学则是以兼职的方式聘请企业人员来校任教，但由于管理机制、合作方式等多方面的原因，使得这种模式难以大范围推广。

3. 师资培养力度不够，针对性不强

尽管近些年来，我国高等教育界开始逐渐意识到应用型高等院校和"双师双能型"教师的重要性，但由于国家在"双师双能型"师资队伍培养上依然受到传统教育理念的影响，导致应用科技大学的师资培养手段还存在诸多问题。

首先，应用科技大学在"双师双能型"师资队伍培养上力度不够。"双师双能型"教师的培养是一个漫长而又艰苦的过程，需要学校的高度重视。但由于很多高校受到传统教育模式的影响，使得学校层面对教师实践能力培养的重视度还不够。具体表现在两个方面：首先，培训覆盖面不够全面。如多数高校目前采用的一种主要培训方式是派遣教师在假期到企业参观学习，但由于国家教育政策法规中并没有明确相关企业接受高校教师进行社会实践的规定、产教结合的教育模式尚未规模化等客观原因的存在，导致培训名额极其有限，实际上能够得到这种机会的教师很少。而且由于培训时间过短，教师并没有真正接触和了解实际工作流程，没有参与到企业的改革、技术的攻关、产品的研发等企业核心领域，致使被培训的教师往往无法达到培训的真正目的。另一方面，培养经费有限。目前，国家教育相关部门在"双师双能型"教师的专项培养经费上投入有限，而我国的应用科技大学本身又缺乏国家财政方面的支持。由于教师进企业培训、外出进修都需要一定的开支，客观上给学校带来了一定的财政压力，在"双师双能型"教师培养经费上难免会出现不足的现象。"双师双能型"教师的培养所需的经费缺少正常稳定的来源，在很大程度上限制了师资队伍的建设。

其次，应用科技大学在"双师双能型"师资队伍培养上针对性不强。尽管目前很多学校都制定了相应的师资培训计划，但这些计划普遍缺乏针对性。如培训形式多以专家讲座和观摩教学为主，且多在校内进行；培训没有从专业、任职年限和教师自身的实际情况等方面进行区分；没有合理规划教师接受培训的时间，导致与常规教学时间冲突；培训内容多是基础性知识普及和基础教学能力提升方面的培训，缺乏实践能力培训活动的开展等。由于应用科技大学"双师双能型"师资队伍的培养唯有做到能够紧密结合教师的工作实际、能够有效帮助教师解决教学环节中出现的实践问题、能够切实地提升教师实践教学水平，才能达到最终的培养目的[①]，所以现有的培养针对性不强的问题亟待解决。

4. 师资晋升模式渠道单一，针对性较弱

"双师双能型"教师的培养是一个循序渐进的过程，需要有一套良好的保障机制。而"双师双能型"教师的晋升模式就是这套保障机制中的关键一环。但由于我国"双师双能型"师资队伍的建设仍处于起步阶段，因此在其晋升模式上还存在比较明显的问题。

应用科技大学在"双师双能型"师资晋升模式上渠道单一，沿用标准不够合理。由于大多数应用科技大学是由地方院校或独立学院转型而来，相比于传统的重点高校（如 985 高校和 211 高校），这些新成立的应用科技大学在师资职称结构上还很不合理，主要体现在具有高级职称的教师比例偏低。因此，努力提升学校高职称教师的比重必将成为应用科技大学未来建设过程中的一大重要指标。但我国目前教师职称的晋升依然是研究型大学的通用标准，更强调论文、科研、课题等科研任务，而应用科技大学注重的是教师的实践能力。因此，继续沿用这种传统的职称评定及晋升方式，极易造成应用科技大学的建设偏离原本的轨道，对于"双师双能型"教师可能面临的各种晋升渠道，在相关制度上却还不够完善。

5. 师资激励机制不够完善

我国推行应用科技大学建设以来，各高校纷纷针对自身的特点，制定了有关"双师双能型"师资队伍建设的制度文件，这在一定程度上扩大了应用科技大学"双师双能型"教师的数量，也较有成效地提升了"双师双能型"教师队伍的整体素质和能力。但由于种种因素的制约，我国应用科技大学"双师双能型"教师的激励机制仍然不够完善，存在不少问题。

首先，应用科技大学在"双师双能型"师资激励机制的设置上存在不够科学的问题。

① 于萍，杜丽敏.探究高等职业教育"双师型"教师队伍建设[J].学理论，2013（33），328~329 页

"双师双能型"教师既拥有完整的理论知识，又具备较强的实践能力[①]。因此，对这类教师，高校的激励机制应体现出上述两个方面的推动作用。但目前我国大多数应用科技大学对"双师双能型"教师的激励依然倾向于理论教学和科研成果方面，对于教师实践成果的认定和激励政策还不够科学。所有的教师，不论是"双师双能型"的还是普通型的，其工资福利都是与个人的职称、职务及学历挂钩，无法体现"双师双能型"教师在实践工作中的岗位贡献及业绩水平。这就使相当一部分"双师双能型"教师在工作中缺乏正确的奋斗方向，过于重视理论教学和科研工作而忽视了实践能力的提升。久而久之，与普通教师无异；部分优秀教师更是转而投身于更好的发展平台，从而导致师资流失严重。

其次，应用科技大学在"双师双能型"师资激励机制的设置上存在薪酬水平偏低的问题。由于国家财政支持较少，因此应用科技大学的教师工资水平普遍偏低。尽管不少高校通过各种方式来提升"双师双能型"教师的薪酬水平，如发放"双师双能型"教师补贴、发放课时津贴和课题津贴等。但从整个市场行情来看，目前我国应用科技大学为"双师双能型"教师提供的平均薪酬水平仍然远远低于他们的实际价值。这也导致大多数应用科技大学难以吸引和留住高素质高能力的"双师双能型"人才，进而使应用型本科人才培养目标的实现难上加难[②]。

6.3   国外应用科技大学师资队伍建设特点及启示

6.3.1   国外应用科技大学师资队伍建设特点

1. 德国应用科技大学师资队伍建设特点

在培养应用型人才方面，德国应用科技大学通过长期的实践形成了自己的优势特色。其在师资队伍建设方面所采用的种种措施，包括教师招聘流程的规范、教师聘任资格的严格把关、重视教师的继续教育等等，都为德国应用科技大学师资的培养提供了保障。

首先，德国应用科技大学对教师的聘任资格有着严格的标准。为了符合应用型人才培养的目标，德国应用科技大学不仅重视教师的理论水平，更加强调教师的实践能力，要求应聘的教师必须能够与企业联系紧密，保证教学工作与企业的发展相同步，能够为学生提供实习或就业的机会。这一点从德国应用科技大学对教授任职资格的规定上就可以看出来：①原则上必须是博士毕业；②要有5年以上工作经历，而且要有3年承担领导责任的经验；③要通过大学教授资格考试；④在从事职业至少5年中能使学术观点和方法得到应用与发展并取得特殊业绩；⑤从事的职业至少有3年是在校外进行的；⑥非本校人员。可以看出，德国应用科技大学不仅要求教师要有学术教育背景、科研能力和教育学学习经历，而且要有很强的企业实践经历[③]。

其次，德国应用科技大学对教师的招聘流程也十分规范。一般来讲，德国大学教师聘任程序有五项：①根据学院的申请，由校长、校长助理、秘书长实行公开招聘；②在学院

① 李西营，腰秀平.高职院校"双师型"教师队伍的现状、问题及对策[J].河南科技学院学报（社会科学版），2010（2），31~33页

② 易兰华，郭移生.高职"双师型"教师激励机制研究[J].职业教育研究，2007（12），65~66页

③ 林凤彩，陈晓莉.德国应用科技大学的调查与研究[M].天津科学技术出版社（第一版），2015（2）

内组织由 5~6 名教授、包括学生代表参加组成的任用委员会，通过书面审查选出 3 名申请者，编排好先后顺序；③各学院院长、7 名教授、2 名学术人员、2 名学生、1 名非学术人员进行审议；④学院委员会选定的名单由校长、7 名教授、2 名学术人员、2 名学生、1 名非学术人员进行审议，并作为大学一级选定的顺序向州学术部提出；⑤由州学术官员做出任命的决定①。

第三，德国应用科技大学还十分重视教师的继续教育。为了确保教师所掌握的知识结构与当今前沿的科技发展及企业的生产实践活动相同步，各应用科技大学都以常态形式开展了丰富多样的继续教育活动和促进教师专业能力发展的进修活动，如：校内培训、参加专业会议、职业实践等。有的学校还专门设立了供本校教师培训和提高能力的培训机构。为了提高教师的实践能力，应用科技大学的教授每 4 年可以申请 1 个学期到企业工作，以便了解企业的最新发展状况②。

2. 其他国家应用科技大学师资队伍建设特点

英国应用科技大学在师资队伍建设上也很有特色。以英国有代表性的应用科技大学——波恩茅斯大学为例，该校的师资队伍建设具有以下特点：①新教师的考察十分严格。在波恩茅斯大学，教学人员的试用期为 1 年，远远超出行政人员的半年，说明该校对专业教师质量的把关要严于其他类型人员；②完备的教师发展计划。波恩茅斯大学认为教师是办学的核心资源，教师的发展对学校战略目标的实现至关重要。因此，该校为每一名专业教师都制定了发展计划，具体包括原则、过程、职责和实施四大方面，旨在发挥教师的潜能，推动教师个性发展，提高教师工作满意度，并进而推动大学各项工作的发展；③重视教师的技能与品行。波恩茅斯大学十分重视教师的技能与品行，为了培养老师的这些能力，学校会定期举办各类主题活动，引导教师开展专题讨论，从而让教师明确自身素质的提升方向③。

芬兰则以全球严苛的教师选拔制度而著称。在芬兰，幼儿园教师的首要条件都是要拥有硕士学历；此外，芬兰的应用技术大学要求所有的教师都必须接受培训，以便根据学生的需求和风格进行差异化教学；第三，芬兰的应用技术大学十分重视教师的在职培训，政府会专门立项并拨款对相关学校进行这方面的资助。

瑞士应用科技大学与德国应用科技大学在师资建设方面的共同点，在于都十分重视教师的实践能力，要求其教师、研究人员必须具有相关的从业经验。这样，就能在很大程度上保证教学、科研活动的实践性，保证知识、技能的持续更新，也能保证应用型研究与经济活动之间的持续良性互动循环。此外，瑞士应用科技大学还十分重视国际交流与合作。在瑞士的应用科技大学里，大约有 20%的教职工都是来自于其他国家的，这一点使得瑞士的应用科技大学在国际交流与合作的深度和广度上远远领先于其他国家④。

6.3.2　国外应用科技大学师资队伍建设的启示

上述各国应用科技大学师资队伍的建设情况，对我国有着很多启示：

---

① 王延博，徐国成.德国学术性大学师资队伍建设之启示[J].现代教育科学，2011（6），71~73 页
② 葛艳娜，路姝娟.中德应用型本科师资队伍建设比较研究[J].上海第二工业大学学报，2011（12），342~345 页
③ 张国昌.英德两国高校应用型师资队伍建设探析[J].文教资料，2013（10），102~104 页
④ 杨刚要.瑞士应用科技大学特色研究[J].职业教育研究，2014（6），171~173 页

第一，我国应用科技大学师资队伍建设需要明确教师资格标准。国外应用科技大学教师任职资格要求，都明确强调同时具备教师素质和工程师素质的"双师双能型"教师。因此，我国应用科技大学也应该尽快落实教师的准入标准，除了要求传统的教学科研能力外，必须对任职教师的企业从业经历、专业技能证书等方面提出明确的要求。

第二，我国应用科技大学师资队伍建设需要严格把关招聘程序。目前，我国应用科技大学教师的招聘程序往往是通过笔试、面试、试讲等形式进行，面试人员则多数是由院系领导、人事部门等人员构成。而国外应用科技大学教师招聘流程则更重视对新教师专业实践能力的测评。所以可以考虑在这方面予以加强，尽量将能够反映新教师实践素质方面的测评内容添加到招聘环境中。在面试人员构成上，可以考虑邀请专业对口的企业人员对新进教师的实践素质进行评定，这样不仅能够保证招聘过程的公开透明，也能真正为我国应用技术大学引入符合"双师双能型"要求的教师。

第三，我国应用科技大学师资队伍建设需要加强职后培训。国外应用科技大学教师的职后培训有两个方面值得我们借鉴：①充分利用校内已有资源，如继续教育培训部门、实验室、实训基地等，定期对教师进行职后培训，可以采用示范课、研讨课、老带新等方式来进行；②合理利用校外资源，如校企合作式课程、项目、教材开发等模式，或者安排教师定期到企业进行挂职锻炼。

6.4　我国应用科技大学师资队伍建设的工作原则与具体措施

6.4.1　我国应用科技大学师资队伍建设的工作原则

1. 坚持"以人为本"原则

应用科技大学师资队伍建设要符合管理科学的发展规律。办学需要人才，而且是优秀人才，应用型人才的培养目标给我国应用科技大学的师资建设提出了更高的要求。因此，高校要把教师作为管理工作的服务对象，要视教师为学校最重要的资源。学校要进一步理顺管理体制，完善管理制度，提高工作效率。要客观合理地组合、优化教师结构，发挥教师队伍的整体优势。

2. 坚持"全面与重点相结合"原则

应用科技大学师资队伍的建设面向的是全体教师，因此要首先保证各个类型的教师（理论型、实践型、双师双能型）都能够通过不同的途径或方式获得培养的机会。但从另一方面来讲，应用科技大学师资队伍的建设更注重的是"双师双能型"教师的培养。因此，学校要在各种资源、力量有限的前提下，做到重点突出，集中现有资源和力量投入到双师双能型教师的建设和发展工作中。

3. 坚持"专业性与实践性相结合"原则

首先，应用科技大学师资队伍的建设需要重点关注被培养教师的专业背景，力争通过各种培训，完善教师的专业结构，提升教师的专业知识水平；其次，为了实现应用型人才培养的终极目标，应用科技大学师资队伍的建设也需要重点关注被培养教师的实践能力，力争通过与企业合作来提升教师的实践水平。

4. 坚持"人才培养与引进相结合"原则

首先，应用科技大学师资队伍的建设要着眼于当下，对学校现有师资进行整合、分类培养，促进现有单一型师资队伍向"双师双能型"师资队伍的转型；其次，应用科技大学师资队伍的建设还要着眼于未来，不断加大人才引进的力度，引进高层次，经验丰富的"双师双能型"人才，不断提高学校师资队伍的整体实力。

6.4.2　我国应用科技大学师资队伍建设的具体措施

1. 师资认证标准应统一明确

建立应用科技大学"双师双能型"师资认证标准体系，将对我国应用科技大学师资队伍建设起到关键性的推动作用。结合当前我国应用科技大学的实际情况，并借鉴学术界已有的研究成果，本书认为，应用科技大学"双师双能型"师资认证标准亟待统一并明确化，要具体并可以细化操作，可以考虑从以下几个方面来进行设计：

首先，应用科技大学的"双师双能型"教师认证需要明确一个基本标准，这个基本标准就是教师的师德师风。教师是一种神圣的职业，如果说教师是立校之本，那么师德就是教育之魂。《面向 21 世纪教育振兴行动计划》指出，要"大力提高教师队伍的整体素质，特别要加强师德建设"。可见，要达到高质量的教育，必须要有高素质的教师。任何一名教师，都必须拥有良好的思想政治素质和职业道德，能够做到爱岗敬业、严于律己、遵纪守法、为人师表，具有高度的荣誉感、归属感和使命感。在应用科技大学"双师双能型"教师认证标准体系建设中，应该将这方面作为最重要的内容，实行师德师风一票否决制度，保障良好的教风氛围。

其次，应用科技大学的"双师双能型"教师认证需要明确一个行业标准。这种行业标准至少要包括两个方面：①教师理论层面的行业标准，如教师资格证、岗前培训证、普通话等级证书等，以及教师课堂教学能力的认定；②教师实践层面的含义标准，如教师是否具备与本专业相关的技术证书，这些证书是否是国家组织的或国家授权部门组织的，证书是否已获得当地"双师双能型"资格认定委员会的认可等[①]。

最后，应用科技大学的"双师双能型"教师认证需要明确一个等级标准。同普通型教师一样，"双师双能型"教师在个人综合能力与整体素质上也会因人而异，而这种差异并非简单地用某一种证书（学历、职称、技能证书）的等级就能区别开来。有鉴于此，"双师双能型"教师的认证除了前面所提到的两个标准外，还有必要根据每位教师的实际情况，分成不同等级，通过量化的方式予以确定。比如可按初级、中级、高级三个级别对"双师双能型"教师进行认证，每个级别的资格条件可按学历、职称、工作经历、技能等级、业绩、成果等予以划分；考核标准可按不同级别的外语和计算机考试、职教能力测评成绩予以划分[②]。

2. 师资引进渠道应更加多元丰富

应用科技大学应该切实结合自身的人才培养目标，建立多元化的教师引进渠道。结合目前我国教育领域师资培养体制的实际情况，本书认为，在应用科技大学建设与发展的初

① 卜时忠.构建双师型教师资格认证体系的研究和实践[J].云南财经大学学报（社会科学版），2009（3），119~120 页
② 梁快.高职院校"双师型"教师认证标准体系研究[J].深圳职业技术学院学报，2009（2），67~71 页

期阶段，其师资队伍引进渠道的多元及丰富化可以考虑以下几方面：

首先，高等院校的毕业生及其他院校的教师依然是应用科技大学师资引进的重要渠道之一。因为即便是应用型的本科院校，依然需要掌握扎实理论基础知识和相关专业领域知识的理论型人才，依然需要具有较强科研能力的研究人员。这方面的师资引进需要注意两点：①引进标准要适当微调。除了强调应具备的学历或职称外，高校毕业生或其他院校教师如果在校期间有相关专业兼职经历且取得一定明显成果的，可以优先考虑；②适当控制理论型教师规模。应用科技大学更强调教师的实践能力，因此理论型教师的引进规模要较以往有所控制，考虑到我国目前的实际情况，这一比例在初期可以控制在 40%左右（部分起步较晚的应用科技大学这一比例允许在初期达到 60%）。今后可以随着学校的不断发展而缩小比例，但最低不能少于师资队伍总数的 25%。

其次，重点考虑从社会上的企事业单位引进拥有丰富工作经验和实践能力的企业人才。应用科技大学应该结合自身的办学特色，借鉴国内外成功经验，根据不同专业对学生实践能力的要求，有针对性地引进或聘请一批具备相关专业技术任职资格、较高业务素质能力和较强实践操作经验的企业人员担任"双师双能型"专职教师。引进这类师资既可以实现对理论型教师的"传帮带"作用，帮助理论型教师向"双师双能型"教师转型，切实有效提高应用科技大学师资整体的实践教学水平；同时还能够真正做到以实践促教学，对学生言传身教，保证课堂的趣味性和实用性[1]。这方面的师资引进需要注意以下几点：①可以考虑返聘退休人员或下岗人员；②要采取与理论型教师不同的薪酬体系；③需要集中对这类人员进行教学方面（如教学理念、教学手段、教学过程、教学方法等）的培训，以保证其能快速适应教学岗位；④考虑到我国目前的实际情况，这一比例在初期可以控制在50%左右（部分起步较晚的应用科技大学这一比例允许在初期达到 30%即可）。今后可以随着学校的不断发展而扩大比例，稳定期控制在师资队伍总数的 65%左右。

最后，根据实际情况，适当吸纳兼职教师。一些具有丰富实践经验的企事业单位人员，由于各方面的原因无法在学校从事专职工作，可以考虑在培训的基础上以兼职教师的形式引进学校。这种做法至少有两个好处：一是由于兼职教师在薪酬待遇上要远远低于专职教师，所以可以有效地控制学校在人力资源方面的支出成本；二是由于兼职教师还在原单位工作，可以有效地借助其实践经历来调整课程结构、内容，并最终促进教学质量的提升[2]。这方面的师资引进需要注意以下两点：①要与兼职教师所在原单位做好沟通协调工作；②兼职教师的比例应控制在 10%左右。

3. 加大师资培养力度，有针对性地培养教师

应用科技大学应该切实结合自身的实际情况，安排不同类型、不同层次的培养方式。既要加大师资培养力度，同时又要保障师资培养的针对性。结合目前我国教育领域师资培养方式的实际情况，本书认为可以从以下几个方面展开：

首先，应用科技大学在"双师双能型"师资队伍培养上要加大力度，可以采用短期培训与长期培训相结合的方式。其中，短期培训可以覆盖到所有的单一型教师。如实践经验欠缺的教师，可以安排其定期（如寒暑假）到对口企业进行技能培训，使其能够快速获得

① 邹渝，李家智.高职管理类专业综合性实训师资队伍建设研究[J].重庆第二师范学院学报，2014（9），147~150 页
② 王金华，刘俊芹.论应用型本科"双师型"师资队伍建设问题[J].经济研究导刊，2009（5），234~235 页

生产一线的经验；而对于来自企业一线的兼职教师，则可以安排其参加地方教育部门的高等师范教育培训（一般在半个月左右），同样可以使其在短期内掌握教师所应具备的基本能力和素质。长期培训则可以安排教师到专业对口的企业进行挂职锻炼（时间最少为一年），让教师能够较长时间接触企业生产、建设、管理、服务等方面的流程，从而切实有效地提升其实践经验和专业技能。

其次，应用科技大学在"双师双能型"师资队伍培养上要更具有针对性。可以考虑由地方政府牵线，通过校企合作的方式，与对口企业共同搭建集产学研为一体的高水平培养基地；激励教师与校外技术先进企业建立良好的工作关系，与企业共同进行应用型项目的申报及研究工作。充分利用校内外的优质资源，进行统筹兼顾、合理安排，确保教学与生产紧密衔接，将理论与教学、设计与生产、教学与研究纳入学校的各项教育教学活动之中，并使其常态化、持续化，进而促进教师理论知识和实践能力的双飞跃。

4. 师资晋升模式应更符合应用科技大学的实际

在"双师双能型"师资晋升模式上，应用科技大学需要改变传统研究型大学师资晋升的单一模式，走更加切合实际的道路，建立和完善以应用型科研和教学成果为导向、向"双师双能型"师资倾斜的职称评审、职务晋升等机制。可以考虑在"双师双能型"教师的职称认定和晋升上，重心更加偏向于教师是否具备相关专业的职业资格证书、职业技能资格证书等方面；更加偏向于教师是否参加了与自身专业相关的国家级或地方级技能培训等方面；更加偏向于教师的科研成果应用型转化价值大小等方面。从根本上打破"重理论轻实践""唯论文和项目"的职称晋升模式，从而充分调动"双师双能型"教师职称晋升的积极性，使应用科技大学"双师双能型"师资队伍的建设更加科学化、规范化。

5. 师资激励机制应更加灵活

首先，针对"双师双能型"教师同时具备理论知识和实践能力的特点，应用科技大学应该制定更有针对性、更为科学的"双师双能型"教师激励机制，贯彻按劳分配与按生产要素分配的原则，力争将"双师双能型"教师在实践方面的岗位贡献及业绩水平的激励设置为不低于理论教学和科研成果方面的激励。例如，教师若按学校规定定期到企业进行实践学习和挂职锻炼，学校应根据实际情况给予一定补助；在职称晋升、工作晋级、荣誉奖励等方面，同等条件下"双师双能型"教师享有优先权等，以此激发"双师双能型"教师自我成长的积极性。

其次，改善和提高"双师双能型"教师的薪酬待遇。应用科技大学在"双师双能型"教师薪酬水平的设计上要符合市场规律，具有一定的竞争力，以确保"双师双能型"教师在高校工作的安全感；同时，从赫兹伯格提出的双因素理论出发，更加关注"双师双能型"教师在工资、奖金、安全、工作环境等保健因素，消除教师的不满因素，激发他们工作的积极性，增进其工作责任感、成就感和满足感，使他们消除不满、安心工作外，更要发挥优秀人才的内在积极性，用挑战性工作任务激发"双师双能型"教师的积极性，加强其工作责任感、成就意识和满足感。这样不仅可以保障"双师双能型"师资队伍的稳定性，还能够吸引更多优秀人才的到来。

第三，考虑产权激励。应用科技大学针对"双师双能型"教师的激励机制不能只着眼于当下，还要放眼于未来。因此，如何对"双师双能型"教师进行长期激励也是需要关注的方面。传统的薪酬制度中缺乏对"双师双能型"教师的长期激励，"双师双能型"教师通常无法分享学校长期发展所获得的收益，这也是"双师双能型"教师流失严重的一个重要原因。因此，应用科技大学可以采用类似于企业分红型虚拟股票期权的产权激励措施，把"双师双能型"教师与学校构筑成一个利益共同体，从而避免"双师双能型"教师的短期行为，稳定"双师双能型"教师队伍。

6.4.3 我国应用科技大学师资队伍建设的保障平台

首先是组织保障。各校应成立应用科技大学师资队伍建设改革项目小组，一般由校长担任组长，分管教学副校长担任副组长，各院系、教务、人事、财务、后勤等部门负责人为小组成员，对师资队伍建设进行统筹规划、组织实施及监督检查等一系列工作。为保证相关工作能够切实有效展开，学校应制定明确的责任追究制度，明确各类工作所对应的第一责任人，从而确保应用科技大学师资队伍建设的各项措施能够落实到位。

其次是资金保障。学校要加大"双师双能型"师资队伍建设的投资力度，采取自筹、与企业联合共建、争取地方政府财政支持等多种途径，筹集资金以保障"双师双能型"师资的引进和培养工作。加强专项资金管理，设置专门账户，做到"专款专用"。

第三是管理保障。应用科技大学应对学校内部管理体制进一步改革，力争达到组织结构优化、部门职责明晰、岗位工作标准等目的，进而形成健全科学、层级清晰的学校管理责任体系，以便推行按岗聘职、以岗定责、以岗定酬的聘任制度；同时，强化各级部门的服务意识，建立责任追究制和赏罚机制，提高大家的执行力和工作效率，充分调动全体教职工的主动性、积极性和创造性；积极完善学校各项规章制度，不断提高学校决策和管理的民主化、科学化和规范化水平[①]。

参考文献

[1] 2013 年全国教育事业发展统计公报[R].中华人民共和国教育部，2014

[2] 关于引导部分地方普通高校向应用型转变的指导意见[R].中华人民共和国教育部，2015

[3] 周琳.地方性应用型本科高校"双师型"师资队伍建设的对策及途径[J].常州工学院学报（社科版），2004（29）5，107~109 页

[4] 高等学校教师职业道德规范[Z].教育部，2011

[5] 倪花.浅谈教师教育教学能力的培养[J].教育实践与研究，2004（2），16~18 页

[6] 杨妍，李立群.基于应用型人才培养的地方本科院校师资队伍建设策略[J].职业技术教育，2014（5），76~78 页

[7] 杨睿宇，马箫.浅议应用技术大学"双师型"教师[J].商界论坛，2014（4），290~291 页

[8] 杜友坚.地方高校师资队伍建设发展研究[J].黑龙江高教研究，2014（10），79~81 页

---

① 李晓菁，刘小丹，李卫东.地方高校应用型师资队伍建设策略研究[J].重庆电子工程职业学院学报，2012（3），71~74 页

[9] 关于开展高职高专院校人才培养工作水平评估试点工作的的通知[R].中华人民共和国教育部，2003

[10] 贺文瑾.略论职技高师"双师型"师资队伍建设[J].职业技术教育（教科版），2002（4），50~52 页

[11] 卢双盈.职业教育"双师型"教师解析及其师资队伍建设[J].职业技术教育（教科版），2002（10），40~43 页

[12] 刘勇.高等职业教育"双师型"教师队伍培养方案探讨[J].武汉职业技术学院学报，2004（2），15~19 页

[13] 于萍，杜丽敏.探究高等职业教育"双师型"教师队伍建设[J].学理论，2013（33），328~329 页

[14] 李西营，腰秀平.高职院校"双师型"教师队伍的现状、问题及对策[J].河南科技学院学报（社会科学版），2010（2），31~33 页

[15] 易兰华，邬移生.高职"双师型"教师激励机制研究[J].职业教育研究，2007（12），65~66 页

[16] 林凤彩，陈晓莉.德国应用科技大学的调查与研究[M].天津科学技术出版社（第一版），2015（2）

[17] 王延博，徐国成.德国学术性大学师资队伍建设之启示[J].现代教育科学，2011（6），71~73 页

[18] 葛艳娜，路姝娟.中德应用型本科师资队伍建设比较研究[J].上海第二工业大学学报，2011（12），342~345 页

[19] 张国昌.英德两国高校应用型师资队伍建设探析[J].文教资料，2013（10），102~104 页

[20] 杨刚要.瑞士应用科技大学特色研究[J].职业教育研究，2014（6），171~173 页

[21] 卜时忠.构建双师型教师资格认证体系的研究和实践[J].云南财经大学学报（社会科学版），2009（3），119~120 页

[22] 梁快.高职院校"双师型"教师认证标准体系研究[J].深圳职业技术学院学报，2009（2），67~71 页

[23] 邹渝，李家智.高职管理类专业综合性实训师资队伍建设研究[J].重庆第二师范学院学报，2014（9），147~150 页

[24] 王金华，刘俊芹.论应用型本科"双师型"师资队伍建设问题[J].经济研究导刊，2009（5），234~235 页

[25] 李晓菁，刘小丹，李卫东.地方高校应用型师资队伍建设策略研究[J].重庆电子工程职业学院学报，2012（3），71~74 页

第7章 应用科技大学的管理体系与运行机制

陈仲华

7.1 国内外高等院校管理体系与运行机制的比较

高等院校管理体制是指学校的管理制度、机构设置、领导体制、管理权限及其相互关系的根本性组织制度，其核心是权力结构。大学的权力结构由行政权力、学术权力、其他利益群体权力组成。行政权力的主体是大学里面各级管理层次中的领导和辅助人员，学术权力的主体是各学科领域、各专业中的学者、教授，其他利益群体权力的主体则是一般教职工和学生。下面对我国及几个有代表性国家的高等学校内部管理体制和运行机制进行概述。

7.1.1 我国高等院校管理体制和运行机制概述

我国高等院校一般实行校、院两级或校、系两级管理。自上个世纪 90 年代以来，众多高校都开展探索校、院、系三级管理，但从实际情况来看，学院下面设置的系还不是真正意义上的一级管理机构。

从权力结构来看，我国高校的行政权力大于学术权力。通过一段时期的改革，很多高等院校一定程度吸收了"专家治校""专家治教"等管理思想，但总体上看，行政权力在学校管理中发挥主要作用。在权力分配上，依然具有显著的集权性，无论是行政权力还是学术权力，都集中在校一级，学院或者系权力较小。下面着重谈谈高等院校内部管理体制中的领导体制问题。

领导体制是我国高校内部管理体制的核心，是领导和管理学校的根本制度，支配着学校的全部管理活动。领导体制是关系到学校发展全局以及充分发挥学校潜能的问题。随着我国政治与经济形势的变化，高等院校内部领导体制经过多次变革，先后实行过如下几种领导体制：

校务委员会制：1949 年—1950 年，我国大学多实行校务委员会制。校务委员会由教职员代表组成，集体负责，民主管理学校。这种临时性体制，对贯彻人民政府的政策法令，发扬民主，稳定学校秩序，都起到过积极作用。但这种体制容易产生极端民主和工作无人负责的现象。

校长负责制：1950 年，中央教育部指示：凡已由中央人民政府任命校长的高等学校一律实行校长负责制。同年 7 月公布的《高等学校暂行规程》第十九条规定："大学及专门学校采取校（院）长负责制"。校（院）长领导高校的全盘工作，并直接向党和国家负责。在当时，这种体制对贯彻党和政府的教育方针、政策，对改变学校管理真空、无专人负责的状况，起到了积极的推进作用。其不足之处在于未能建立起监督机构和制度。

党委领导下的校务委员会负责制：1956 年，八大通过的中国共产党章程规定，在企业、农村、学校和部队中党的基层组织，应当领导和监督本单位行政机构和群众组织积极地实现上级党组织和上级国家机关的决议，不断改进自己的工作。据此，高等学校开始实行党委领导下的校（院）务委员会负责制。1958 年 9 月，《中共中央、国务院关于教育工作的指示》中指出："一切教育行政机关和一切学校，应该受党委领导""在一切高等学校中，应当实行学校党委领导下的校务委员会负责制。"自此以后，高等学校实行党委领导下的校务委员会负责制。

党委领导下的以校长为首的校务委员会负责制：在"调整、巩固、充实、提高"八字方针的指导下，教育部于 1961 年 9 月颁布了《教育部直属高等学校暂行工作条例》（草案），第五十一条规定："高等学校的领导制度，是党委领导下的以校长为首的校务委员会负责制。高等学校的校长，是国家任命的学校行政负责人。对外代表学校，对内主持校务委员会和学校的日常工作。"条例草案还明确规定："高等学校设立校务委员会，作为学校行政工作的集体领导组织。学校工作中的重大问题，应该由校长提交校务委员会讨论作出决定，由校长负责组织执行。正副校长担任校务委员会的正副主任。"在此体制下，学校党政干部之间职责更加分明，党的思想政治工作得到了加强，有利于较好地发挥行政机构的作用，校长能充分履行职权，加强了对各项工作的领导，建立了正常的教学秩序，教育质量有了明显的提高。

试行校长负责制：1985 年 5 月，《中共中央关于教育体制改革的决定》提出："学校逐步实行校长负责制，有条件的学校要设立由校长主持的、人数不多的、有威信的校务委员会作为审议机构。要建立和健全以教师为主体的教职工代表大会制度，加强民主管理和民主监督。"该决定还要求学校中的党组织不要像以前一样包揽一切大小事宜，要集中精力加强党的建设和思想政治工作，并团结师生大力支持校长履行职权。此后，部分高等学校开始了校长负责制的试点工作。

党委领导下的校长负责制：1989 年 7 月，全国高等教育工作会议认为，设立党委领导下的校长负责制更适合高等院校的实际况。1996 年 2 月，中共中央印发的《中国共产党普通高等学校基层组织工作条例》第三条规定："高等学校实行党委领导下的校长负责制。校党委统一领导学校工作，支持校长按照《中华人民共和国教育法》的规定积极主动、独立负责地开展工作，保证教学、科研、行政管理等各项任务的完成。"1998 年 8 月，九届人大四次会议通过《中华人民共和国高等教育法》，第三十九条规定"国家举办的高等学校实行中国共产党高等学校基层委员会领导下的校长负责制"，高校党委支持校长独立负责地行使职权，并规定了党委的领导职责，即"执行中国共产党的路线、方针、政策，坚持社会主义办学方向，领导学校的思想政治工作和德育工作，讨论决定学校内部组织机构的设置和内部组织机构负责人的人选，讨论决定学校的改革、发展和基本管理制度等重大事项，保证以培养人才为中心的各任务的完成"。该法律第四十一条还规定："高等学校的校长全面负责本学校的教学、科学研究和其他行政管理工作。"从此，党委领导下的校长负责制以法律形式被确定下来。

7.1.2　国外高等院校管理体制和运行机制概述

1. 英国高校的管理体系与运行机制

英国大学实行校级、院级、系级三级管理，在内部管理中行政权力和学术权力是相互均衡发挥作用。和我国高校一样，权力主要集中在校级，院级和系级主要负责教学和科研等。

英国大学里院、系管理的组织分别是院委员会、系委员会。院一级设院委员会，有的学院也设有院教授会或其他名目的院级机构，其职责是在院长主持下和校级评议会指导下负责全院有关教学、考试和学术研究的指导、组织和管理。系设系委员会，在由校务委员会指定的主任领导下，管理全系教务和科研工作。

校级管理的主要机构有校务委员会、副校长、评议会、校务会议等。

校务委员会（理事会）是英国大学最高管理机构，有的学校称最高管理委员会。该机构只负责处理学校的战略层面和重大问题，不介入学校日常事务。校务委员会成员较多，包括教师、学生和学校行政人员代表，也有部分校外非专业人士代表。英国的校务委员会成员不是全由校外人士组成，而是主要由校内人员组成。因此，校务委员会（理事会）的决议有时就有可能以自身利益为中心，就不那么顾及公众的利益，反映社会的需求，而且具有明显的保守性。

和我国国内大学不同的是，英国大学的校长系终身荣誉职位，学校实际负责人是副校长。副校长由校务委员会（理事会）和校评议会（或称教授会）联合提名，最后由校务委员会任命，作为负责学校学术和行政的官员，副校长对校务委员会负责，他是学校最重要的三个机构—校务委员会、评议会和资源委员会的主席，并主持校务会议。副校长在制定政策、教师晋升、对外联络等许多方面均有很大权力和影响，通常被授权检查和过问学校的任何事务，解决其他行政负责人解决不了的问题。副校长是评议会与校务委员会的主要联系人，也是与校外中介和协商机构—大学基金委员会、大学校长委员会等的联系人。

评议会由全体教授和部分教职员组成。该机构负责全权处理本校学术事务，包括任用教授，批准学位和其他学术称号的授予，执行教学纪律，制定教学计划，指导全校基层教学、考试、科研等学术工作。

校务会议由副校长主持，该机构定期开会，讨论副校长难以独自作主的学校日常事务。

2. 美国高校的管理体制与运行机制

美国大学和英国大学一样，实行的是校级、院级、系级三级管理。在美国大学中，多数大学的行政权力在内部管理中占据主导并发挥更为重要的作用。在权力分配上具有一定的分散性，校、院、系三级领导都有各自的权力重点和范围。

美国大学组织的第一级是系。系是美国大学里最基本的单位，系的权力比较分散，有明显的集体管理的特征，系里的任何教师都有参与学术事务的决策权。系主任一般每三年由教授轮换一次，他向一个或几个院长负责并向一个或几个校部的官员负责，同时又要向具有同等地位或接近同等地位的同事负责。系可以自行设置课程、颁发学位、开展学术活动。

第二级是学院，包括专业学院、文理学院和研究生院。学院的院长大多由本院教师担任，一般是由大学的最高官员任命，具有行政官员的地位，配有助理院长和其他辅助人员。院长主要实施对全院的学术管理，对全院几乎所有事务都有较大的影响和权力。每个学院设有一个或几个团体机构，如文理学院教授会、本科生院教授会、研究生院教授会等。这些机构不定期开会，听取各自的院委员会和院长的报告，并通过集体投票的方式进行决策。行政官员和教授团体有明确的分工和联合的权限。行政人员负责控制预算，教学人员负责监督课程，二者联合负责学生工作。学院一级的行政人员与学者复杂地相互交织在一起，被格拉夫称为"学者团体的官僚化同盟"。

第三级是大学。学校一级的主要管理机构由董事会、大学校长、评议会（或称教授会）组成，董事会、行政人员和教授之间的权力复杂地交织在一起，共同推进学校事业发展。

董事会：董事会的权限由批准建校的特许或立法来决定，其主要职责是确定本校的大政方针，选举校长，审批长期规划，处理学校的财产、财政及人际和校际关系等有关重大事宜。董事会不介入学校日常事务的管理，成员来自校外各界，以政府官员、企业家和社会名流为主，具有相对的独立性，并不听命于州行政长官，这种地位使学校既能避免脱离社会，又能保持学校工作的稳定性和连续性。私立高校的董事会拥有经办学校的完全和独立的权力。董事会一般设主席一名，副主席一名或多名，董事会下设常务委员会，在董事会休会期间代行董事会职权，还设有设备、投资、发展、学术事务、学生事务等委员会，分别处理各方事宜，董事会成员分别参加上述各委员会。董事会会议每季度至少一次，下设的委员会每月召开一次会议。

大学校长：校长是美国大学行政管理的最高负责人，由董事会推选，是董事会的法定代表和首席执行官，受董事会委托管理学校各项事务，向董事会负责。校长的作用十分关键，所以美国高校对校长的选择非常慎重，绝大多数不从本校产生，而从其他大学或学术机构选调。大学校长负责学校长期发展的规划、负责学校任务的分解和目标的掌握、负责学校品质的控制、负责学校公共关系的维护和自由竞争的调停，是社会公共政策的参与者，是教授们的领袖，是学生们的辅助者。有学者通俗地说：美国大学校长的主要任务概括为两条："一是筹集经费，二是吸引人才。"充足的经费和高水平的教授是高校生存至关重要的两大条件，校长在这两个问题上表现出色，就是一个称职的校长。从美国各大学的规则来看，校长的职责主要是：负责全面行政事务，向董事会提出一般行政管理人员的任命建议；提出学校总的学术政策，在学术事务方面起协调和推动作用；提出学校预算并监督实施；负责学生事务等。美国大学一般都设有若干名副校长来协助校长工作，如负责学术事务、学生事务、规划和财政等工作的副校长。同时美国大学里有一大批行政人员，他们既不是教学人员，不受教授会控制，也不是州教育部的人员，不受其指挥。他们在学校各项日常事务方面，按照校长、副校长的指示进行工作，形成了一个高效的行政机构，并且随着高等教育经费的增加和市场竞争的日益激烈，行政人员的权力不断扩大，地位也越来越重要。

评议会或称教授会：该机构是受董事会委托，拥有制订学术政策与规章制度和管理学术事务的全权。其主要职责是决定课程计划、确定学生的录取标准和学位标准、校内各种设施的使用、确定与教师和科研人员的聘任和晋升有关的人事政策。评议会一般情况下根据本身所负的职责划分成议事委员会、学术政策委员会、教师发展委员会等。评议会的主要成员是教授，体现出"教授治校"的特色。不过，现在越来越明显的发展趋势是，评议会中的一般教师、行政管理人员、学生和其他非教学、科研人员的数量在增加。

3. 德国高校的管理体系与运行机制

在德国大学，教授是大学组织体系的第一级，是其研究领域中的唯一讲座持有者，也是研究所的唯一负责人。研究所是一个独立的研究和教学单位，拥有全部必要的人员和设备，如实验室、资科室、教室和讨论室。

第二级是学部。学部的权力是咨询性质的，其决策机构是部务委员会，由 15～40 名成员组成，成员由全部教授、部分非教授教师组成，有时也有学生和助教代表参加。部务委员会负责课程安排、考试和学位授予等事宜，负责向教育部长推荐空缺职位的候选人和教授被选资格获得者。学部主任负责处理日常行政事务，没有多大权力，每年轮流由从部务委员中选出的教授担任。

第三级是大学。大学主要的决策机构是学术评议会，评议会由学部主任和教授代表（每个学部一个）组成，还有二三名教授备选资格获得者的代表参加。评议会的权力通常限于学术事务，如课程和考试准则等。

德国的大学有些实行校、院、系三级管理，有些实行校、系两级管理。在权力结构中以学术权力为主，校级权力机构的权力受到较大限制。根据德国各州大学法的规定，大学是公法团体（或法人），作为州立教育机构，从属于各州的国家机关。

德国联邦宪法保障大学的教学与科研自由，允许大学在政府监督下依据本州大学法自行管理校务。根据大学自治原则，各校有权自订学校章程、考试规则、学位授予标准、教学与科研计划，但须呈州教育部批准方可实施。

德国大学的校级最高权力机构是大评议会和小评议会。大评议会成员包括全体正教授和其他教学人员代表，以正教授为主体，其重要职能是选举校长。校长只能从正教授中产生。大学校长是评议会的主席和大学的学术领导人，由全体教授选出，任期一年，通常都继任一年，是大学学术地位的象征。州政府通过单独设立的机构、委派的学术机构的代表来完成大学的非学术性事务，如大学管理及其经费预算、仪器设备、教授任命和研究所事务等。大学中存在小规模行政机构，受政府领导，并部分由公务人员负责管理，直接向教育部负责，不受校长领导。

小评议会即校务委员会，由正副校长、院长、系主任代表、教授代表为主体，也包括校内其他人员和学生自治会代表，决定学校重大问题。

在校级以下的管理方面，很多学校取消了院级建制，建立专业委员会，管理以专业为基础的"专业范围"，其成员结构规定为教授占 50%、其他教师代表占 30%、学生代表占 20%。一切重大事宜均由专业委员会决定。

德国大学的教授有较大的权力，在教学、科研、行政一体化的讲座内，作为主持人的教授，其责、权、利是紧密结合的，他可以绕过校长直接与州行政首脑商谈科研和经费等问题。

7.1.3 国内外高等院校管理体制和运行机制的比较

1.领导体制方面

美国、英国、德国等国家的高校普遍实行校长负责制，校长普遍具有很大的权力，但必须接受校务委员会的领导。我国高校实行党委领导下的校长负责制，在这种管理体制下，党委是学校的领导核心，总揽全局，协调各方，统一领导学校工作。其领导职责主要是把握正确的办学方向，支持校长作为学校的法定代表人，在校党委的领导下，积极主动、独立负责、依法行使职权，全面负责本学校的教学、科学研究和其他工作，党委主要是抓好大事，出思路，管干部。在党委支持校长行使职权的同时，校长必须尊重党委对学校行政重大问题和重要事项的决策权。学校行政工作中的重大问题和重要事项，由校长为首的行政领导班子负责提出工作意见和方案，提交党委会集体讨论决策。党委讨论决定后，由校长为首的行政领导班子负责组织实施。

（1）权力结构与权力分配方面

不管是国内高校还是国外高校，在权力结构方面都是学术权力与行政权力并存的二元结构。所不同的是，在不同的高校，两种权力在管理中占据的比重不同。学术权力来源于从事专业教学的教授，行政权力赋予那些围绕大学的目标对大学进行管理的管理者。学术管理和行政管理有分工也有联系。从世界上各个国家不同的大学来看，通常学术管理均由专业权威即本学科的教授负责，主要包括科研活动、教学事务、教师聘用等。行政管理涉及政策的执行、行政事务性服务、把握学校的发展方向、加强学校与社会的联系等。学术事务主要由教授决策，行政事务则由校长和董事会来决定。在大学组织机构中，往往设置由教授组成的大学评议会来管理学术性事务，设置董事会或理事会或校务委员会来决定学校的行政性事务。作为学术管理和行政管理协调者的校长，既是学者又是行政管理首脑，他在解决组织内部的冲突、维护大学的学术声誉和与社会的联系等方面的工作中，起着重要的作用。在实践中，学术管理和行政管理常常是联系在一起的，不能截然分开。由此可见，科学合理地行使行政权力和学术权力，充分发挥行政人员、专家教授、学生群体等各方面的积极性，对于高等学校的发展十分必要。

（2）管理层次方面

大学发展到一定规模的时候，必须进行分层管理。国内外大学普遍都分了校、院、系三级，或者校、院（系）两级管理。这是对大学实行分层管理的基本要求。但通过比较可以看出，国外大学的学院、系是大学学术管理的重心和教学和科研的基地。在实行校、院、系三级管理的大学中，学校的决策侧重于学校的大政方针、发展方向与规划、学位的授予、经费的筹措、预算、财产、争取社会支持等方面；院系的自主权较大，如英美大学的学院是一个相对独立的实体，在教学、科研、学生管理、教师管理、财产与财务管理等方面有自己的决定权。但在我国，学院或者有些直属系虽然也是管理的实体，在行政上或学术上也有相应的机构，但是权力相对较小，很大程度上是执行学校的工作计划，落实学校的大政方针、发展规划，完成学校布置的教学、科研任务。由此，我国高等学校内部管理的重心应当下移，使学院（系）成为内部管理的重心所在，赋予院（系）更大的自主权。

从比较可以看出，国外大学的管理体制具有一些共同的基本特点，主要体现在以下几个方面：

1. 大学拥有较大的自主权。政府一般都不会直接干预学校内部事务，通过立法和制定政策法令来规范学校的行为。这种情形与各国对高等教育的本质和特殊性的认识有关，也与各国历史文化传统相联系。

2. 校长地位重要。承担多种角色的校长是西方大学内部管理体系的核心人物。

3. 教授在学术问题上有较大的发言权，学术管理的重心在基层。学术权威与官方权威、政治权威并列，教授集体在选举校长、聘任教师、开设课程、颁发学位等方面拥有不可争议的权力。

4. 内部管理制度化。国外大学通行"小机关、大社会"的管理原则,行政人员和教学辅助人员队伍精干,分工合作,职责清楚,关系明确,照章办事,赏罚有度,工作效率高。

就我国高等院校管理体制而言,有自身的独到优势和特点,但也存在很多突出的问题,主要体现在以下几个方面:

1. 在领导体制上,不能很好地贯彻执行党委领导下的校长负责制,少数学校党政不分,关系不顺,决策缺乏民主性、科学性;

2. 在管理组织上,机构臃肿,办事效率低;

3. 在权力结构上,行政权力和学术权力失衡,没有充分发挥教授、专家在学术上的领导决策作用,学术管理往往被行政管理所代替等;在权力分配上,院系权力太小,不利于其积极性的发挥;

4. 在运行机制上还不够系统、不够完善,管理中"人治"的成分偏多,造成效率低下,甚至出现不公平的情况。

7.2 我国高等院校管理体系和运行机制改革

7.2.1 我国高等院校管理体制与运行机制改革进程

目前很多学者、大学或教育行政部门的管理者认为,学校内部管理问题直接关系到高等学校的发展,能否建立健全有效运行机制和人才培养机制,直接关系到高等学校整体办学水平和综合竞争力提高,进行广泛深入内部管理改革非常必要。

郑文等人认为,在信息时代高校管理创新有其必然性,现行的高校带有一定程度的"官僚管理制度"的特征,这种管理制度在信息时代越来越表现出对新事物反应迟钝、部门间信息不灵、机构臃肿等问题,现在高校最主要的问题是缺乏活力,大学的生产力远远没有得到解放,要用管理创新来医治这些顽症。

叶澜等在《深化中国高等学校内部管理体制与运行机制改革的研究报告》一文中指出:古今中外,体制与机制的改革总是发生在重要的、激烈的历史变化时期。但事实表明,并不是每一次以"改革"为旗号的运动或实践都是积极和成功的,有的却是无谓的,甚至是倒退和具有破坏性的。所以,"改革"需要作合理性论证,核心问题是改革的必要性。高校体制与机制改革之必要性,要看现有的体制、机制对学校目标、功能的实现是否适合、有效。一般而言,只有在两种情况下需要作出改革:一种是学校功能、目标发生重大变化,原有的体制、机制不能满足这种变化的要求;一种是功能、目标无大变化,但原有的机制、体制存在着的弊病日益严重,造成自身功能的失灵。前者要求的是"转型式"的变革,后者要求的是"除弊式"的变革。他们研究后认为,当前我国高校体制与机制改革之所以必须改革,在两者中主要属前者。

当前我国高校的变革最深刻的根源来自社会的变革,主要源于以下几个方面:一是科学技术的迅猛发展,导致生产力构成因素中科技比重的日益增强;二是当前社会发展变革对高等教育的要求;三是社会对高等教育的需求增加和功能要求的多元化,这是直接催促高校内部体制和机制变化的又一重要方面。一旦目标发生重要的不可避免的变化,高校内部的体制和机制改革，就同样不可避免地被提到议事日程。谁认识这种必然性并采取自觉的行动，谁就把握了发展的机遇和主动权。

肖韵竹等人在分析高校内部管理体制改革的动因时认为，体制改革是适应国内外社会发展的需要，也是中国高等教育本身的一种创新；既是适应高等教育外部关系调整的需要，也是高等教育内部的重要改革。以发展为主题，以结构调整为主线，以政府部门放权和管理体制创新为动力，以提高办学质量为出发点，是这一时期高等教育改革的主要特征。目前我国高校正从适应计划经济转变为适应市场经济，资源配置正从政府主导型计划配置转变为政府宏观指导下发挥市场调节作用，教育政策越来越体现公平与效率的统一，人才培养规格和模式日益多样化，教育在促进思想道德观念的更新、促进社会进步方面的作用越来越大。建立现代大学是高等教育改革深化的必然要求，也是高校内部管理体制改革的外在动因。革除高校内部的种种与现代大学不适应的因素，建立起具有自我发展、自我约束、精简高效的内部运行机制是建立现代大学的微观基础，也是内部管理体制改革的目标，这是改革的直接动因。

改革开放以来，我国高等院校一直在进行改革。作为高等教育改革的一个重要方面，高等院校内部管理体制改革在 20 世纪 80 年代中期和 1993 年前后形成两次高潮，取得了阶段性的成果。2000 年 6 月 2 日，以《中共中央组织部、人事部、教育部关于印发〈关于深化高等学校人事制度改革的实施意见〉的通知》（人发[2000]59 号）文件的出台为标志，我国高校内部管理体制开始了新一轮改革。在新一轮改革中，我国大学在精简和调整内部党政管理机构，改革和调整教学、科研组织方式，促进教育资源的合理配置和有效管理，创设有利于优秀人才脱颖而出和发挥才干的制度环境等方面，取得了一定进展，主要表现在以下几个方面：

第一，高等院校内部行政管理机构大幅度精简，专职行政人员大幅度精简。以武汉地区 31 所高校为例，1999 年—2001 年，高校党政管理机构数由改革前的校均 25 个精简到 21 个，党政管理人员数和校管理机构人员数占全校事业编制教职工人数的比例，分别由改革前的 20%、13%下降到 16%、10%。各高校党政管理队伍的知识结构和年龄结构得到进一步优化。华中科技大学全校管理干部由原 1572 人精简到 929 人，精简比例达 41%；校部机关工作人员由原 450 人精简到 298 人，精简比例达 39%。武汉科技大学将原来的 21 个院、系、部调整为 12 个院、部，校部机关部门数由原来的 25 个调整为 19 个，正、副处级干部由改革前的 191 人减少到 156 人，管理人员和工勤人员所占比例均有所下降。华中师大通过改革将机关正处级单位由 27 个精简到 20 个，正式聘任管理人员 216 人，精简干部 110 多人。华中农业大学正处级机关从 26 个精简到 17 个，专职行政人员从 302 精简到 201，基本形成了小机关、大服务的格局。

第二，教学科研组织进行了适当的调整或重组，逐步理顺了校院系之间的关系，有了一定的成绩。全国大多数高校都开展了学科调整和院系调整，一些学校从最初的院系并存的管理体制逐渐过渡到以学院（或系）为实体，实行校院或校系的两级管理体制。有些学校对依托的重点实验室、工程中心、科技园等进行了改革，在一定程度上整合了资源，理顺了体制，提高了效益。

第三，开展了校内人事分配制度改革，富有活力的激励和竞争机制基本形成。部分学校实行教师聘任制或全员聘任制。武汉大学、华中科技大学、东北师范大学等高校开展的职员制试点工作也在稳步推进。

第四，后勤改革取得进展。理顺了后勤的管理体制，自主经营、自负盈亏、独立核算的后勤管理模式基本形成。政府主导、社会承担、市场引导、学院选择的社会化服务新格局基本形成。

7.2.2　我国高等院校管理体制和运行机制改革经验

在高等院校内部管理体制和运行机制的探索和变革中，积累了一定的经验，主要表现有以下几点：

其一、坚持在国家深化改革的背景下开展管理体制改革。学校管理体制改革必须以国家政治经济体制为基础。在我国社会主义市场经济体制健全和完善的过程中，必须改变与市场经济和现代化建设不相适应的生产关系和上层建筑，改变一切不适应的生产方式、生活方式和领导管理方式。因此，高等学校的改革必须在整个国家政治、经济改革的大背景下进行。

其二、遵循高等教育管理规律开展改革。高等教育有自身的发展规律，高校的改革必须遵循这些规律，否则不利于学校事业的发展。

其三、坚持依照国家的法律法规开展改革。改革不能违反法律。高校内部管理体制改革之所以能顺利开展，就是因为很多改革举措都以宪法、教育法、高等教育法、行政许可法等法规为依据，使学校各部门和师生员工参与学校事务有章可循。

其四、坚持以人事分配制度改革为突破口。这是深化内部管理体制改革的核心和难点所在。抓住了突破口，改革才能全面展开。

其五，坚持处理好改革、发展和稳定的关系。

7.2.3　我国高等院校管理体制与运行机制改革趋势

关于我国高等院校管理体制与运行机制改革的趋势，我国很多学者都进行了认真的思考，并在一定程度上展开了讨论。

叶澜等人指出：把《高教法》的相关规定转化为高校内部真实的体制与机制，是 21 世纪体制与机制改革的主题。他们认为，"面向社会""依法自主办学""实行民主管理"等是改革努力方向。高校内部的机制与体制集中要通过机构职、权、利的分配来表现，而学校内部的机制存在横向层级和纵向隶属的双重关系。办学方向正确，职、权、利分配合理和内部协同的一致性，是高校内部管理体制与机制功能实现的基本保证。他们按层级作了分析。将学校管理部门分为校级最高领导层、学校中层机构、基层组织三个层面。对于校级最高领导层，他们认为首要问题是要摆正党政关系，要完善校级党政领导成员的选拔机制，对党政领导的职责、分工等作出原则的规定，加强对领导层的监督和评议制度，要保证校级其他组织机构的职责、权力、独立性及协调方式。对于学校中层机构，他们认为主要是两类：

一类是组织师生开展教学、科研、社会服务的综合式机构，现在有院、系（所）两级或系一级两种组织形式。第二类的中层机构是校部按工作性质建立起来的纵向职能机构，如教务、人事、科研、后勤等机构。在校部中层机构之间，为加强分工与合作，形成日常工作与中心工作的有机统一，需要建立形成全校一盘棋的综合协调机制。

　　此外，中层机构设置的合理性及人员的选用也要体现科学与民主、重视效率与效益的原则，同样需要有程序规范和制度、条例的保证。对于基层组织，他们认为：系里由学生组成的班、团、党组织及教师群体的行政组织是基层中的正式组织，明确这些组织的职责与自主权同样重要。院系工作的质量与活力，与这一层面群体力量的发挥和个性积极性的调动直接相关。在大学基层，教师中很特殊的情况是除了有行政关系、私人交往关系外，还会有学术类的专业共同体，他们往往以课题、志趣作为联系的纽带。目前在不少高校中，如何从整体上强化教学与学术研究功能的问题尚未很好解决，职称评定等在 80 年代初有效推动学术发展的机制在相当程度上已被异化，学术委员会的作用也在退化。当今有些学校推出的新机制，如职称评聘分开、教授资格的年认同制，科研经费与能否带研究生挂钩等，正是在这方面作出的新尝试。今后这一问题依然是高校体制和机制改革的重要课题。

　　从学生群体的角度看，同样也有各种类型的非行政性的、以自由选择为原则组织起来的社团，它们是大学校园文化中亮丽的风光，是高校学生独特精神生活方式的展现。这些组织虽不正规，但只要开展的活动有创意，对学生就有吸引力，同时具有培养特殊人才的作用。

　　上述大学三层组织机构形成了具有纵横机构的学校管理体制，这些体制作用的发挥，要靠一系列有效的机制来保证，如选拔、评估、奖惩、反馈、策划、调控、规划、研究、监督、保障、发展的动力机制等。这一系列新体制形成后呈现出的特征，集中表现为权力重心下降，民主管理程度提升；运作机制灵活多样，基层部门活力增强；学术独立性受保障；行政决策科学性提高及高校与社会联系畅通有效；学生道德、学问、创造、实践等基本方面的发展得到综合式的落实，最终实现学校教育教学质量的更新与提高。

　　李双群等人认为，高校内部管理体制改革的重点包括四个方面，一是完善领导体制，建立权力约束机制；二是改革管理体制，实现学校管理的现代化；三是构建开放灵活的管理模式；四是加强学术管理，努力营造浓厚的学术氛围。

　　徐高明等人结合知识经济时代的特点，研究了高校管理的发展趋势，他们认为，高校管理改革是一项投资小、产出大、见效快的重要举措，在知识经济时代，高校管理改革的新趋势包括四点：一是管理环境由单一、稳定向多元、多变化发展；二是管理组织由金字塔式向扁平化、网络化发展；三是管理模式由指令控制性向服务支持型发展；四是管理策略由充分利用价值向创造新价值发展。

　　宣勇等认为，我国大学内部管理体制改革的价值取向必须以学院为本、学术为本、教师为本，强化学院权力，弘扬学术价值，突出教师地位。

　　有学者提出了内部管理的模式，这一模式可以表述为"三个结合，一个统一"，即"学术权力与行政权力相结合；集权管理与分权管理相结合；校内决策与校外参与相结合；决策、审议咨询、指挥执行、监督反馈相统一"的决策模式。这将是一个带有趋势性、方向性的管理与决策模式。

　　综上所述，我国高等院校内部管理体制与运行机制改革的趋势主要包括以下几个方面：

　　第一，人事制度改革将进一步深化。党的十六大为深化学校人事制度改革进一步指明了方向。党的十六大将"营造实施人才强国战略的体制环境"摆在了重要地位，提出要"深化干部人事制度改革"，"努力形成广纳群贤、人尽其才、能上能下、充满活力的用人机制，把优秀人才集聚到党和国家的各项事业中来"。要"形成优秀人才脱颖而出和人尽其才的良好环境"。要"完善干部职务和职级相结合的制度","探索和完善党政机关、事业单位和企业的干部人事分类管理制度"。要"坚持教育创新,深化改革,提高教育质量和管理水平"。

实施人才强国战略为进一步深化学校人事制度改革,推进制度和机制创新,在教育战线营造人尽其才的良好制度环境,起到了极为重要的促进作用。

第二,党委领导下的校长负责制将不断创新,不断完善。党委领导将在领导方式、领导内容、领导机制等方面不断创新和完善。党委将进一步强化管宏观、管规划、管大局、管协调、管服务,将在党管人才、党管干部等方面发挥核心作用。在具体管理事务方面,校长将拥有更大的自主权,在党委的领导下更加高效率地开展工作。

第三,继续调整内部组织结构,进一步激发各级组织活力。校、院、系(所)的管理职能将进一步明确,将降低管理重心,调整管理跨度,规范管理行为。学院的实体地位将进一步强化。学院制改革将稳步推进,将进一步理顺教学科研组织管理体制。

第四,权力结构的调整将是推进校内管理体制改革的重点问题之一。其中学术权力将进一步强化,教师、科研人员和其他专业技术人员在学校管理中的地位将进一步提升,将在教学、科研等学术领域内的管理中发挥主导作用;其他群体的监督权力和维权意识将进一步增强,校务公开将进一步加强。

第五,改革过程中的法制意识将进一步增强。依法办学是提高大学权力效能的法律保证。法规齐全、可行、科学是大学发展的必备素质之一,健全的法规应成为学校组织机制顺利运行实施的一道坚实屏障。目前的主要问题是,虽然大学具有各类规章制度,上至教育法、高教法,下至工资核算、课时管理办法等,但是规章制度被赋予太多的解释权,因而在日常运作中,无矛盾时则遵从,有矛盾时则破戒。利用法制和规定来取消行凌驾于规章之上的特权,是今后改革的重要内容[①]。

7.3 应用科技大学管理体系与运行机制的创新

7.3.1 对应用科技大学管理体系与运行机制创新的认识

(1)对应用科技大学管理权力结构的认识

深入开展内部管理体制改革,必须深刻认识管理权力的组成。应用科技大学内部管理权力主要有领导权、行政权、学术权以及其他群体权力,其中领导权是上位权,由学校党委或学校董事会上层管理机构行使,行政权、学术权以及其他群体权力是下位权,分别由相关群体行使。这种权力设置符合当前我国应用科技大学的实际。

(2)对应用科技大学管理权力分配创新的认识

应用科技大学的学院应具有相对独立性。其主要表现在作为大学组织系统中的子系统,学院受到大系统组织目标的制约,接受学校的宏观调控,为实现整个学校组织目标发挥出其独特的功能。对于管理权力的分配方面:在学校一级,主要是制订目标、发展规划、发展战略,提出学校整体发展思路,从宏观把握学校发展大局,引导学校事业全面、协调、

---

① 蔡敬民,陈啸.走应用型人才培养之路—合肥学院人才培养模式改革与探索[M].安徽大学出版社.2013(1)9~10页

可持续发展，加强与企业及社会的联系等。与此相适应，校一级的权力分配要体现"集权""宏观协调"的特点。学院是管理的主体，是管理的重心所在，要从人、财、物等各方面赋予学院足够大的自主权，充分发挥学院的主体作用，让学院在学校的总体奋斗目标、工作思路和发展战略的指导下，积极主动地在学科建设、人才培养、与企业的联系合作、科学研究、服务社会等各方面自主发展，提升自身实力。对系一级的管理，主要集中在专业教学和科研，所以在权力的分配上要体现灵活性，履行职责不能过多，所占的比例不能过重。由此，建立此种权力分配模式有利于发挥各个管理层级的积极性，提高高等院校内部管理效率。

（3）对应用科技大学内部管理系统之间关系创新的认识

在当前高校的内部管理体制和运行机制中，主要包括决策系统、执行系统、监督系统和信息反馈系统。目前，大多数高等院校的决策、执行、监督和信息反馈系统之间的相互关系是单线的内部管理系统模式。在这种模式下，一旦某一个环节出现故障，整个系统就无法运转，这样往往造成管理效率低下。

建立整体完整、相互协调、双向互动的管理系统是推进应用科技大学内部管理体制改革的关键所在。

7.3.2　应用科技大学管理体系与运行机制创新的主要内容

1. 应用科技大学管理体制创新的主要内容

（1）健全和完善党委或董事会领导下的校长负责制

我国公办高等学校实行党委领导下的校长负责制，民办学校实行的大多是董事会领导下的校长负责制，这是中国特色社会主义教育制度的重要特点之一，是党委领导或董事会与校长负责的和谐统一，是符合我国国情的制度。坚持党委或董事会领导下的校长负责制，是高等院校开展内部管理体制和运行机制改革的前提和基础。在新形势下，要进一步健全和完善党委或董事会领导下的校长负责制。首先是进一步加强和改善党委或董事会的领导，要从领导方式、领导能力、领导水平、领导内涵等多方面进行创新、改革和完善。校长要在党委或董事会的领导下，自觉地开展管理工作，落实党委或董事会制定的宏观规划和大政方针。党委或董事会领导和校长负责高度协调，是充分发挥党委或董事会领导下的校长负责制优势的关键所在。

（2）建立以学院为主体，校、学院、系三个层次、两级管理体制

随着高等学校内部管理体制的进一步深化，学校规模不断扩大，权力过分集中在上层的局面已经不符合高等院校事业发展的实际，权力重心必须下移，使院系成为相对独立的办学实体，拥有一定的自主权，以增强基层自主适应能力和自我寻求发展的动力。因此，学校如何与学院、系分配权力成为至关重要的问题。

在大学内部组织系统的结构维度上，学院直接发挥了大学组织系统的功能和作用。学院的活力直接影响大学的活力，学院处于"主体性"结构的地位。从高校内部纵向权力分配审视，随着校内管理体制改革的全面展开，分配制度、用人制度、领导决策制度、组织机构的调整等各项改革最后必然归结到高校内部权力结构的调整。从我国高校纵向权力结构审视，根据规模的不同，一般设校、院（系）、室（教研室、研究室）三个层次或者校、院、系、所（室）四个层次；大多数学校实行校、系两级管理，少数学校通过改革已实行

校、院、系三级管理体制。在实际工作中，实行两级管理的学校存在校、院权力分配失衡，校一级的权力过于集中，院一级的权力太小。实行三级管理体制的学校，在校、院、系都设党政实体机构，不利于机构精简、专职行政管理人员精简，造成管理人员过多，管理效益不高。从"梭型"权力分配模式来看，学校一级主要是管宏观，制定或决定学校发展规划、奋斗目标、办学基本思路和重大举措等。学院是学校的管理重心，直接落实教学、科研等任务，必须实行校院两级、以院为主的管理体制；系作为纯教学和科研的组织，在学术上要拥有一定的权力，但在行政管理上不应分配较大权力。因此，要树立学院是学校管理主体的思想，积极稳妥地推进学院制的改革，建立以学院为主体，校、院、系三个层次、校院两级管理体制，使校级管理权力和院（系）管理权力相协调，获得最大的管理效率。

（3）建立行政权力与学术权力良性互动的管理体制

行政权力与学术权力良性互动主要表现在三个方面：一是充分发挥行政权力在学校内部管理中的作用，在学校行政管理中发挥主要作用；二是充分发挥学术权力在学校学术领域内的主要作用；三是充分发挥行政权力在学术领域内的辅助作用以及学术权力在行政管理中的辅助作用。

审视目前我国高等院校内部横向权力结构，行政权力与学术权力存在失衡的情况。我国高校的学术行政管理几乎代替学术民主管理，广大教师对学校管理不热心，对学校目标任务缺乏认同感，造成了学校的管理主要由行政人员负责，很多教师对管理"事不关己、高高挂起"，影响了管理效率和学校的发展。以人才培养、科学研究、社会服务为主要内容的学术活动反映了大学的本质，决定着大学的声誉和水平。教师是学术活动的直接承担者，在大学组织运行过程的诸多要素中处于"主体性"要素的地位。因此，扩大高校学术民主管理的权力，使教师拥有治学权和参与决策的权力，这是高校学术活动的内在逻辑决定的。对此，学校要进一步健全和完善校、院（系）的学科、学术、学位、专业技术职务聘任、教学指导委员会等各类行使学术权力的机构，充分发挥教师、专家、教授在学术管理中的主要作用。同时，行政权力应重视"服务与支持"，而不是传统意义上的管理，还要特别注意避免行政权力和学术权力互相"越位"或者"混淆使用"。

学术权力，其使用的主要范围是学术领域，"教授治校"指教授在学术范围内应当具有主导权力，充分行使学术权力，行政权力不能横加干涉，但教授不能在所有领域内都要参与决策和执行。同时，专家教授必须全力支持、充分尊重行政管理人员在管理中行使行政权力。

（4）建立完整、协调的内部管理系统

从高等院校具体的管理机构的抽象职能来看，主要包括决策、执行、监督系统和信息反馈等四大系统。按照"立体网状"型的内部管理系统模式，建立完整、协调的决策系统、执行系统、监督系统和信息反馈系统是提高管理效率的关键所在。

2. 应用科技大学运行机制创新的主要内容

（1）以民主集中制为核心，建立科学决策机制

坚持民主集中制是实现科学决策的前提和基础。在学校管理层面上，以民主集中制为核心，建立党委常委会、校长办公会、党政联席会等决策机制；院（系）建立相应的院党委会、院长办公会、院党政联席会等决策机制，建立决策咨询和信息反馈机制，保证决策的科学性。

（2）以素质教育为重点，建立教育质量保证机制

以促进素质教育为重点，从教书育人的角度，围绕学生德育、智育、体育、美育以及专业教育等等各个方面建立教育质量保证机制，将素质教育融于人才培养的全过程，对德智体美等方面进行适当整合，确保人才培养质量。

（3）以加强科技创新能力为重点，建立科技工作管理机制

以加强原创性科学研究和科技成果转化、开发为重点，围绕科技项目、科技经费、科技基地、科技创新团队培养、科技成果转化、科技评价等方面建立管理和激励机制，提高学校科技竞争实力。

（4）以聘用制为核心，建立师资队伍建设和管理机制

聘任制是任用和管理教师的一种有效形式，是适应市场经济的教师管理机制。要围绕岗位、职称、工作任务、工作评价等各个方面建立有效机制，建立高素质的师资队伍，形成人才辈出的良好局面。

（5）以廉政建设和学术道德建设为重点，建立监督机制

廉政建设和学术道德建设是学校事业健康发展的保证。要围绕教学队伍、科技队伍、管理队伍、专业技术队伍建立监督机制，特别要加强重点部门和重点岗位的监督，加强对学术活动的监督，为学校改革和发展保驾护航。

（6）以校务公开为重点，建立民主办学机制

校务公开、民主管理是高等院校管理的基本要求。围绕学校发展或教职员工、学生切身利益的事务，建立有效的校务公开机制，充分发挥各方面的积极性，为学校事业发展建言献策。

（7）建立资产、财务、后勤、服务社会等方面的工作机制

以提高资产使用效率为重点，建立资产配置机制，以理财、聚财、生财为重点，建立科学理财机制；以提高后勤保障能力为重点，建立后勤保障机制；以充分发挥服务社会的潜力为重点，建立服务社会的工作机制。

7.3.3　我国高校管理体系与运行机制改革尝试范例

近年来，武汉理工大学紧跟形势，积极对学校管理体系与运行机制进行改革，取得了一系列的成果，下面重点介绍其改革的重点内容。

1. 管理体制改革

（1）优化组织构架，对学校现有内设机构进行优化。进一步调整和优化教学科研单位设置，形成适应学科建设和事业发展需要的合理教学科研单位构架；推进管理机构改革，建立规范合理、精简高效的内部管理机构，加强管理干部队伍建设，建立一支素质优良、精干高效的管理干部队伍，把党政管理人员数控制在全校在岗教职工人数的 12%以内；进一步优化公共服务部门与教辅部门设置，明确部门职责，规范内部岗位设置，将公共服务队伍与专业技术职称队伍人数控制在全校在岗教职工人数的 19%以内。

（2）加强领导体制建设。完善党委和党委常委会会议制度，完善党委常委会的决策程序，建立党委常委会决议执行情况的反馈机制，推进党委决策的民主化、科学化进程；完善校长办公会议制度，完善校长办公会议议事规则及决策程序，健全决策执行情况反馈制度，建立对校长办公会议决策效益的定期分析制度，提升行政决策的科学性和有效性；建

立党政领导沟通机制，建立党政主要领导之间的定期沟通制度和工作通报制度，完善党政主要领导与领导班子成员之间的沟通机制，健全领导班子成员之间的沟通协调制度，形成民主和谐的沟通渠道。

（3）完善学校两级管理体制。简政放权，重心下移，合理界定学校和二级单位的权责，完善校院两级管理。优化校院两级管理体制，合理下放管理权限，实现管理重心下移；深化二级工作目标责任制改革。加强绩效管理，提高办学效率，修改完善学院办学绩效考核实施办法，使二级工作目标责任制从注重数量提升转变到注重质量提高上来；完善目标考核，强化目标引导，进一步优化工作目标体系与考核办法，把对学院的工作目标考核与班子和学院主要领导的任期考核结合起来；优化二级单位内部运行机制。健全党政联席会议制度和二级单位议事制度，完善议事规则，建立健全二级单位负责人定期沟通制度、政务公开制度、二级教代会制度、民主管理制度，充分发挥教授会、学术委员会、学位委员会在民主办学与治学中的作用。

2. 内部运行机制改革

（1）推进人事管理与分配制度改革。健全高层次人才培养与引进机制，制定高层次人才培养与引进方案；健全以岗位分类为核心的岗位管理制度，修订岗位分级聘用条件，进一步明确岗位职责，实施全员定岗定编分类管理；完善专业技术岗位分级制度，健全评聘分离的专业技术职务评聘体系，形成与岗位职责相对应的专业技术职务聘任制度；完善薪酬与福利制度，实施绩效工资制度，以绩效管理为核心，健全向高层次人才和教学、科研一线岗位倾斜的分配激励机制，以激励和保障为重点，深化收入分配制度改革。

（2）加强财务管理与制度建设。完善多渠道资金筹措机制。逐步建立国家拨款、教育服务、科技转化、社会捐赠与校园开发等学校发展资金筹措机制，完善经费增长激励制度；建立财经节约机制，进一步规范对财务支出项目的审批程序，完善财务运行管理相关制度，健全财经经费使用绩效考评制度，开源节流，建设节约型学校；完善对二级单位财务监督管理机制，加强学校财务主管部门对校内独立核算单位的财务监督与管理，规范校内独立核算单位的经济活动，完善校内独立核算单位财务管理体系；建立健全财务信息公开制度，对学校经费来源、年度经费预算决算方案、收费项目及标准、社会捐资经费及使用等财务信息和涉及师生员工切身利益的财务事项进行公开。

（3）加强资产管理与优化配置。健全资产配置制度，对学校现有资产进行全面清理，依据教学、科研、管理、公共服务等各类机构的不同需要，制定相应的资产配置标准，合理配置学校资产；建立健全资产有偿使用制度，依据学校资产配置办法，建立健全资产使用成本分担机制，提高资产的使用效益；健全资产使用的评估与考核制度。完善资产使用效益评估与考核制度，加强对二级单位资产使用情况的评估与考核，提高学校资产使用效益；加强国有经营性资产管理。建立产业集团、后勤集团等单位经营性资产台账及相应管理办法，加强技术和资金入股经营资产管理，规范知识专利和无形资产使用。

（4）深化后勤管理体制与运行机制改革。探索具有特色的后勤管理模式，减少管理层级，精简管理人员，提高工作效率；实施后勤用工制度改革，完善后勤用工制度，规范后勤岗位设置，科学定编定岗，强化劳动合同管理；建立健全节能减排机制，完善水电计量管理等相关制度，降低水电消耗，建设绿色校园；完善后勤经营资产管理制度。加强对后勤经营性资产、经营服务性资产、服务性资产的分类管理，提高资产使用效益，增强后勤发展能力。

3. 完善学术权力运行机制

（1）完善教授治学机制。探索建立符合学科发展规律的学术权力运行系统，完善教授治学机制；进一步完善学校和学院两级学术组织架构和运行机制，完善《学术委员会章程》，强化学术委员会和教授会在学科建设、科学研究、学术评价和教师聘用中的作用。

（2）完善教师参与学术管理制度。拓宽教师参与学校和学院两级学术管理的渠道，加强学术决策透明度，强化学术民主。

（3）建立健全专家咨询制度。健全专家咨询制度，聘请国内外知名学者参与商讨学校重大学术问题，推动学术高水平健康发展。

4. 推进依法治校与民主办学

（1）推进校务公开，加强规范管理。完善校务公开相关制度，全面推进校务公开；完善《武汉理工大学章程》，推进依法治校、民主办学、科学规范管理。

（2）加强民主建设，强化民主监督。完善二级教代会、工代会制度，完善重大信息与校情通报制度；拓宽和畅通民意表达渠道，充分发挥民主党派参政议政、民主监督的作用，充分发挥校工会和学生会等群众组织、各级人大代表、政协委员及老年协会、离退休老同志在民主监督中的重要作用。

（3）完善发展咨询制度。进一步完善发展咨询委员会相关制度，定期召开咨询委员会会议，充分发挥咨询委员会对学校重大决策的咨询作用。

（4）推进规章制度"废、改、立"工作。对学校现行规章制度进行清理，形成规范、科学、指导性强、操作性强的具有学校特色的制度体系。

第 8 章 应用科技大学校企合作与科学研究

范俊华 李学军 张衍学 陈仲华 谢承红

8.1 应用科技大学校企合作的必要性

普通高校的传统教育模式大多数是重理论而轻实践甚至无实践，培养的人才很难适应当前社会的高速发展。著名教育学家吕型伟曾撰文对我国传统教育进行了回顾与总结：教学内容死板，教学大纲多年不变；单纯的知识教育，旧有经验的复制，忽视实践，没有培养学生动手能力；以考试分数评高低；忽视人文教育，没有进行全面素质教育等。校企合作适应社会与市场需要。校企合作，学校通过企业反馈与需要，有针对性培养人才，结合市场导向，注重学生实践技能，更能培养出社会需要的人才。校企合作也是一种"双赢"模式。校企合作，做到了学校与企业信息、资源共享，学校利用企业提供设备，企业也不必为培养人才担心场地问题，实现了让学生在校所学与企业实践有机结合，让学校和企业的设备、技术实现优势互补，节约了教育与企业成本，是一种"双赢"模式。

加强学校与企业的合作、教学与生产的结合，校企双方互相支持、互相渗透、双向介入、优势互补、资源互用、利益共享，是实现高校教育及企业管理现代化、促进生产力发展、加快企业自有人才的学历教育，使教育与生产可持续发展的重要途径。由此可见，产学结合是促进科技、经济及企业发展的有效手段，校企合作是办好高校教育，促进合作企业活力，培养生产、建设、管理、服务第一线专门人才的重要途径。

应用科技大学作为不同于研究型大学和高职高专院校的一种高校形式，在校企合作方面应该与研究型大学和高职高专院校有所不同。应用科技大学以重视实践著称，同时强调应用性科研服务教学与校企合作。应用科技大学的校企合作应主要表现在两个方面：一方面是企业为学生提供实习、实践机会，另一方面是开展结合企业发展需要的科技活动，为中小企业提供解决技术问题的方案。

8.2 德国应用科技大学校企合作

8.2.1 德国应用科技大学校企合作发展背景

上世纪 60 年代末，德国工业技术飞速发展，工业企业生产过程遇到很多新的科学技术问题，企业需要大量具有专业知识基础，能够快速、有效解决这些科学技术问题的工程技术从业人员。而德国传统的学术性大学过于偏重理论研究和教学，培养的毕业生不能满足企业对专业技术从业人员实践能力的要求，中等职业技术学校的理论学习高度不能满足工业技术飞速发展的要求。企业急需能够将高等教育理论知识应用到解决企业实际科技学术问题的高级工程技术人员。在这样的历史条件下，德国应用科技大学应运而生，应用科技大学作为高等教育体系下新的办学形式，既符合社会企业对工程应用型人才的需求，也符合社会发展对高等教育大众化的要求。德国传统综合型、研究型大学以培养学术精英为目标，而应用科技大学自创办之日起，就为自己确定了明显有别于综合型、研究型大学的办学思想和人才培养目标，把培养可以将科研成果与规划设计转化到实际生产领域的应用型人才作为其培养目标。

德国的应用科技大学大多数是从综合技术学校、技术专科学校、工商研究院和建筑研究院发展而来，这一类学校承担着培养德国工业经济中专门性人才的重任。由于其历史渊源，德国所有应用科技大学都将专业设置与地区产业结构、自然资源结构或所在区域企业需求紧密结合，走特色化发展之路。例如德国大众汽车很多分公司位于人口只有几万人的小城市，大众公司位于德国萨克森州茨维考市的分公司主要生产大众高尔夫和帕萨特车型，而位于该市的茨维考应用科技大学设有汽车工程专业、电气工程专业（汽车方向）、机械工程专业，这些专业都将汽车工程方向作为专业方向，学校实验室用于实验的汽车都是保时捷、宝马、奔驰等现代化车型，这些实验车辆主要来源于各大汽车公司的捐赠。学生在学习过程中有很多机会到这些企业去实习，教师给的项目课题都与汽车行业密切相关，人才培养的针对性十分明确。这样一种办学特色一方面使应用科技大学与地方产业更加紧密结合，为区域经济提供更多技术和人力支持，另一方面也突出强化了学校的竞争力。

德国于 1969 年颁布实施《联邦职业教育法》，之后又相继颁布了与之配套的法律法规，如《企业基本法》、《培训员资格条例》、《青年劳动保护法》、《职业教育促进法》等一大批法律法规。政府各部门、行业组织和地方政府也相继出台相关的条例或实施办法，这些法律法规的出台，明确了政府、企业、高校在组织大学生实习方面的责任和义务，规定了大学生实习的原则和办法。

8.2.2　德国应用科技大学校企合作的主要模式

1. 德国企业为应用科技大学学生提供实习实践场所

企业是应用科技大学重要的实习和实践的场所。德国应用科技大学非常重视大学生在校期间的实习和实践。

应用科技大学要求学生实习至少一个学期，学生应提前半年申请实习。应用科技大学有专门的实习规定和守则。学生申请获得实习位置后，实习单位会与实习生签订实习协议，规定双方权利和义务。实习单位对实习生像正式员工一样要求和管理。实习过程中，学生必须填写学校规定的实习日记，实习结束后，实习单位会为学生出具实习证明，对学生的实习做出客观评价，学生必须完成学校要求的实习报告，才能获得实习学分。实习协议、实习证明一般由当地工会统一印制。

应用科技大学提倡学生的毕业设计题目来自企业，并在企业中完成。企业会向学生提供毕业设计岗位，给出解决企业实际问题的论文研究题目，学生自己申请毕业设计课题。在企业完成毕业论文的学生，除了得到大学导师的指导外，还会得到企业专业技术人员的辅导。在企业书写毕业论文的学生，也会与企业签订专门的协议来约定各自的责任与义务。

德国应用科技大学大都以学校所在区域企业的需求为基础开设专业，并根据区域企业产品结构调整和转型调整补充其专业设置和教学内容。德国企业有为大学生提供实习岗位的传统和习惯，企业常年为大学生提供实习机会，为学生提供毕业论文课题和在企业完成毕业论文的机会，企业与大学有约定俗成的实习规则和课题研究规则，为大学生实习实践提供了切实可靠的保障。

德国企业一般会将所提供的实习岗位以招聘广告的形式发布在自己的网站上，或把相关信息公布在合作学校的公告栏上。学校设立的"实习指导办公室"为学生提供实习信息和申请指南方面的帮助。实际实习岗位的申请，主要由学生自主自愿与企业联系后申请获得。德国企业在为学生提供实习岗位方面态度是很积极的。德国企业对于后备人才培养有着传统的社会责任感，同时企业也可以培养实习生对企业的认同感，借此找到适合企业需要的储备员工。学生在实习过程中，不仅能够学到专业技能知识，还能够锻炼社会能力。企业实习要求学生不仅要掌握专业实践知识与能力，还要求学生能够了解本行业所涉及到的企业运作方式、企业文化和社会关系。

德国大学生实习的基本特点是社会化、市场化，强调的是学生自我负责。联邦和各州的各级劳动局下设大学生职业指导处和信息中心，每个高校都设有实习办公室、实习处、大学生就业服务中心等机构。这些信息中心、指导处基本负责信息收集、整理和提供咨询，具体申请、面试、获得实习位置要由学生自己来申请完成。

2. 项目教学法

德国应用科技大学的教学过程十分强调实践教学环节。德国应用科技大学理论教学一般没有固定教材，教师会给出参考教材，但其授课内容会将理论知识转化为实践案例，教学强调实践性。德国课程教学过程中通常设立有数个"项目教学"，所谓"项目教学"即以解决实际问题为目的，围绕某一实际项目实施教学，一般是一个具体的产品或生产过程，或者是在生产、管理、营销中的某一实际问题。学生在学习期间通常需要完成各个课程对应的项目工作。完成项目所需的时间一般为一学期，有时也会持续多个学期。项目往往要求学生组成项目小组来共同完成，项目小组可能是一个专业的多名学生组成，也可能是多个专业的学生共同组成。企业往往通过这种方式来解决企业中一些想要解决的技术问题或新技术的开发，通常企业会安排专业人员与大学教授一起辅导学生完成此类项目课题。同时，企业也是高校参议会的重要组成成员，应用科技大学开设新专业、制订教学内容均会听取企业代表的意见。

如德国安哈尔特应用科技大学建筑类专业在德国很受欢迎，该校建筑专业非常成功的一个实践项目是非洲国家小学校舍援建项目。

该项目具体实施过程如下：

1. 项目负责教授在欧盟相关机构申请项目课题，获得一定资金，后续项目资金由学生团队自行申请，

2. 项目负责人会在学校院系公告栏发布面向建筑系所有专业学生的项目招聘广告，招募项目成员，学生自愿报名，经考核筛选后组成项目团队，

3. 收集项目实施地的文化、建筑风格，了解当地气候、建筑材料相关资料，为项目实施争取企业捐助资金，

4. 派出小组成员实地考察地点、材料来源、生活环境，

5. 制定项目设计方案、实施计划，

6. 项目成员利用假期赴非洲完成项目实施。

茨维考应用科技大学汽车工程专业在德国很受欢迎，该校方程式赛车设计项目已经代表学校获得多个大赛奖项。该校方程式赛车项目团队每年都保留一半原项目学生，招募一半新项目成员。每年项目队员要从各类企业筹集资金，获得赞助，设计、制作赛车并最终参加各种方程式赛车的比赛，获得奖项后也能为赞助企业进行广告宣传。

在这些项目的实施过程中，学生通过项目资金申请、项目方案设计、项目实施，不仅锻炼了自己的专业技术能力，将学到的专业理论知识应用到实践项目设计中，同时也培养了自己的社会能力。

8.2.3　德国应用科技大学校企合作成功的因素

1. 德国历史发展背景原因

1）　德国历史上手工业非常发达，有重视手工艺、重视技术和实践的优良传统，早在13、14 世纪，师傅带徒弟的培训形式就在手工业中推广开来。在德国，师傅地位远远高于欧洲其他民族，这种"重商崇技"的观念和文化传统深深影响政府、企业和员工的方方面面。

2）　二战后，德国面临经济崩溃，百业待兴，急需各类技术型人才，但是大部分工人不具体基本技能和知识。这种供需不平衡促使"双元制"的职业教育模式大热，企业参与教育的热情得到了极大提升。企业通过参与"双元制"模式的职业培训，解决了劳动力不足的问题，同时减少了培训成本。

3）　在德国，劳动力很贵。学生在企业做实习生，企业每月付给他们 500～1000 欧元工资，但是要雇佣一个熟练工，每月是 3000～4000 欧元。因此大多数中小企业愿意给学生提供实习位置，因为不但能够在短期内获得低成本的劳动力，还可以降低企业招募员工的成本，为企业储备相对可靠的后备力量。

2. 德国应用科技大学人才培养目标符合企业需求

应用科技大学的毕业生主要是在企业和经济界就业，需要具有更多的实践经验，更短的实际工作适应时间、更强的解决企业实际问题的能力。在企业中，应用科技大学的毕业生主要从事产品设计、制造工艺、市场营销、技术咨询和中层管理等工作。

德国应用科技大学的目标是培养能够解决企业实际应用问题的工程应用型人才，提出"应用科技大学希望将自己的毕业生培养得更加接近用户"。按照接近用户的原则，应用科技大学要研究企业经济与社会的发展变化，把握企业对人才的实际需求，从人才未来从事工作的需要出发，来确定专业的培养目标。与传统的综合大学相比，应用科技大学培养的是专业性强、侧重实际应用的高级技术型人才，被德国经济界和工商管理界称为把理论知识转化为实际应用技术的"桥梁式的职业人才"，毕业生的工作是大中型企业的技术骨干或小企业的管理者及技术骨干。

3. 企业是应用科技大学师资的重要来源

德国应用科技大学教授的聘任条件，以德国下萨克森州为例，应聘应用科技大学教授必须具备以下条件：一是获得博士学位，二是具有五年以上工作经验，其中三年必须在高

校以外的单位（企业）从事实际工作，三是要具有将科学技术成果转化成实际应用的能力。这种对应聘者学历和工作经历的要求，保证了应用科技大学的教师在进入高校任教之前就已经完成了博士学历教育，获得了专业的学术训练和丰富的企业实践经验，能够把实际工作中最新、最前沿的技术理论和知识引入到教学中，避免理论与实践的脱节，进入高校后，他们中的大多数跟企业保持着密切的联系。

同时，不少企业的专业技术人员在应用科技大学里担任兼职教师，有些企业还设立基金教授职位，由企业支付教授的薪金或给予补助。这部分教师是来自企业或其他社会机构的具有丰富实践经验的兼职讲师，他们将实践中的最新知识和问题带到高校，并保持了应用科技大学、企业、学生之间的各种联系。

4. 应用科技大学的发展与地方经济的发展紧密相关

德国所有应用科技大学都重视与地区经济的密切联系，特别在产业结构、自然资源结构或社会需求等方面与地区经济密切结合。如大众汽车在茨维考有工厂，所有茨维考应用科技大学的专业设置如电气工程专业、机械工程专业都侧重汽车方向。安哈尔特应用科技大学德绍校区位于德国包豪斯建筑风格发源地，所以该校的建筑学、景观建筑专业广受欢迎。如德国北威州为改变劳动力不足特别是工程师短缺的局面，于 2009 年新建的汉姆—利普施塔特应用科技大学，其专业设置为能源技术与资源优化、智能系统设计、技术管理与市场营销、环境监测与法律化学等新兴专业。应用科技大学专业以地区经济需求为基础设置，地区企业也为应用科技大学学生提供实习位置。应用科技大学与地方企业紧密结合，为区域经济提供智力和人力支持，提高区域核心竞争力，并随着区域经济的发展而壮大。

由于与地方经济结合紧密，应用科技大学毕业生在本地区的就业比例很高。德国高校信息系统（Hochschul-Informations-System）的调查显示，毕业五年之后，应用科技大学工程和信息科学领域的毕业生中有 57% 的人在学校所在州就业，综合性大学毕业生中这一比例为 46%。在经济类专业领域，则有 48% 的应用科技大学毕业生在本地就业，综合性大学同专业领域毕业生中在本地就业的比例仅为 34%。说明应用科技大学为地方经济社会发展做出了重要贡献。

8.3　中国应用科技大学校企合作

从 1999 年开始，我国新建（包括升本）了一大批本科院校，这些新建本科院校是未来应用科技大学建设的主体，其办学方向应区别于研究型大学，办学目的应以为所在区域的行业和企业培养应用型人才，促进所在区域社会经济发展为重点，其校企合作的重点也应与研究型大学、高职高专院校有所不同。

8.3.1　中国应用科技大学校企合作模式

从目前应用科技大学校企合作的领域大小、紧密程度、实际效果来看，许多应用科技大学成立了相应的校企合作职能部门，制订了校企合作政策措施，联系了相应的合作企业，与企业共建实验室、实习中心、实习基地，与企业合作进行订单培养。如重庆邮电大学移通学院已建成稳定的 100 余个市内外实习基地，形成了与企业互动的人才培养体系，为服务信息行业和地方经济发展培养人才，联通班实现学校、学生、企业"三赢"，校企无缝对接，学生毕业后能够进入联通各分公司工作。应用科技大学在校企合作方面取得了一定的成绩。

但是，在教学、科研与服务的深入结合，在以科研为目的的校企合作方面，应用科技大学校企合作还处于较浅层次，还存在着校企合作关系不对等、校企合作表面化等问题，还没有形成深入、稳定、可持续发展的校企合作关系。有相当一部分校企合作是短期的，靠人际关系和人脉网络维持。真正有意识、有规模、长期主动接收学生实习的企业非常少，而且学生实习大都是以观摩为主，学生真正参与到实际项目或者生产过程的机会也很少。

目前国内应用科技大学校企合作主要有以下模式：

（1）企业提供实习岗位：目前国内应用科技大学的集中实习，一般是由学院老师通过个人关系联系的针对整个班、甚至整个系学生的实习，实习内容一般是参观实习、体验实习。这是目前国内高校实习的主要方式。顶岗实习一般是学生家长通过个人关系联系的企业实习位置。真正由学生自己联系、与专业相关的顶岗实习、深入实习少之又少。

（2）高校自办实习基地：由于现实中适合专业的顶岗实习位置很难找，实习效果不好，很多学校尝试自办实习基地，给学生提供校内实习的机会。这种方式虽然能够短期解决实习位置的问题，但是高校自办实习基地毕竟与社会企业环境不同，学生可以通过自办实习基地锻炼专业能力、但是其社会能力却得不到锻炼。而且长期来讲，高校自办实习基地的设备、技术如果不能及时更新换代，必然会被淘汰。

（3）企业与学校共建工作室：将部分设计工作交由校企合作成立的工作室来完成。设计人员以学生为主，让学生参与企业产品的更新换代，在第一时间了解市场的需求和企业发展。企方负责产品设计的把关，初期可由企方派驻技术指导入驻工作室进行现场指导，后期可根据工作室发展和设计能力情况，完全由学生自行运作，校方、企方针对性地进行规范管理和服务保障即可。这种合作方式是校企合作在科研方面最可行的一种方式，但是目前在应用科技大学还很少。

（4）订单培养：主要是企业由于自身对特定人才的需求而与学校合作开展的定制培养。比如重庆邮电大学移通学院的"联通班"。学院与联通公司合作举办"联通班"，从全校选拔成绩优秀、愿意以后在联通各分公司工作的学生进入"联通班"。联通班"专业学习阶段的培养计划由校企双方共同确定，既保证了学生大学四年知识结构的完整性，又针对今后工作需求进行岗位培训，缩短学生适应职场环境的时间。这种岗位培训不是针对某一特定的工作岗位，而是企业可能的多种工作岗位，对学生全面素质的提高极为有利。这也是目前应用科技大学校企合作效果最好的一种模式，但是其订单培养的特性决定了这种模式无法无限复制。

（5）从企业引入师资和实践项目案例：如重庆邮电大学移通学院的双体系项目，从全校选拔成绩优秀的学生进入双体系项目学习，小班教学，从企业引入五年以上关键岗位工作经验的专业工程人员授课，同时引入企业工程人员兼职授课。开发企业实战项目教学案例，授课内容50%以上为结合企业实际案例教学。这种模式，保证了学生学习内容的实践性和应用性，项目毕业生广受企业欢迎。

8.3.2　中国应用科技大学当前校企合作存在的问题

（1）校企合作表面化：主要的合作方式是企业提供实习岗位。企业仅仅提供实习岗位，实习时间短，实习过程无监督、无反馈，学生只是为了完成实习任务而参加实习，企业只关注学生安全问题。

（2）校企合作个别化：校企合作涉及面广，校企双方投入的成本大，因而在实际执行过程中，学校往往只重视招生规模大、用工需求多的专业，很少能够扩展到所有专业。

（3）企业对学校教育认可度低：学校开展的教学过于偏重理论，与实践联系不紧密，致使学生到企业实习后常常感到力不从心，很多实践技能需要企业花更多的时间成本和资源成本去培训。一方面造成了实习企业经济利益的损失，另一方面企业投入了成本却不一定能解决人力资源短缺的问题（实习生不一定能签约实习企业），从而降低了校企合作的意愿。

（4）缺乏长效机制：校企双方出于自身利益的考虑，往往只看重时间短、见效快、社会名声好、能引起轰动、易于招生和企业推广的项目。双方承担责任和义务的意识淡漠，合作关系基础脆弱。长效机制的建立，不仅仅是学校和企业双方的事情，更需要政府的支持，要有相应的政策支持企业投入到校企合作中来，比如减免合作企业的各类税、费，优先考虑合作企业参与各类市政建设、民生工程、公共服务等。

（5）缺乏科研和技术转让平台：大学以教师发表论文数量、获奖级别、获得经费以及课题多少等一系列指标来评定大学教师的科研水平，却忽视了将研究成果转化为实践产品这一重要方面；社会也缺乏这样一个平台实现大学的成果转化，从而大大制约了大学在应用研究领域的发展。

就学校层面来讲，虽然很多大学与很多合作企业之间签订了相关的合作协议，但是学校和企业之间还没有建立起权威、完整的校企合作准则和规范。由于学校在校企合作中不能为企业带来实质性的利益，学生不能通过实习成为企业可靠的后备力量，科研课题不能转化成为解决企业实际问题的有效成果，学校在与企业合作过程中没有主动权。

就教师层面来讲，我国应用科技大学的教师大部分是从高校毕业后直接进入应用科技大学，企业实践经验严重缺乏，与企业缺乏联系基础。在实践教学中很难跟踪产业技术发展动态，无法将企业实习和科研工作融入到教学过程。

就学生层面来讲，学生自己联系企业实习的意愿不强，学生自身社会能力、专业能力、实践能力都不能满足企业实习的要求，学生缺乏积极主动性，就很难通过企业实习提升自己的专业知识水平。

就企业层面来讲，学生到企业实习，没有相关的税收、知识产权、安全保险方面的制度保障。企业没有接收实习生的传统，企业内部对如何接收实习生申请、如何安排学生进行实习、如何对学生实习进行考核、如何引导学生适应企业工作和企业文化都没有相应的规章制度。企业考虑到自身经济利益、知识产权、安全风险等因素，积极性不高。

8.3.3　改善我国应用科技大学校企合作的探讨

比较而言，研究型大学应侧重于科学研究，培养研究型人才，校企合作的重点应该放在基础科研，或者将科研成果转化到生产领域来实现。职业型高校侧重于教学职能，校企合作应侧重于教学过程。应用科技大学介于两者之间，既重视实践教学又要加强应用性科学研究。校企合作一方面重在学校为企业提供技术服务，另一方面在于企业为学校提供实践教学的条件。应用科技大学校企合作的方向应该是：从企业引入有实践经验的工程技术人员到高校进行实践教学，为中小企业解决技术问题，为中小企业培养高质量的后备人才，逐渐提高企业为学生提供实习位置的积极性，从而提高我国工业企业整体的生产能力和技术含量。应用科技大学校企合作应从以下方面进行改善：

1. 应用科技大学的培养目标应该符合地方企业需求

应用科技大学的专业设置、培养目标、教学计划、课程内容、教学方法、实习安培、课程设计，应该符合地方企业发展需求，尽量与地方经济发展紧密结合，努力培养符合地方企业需求的应用技术型人才，培养能够从事产品设计、制造工艺、市场营销、技术咨询和中层管理等，能够将科研成果与规划设计转化到实际生产领域的应用型人才。

2. 应用科技大学各院系应设立专门实习管理部门

应用科技大学应制定正规的实习计划，包括实习模式、实习选聘标准、实习考核要求，做出标准的书面说明获得企业认可。各院系实习管理部门应与用人单位联系、谈判、签约，帮助学生选择实习位置、安排学生外出实习，协调、解决学生实习过程中出现的各种实际问题，征求工作单位对学生的意见，不断协调与改进学生、学校和工作单位三者之间的合作关系，保证实习工作的顺利进行。

3. 从企业引入专兼职教师，增强企业与学校的紧密联系

应用科技大学要把引进和建设兼职教师队伍作为校企合作的重要内容，建立公开的招聘机制，聘任符合条件的高级工程技术人员和管理人员到大学任教，将熟悉行业动态、了解行业最新技术、新产品的专业技术人员引进到大学，第一可以提高大学课程设置的合理性和课程授课的实践性、应用性；第二可以通过企业引进教师应用企业实际案例进行项目教学、实践教学，提高学生的实践能力、动手能力；第三可以通过企业引进教师与企业紧密联系，获得更多与企业合作的机会。

4. 发挥学生的自主性，调动学生积极性

建立公平公正的实习信息平台，鼓励学生自主申请实习，并拿出一部分经费提供相应的奖励制度。对于主动扎实的实习学生，实习成绩考核时给予相应评价，企业给予实习工资和相应的就业机会，使学生在实习期就树立起责任意识，激励学生对实习工作的积极性。鼓励学生参加教师的项目课题，对于参加项目课题获得相应成绩的学生可减免学分。

5. 完善立法和建立健全各种实习制度，调动企业积极性

（1）完善立法。通过立法明确企事业单位在参与合作实习方面的社会责任，规定所有的企业必须为学生提供实习机会，通过税收奖惩制度激励企业为学生提供顶岗实习机会。

（2）保险制度。学生获得实习位置前与企业签订实习协议，购买实习意外保险，实习协议和保险协议约定实习意外事故的处理、实习生报酬待遇、工作纪律、知识产权等相关条例，使企业免除后顾之忧，以此调动企业的积极性。

8.4　应用科技大学的科学研究

我国应用科技类大学科学研究水平参差不齐，普遍存在着科学研究能力偏弱的问题。这种现象一定程度上制约了该类高校的办学水平和社会影响力。应用科技大学的价值体现在为学习者创造价值，为区域经济社会发展服务，同时为行业企业技术进步服务。应用科技大学不仅仅是应用型人才培养的摇篮，也应该是应用型科学研究和创新创业的园地。德

国应用科技大学在应用型科研方面走过了一条探索发展之路，取得了较好的成效。另外，我国一批优秀的应用科技大学在科学研究方面特色鲜明，值得借鉴。中国应用科技大学在科学研究方面应该扬长避短，选准方向，寻找到具有自身特色的发展方式。

8.4.1 科学研究的作用

1. 教育教学质量提升的助推器[①]

科学研究是一种实践性的创造活动，在这个过程中教师的知识结构逐步完善，同时也不断激发和培养出创造性思维和创新能力。教师的科学洞察、逻辑推理、独立思考、系统决策集中体现。这些科学创造的关键因素，应该成为应用型高校"双师双能型"教师应该具备的素质。通过科学研究，不断拓展学术视野，深化专业领域，掌握新的知识与技能，提高学术水平。同时科学研究过程也是教师强化基础，提升能力，培养兴趣和激发创造欲望的过程。

科学研究还有利于应用科技大学教师提高教学水平。教师教学能力、教学方法、教学艺术和教学水平直接影响着人才培养的质量。教师不断地进行科学探索，通过实践积累，在教学实践过程中引导学生对书本理论知识进行审视，对现存的实际问题进行思考，对科学的未来进行预见。科学研究还是激励教师成长的重要方式，可以有效推动课程教学内容、方式方法和学习成效的改革。

另外，应用科技大学通过成立跨专业、跨学院的校内研究机构，将企业的实际生产问题、技术研发项目根植于课程教学中，为不同专业的师生创造深入交流的机会，锻炼学生跨专业的思维与视角。跨专业的研究内容不仅提高了师生的科学研究能力，也丰富了课程教学的实践内容。

2. 学生创新能力提升的培养

大学时代是青年学生知识基础积累和科学思维方式养成的关键时期。在高校学习期间，教师通过各类教学活动和科研活动，对学生培养起着示范、熏陶作用。学高为师，身正为范。教师的教学和科研行为直接影响到学生的学习逻辑、学术观点和治学态度。教师组织学生参与科研活动，把学生所学的理论知识应用到认识和解决实际问题的实践过程中去，把书本知识变为创新能力。学生通过参加一定数量的科研项目，形成基本的科研感知，树立科学的思维方法，养成良好的研究习惯，促进创新能力的培养和提升。这是近年来教育部推行"大学生创新创业训练计划"的目的之一。

3. 校企合作产教融合的保鲜剂

互联网经济发展讲究的是共享和客户黏性。应用科技大学产教融合能够长效合作重点在于双赢或多赢。科学研究则是达到这一目标的有效途径。应用科技大学的实验室、实训基地、实验平台、协同创新中心、科研项目运行中心等可为校企合作的顺利进行提供良好的硬件支持。创新创业基地可以为企业开放入驻。另外，应用科技大学还可以通过已有的校内技能培训机构，为企业员工提供继续教育培训等。企业的工程师双向到学校从事科学研究和教学。定期开展与科研、专业协会等部门的深入交流，及时为企业提供技术和科研成果信息，帮助企业开发新技术、新项目，形成校企科学研究长期互动。

---

① 蔡敬民，陈啸.走应用型人才培养之路—合肥学院人才培养模式改革与探索[M].安徽大学出版社.2013（1）9~10 页

8.4.2　应用科技大学的科学研究的主要途径和措施

1. 科研项目

从高校角度看，科研项目可分为校外科研项目和校内科研项目两大类。校内科研项目的研究经费来自校内。校级科研项目由各系部申报，经学校评审委员会评审通过立项。校内科研项目分为一般项目和专项项目，其中一般项目又分人文社会科学研究项目和自然科学研究项目两种；专项项目分为教授专项、博士专项等等。

校外科研项目又可分为纵向科研项目和横向科研项目两种。纵向科研项目的经费来源于上级机关、项目主管部门拨款。纵向科研项目是指由各级政府及其职能部门、各基金委、各类学术团体公开发布项目通知，并由高校科研处统一组织教学科研人员申报（含投标）得以立项的，有一定资金资助的科学研究项目。

纵向科研项目分为国家级项目、省（部）级项目、市级项目共三类。国家级项目是指国家哲学社会科学基金项目、国家自然科学基金项目、国家科技部项目、国家教育部项目；省、部级项目是指国务院各部委办局项目、省市科协、社科联、科技厅、教育厅项目；市级（不含县级市）项目是指市科协、社科联、科技局和教育局项目。

横向科研项目是指由其他政府部门（含国家部委、省市部门）、企事业单位、公司、团体或个人委托高校教学科研单位或教师进行研究或协作研究的各类课题，包括国际间企业合作项目。

2. 产学研合作

产学研合作是高校开展科学研究的重要途径。产学研合作可以了解企业的技术进步，市场的需求，推动高校的理论创新和实践创新。产学研合作可以实现高等教育的社会化价值，可以推动企业提高自主创新能力，同时也是高校服务社会的重要形式，通过新产品、新技术、新服务，加快企业发展，实现校企双赢。

产学研合作按合作主体的关系可分为：校内产学研合作模式、双向联合体合作模式、多向联合体合作模式。

（1）校内产学研合作模式

高校为促进教学与科研结合，促进科研成果转化为生产力，筹措教育经费，利用校内自身的有形资产和无形资产、自己研究出的科技成果和人才优势，创办自主经营、自负盈亏的经济实体，并将经营实体与教学实习基地合二为一，以达到人才培养、科研发展与经营效益并举的目的。

该模式的优点在于，便于学校统一有效地管理和规划；能更好更快地把学校的科技成果转化为产品；能促进学校主动进行市场定位，加强与社会的联系；能快速地获得收益，为学校创造新的就业岗位，缓解人事体制改革带来的人力资源闲置的压力；能较好协调教学、科研与产业间的关系。但该模式由于学校既是企业的创办者，又是企业的经营者，然而自己的优势不在商品的生产与经营，而是人才、科研与技术，把精力花在合作的经营上，就势必偏离教学与科研的中心。

2）双向联合体合作模式

高校的主要任务是培养人才，市场化的经营与生产不是高校的优势，学校市场开发能力弱，校内企业资产薄弱。在这种情况下，高校的产学研有必要与校外企业结合。通过与高校合作，校外企业获得了人才、成果与技术的有力支撑，提高了企业开发新产品的能力，促进了企业的不断发展与市场份额的拓宽。

　　该模式的特点是迅速直接，合作多以单个项目或成果为主，优势互补明显，主要侧重一次性操作，技术转让、项目转让、服务咨询、人员培训是其主要形式，转让或项目履行完成，合作终止，学校无须再投资，不承担什么风险。然而，这种合作模式由于是限于直接利益双方，因行业差异导致各自不同的出发点，引发诸如观念与认识上、权益与利益上、信息与沟通上、经费与政策上等的分歧。

　　3）多向联合体合作模式

　　市场是有风险的，谁都想把风险化解到最低程度。有的成果特别是大型项目，尽管有市场，因投资大，是双方合作无法解决的，于是就出现以三主体为主要形式的多向合作模式。三向包括：技术成果方（高校）、出资方金融机构（或个体资本投资者）与生产经营企业。

　　其特点是：合作紧凑规范，风险低，合作期限长潜力大，收益明显。由于投资需求大，出资方非常谨慎，合作前期的谈判颇费周折，有的技术成果方涉及到多所高校，几方同样存在着权益与利益的问题。该模式追求的是规模效益、大市场。

8.4.3　德国应用科技大学科学研究经验

　　德国应用科技大学（FH）成立之初被设计为一种以教学为主的高等教育机构。在较长的时间里，德国的高等教育管理部门并没有将应用型科研作为应用科技大学重要的评估指标。直到1985年，德国的《高等学校总纲法》对应用科技大学的特点作了修改，应用型科研才成为德国应用科技大学的主要任务。此后，以应用为导向的科研逐渐成为应用科技大学除了实践性教学之外又一个区别于综合性大学的标志性特点。德国应用型高校科研规模从小到大、科研组织管理从松散到严密、科研实力从弱到强。德国应用科技大学开展科学研究的主要经验有：

　　1. 组建校级和院系级科研机构[①]

　　在校内创建科研机构是德国应用科技大学提升科研水平的关键举措之一。在高等教育实践中，只有创建了一定数量独立的科研机构，应用科技大学科研水平的提升才能获得基本的支撑。德国应用科技大学尝试建立了相应的科研机构。校内研究机构一般分为两类：一类是校级研究机构，一类是院（系）级的研究机构。这些科研机构均属应用性的科学研究所 Institutes of Applied Sciences）。以巴登—符腾堡为例，2002年该州的富特旺根应用科技大学创建了第一个应用研究中心。此后，该州的其他应用科技大学诸如斯图加特应用科技大学、曼海姆应用科技大学也分别成立了相应的应用研究中心。各应用科技大学所设科研机构数量不等，规模大和办学实力强的应用科技大学科研机构数量相对较多。亚琛应用科技大学是创建于1971年的一所知名的应用科技大学，其电气工程和机械工程学科在全德国应用科技大学中排名第一，该校拥有建筑材料和工程建设研究所、生物工程研究所、工业领域空气动力学研究所、创新性机械工程研究所、生物技术研究所、能源研究所等8个校级研究所。波恩—莱茵—锡格应用科技大学是德国北莱茵—威斯特法伦州于1995年创建的一所应用科技大学，该校在1998年、1999年、2001年分别成立了探测技术研究所、媒

　　① 徐纯，钱逸秋.德国应用技术大学的应用科研建设与启示[J]，中外职业教育，2014（02），47~49页

体研究所等 3 个校级研究所。

近几年，德国许多应用科技大学结合校内多年来的专业建设经验，结合新型技术，建立了跨多个专业、多个学院的独立研究机构，将各校区、各分院的重点特色集结起来，为在校师生提供开放自由的研究氛围，鼓励所有对应用型科研有兴趣的大学生参与科研。只要大学生对机构公布的某项研究主题或毕业设计题目有兴趣，都可以通过注册申请加入科研团队，有针对性地研究与开发，为一些中型企业实现了产品创新研发的需求。这些机构与教研中心举办的科研活动研讨会与应用科技大学的教学紧密结合，为在校生继续申请攻读硕士或博士学位创造机会。

2. 实施专项科研经费资助计划

为了增强应用科技大学的科研竞争力，使其有能力和综合性大学一样通过竞争获得科研资金（来自欧盟、联邦政府、德国科研联合会的科研资金），德国联邦教育与科研部于1992 年启动了"应用科技大学的应用性科研"专项资助路线。这条资助路线旨在增进应用科技大学与校外伙伴联合从事科学研究的能力，促成知识和科技的转移，促进地区经济的发展，与此同时，加强应用科技大学教学与科研的结合。2005 年至 2012 年，资助项目财政预算从 1005 万欧元增幅至 4007 万欧元；2006 年至 2011 年，有超过 110 所应用科技大学参与了 800 余个科研资助计划，科研成果获益 1.75 亿欧元。

2007 年至 2013 年，联邦教育和研究部实施"应用科技大学与产业界合作的研究和发展计划"。这一计划重点资助应用科技大学进行的产学研合作项目，7 年间共有 742 个项目获得立项，总经费达 1.705 亿欧元。[①]此外，各州政府制定和实施的科研经费资助计划也进一步拓展了应用科技大学科研经费的来源。这些项目通过推动校企合作，促进科技创新在企业的技术转化，主要的合作伙伴多为自身不具备研发能力的中小型企业，参加该资助项目的前提是应用科技大学需要选择至少一家这样的企业开展合作。一些综合性大学与非综合大学之外的科研机构也会参与到某些项目的研发合作中。

3. 以教师科研带动学生科研训练

一所大学的科研水平如何固然主要看教师科研活动的质量，但也要看其学生科研素养的培养与科研活动的水准。事实上，只有当师生的科研素养和科研水准都得到了提高，才能说这所大学的科研水平获得了真正意义上的全面跃升，其社会贡献系数才更大。因此，凡高水平的大学，不但其教师的科研工作卓有成效，而且其学生的科研素养也均得到有效培养。应用科技大学自然不能例外。

正因为如此，随着博洛尼亚进程的推进，应用科技大学的人才培养模式发生了转变。人们普遍认为，单纯通过教学途径传授知识，已经难以满足应用科技大学实施专业教育的要求。德国应用科技大学现已普遍实施学士学位和硕士学位两个阶段的教育。为适应应用科技大学提升科研水平的要求，一方面，教师不断增强自己的科研意识，争取科研课题，开展研究活动，帮助企业等科研产品需求方解决生产经营中的实际问题；另一方面，教师更加关注学生的科研训练和研究能力的提升，具体指导学生进行科研训练。应用科技大学的教授自觉地将学生作为自己的科研助手，并指导学生设计和实施课题研究方案。学生也更加关注研究性学习的进行，在教师的指导下使用研究方法，熟悉科研流程，体验科研过

---

①赵凌.应用科技大学如何提升科研水平—德国的探索与实践[J].比较教育研究, 2016（02），60~61 页

程，进行毕业设计和论文撰写。

4. 可持续发展的校企合作关系

无论是德国联邦教育科研部启动的"科研资助计划"，还是应用科技大学引入的技术转化服务中心，根本目的只有一个：就是为了维系并建立一个良性运转、稳定与可持续发展的校企合作关系。社会已经意识到应用科技大学对国家产业经济的重要作用，这种作用需要通过服务职能来体现。应用科技大学对于企业最具吸引力的不外乎技术创新，因此，如何促进应用科技大学更好地实现技术转化与创新是德国政府及教育界关注的问题。"促进计划"为应用科技大学引入多方科研合作，搭建了一个全方位的支持平台，使学校与地区经济形成稳固而深入的合作关系。

8.4.4　中国应用科技大学科学研究探讨

中国应用科技大学无论是在学校内部的办学历史、师资水平、研究平台、学科专业建设水平，还是外部的社会声誉、政策条件、品牌影响力，都与研究型高校和地方老牌本科高校有着较大的差距。具体体现在应用科技大学申请国家级基础研究和应用基础研究项目处于十分弱势的地位，在科研经费总量上，更显出天壤之别。另一方面，应用科技大学不同高校之间的科研差距也非常明显，科研工作优秀的应用科技大学每年的科研经费在上亿元，申请的项目级别高，科研成果获奖级别高，科研工作成体系成系统，激励措施配套到位。而有的应用科技大学对待科研工作的定位不够重视，机构、人员、场地、经费缺失或者比较弱化。

之所以会出现上述科研偏向，是因为部分应用科技大学科研观的错位。部分高校认为在理论创新方面不如研究型大学，在技能操作方面又赶不上高职高专。单纯对研究型大学发展模式的模仿行为直接导致其科研成果无法满足地方社会的发展需求，科研成果水平还有差距。为此，许多地方企业、社会团体甚至是地方政府，都不愿投入过多的资金支持应用科技大学的发展。应用性科研是应用科技大学提高服务地方产业发展水平的前提，应用性科研水平愈高，服务地方产业发展的能力就愈强。应用技术大学综合改革的目标之一就是提高服务地方产业发展能力，从区域产业发展的"服务站"逐步成为地方产业发展创新驱动的"动力源"。走具有特色的应用科技大学科学研究之路。

1. 重视科研地位

科研工作不仅不能弱化，而且应该进一步加强。不论是校企合作、产教融合、学科专业集群建设还是应用型课程建设，不论是应用技术型人才培养还是服务地方经济社会发展，都必须依赖强大的应用性科学研究成果作支撑，不重视应用性科学研究，所有应用科技大学的转型发展和综合改革都是不到位的。

教育主管部门应该重视应用科技大学的科研工作，设立"应用科研专项研究基金"，制定应用科技大学科学研究管理办法，把高校应用型科研体系和成果建设作为应用科技大学评估的重要指标，从政策上引导和扶持应用科技大学科学研究工作，

2. 确立科研导向

应用科技大学在科研工作上应与研究型大学错位发展，充分利用区位优势，鼓励广大教师跨学科、跨专业组团下基层、下企业从事产学研合作，进一步强化应用性科学研究，以此作为校企合作育人的基础。一是在技术团队建设上，注重老中青的结合，让技术在教

师队伍中积累；二是在实验室建设上，注重技术集群化，让技术在实验室积累；三是在与行业、企业的合作交流过程中，注意新技术的学习和吸收，让技术不断地更新和补充；四是在图书资料建设上，注重技术文献资料的全面收集和整理，形成完整的技术档案；五是使学校研发的技术专利化，形成技术成果积累和规模效应。[①]

应用科技大学一方面可以从最简单、最基本的技术研发做起，在面上打牢基础，使科研工作上规模；另一方面也可以在某些行业的共性技术、核心技术和高新技术上集中优势力量寻求突破，使科研工作上档次。应加大科研经费投入，科研经费投入不足是制约应用科技大学科研发展的主要瓶颈，欧洲应用科技大学年度学校科研经费投入一般占学校总收入的 3.7%。

3. 实现制度转型。

制度是保障，目前国内应用科技大学的科研管理制度与其改革与建设不相适应。一是制度缺失。诸如"横向科研管理制度""应用性科研成果奖励办法""产教融合协同创新中心建设管理办法"等，皆应深入研究并制定出来。二是制度完善。应用科技大学目前的科研管理制度有老牌高校的印记，应围绕应用技术大学建设的核心指标要求，进一步丰富与完善学术带头人建设、技术人才队伍建设、技术研发平台建设、技术研发生态建设等科研管理制度。

4. 科研管理转型。

我国应用科技大学普遍设立科研处，对学校科研进行垂直管理，而欧洲应用技术大学的科研管理部门"主要任务是向研究所和研究人员提供咨询服务和评价服务"，常规业务主要是帮助科研人员获得行业企业科研项目以及各种基金会科研项目，落实学校配套资金，开展各种科研信息咨询。目前，我国应用科技大学科研管理部门对纵向科研项目管理经验有余，而对横向科研项目管理经验不足。为适应应用科技大学改革与建设的需要，应从管理走向服务，充当学校与社会之间的桥梁。

5. 科研成果转化

我国应用科技大学科研工作的发展，既可以学习德国等欧洲国家应用科技大学的逐步发展模式，也可以学习创业型大学的创业式发展模式。德国应用科技大学的科学研究，经历了从无到有、规模从小到大的发展历程；而英国的华威大学、美国的麻省理工学院等一批创业型大学，则根据市场需要开展科学研究，利用知识和科技成果开展创业活动，为学校的办学和发展创造了良好的经济条件，带动了学校的崛起，称作"创业式"科研发展路径。但是，"创业式"科研发展之路具有更大的难度和风险，我国应用科技大学的办学者需要具备足够的勇气、思想准备和应对能力。

科学研究是应用科技大学一项重要职能。应用科技大学要把握学校科研工作面临的新形势，积极适应产业结构调整与转型，紧紧围绕国家需求和学科前沿来强化科研特色，把创新创业教育贯穿人才培养全过程。同时要加快转化学校科研工作的发展动力，创新学校科研管理体制机制，全面贯彻落实国家关于"双创"以及相关科研体制改革的政策，大力扶持科研工作新的增长点，持续推进产教融合和校企合作。建立激励机制，调动广大科研人员的积极性，推进科研与教学的协同发展。

---

① 刘海峰，白玉，刘彦军.我国应用技术大学建设与科研工作的转型[J].中国高教研究，2015（07），72~73 页

8.5　应用科技大学校企合作对科学研究的促进作用

从国内外的实践经验以及本章上述讨论和分析的情况，我们可以清晰研判出校企合作应该是应用科技大学存在和发展的必然选择，更是应用科技大学建设以及应用型人才培养的重要路径。从科学研究的角度讨论，总体上讲，应用科技大学的校企合作具有基础性、导向性、应用性、引领性和促进性的作用，更有利于提高科学研究的驱动力，更有利于促进科学研究的生产力转换，更有利于产学研融合及一体化进程，也更有利于使应用科技大学带动地方及区域经济发展和产业结构转型。

现阶段，我国已经逐步由依赖于自然资源的粗放型增长模式向依靠科技进步和创新来推动经济发展和社会进步的集约型发展模式转变。创新成为时代的主题，创造成为发展的动力，区域经济的发展归根到底需要通过先进的生产技术予以实现。区域内的企业与应用科技大学合作，可以率先、便捷地获取和共享高校最新的科研成果，并在第一时间转化为推动区域经济和社会发展的先进生产力。因此，校企合作实际上为区域经济的发展提供了坚实的科技支撑力量[①]。

由于亲缘、业缘、地缘等各方面元素的结合，高校在"人才培养、科学研究、服务社会、文化传承"四项功能的发挥中，往往优先服务于本地区、本区域的企业、行业和社会，特别是"科学研究"因其研究基础、转换条件等的特点和要求，更是首先服务和辐射于本地区、本行业。因此，应用科技大学的科研工作必须立足并根植于企业和生产一线，从应用型的角度、以针对性为特征，契合企业、地区和行业的需求，推进科学研究。作为应用科技大学，以区域内的校企合作为出发点和着力点，其科研一方面有了平台保障、资源推动、经费落实、成果应用的可能，另一方面更能够提供区域经济发展所需的科技成果，在推动地方经济繁荣与发展方面发挥积极的作用。在这样的现实条件下，基于校企合作的应用科技大学科学研究工作，是实现应用科技大学发展、应用型人才培养、区域经济发展的重要路径。例如，美国加州的硅谷成为全球高新技术的研发中心，就是因为硅谷地区的企业与当地的高校密切合作，特别是在科研方面合作密切，形成了校企之间成熟的、常态化的正式与非正式的合作网络[②]。

1. 在科研驱动力、保障与条件方面

一直以来，科学研究是推动教育教学改革、发展，推动学校师资力量建设，推动产学研融合，提高应用科技大学竞争力和人才培养质量的重要选择。但是，长期以来，由于国内对应用科技大学的认识与探索不足，加之科学研究工作本身存在的弊端，在高校的科学研究工作存在为了评职称、为了获取科研经费、为了学校排名等肤浅化的行为，科研的驱动力不足。基于校企合作的应用科技大学科学研究有着服务、支撑企业科研转化、技术改良、效益提升的天然使命，科研的驱动力更加具体和多元，也更有利于调动高校科研人员的积极性和能动性，而提高科研的水平和实用性。

此外，应用科技大学的建设本身就依赖于校企合作以及社会资源的整合与综合利用，

---

① 邱均平，温芳芳. 我国高等教育资源区域分布问题研究[J]. 中国高教研究，2010（7）：17~21 页

② Putnam C J. Bowling alone: The Collapse and Revival of Amer-ican Community [M]. New York: Simon Schuster，2000: 123~124 页

在目前办学经费和办学资源不足的情况下，应用科技大学的科研条件也可以依赖于校企合作。因此，在科研活动中，寻求企业合作，获取企业在资金、平台等保障与条件方面的支持，可以有效弥补应用科技大学科研力量和资金不足的问题。实行校企合作模式下的科研，由合作企业提供项目和经费，由学校开展研究工作，这样不仅使科研经费有了保障，而且可以丰富相关的科研资料、科研设备和科研环境，确保科研工作的不断延续及生命力，为持续的科研工作创造更加有利的条件。

2. 在科研内容、质量与成果转化方面

应用科技大学的科研内容不能停留在理论探索、基础探索阶段，更应该根植于企业的现实环境和行业的应用要求中。校企合作的办学模式，可以有效地获取当前企业急需的、实用的项目和技术研发内容，弥补教师和科研人员找项目、找内容、找方向的困难，确保科研内容和方向的丰富性、针对性和实用性。

校企合作模式下的科研工作以需求为导向，更多以提升企业经营效率和地区经济发展为目的，这就对科研质量和科研成果转化提出了新的更高的要求。如果科研质量和科研成果不能满足企业的效率提升以及技术的改良，那就很难进一步获取经费的支持和合作的延续。高校的科研人员基于这样的背景和选择，就更加专注投入科研工作，而提高科研质量和成果转化率。

3. 在科研力量、方法及导向引领方面

应用科技大学在校企合作过程中，除了高校教师及相关学生参与相关的科学研究工作以外，企业的工程师、技术骨干和一线研发人员也可能会参与共同的科研项目中。一般情况下，高校教师在理论知识、研究方法和路径方面有着一定的优势，企业技术人员在项目应用与技术改良、实践探索等方面有更强的优势。两方面力量的融合，就强化了科研力量。同时，学生参与一定的科研工作，也是提高实践动手能力，促进应用型能力提升的重要渠道，更是高校应用型人才培养的重要过程。

此外，以应用为主要目的的科研工作更能在研究的方法和路径上探索出实践性、总结性、归纳性的科研方法和路子，也是当前及未来国内高校科研工作的导向。

当然，目前以校企合作为主要着力点的高校科研工作还存在着学校收益不大、学生参与不多、企业合作热情不高、科研成果没有落到实处、科研环境有待优化等问题，这些问题将伴随着我国应用科技大学的转型、发展而逐步解决。在这个过程中，我们应该清醒地认识到应用科技大学的校企合作、科学研究是一个工程的两个面，是双方受益的过程，也更需要学校、企业、政府以及社会、法律等各方面的协同与努力。

参考文献

[1] 蔡敬民，陈啸.走应用型人才培养之路——合肥学院人才培养模式改革与探索[M].安徽大学出版社，2013（1）9~10页

[2] 徐纯，钱逸秋.德国应用技术大学的应用科研建设与启示[J]，中外职业教育，2014（02），47~49页

[3] 赵凌.应用科技大学如何提升科研水平——德国的探索与实践[J].比较教育研究，2016（02），60~61页

［4］刘海峰，白玉，刘彦军.我国应用技术大学建设与科研工作的转型[J].中国高教研究，2015（07），72~73 页

［5］邱均平，温芳芳. 我国高等教育资源区域分布问题研究[J]. 中国高教研究，2010（7）：17~21 页

［6］Putnam C J. Bowling alone: The Collapse and Revival of Amer- ican Community ［M］. New York: Simon Schuster，2000: 123~124.

第9章 重庆邮电大学移通学院建设应用科技大学的实践探索

尹浩亮

重庆邮电大学移通学院（以下简称"移通学院"）成立于 2000 年 8 月，历经 15 年办学探索，在办学理念、教育教学实践等诸多方面改革创新，形成了一定的办学特色，得到社会认可。学校先后荣获"全国十佳优秀独立学院""重庆市园林式单位""重庆市数字化校园""重庆市大学中专毕业生就业工作先进集体"等 30 余项荣誉称号。

2013 年，学校被教育部列为中国应用科技大学（学院）首批改革研究试点院校。此后，按照应用科技大学的人才培养目标，即培养德才兼备，具有良好理论知识和文化基础、同时具备专业技能和实践能力的高层次应用型人才[①]，学校从理论到实践全方位探索，应用科技大学建设有了长足进步，取得了一些经验，并在此基础上继续发展。

9.1 学校在应用科技大学建设中的基础条件及创新发展

9.1.1 应用科技大学建设与学校发展战略

1. 学校建设和发展战略

办学理念：因地制宜，差异发展，注重创造，特色鲜明。

办学目标：到 2020 年，把学校建成行业特色鲜明，以应用信息科技人才培养为特色和优势，国内工科类具有重要影响的民办大学，西部信息产业国际化管理人才的摇篮，争取成为国内应用科技大学建设的示范高校。

办学定位：以本科教育为主体，突出技术技能的培养，逐步发展研究生（以专业硕士为主）教育。到 2020 年，学校基本具备开展研究生教育能力，在条件成熟的情况下，申请开展工程硕士研究生教育。

办学类型及学科定位：应用科技大学。在加强现有学科专业建设基础上，充分发挥学校在信息科学技术领域和特色专业的优势，根据社会需求，创办新专业，建设与信息行业紧密结合的通信工程、计算机、电气工程及自动化等工程教育学科群，突出体现信息技术与经管文相结合的特色，发展理学、艺术等学科，形成以信息科学技术为特色，以工为主，兼顾文、理、经、管学科，多学科交叉渗透，综合性强、适应面广的学科专业格局。

---

① 根据《欧洲应用技术大学国别研究报告》定义。

服务定位：立足重庆、服务西南、面向全国，围绕信息行业，为国家培养具有高尚人格、健康体魄、合作精神、国际视野，创新实践能力强，工程背景扎实的应用型和工程型高级专门人才，培养技术工程师和具有工程师（会计师、经济师、设计师）技术背景的管理者，服务区域经济社会发展。

建设符合中国国情的应用科技大学为学校发展战略的核心。

2. 应用科技大学建设的地位

应用科技大学建设成为我国高等教育本科教育建设和发展的重要趋势，也是学校的发展方向，有着独特的历史和现实背景。

教育部对 2012 年毕业生就业率统计排名的结果显示，地方普通高校不如 985、211 高校和高职院校，成为高校毕业生就业难问题的"重灾区"，学生就业率较低、就业质量较差，处境尴尬。在大学生就业率偏低的同时，企业所需要的技术技能型人才却相对短缺，存在巨大的供应缺口。

根据国务院《关于加快发展现代职业教育的决定》（国发〔2014〕19）的文件精神，要求加快构建现代职业教育体系，引导普通本科高等学校转型发展。采取试点推动、示范引领等方式，引导一批普通本科高等学校向应用技术类型高等学校转型，重点举办本科职业教育。独立学院转设为独立设置高等学校时，鼓励其定位为应用技术类型高等学校。建立高等学校分类体系，实行分类管理，加快建立分类设置、评价、指导、拨款制度。招生、投入等政策措施向应用技术类型高等学校倾斜。

2014 年 2 月 26 日，国务院常务会议做出了"引导一批普通本科高校向应用技术型高校转型"的战略部署，地方本科高校向应用技术型发展；4 月 25 日，178 所普通本科高校成为改革的积极实践者，发表了《驻马店共识》[①]。教育部也将在高校专业设置、招生计划、财政投入等方面，对向应用技术型高校转型发展的地方普通高校倾斜。技术技能型人才培养，既是高校自身发展的需要，也是政府引导的方向，是地方普通高校发展的必由之路。

在这样的背景下，学校朝着应用科技大学发展，也做出了诸多尝试，如 2013 年学校成为教育部首批 37 所中国应用技术（科技）大学（学院）改革研究试点院校之一，学校《实施与德国应用技术大学联合培养技术技能型人才的学校试点，实现地方普通高校转型发展》项目成为重庆市 2014 年深化教育领域综合改革试点项目中高等教育领域 6 个重点改革试点项目之一。2013 年召开了首届中德国际教育论坛，并且三年一次定期召开。2015 年成立了德国研究院，着重研究德国高等教育。这些都有力地推动了学校的建设和发展。

9.1.2 学校应用科技大学建设的现有基础及创新发展

学校现有 31 个本科专业、7 个专科专业，在校学生近 18000 人。现有专任教师 909 人，其中教授、副教授 310 余人。学校目前占地面积 1350 亩，总建筑面积达 48 万平方米，教学仪器设备总值 8946 万元，校内实习实训基地近 10 个，校外实习实训基地 100 余个，图

---

① 由应用技术大学（学院）联盟和中国教育国际交流协会主办的产教融合发展战略国际论坛 2014 年春季论坛于 4 月 25 日至 26 日在河南驻马店举行，参加论坛的 178 所高等学校发布了《驻马店共识》，共同落实国务院常务会议做出"引导部分普通本科高校向应用技术型高校转型"的战略部署，以产教融合发展为主题，探讨"部分地方本科高校转型发展"和"中国特色应用技术大学建设之路"。

书资料 142 万册。学校的办学规模、办学实力，基本能够保证应用科技大学转型建设的要求。

学校鼓励和引导教师承担和参与教学改革项目的研究，近年来共承担省部级及其以上教改项目 27 项，校级教改项目 47 项，发表教研改革论文 36 篇；学校教育教学改革成果还包括 2009 年国家教学成果二等奖两项，2008 年重庆市教学成果一、二等奖三项，2010 年重庆市社会科学成果一等奖和国家教育科学成果三等奖各一项，2013 年重庆市教学成果三等奖一项。学生团队也获得了一系列重要奖项，2011 年数学建模获全国一等奖，2012 年"计算机作品大赛"获全国银奖，2015 年全国大学生工程训练综合能力大赛获全国二等奖，2015 年第九届全国大学生"西门子杯"工业自动化挑战赛获全国一等奖。学校以科研促教学，建立校内科研激励机制，三年来公开发表科研论文 762 篇，其中核心期刊 350 篇，SCI/EI 检索论文 37 篇；学校积极开展产学研合作，与重庆四联集团、红亿机械等企业合作科研项目近 100 个；计算机软件著作权专利 3 项；获得省部级以上的科研奖励 5 项，其中国家级 1 项；具有高级专业技术职务的教师发表论文 1.2 篇/年.人，出版专著与译著 8 部。在产学研结合方面，也有一些进展，如 2016 年 5 月，由光电信息系、通信工程系老师团队以及 10 名 2014 级光电信息系学生组成的科研团队，在实用新型儿童智能手表项目上获得 10 项国家专利授权。学校与企业之间的科研合作也在逐步开展，如与四联集团等企业的科研合作研究项目都在启动过程中。

1. 学科专业建设条件

学校现有通信与信息工程系、自动化系、计算机系等 7 个系，远景学院、中德应用技术学院（以下简称"中德学院"）、艺术传媒学院等 5 个二级学院，共设立通信工程、电气工程及其自动化、轨道交通与信号控制、财务管理、工程管理、广播电视编导等 31 个本科专业，通信技术、工商企业管理等 7 个专科专业，形成了以工为主，经、管、文、艺四大学科协调发展的专业体系。

人才培养学科方向主要是立足信息行业，以工为主，建设与信息行业紧密结合的通信工程、计算机、电气工程及自动化等工程教育学科群；突出体现经管文与信息技术相结合的特色；发展理学、艺术等学科。为国家和区域经济发展培养具有国际视野、创新实践能力强，工程背景扎实的"应用型、工程型、创业型、国际化"人才。

学校大力推行教育教学改革，取得了成果。"通信工程"专业作为独立学院专业入选重庆市唯一专业综合改革试点，"计算机基础教学团队"成为重庆市教学团队，"计算机网络与通信工程实践教育中心"成为重庆市级大学生校外实践教育基地。

学校确定了 6 个专业作为核心专业，其中"网络工程"、"电子信息工程"于 2013 年，"电气工程及其自动化"于 2015 年，成功入围重庆市本科高校"三特行动计划"特色专业立项建设项目，在民办高校（含独立学院）居首位，共获得 300 万元的专业建设经费。

2016 年初，学校推荐了大学英语、新媒体视频制作、信息安全管理、模拟电子技术、思想道德修养与法律基础等 5 门课程申报市级精品在线开放课程。另有多门课程作为校内精品课程正在建设中。

2. 实践实习建设

学校构建了体系完整、设施设备先进的校内、校外实践实习基地。

校内实践实习基地方面，分为实验室和实习基地两部分。实验室以培养应用型人才为目标，基础课实验室建设注重综合性实验，专业实验室体现创新性、技术领先、与企业相结合，以电子信息、自动控制、计算机、电子商务、物理、外语学习等学科大平台为基础，建有电工电子、通信网、光材料显示、可编程控制器、电机拖动、先进制造、公共计算机、计算机组成、计算机智能终端、云计算、ORACLE、信息安全、电子商务、ERP、数字传媒、动漫制作、物理、外语自主学习、数字体能测试、金工车间等数十个实验室，特别是建有与企业同步的通信网实验室，设备先进的可编程控制器实验室、云计算实验室。另外，已建成金工实习、电装实习、双体系基地、素质拓展基地等近十个校内实习基地。

校外实践实习基地方面，已建成稳定的 100 余个市内外实习基地，如重庆电信、重庆移动、中国四联集团等，形成了与企业互动的人才培养体系，为服务信息行业和地方经济发展培养人才。

学校拥有部分产权的缤果城商业街，共有 6 万多平方米，每年可以接纳约 500 名学生进行行政管理、市场营销等方面的深度实习实训。

学校人才培养模式创新发展取得了显著成绩，注重专业能力与职场能力的"双体系"[①]教育、借鉴欧美通识教育经验创办的远景学院[②]，中外合作办学的中德应用技术学院，重庆首家创业学院、创意写作中心、钓鱼城书院等八大书院构成的书院文化、名家大讲坛、名师课堂、德国研究院、非物质文化遗产研究中心等也取得了成果。

9.2　学校应用型人才培养的实践探索

9.2.1　以地方产业发展为依托，校地企深度合作基础上探索学科专业及课程建设新思路

以地方产业发展为依托是世界各地应用型大学发展的必由之路。德国的应用技术大学往往和工业、商贸企业的发展息息相关。在黑森州等经济最发达的地区，应用技术大学往往也是最多的。

1. 重庆的产业发展状况与学校学科专业发展

根据重庆市国民经济和社会发展第十三个五年规划纲要，重庆市将以集群化、智能化发展为基本路径，壮大现有产业，培育新兴产业，打造以高端制造业为代表的战略性新兴产业集聚中心。战略性新兴产业集群发展主要方向为电子核心零部件、物联网、新能源汽车及智能汽车、机器人及智能装备、高端交通装备等。同时，改造提升传统制造业，支持"6+1"优势产业中的汽车、电子信息、装备产业做大做强，拓展发展空间和领域。另外，培育战略性新兴服务业，如跨境电子商务、保税商品展示及保税贸易、互联网云计算大数据、跨境结算、服务外包。

学校学科专业结构以工为主，工科类专业 21 个，占全部 31 个本科专业的 67.7%。通

---

① 双体系全称"双体系卓越人才教育"，以企业应用型人才需求为导向，在"精技术、有经验、明职场"培养目标的指导下，让学生在具有专业软件开发技术的同时具有职场关键能力，实现自身能力与企业需求的无缝对接。

② 远景学院旨在在专业课程以外，设置部分通识课程，帮助学生理解他们所生活的世界和他们在这个世界中的角色，给学生提供一个基本框架，使他们能够把在其他具体学科计划中学到的知识放到这个框架中，了解这些知识和他们的生活乃至他们所面对的世界的关联。

信类、计算机类、自动化类均与重庆市传统优势产业、战略新兴产业集群、战略新兴服务业相吻合。学校拟申报的新专业如车辆工程（轨道交通方向）、3D 打印、建筑信息学等，也是按照重庆市的产业发展方向制定的。

学校重点发展的第一品牌专业轨道交通信号与控制，其建设即是基于重庆产业发展对人才的需求。截至 2014 年底，重庆轨道交通运营里程已达 202 公里，运营里程排名位居中西部第一、全国第四，仅次于"北上广"三大城市。十三五期间，重庆市将大力发展城市轨道交通。都市功能核心区和都市功能拓展区按照"线随人走、人跟线走"的原则优先发展城市轨道交通，并加快向城市发展新区延伸。建成"一环八线"城市轨道交通网，新增营运里程 200 公里，城市轨道交通总里程达到 415 公里。随着重庆的轨道交通建设驶入快车道，新线的陆续开通，人才的需求量相当巨大。全国共有 25 所院校开设了"轨道交通信号与控制"专业，学校在重庆市本科院校中唯一开设了轨道交通信号与控制专业，填补了城市轨道交通信号控制方面的研究、设计、开发、系统集成、施工、维修维护和经营管理等方面应用型高级专门人才培养的空白，将为重庆市轨道交通（集团）有限公司、重庆铁路集团、重庆康尼轨道交通装备有限公司、重庆四联集团等输送大批有用人才，促进重庆市城市轨道交通的发展。

2. 校企、校地合作与学科、专业、课程建设

学校在校企合作、校地合作等方面，探索出了一条行之有效的路子。

学校与重庆市合川区双槐镇人民政府、重庆合川发电有限责任公司合作，三方在人、财、物等方面相互支持，共同整合资源、优势互补、实现共赢，共同开展科学研究、人才培养、文化艺术交流等活动。学校选派优秀教师、学生到双槐镇政府、合川发电有限责任公司开展科学研究、实习实践活动，如学校选派教师至合川发电有限责任公司挂职锻炼，与公司研发人员共同开展科研课题研究工作。合川发电有限责任公司的高级工程师参与学校学科专业建设方案制定，为课程设置、人才培养等工作提供建议和咨询，作为企业导师共同指导毕业学生的毕业设计，并作为兼职教师承担部分理论、实践教学工作，指导学生学科竞赛等。学校选派学生与合川发电有限公司共同配合镇政府开展关爱双槐镇留守儿童、空巢老人等志愿者活动，学校和双槐镇政府对双槐镇非物质文化遗产开展研讨活动，共同研究非物质文化遗产传承与创新。在三方的共同参与下，校企地合作融洽，效果良好。

全国首个由中国联合网络通信集团有限公司总部与高校共同举办的联通班在学校开班，被中国联通重庆、甘肃、河南、内蒙古、贵州等多个分公司提前录用的学校学生进入联通班学习。联通班实现学校、学生、企业"三赢"，校企无缝对接，注重学生实践能力的培养，缩短企业培训毕业生的成本与时间。从企业的需求出发，校企双方共同研究课程体系、研发教材、培育师资、实施培育计划，实现专业设置与市场需求零距离、课程设置与职业活动零距离、教学内容与岗位零距离的对接。从学生本身来讲，学生提前进入职业规划，缩短未来职业发展的规划期，增强职业规划的目的性。通过实习、参与校园营销等方式了解企业，提前进入工作状态，缩短职业角色的适应期，使在校期间课程的学习更有针对性和目的性。

学校与重庆万画缤果城影业有限公司签订了一体化实训实习合作协议，开设"万画影业班"，开展订单培养，实行"3+1"一体化培养模式，50 名学生经选拔成为了首批学员。重庆万画影业公司设立"重庆邮电大学移通学院学生实习基地"，下属全国连锁万画影院为

学校在校生提供实习实训平台，并通过自身的项目资源优势为部分学生提供就业机会。双方共同开展师资队伍培训，共同开发课程，共同开发教材，互派管理人员，开创"校中企""企中校"的人才培养新模式。如在互派管理人员方面，万画影业公司每年派一定数量的骨干管理人员、高管到学校交流任职，担任教学系部管理人员，为学生讲课、作专题报告，让学生了解企业的需要，让学生感受企业文化，培养学生的企业责任意识，尽早为就业做好心理和技能准备。学校利用寒暑假或非正常教学期间，派骨干教师、系部主任等直接在万画影业公司挂职，在万画影业下属公司或影院相关部门领导岗位锻炼，使双方合作升级到"目标共同体"。

3. 校地企合作对学科、专业、课程建设的促进

美国近代著名教育学家泰勒说："改变学生期望达到的行为模式，最核心的方法是提供有效的、直接的学习经验，不能依靠老师的单向知识传输。"校企合作所提供的资源，如企业的贴近社会需求的生产实践环境，掌握实践经验的工程师，无论是对学生个体，还是学校的学科、专业、课程，都产生了深刻的影响和促进作用。

在自动化专业的办学过程中，学校意识到本专业的办学在传统的工业过程控制方向、嵌入式系统方向培养自动化工程师、自动化设计师特色、优势不明显，经与"专业教学指导小组"的企业专家多次论证，认为3D打印方兴未艾，各个行业企业对在医疗、钢铁、建筑设计、食品、玩具制造、影视、模型制作或汽车等领域从事3D产品设计、三维扫描仪逆向造型、3D打印设备操作、设备维护及管理等工作的高级工程应用技术人才有大量需求，因此于2014年增设了自动化专业的3D打印方向，这已经成为了学校重要的特色专业方向之一，吸引了一大批学生报考学习。

学校的学科、专业、课程建设取决于教师队伍的水平，而学校"双师双能型"教师队伍建设也直接受益于校企合作的深度开展。教师队伍建设主要有两个方面，一是企业帮助培养师资。面对国内经济发展的新常态，学校教师也应进入教学的新常态，响应国家"创新驱动发展战略"，培养符合时代需求的人才，要求教师不断研究市场、行业企业职业、岗位要求，因此，学校全面实施"产教融合、校企合作"，出台了系列的校企合作、教师培训相关的文件，并作为院系部及教师个人考核的重要内容之一，鼓励教师进入企业，与企业专家一起进行有利于提高教学质量、更新教学内容的研究，利用企业资源，加速教师自身知识更新频率，完善新知识体系，及时把前沿性的学科专业新知识、新思想、新成果引入课程，丰富教学内容。合作企业提供了便利的条件，使教师能走出课堂，深入企业一线，以问题为导向，带领学生去解决企业面临的实际困难，从关注学生成长的角度来构建理论与实践的整合体系，促进学校教师理论联系实际，尽快向"双师双能型"教师转变，使学科、专业、课程建设向着应用型转变更近了一步。二是企业专家直接从企业技术岗位走上学校的教师岗位，除了合作企业在学校兼职的专家外，近年来，学校聘请了一批来自包括中兴、华为等合作企业的正当盛年的专家，为学科、专业、课程的建设夯实了基础。

此外，校企合作对教学、科研条件的改善，也有利于学科、专业、课程的建设。如中国四联集团对学校开放的工业自动化仪器仪表、蓝宝石及LED、汽车零部件及特种装备、半导体及微电子、城市轨道交通自动化等五大产业的生产基地，学校可以充分利用，也有利于学校集中资源建设部分其他实验实训室。

9.2.2　以企业应用型人才需求为导向，突破传统思维桎梏基础上开发"技术实战+职场关键能力"人才培养新模式

1. 基本情况

学校成立了相对独立设置的非法人二级办学机构——双体系卓越人才教育基地（以下简称为"双体系"），下设软件开发技术教学部、职场关键能力教学部和企业专家咨询委员会，开展双体实训人才培养工作。

（1）人才培养目标

双体实训以企业应用型人才需求为导向，致力于具备扎实软件技术能力的中坚阶层管理者的培养。在"精技术、有经验、明职场"培养目标的指导下，通过双体系教育，让学生在具有专业软件开发技术的同时具有职场关键能力，实现自身能力与企业需求的无缝对接。

双体实训的办学愿景是：培养学生成为"精技术、有经验、明职场"的现代职场精英人士。

精技术主要指系统地掌握企业实战需要的技术，满足企业岗位的要求：不仅学会 Java、Android 等最为流行、前景最好的软件技术，而且学会 Struts 等技术框架；理解各项技术在软件工程中如何应用，在几十个大小项目中实践学到的各项先进技术；坚持教授让学员受用终生的技术学习方法——框架学习法，不仅授人以鱼，而且授人以"渔"；技术水平基础好和学习速度快的优秀学员，更有机会进入开发中心得到高水平企业导师的亲手点拨，钻研最前沿的软件技术。

有经验主要指具有实际项目开发经验，并养成良好的项目开发习惯（规范性、严谨性等）。体验软件项目开发的全过程，限时做出规定的项目成果，一举搬掉"没经验、动手差、只知编码不知工程"三座大山。走出理论编程模式，激活综合潜能，灵活应用专业，多样施展才华。真正理解团队协作、有效沟通和系统思考，不仅会做项目，而且有机会领导真实的项目团队。在真实项目中经历甜酸苦辣，积累职场成功的宝贵阅历。

明职场主要指明晰职场伦理与职场规则，如尊重他人、遵守契约（信守承诺）、为自己工作等，同时具备一定的职场能力，如有效沟通、时间管理、团队协作、系统思考、高效执行等。真实体验企业工作氛围和工作方式，学会妥善处理上下级同事关系，从此不再被职场迷雾困扰，成为一个受欢迎、受尊重、受重用的好员工。

（2）培养模式创新点

在教学管理模式上，在中国高等院校中率先打造领先的企业化教学管理模式、精英教育体系、小班化教学、一对一辅导，打造中国一流的具有技术知识背景的社会中坚力量。通过与国内众多知名 IT 企业建立起战略合作关系，开创新的办学模式和人才培养模式，并逐步发展成为国内高端教育品牌之一。

在师资力量配备上，引进国内外大型企业中层以上管理类人才，聘任具备广博知识和深厚修养，在软件实践、营销实战、企业管理、学术、人力资源、培训等领域能力强、经验足的资深企业专家、实战派教师，对各个学员进行职场能力培训和技术指导。

在质量控制上，双体实训从人才培养方案、机构设置、学生选拔和管理、教学管理、教育质量保障体系构建形成完整的教育质量控制闭环，确保人才培养目标的实现。

在管理上，一切以学生为中心，服务学生提升体验，助力学生开发潜能，激励学生促

其成才。

在人才培养环境上，全仿真企业环境，有效帮助学生更快更好地适应企业化管理模式，学员的培养质量也深受企业的肯定与好评，双体系也因此与众多知名企业建立起了战略性的合作关系。

表9-1　部分合作企业一览表：

序号	合作企业	序号	合作企业
1	中科软科技股份有限公司	2	用友软件股份有限公司
3	金蝶软件有限公司重庆分公司	4	浪潮科技股份有限公司
5	重庆猪八戒网络有限公司	6	重庆市中冉信息产业有限公司
7	南京中兴软创科技股份有限公司	8	上海宝信软件股份有限公司重庆分公司
9	重庆中联信息产业有限公司	10	恒拓开源信息科技有限公司
11	成都金山数字娱乐科技有限公司	12	重庆易极付科技有限公司
13	品智网络科技有限公司	14	重庆电信研究院
15	重庆重邮信科通信技术有限公司	16	重庆永鹏网络科技有限公司
17	四川纬远科技有限公司	18	北京世纪安图数码科技发展有限责任公司
19	百度重庆网润科技有限公司	20	昆明天度网络信息技术有限公司
21	重庆捷之行科技有限公司	22	北京爱奇艺科技有限公司重庆分公司
23	深圳博瑞得科技有限公司	24	达丰（重庆）电脑有限公司
25	北京英创信诚科技有限公司	26	重庆软云科技有限公司
27	重庆军神科技有限公司	28	重庆泛普科技有限公司
29	重庆森鑫炬科技有限公司	30	纬创资通重庆）有限公司
31	重庆岱宾科技有限公司	32	深圳四方精创股份有限公司
33	深圳市友华通信技术有限公司	34	重庆国梁建设（集团）有限公司
35	重庆东磐科技有限公司	36	北京汉铭信通科技有限公司
37	重庆亚信控股股份有限公司	38	重庆墨丈寻科技有限公司
39	重庆交凯信息技术有限公司	40	重庆思委特科技有限公司

2. 人才培养模式

双体系为提高教学质量、深化教育教学改革作出了多项创新，它是精英人才培养的试验基地，是一个高端的企业级教育品牌。教学中注重学思结合，倡导启发式、探究式、讨论式、参与式教学，帮助学生学会学习，激发学生的好奇心，培养学生的兴趣爱好，营造独立思考、自由探索、勇于创新的良好环境，促进学生的心灵和智力发展，充分发掘学生的优质个性潜能。

学员管理上完全按照企业架构进行组织建设和人员管理，充分打造企业的工作氛围。让学员在校期间就能更真切感受企业文化与职场氛围，使学员将来步入职场后能够更好的融入职场、更快地适应职场环境。

具体而言，已形成了以下办学特色：

（1）科学的选拔制度。双体系每期在主体院校范围内，按照标准和程序，通过笔试和面试的选拔方式，在每一届本科学生的第六学期和第七学期分别选拔108名优秀学生进入双体系卓越人才教育基地进行学习。

（2）完整的课程体系。独特的教学实践，打破我国高校"分专业培养"的常规模式。招生选拔可面向全校各个专业，选拔进入基地的学员均可按照双体系培养方案进行学习，与学生所在的原专业培养方案相辅相成。

（3）全程的导师辅导制。每 36 名学员组成一个项目部，分别配备来自企业的职场关键能力培训师和软件开发技术培训师各一名。同时按学员人数 1：10 的比例邀请来自知名企业的高水平企业导师担任学员的导师，进行一对一的指导，为学员在软件技术、职业能力等方面的成长提供充分保障。

（4）高水平的师资力量。双体系的教师全部具有大型企业工作背景，在软件实践、营销实战、企业管理、人力资源、培训等领域都有着丰富的实践经验与优秀的业务能力。双体系人才引进对象的标准为企业中高层管理干部或软件开发高级工程师，一般应为硕士及以上学历，特别优秀者可放宽至本科。不超过 45 岁，引进前在企业任职，长期担任中高层管理干部，拥有丰富的管理经验或软件实战技术

（5）企业化的学生管理机制。学生完全按照企业架构进行组织建设和人员管理，设有基地总经理、部门经理，行政主管、质量主管、人事主管、财务主管、项目组长等职务，充分打造企业的工作氛围。一切事物由学生团队管理，例如由学生自主操盘项目开发、团队磨砺、双体系开放日、结业晚会等活动。

（6）精细化、小班制教学。36 人的小班上课，培养学生自主思考、探究、表现创新的能力，保证教学质量和学习效果。

（7）分层分类的人才培养。在双体系内成立有 JAVA 项目部与 ANDROID 项目部，学员可根据自己的兴趣与基础进行选择，实现分类培养。同时双体系内成立有项目开发中心，在每一期双体学员中进一步优中选优，选拔出技术基础突出的学员进入项目开发中心，在高水平软件技术导师的指导下，学习更高水平的技术，实现对学员的分层培养。

（8）多元创新的教学方法。采用启发式、探究式、讨论式、案例式、互动参与式等教学方法，通过课堂陈述、小组讨论、项目实践等方式在实操中培养学生，在启发中提高学生。

（9）丰富的实践活动。配合双体系的理论教学，开展丰富多彩的实践活动，如项目实战课程、软件主题论坛、团队磨砺计划、素质拓展训练等。

"我与软件有个约会"主题论坛。每周二、周四下午五点举行，每位学员在台上做 8 分钟的软件项目展示演讲。目的在于通过学员软件相关知识的主题演讲，培养学员对软件行业的兴趣，同时提高自身的语言表达能力。

"企业精英走进双体"系列沙龙。通过邀请企业中的成功人士走进双体与同学们进行交流，让学员能更好地了解企业需求，提高职场能力，明确发展方向，为未来的职业生涯发展打下扎实的基础。

团队磨砺计划。通过素质拓展、竞技体育、团队营销等方式促进学员对团队的理解，熟悉团队打造的模式、培养营销能力、竞争与合作的意识。

品书会。"淡雅书香气，潜默职场路"品书会则充分利用董事长图书室的图书资源，帮助学员养成读书学习的习惯，培养学员自主学习及持续学习的能力，同时进一步拓宽学员的视野，提升学员的综合素质与能力。

双体开放日。通过开展每月一次由软件技术培训部经理或职场能力培训部经理主持的

软件技术领域或职场能力领域的公开课，或老学员返回双体的交流活动，帮助学员扩大知识面、学习老学员优秀经验。这些活动邀请所有对双体感兴趣的同学参加，将双体系优秀的学习氛围对外传递。

（10）最前沿的技术熏陶。定期选拔派出教师代表和学员代表参加中国软件技术大会、中国云计算大会等时下最新最前沿的技术论坛，让学员更好地了解中国软件业的发展，学习当下软件行业的商业模式和技术创新。

（11）双校园学习体验。在已建有双体系卓越人才教育基地的院校间开展双校园项目，各学校间的双体学员定期进行交换学习，通过交换让学员体验不同的校园与不同学习氛围，促进各地双体系在教学方法、管理模式、授课技巧上的交流提高，和在学员视野开阔、人脉拓展、能力增长上强化。

（12）海外游学交流。每期在学员中选拔、外派到美国、德国等合作高校中进行海外游学体验，参观国外知名企业，从而更好地培养学员的国际视野和多元化的复合能力。

3. 人才培养效果

仅以 2015 年 6 月毕业的双体系第六期、第七期学员为例，在 2015 届双体学员的培养过程中，双体系进一步优化了培训体系与内容，连续与重庆电信研究院、金山软件、猪八戒网等多家业内知名用人单位达成校企合作协议，促使学员的培养质量再上新台阶，学员的高质量就业率高达 86.6%，相对 2014 届学员提高 12.9%；学员参加各类软件竞赛、职场竞赛获得省部级及其以上奖励 12 项，相较 2014 届学员增加 5 项，同比增长 71.4%；学员自主开发各类软件 52 个，相较 2014 届学员增加 12 个，同比增长 30%。

1）学员就业方面

双体系 2015 届学员（第六期、第七期）216 名学员在实现 100%就业的基础上，在世界 500 强企业、国有企业、上市企业、大型民营企业等类型就业单位高质量就业的人数达到 187 人，占学员总人数的 86.6%，相比 2014 届学员（第四期、第五期）学员的 73.6%增长了 12.9%。

在 15 届学员中，张杨、戴士凯、姚仟等 12 人在惠普公司、中冶集团、宝信软件等世界 500 强企业工作，占总人数的 5.6%；胡竟、郭彩凌、李倩等 115 人在金蝶软件、浪潮集团、品智网络等上市企业、大型民营企业和外资企业工作，占总人数的 53.2%；于茜茜、何宇航、王卓卿等 60 人在中国农业银行、重庆电信研究院、南京中兴软创科技股份有限公司等国有企业、事业单位工作，占总人数的 27.8%。

2）项目开发方面

双体系 2015 届学员自主开发软件 52 个，（其中 WEB 软件 24 个，APP 软件 25 个，PC 软件 3 个）；此外还承担钓鱼城研究院官网、校友网等校内项目 5 个，同时也首次承接了校外项目—上海艺热实业有限公司的网站开发，并提前高质量完成该项目。

3）学员参赛获奖方面

参加双体大赛、重庆市高校数据库程序设计大赛、重庆市"校园之春"职场挑战赛等各类比赛，在各类竞赛中获得省部级及其以上奖励 12 项，其中入围全国决赛 1 项、市级一等奖 2 项、市级二等奖 3 项、市级三等奖 6 项，获奖人数共 20 人，学员获奖比例达到 9.3%。尤其是在重庆市"校园之春"职场模拟招聘大赛中，第六期学员邱凯获得重庆市第二名，更是刷新了双体学员在职场类竞赛中的历史最好成绩。同时双体学员向继航、郑德鸿在

2014 年"创青春"全国大学生创业大赛重庆赛区总决赛中，凭借自主研发软件《智能护理一体化管理平台》，以良好的团队协作和新颖的科技创业项目摘得重庆市金奖。

双体系第六期、第七期学员就业能力的进一步提升和就业质量的进一步提高，也在不断加大企业对双体系学员追捧的热度。双体系第八期学员已有 36 名学员提前获得了世界 500 强企业宝信软件、国有企业中冉信息、大型软件企业中科软等多家名企的录用，相信随着双体系培养模式的不断优化，培养质量将继续提升。

9.2.3　以国际联合培养为手段，引进优质国外资源基础上拓宽国际化应用型人才培养新途径

1. 基本情况

移通学院的国际交流合作开展卓有成效。学校与德国、美国、英国等国家二十余所大学建立了紧密的合作关系，广泛开展专业合作、教师互访学习、学生交流等多种形式的国际交流合作，其中与德国大学的合作最为密切。

移通学院中德学院成立于 2008 年，是由移通学院与德国安哈尔特应用科技大学合作举办，经重庆市政府批准，经教育部备案的移通学院的二级学院。移通学院与德国海德堡应用科技大学合作举办的电气工程及其自动化 3+1 本科教育项目获准正式对外招生。学校成为中西部唯一一所拥有教育部批准的本科中外合作办学项目的独立学院。

学校已分别与德国海德堡应用科技大学、米特韦达应用科技大学、北黑森应用科技大学、汉姆—利普斯塔特学院、埃森经济管理应用科技大学、安哈尔特应用科技大学、富克旺根艺术大学、德累斯顿工业大学、杜伊斯堡—埃森大学等十余所德国大学签署合作办学协议，广泛开展硕士、本科双学位、中德专本衔接连读、国际本科预科等教育活动，专业涵盖了通信工程、电气工程及其自动化、工商管理等数十个特色专业。

德国在应用科技大学办学方面成效显著，为世界各国所肯定，德国安哈尔特应用科技大学 8000 多名在校生中有来自 42 个国家的 1900 多名留学生，埃森经济管理应用科技大学 10 余年里培养的中国留学生即有 2800 余名。

目前，学校在校预备赴德学生 1700 余人。学校现有语言类外籍教师 10 余人，另外，每学期德国合作大学均派数名教授来院担任专业课程教学，国内其他课程教学由学校各系部专业水平高、教学能力强的教授、博士等教学，教学质量优良。同时，学校每年还接受德国大学留学生十余人，学校也每年选派、资助十余名优秀的在校师生赴德国学习交流。

2. 人才培养模式

通过借鉴德国先进的应用人才培养方面的教育理念，利用德国合作大学提供的丰富的优质教育资源和教学管理经验，按照德国大学质量标准制定严格、规范的国际化课程体系，共同培养具有国际视野、国际交流能力和较强专业技能的高级应用型人才，中德学院形成了独特的人才培养体系和办学特色。

1）能力导向型培养理念

中德学院在注重专业知识的同时，特别注重以企业需求的能力培养为导向，并据此设计培养方案。能力主要分为理解能力、应用能力、分析能力等。根据学生所处的不同阶段，提出能力要求，并努力实现。如在基础知识学习阶段，学生应具备实际联系理论的理解能力；在专业课程主修阶段，学生应具备应用能力，不同的问题找到相应的解决问题的工具，

进而需具备分析能力，将复杂的问题简单化，找到规律。

2）国际化人才培养目标

学生应具备国际视野、国际交流能力，可以在本专业实现全球范围内的就业。因此，在德语语言能力培养上，整个大学学习过程由中方、德方教师连续密集地进行基础德语、专业德语水平训练，专业课程实施渐进式的双语、全外语教学。在校园文化建设上，通过丰富多彩的德语活动，打造独特的校园亚文化，营造良好的德语学习氛围。学生在"全国高职高专德语口语技能竞赛"等各种比赛中先后多次荣获一、二、三等奖。部分优秀学生赴德国深造学习。

3）应用导向型教学方法

在教学过程中注重与实践结合，以应用为导向。如在课堂上大量采用企业实际案例进行教学和考试，学生在校内体系完整、设施完备、技术领先的实验室进行实验操作，并可以选择校外众多实习基地实习实训，深入企事业单位一线，培养应用能力。大众汽车（中国）等一批德资企业和中德学院建立了紧密联系，校企互动频繁。另外，中德学院每年资助部分优秀学生至德国企业参观实习。应用型人才培养效果明显，中德学院毕业生深受企业欢迎。

4）紧密合作型教学团队

中德学院专业课程教学三分之一以上由引进的安哈尔特应用科技大学及全球招聘的外方优秀教师承担，中外教学团队交流频密，仅 2013、2014 年双方互访教学交流达 60 余人次，每年中方派遣部分语言及专业课教师至德方学习。双方以课程模块为基础，分工合作，形成教学团队，共同开发课程的教学，包括教学大纲、授课计划、教学目标、教学内容、教学方法、教学手段等方面。

5）探索创新型教材体系

中德学院通过引进德国优质原版教材、自主建设适合本专业学生的教材、优选国内权威教材等途径，探索创新教材体系。仅通信技术、计算机应用技术、工商企业管理等各专业分别引进了近 10 门课程的德国原版教材，中德学院近年来自主开发建设相关专业类教材 12 门，初步建立了一套符合自身需要的教材体系。

6）搭建开放型交流平台

为促进中德学院应用型人才培养，广泛学习各方经验。中德学院倡立了开放型的中德教育交流平台——中德国际教育论坛，每三年举办一届。2013 年 10 月，首届中德国际教育论坛由学校组织，在重庆合川成功举办，主要探讨如何合作培养应用型人才，共有 85 个中德高校、企业及机构代表 200 余人参会，其中有德国驻成都领馆副总领事，安哈尔特应用科技大学、海德堡应用科技大学、埃森经济管理应用科技大学等德国高校的 20 多位高校校长和教授。

3. 人才培养效果

在校的 1700 余名学生正按照中德合作培养的模式学习，另外，学校也已顺利送出近300 名学生至德国合作大学就读，大部分出国留学学生能够按照德国大学要求顺利开展学习。在已经毕业的近 100 名学生中，部分在德国攻读硕士学位，部分在中德两国的相关企事业单位找到了较为理想的工作，如西门子、大众汽车等。中德学院的应用型人才培养为学校的应用科技大学转型积累了经验，也坚定了学校的发展转型方向，提升了学校的办学水平，推动了学校办学的国际化进程。在合作办学过程中，学校也因此形成了独特的校园文化，营造了浓厚的国际化文化氛围。由于有较多外籍教师来校任教，外籍学生来校交流学习，除教学活动外，学校大量校园文化活动有外籍师生的参加，中德学院每年举办中德文化节、定期举办中德论坛、定期出版德语学习刊物及开展其他各类德语语言类的活动，使校园文化更具独特的魅力，更加有吸引力。

9.2.4　以创新创业教育为抓手，提供充分帮扶基础上开辟学生成长成才新战场

1. 基本情况

学校高度重视大学生创新创业教育，把创新创业教育上升到办学理念层面，纳入"乐教、乐学、创造、创业"的校训，融入到学校整体育人体系，渗透到学校建设、学校教学、学校管理和评价等各个过程中。

2011 年 10 月，学校成立了重庆高校首个创业学院。创业学院属于学校的二级学院，拥有独立的办公场地、教学、师资队伍、实习实训基地和创业孵化基地。创业学院拥有创业孵化基地建筑面积 4800 ㎡，拥有完善的配套设施。基地立足工科类高校办学优势，整合高校、政府和社会资源，构建了相对完善的功能布局，目前设有综合服务区、创业培训区、创业展示区、创业孵化区四大功能区。其中创业孵化区按产业类型划分为信息技术产业、电子商务产业、文化创意产业、教育培训产业，重点孵化文化创意产品、软件外包与开发、工业设计、电子商务、通信数码技术、动漫与数字媒体设计制作、教育培训等项目，可容纳 60 余家创业团队入驻，涌现出了蒋朋、张琦、赵伟锡等一批大学生创业典型。

2013 年至今，学校和区政府对创业孵化基地进行了大力改造，设立了创新创业综合服务区，配备了必要的创业公共设施设备，为入驻基地的大学生创业项目提供免费场地和研发平台，以供大学生从事研发活动，并聘请校内外技术专家组成技术顾问团，为创业大学生提供免费技术服务。

2. 人才培养模式

通过建立健全组织保障机制、服务保障机制、配套保障机制等，创业学院形成了一整套行之有效的创新创业人才培养模式。

1）组织保障机制

创业学院作为实质性的组织机构，协同学校团委、学生处、就业部门、教务部门、经管学院以及校外企业开展工作，在每个班级设置创业联络员，为大学生创业教育工作和创业孵化基地的发展提供了组织机构保障。

2）服务保障机制

创业孵化基地通过整合资源，搭建了六大服务平台，为入驻基地的企业和大学生创业项目提供政策解读、项目开发、风险评估、经营场地扶持、经营指导、融资服务、人力资源开发、技术培训等服务，并能提供工商登记注册、财税申报、劳动保险、人事管理等多项代理服务，形成了逐步完善的创业孵化支撑服务体系。

人才培训平台：学校在重庆市高校中首个成立创业学院，系统开展创业研究和培训，大学生创新创业教育，微型企业、SYB、再就业培训等社会就业创业培训。

综合服务平台：创业孵化基地为创业者提供职业指导、专家咨询，办理大学毕业生"自主创业证"，协助入驻企业办理工商注册、税务登记、银行开户等相关法律手续等一站式服

务，同时开展企业项目申报、财税代理等服务。

创业展示平台：创业展示平台通过展示宣传国家创业政策和环境，提升创业者创业意识、掌握创业基本方法和基本技巧；同时展示创业人才的创新产品、新技术、新工艺和新思路以及创业者的好点子，为创业孵化基地企业提供展示平台。

商务平台：创业孵化基地为入驻企业提供文印、传真、形象设计、办公家具租赁等服务，依托高校资源，学校多媒体会议室、多媒体教室、商务洽谈室、茶餐厅、素质拓展基地、创业图书资料室等向入驻企业开放。

政策平台：由政府、学校两部分优惠政策组成。内容涉及税收减免、工商注册、科技资源利用、场地租金优惠、资金扶持、大学生入驻申请等各个方面。

网络信息平台：创业孵化基地通过"创业学院"网，为入驻企业提供网络学习、沟通、网络集中宣传和产品展示的平台，同时为入驻企业提供手机应用网络平台。

3）配套保障机制

每年初基地管理办公室会根据基地的运行情况进行经费预算报学校财政审批，基地所需必要支出由区财政协同学校共同核拨，学校年均投入 25 万元，合川区政府年均投入 10 万元，年均经费 35 万元。

学校开设《大学生创业基础》课程，将创业教育纳入课程体系，计 2 学分。通过创业孵化基地为学生创业项目孵化、创业实践提供场地。学校是重庆市独立学院唯一的具有国家级大学生创新创业训练项目资格单位，学生团队共有国家级创新创业项目立项 2 个、市级立项 15 项。在创业师资队伍方面，移通学院采用灵活的聘任机制，组建了一支由"辅导员""创业讲师""创业导师"和"企业导师"组成的日常管理、学术研究和创业实务相结合、创新思维与创业能力相结合的师资队伍。通过系统的专业培训，让创业者具备良好的创业意识、创业知识和技能。此外，学校还选聘了一批勇于开拓且经验丰富的经济管理类专家、工程技术类专家、政府经济部门的专家、成功企业家、孵化器的管理专家、创业投资家担任创业导师和企业导师，配合和协助创业学院专任讲师，指导创业学院学员的创业实践。目前，创业学院拥有专职创业导师 4 人，兼职辅导员 36 余人，另外聘任《赢在中国》第三季冠军谢莉等 10 余名创业专家担任创业导师。

在制度建设方面。学校为了不断完善创业孵化基地的功能配套，促进各项政策的高效实施，提高管理水平和入驻企业的经营绩效，制定了《重庆邮电大学移通学院创业孵化基地和创业基金管理办法》《重庆邮电大学移通学院创业孵化基地入驻协议》等一系列规章制度来提高和规范创业基地管理、创业基金管理、创业导师管理、创业项目管理等，建立了具有学校特色、专业特点和行业特征的创业咨询、扶持与指导服务体系，形成了一套科学合理的长效激励机制，充分发挥了基地资金、技术、场地、专业指导等资源的作用，为大学生创新研究和自主创业提供了制度保障。

（4）吸收国外经验，推动学校创新创业教育的发展

德国应用科技大学十分注重学生的创业教育并取得了较好的成果。比如在 2013 年毕业生自主创业和将科学知识转化为市场化产品的全德国大学评比中，安哈尔特应用科技大学在全德国所有大学（包括综合性大学）中排名第七，在所有应用科技大学中排名第二。

3. 人才培养效果

通过创业导师的指导，辅以学校创业孵化基地场地和部分资金支持，培养创业精英，

创业学院目前已开设创业先锋班课程 3 期，毕业学员 90 人，孵化学生公司 23 个，树立了一批大学生创业典型，如重庆臻善广告设计工作室、摩科手机软件、重庆果子摄影工作室、重庆新声音录音工作室、重庆树人互联网信息咨询公司等。

2013 年，学校获得重庆市第四届大学生创业计划大赛"优秀组织奖"。2014 年，学生创业团队获得"创青春"（挑战杯）全国大学生创业大赛重庆赛区金奖。

仅在 2014 年，入住创业孵化基地的企业和创业项目就有 54 个，新增项目 12 个，孵化成功退出项目 5 个，平均年保有量在 50 个左右。

重庆市有关部门负责人、专家曾先后到创业学院及创业孵化基地调研，并为二者的长远发展提出了指导性意见。重庆电视台、重庆晨报、合川电视台等多家媒体累计相关报道80 余次。

9.3　学校建设应用科技大学发展的主要困难和问题探讨

与国家一带一路、创新驱动发展、中国制造 2025、互联网+、大众创业万众创新等重大战略对应用型人才的要求相比，和中国建设应用科技大学的大多数高校类似，学校应用科技大学发展仍然存在诸多困难和问题。

9.3.1　传统思维妨碍发展目标的实现

在学校向应用科技大学发展的过程中，面临传统思维的重重阻碍。一是高校发展路线的传统思维，由教学型至教学研究型再至研究型的发展进程，由本科至硕士再至博士的办学层次提升，一直影响着学校的发展思路，大部分教师乃至领导对此都较为认同，应用型转变的方向是最近才得以明确的方向，因此，要从以前的惯性中脱离出来，需要时间。二是社会的传统思维。传统"官本位"思想深入民众骨髓，按照"士农工商"的排序，从事手工业等技术技能型行业的人才基本处于社会末流，虽然在现代社会，这类观念已经有很大改善，但"职业教育"仍然在民众心目中是低人一等的教育类型，导致家长、学生仅仅在概念上就难以接受，从而对高素质考生的报考就读有着较大负面影响。而应用科技大学恰恰就是现代职业教育体系中的重要环节，职责使命就是培养应用型技术技能型人才。传统思维的改变绝非一朝一夕的事。这也决定了应用型转变的道路漫长、曲折，需要作出实际成绩来改变这些观念。

9.3.2　"双师双能型"师资力量薄弱

在"双师双能型"师资力量建设方面，由于学校的发展历史较短，起步较晚，底子很薄，且整体上人才在高校与企业之间的流动并不畅通，尤其是真正稀缺的中青年优秀的企业人才并不愿意放弃优厚的待遇进入高校从事教师职业，因此，虽然近年来在教师培训、校企合作等方面做了一系列的改革，也通过引进企业人才，教师进企业培养锻炼等方式，逐步改善了师资结构，提高了"双师双能型"教师比例，但占大多数的仍然是缺乏企业工作、实践经验的教师。因此，师资力量与德国等国家建设成熟的应用科技大学相比，不足非常明显。

9.3.3   产教融合、校企合作深度不足

产教融合、校企合作存在先天不足。在顶层设计的法律制度层面，关于此方面的内容少之又少，尤其是对企业在此方面的规定很少，即使有，规定也不够细致，比如《职业教育法》规定"企业、事业组织应当接纳职业学校和职业培训机构的学生和教师实习"，但对于不接纳的如何处理没有明确，对企业参与职业教育主要是以鼓励为主，激励引导不够，强制要求不足。因此，法律法规缺失，导致企业动力不足，效果有限。

学校与企业合作的实践过程中，受限于部分企业的规模、地域、生产方式等因素，教师、学生的实习实践和企业生产的融合程度不够，衔接不紧密，导致流于形式的较多。当然，还有更深层次的原因，比如除了法律法规层面以外，企业在校企合作中付出较多，获得较少，动力不足，自然，教师、学生在企业的实习实践活动效果就要打折扣。如果企业缺位，应用型人才培养就会先天不足。

这两个问题在教育部、国家发展改革委、财政部联合发布的《关于引导部分地方普通本科高校向应用型转变的指导意见》及重庆市教育委员会、重庆市发展和改革委员会、重庆市财政局《关于引导市属高校向应用型转变的意见》等文件发布后，有了问题解决的方向。前者提出了"双师型教师团队比例和质量"将作为高校分类管理中应用型高校评估标准之一，中央和地方相关人才支持项目将支持"双师双能型"高水平师资培养，"改革教师聘任制度和评价办法，聘请企业优秀专业技术人才、管理人才和高技能人才"，要求高校投入机制向"双师双能型"教师队伍建设等方面倾斜，"支持地方制定校企合作相关法规制度和配套政策"等对策。后者"优先将与高水平企业合作、拥有高水平双师型师资队伍的市属本科高校纳入改革试点范围"，要求"试点高校调整师资结构，引导教师分类发展，新增师资主要来源于行业且具有 3 年以上从事专业工作经历的专业人员，每个专业的"双师双能型"教师占专任教师的比例逐步达到 50%以上"，"制定促进校企合作、产教融合指导意见"。但政策的落实仍需要较长的过程，因此上述问题仍将在较长时期内限制应用科技大学的建设发展。

9.3.4   宏微观层面制度建设落后

国家与社会在应用科技大学整体配套政策建设方面刚刚起步，这也成为了应用科技大学建设过程中的一大障碍。比如《关于引导部分地方普通本科高校向应用型转变的指导意见》《关于引导市属高校向应用型转变的意见》两份指导性文件分别在 2015 年 11 月及 12 月才出台，其中提到了一系列关键制度比如高校分类管理制度、考试招生制度、教师聘任制度、校企合作制度、应用型高校评估评价制度等等都还需要很长的制定及落实过程。而德国应用技术大学作为高等教育机构的法律地位在 1976 年颁布的《高等教育总纲法》得到了正式明确。此前，更多的相关制度基础已经存在，比如 1938 年的《帝国学校义务教育法》已在全国范围内第一次从法律上确立了企业和学校合作的双元制培养模式，甚至 1908 年的《工商业管理条例》要求"企业主必须具备通过了师传考试的证明"，企业必须具备一定的人才培养职能在德国成为了重要的社会制度安排。在学校层面，应用科技大学建设的时间短暂，制度的建设及完善仍需要长期的过程。

9.4　学校应用科技大学建设发展的探索

学校已经统筹规划并起步，正在大踏步前进，推进应用科技大学转型发展。

9.4.1　确立学校应用科技大学建设发展目标

1. 努力探索把学校建设成为区域产业升级人才需求输送园地，国内应用科技大学建设的示范高校

学校以"质量立校、特色兴校、人才强校"为发展战略，秉承"乐教、乐学、创造、创业"校训精神，以就业为导向，重点建设信息科技核心专业，致力于培养人格高尚、专业基础扎实、创业实践能力强、创新精神突出的应用工程型高级专门人才，使学校成为技术技能人才培养的园地，为区域经济发展人才需求起到人才输送和储备作用，服务于信息科技行业和区域经济社会发展。依靠西部经济支柱产业的需求，依托科技信息化带动工业化在技术领域的发展优势，深化教育教学改革，不断提高人才培养质量，为我国人力资源强国建设，特别是西部地区的信息产业发展、科技发展和社会进步服务，努力把学校建设成为区域产业升级人才需求的应用科技大学示范高校。

2. 努力把学校建成为民办普通高等学校，国际化、特色鲜明的应用信息科技大学

为了学校持续健康发展，依据国家及重庆市相关文件精神和要求，结合学校的教育发展规划，学校已全面启动"转设"工作。学校以"转设"为契机，进一步加强学科专业、师资队伍、校园等方面的建设，创新人才培养模式，加大信息科技类核心专业建设，努力把学校建设为独立学院转设为民办普通高等学校，具有高度国际化，特色鲜明、国内典范的应用信息科技大学。

9.4.2　确定应用科技大学建设的优势重点学科和骨干专业

从重庆乃至西南地区的经济发展实际及未来的产业发展规划出发，结合自身人才培养的实际，确定应用科技大学建设的优势重点学科和骨干专业。

根据区域产业升级需求和地方经济发展，学校经过专家与企业共同论证，确定"通信工程、电子信息工程、物联网工程、网络工程、电气工程及其自动化、信息管理与信息系统"等 6 个专业作为支撑学校"应用科技大学"的人才培养第一批试点专业。

表 9-2　学科专业与产业对接表

序号	学科专业		对接产业
	名称	层次/类别	
1	通信工程	本科/工学	通信产业
2	电子信息工程	本科/工学	电子、通信产业
3	物联网工程	本科/工学	计算机、通信产业
4	网络工程	本科/工学	计算机、通信产业
5	电气工程及其自动化	本科/工学	自动化产业
6	信息管理与信息系统	本科/管理学	经济与管理产业

另外，学校还启动了品牌专业建设，按照"集中学校优势资源，选择在一个专业上重点突破，打造区域范围内第一品牌专业，吸引最优秀的学生，建立一个优秀的教学团队，形成一个品牌专业"的原则，2015 年 10 月将"轨道交通信号与控制"专业定位为学校品牌专业。学校平均每年将投入 300 万左右，5 年的时间投入 2000 万，开展大规模建设。在西南地区，其他本科高校只有西南交通大学设置了这个专业，它填补了西南地区一般普通本科院校该专业的空白，突出"人无我有"的优势，也与重庆轨道交通的迅猛发展相适应。根据《重庆市城市轨道交通第二轮建设规划（2012～2020 年）》，重庆的轨道交通建设人才的需求量相当巨大，大约为每年 1 万人至 1 万 5 千人。并且，同为西南大型城市的成都和贵州两地，也在大力发展城市轨道交通事业，人才缺口两地都在万人以上。"轨道交通信号与控制"专业作为学校的品牌专业有坚实的市场基础。

9.4.3　创设"2.5+1.5"应用科技人才培养模式

1. 优化应用科技大学人才培养方案

培养方案的制订立足信息与通信、计算机、自动化等相关行业，服务重庆市经济社会发展，发挥学校信息科技学科优势，培养具有"应用科技大学"特色的各类专业人才。强化学生技术技能培养，突出学生信息技术、工程应用和实践创新能力的提升，合理制订实践教学环节的方案设计，加强与企业的合作，让实践环节和企业实习比例占总学分 42%以上，努力构建各专业综合知识结构完整的人才培养方案，实现人才培养模式多元化。

2. 创新技术技能人才培养模式

学校在广泛社会需求调研的基础上，大胆探索"2.5+1.5 人才培养新模式"。即本科学生 4 年的培养过程中，其中 2.5 年的时间为理论学习，培养学生掌握所学专业必要的基础理论和基础知识；1.5 年的时间根据专业岗位群的需要进行针对性的顶岗实践实习，完成所学专业必需的基本技术技能。1.5 年的学习时间可以进行分段式计算模式，根据学生个人自身情况或企业情况合理分配时间，学生毕业后就能够在工作岗位上开展实际的工作，实现学校培养与社会需求"零距离"对接。

3. 突出实践实训培养信息行业就业能力

学校一直坚持工程型、应用型人才培养的办学理念，以就业为导向，注重学生应用技术技能的培养。办学 15 年来，学校培养输送了 1 万多名信息科技类人才，是应用型人才培养园地。这种特色鲜明的培养模式得到了社会各界的广泛认可。在毕业生就业岗位中，75%学生进入通信、计算机等信息科技行业，对区域经济社会发展特别是产业转型升级有重大的支撑作用。

4. 积极探索开放办学新模式

学校坚持开放办学，立足信息科技领域，主动服务区域经济社会发展特别是产业转型升级，不断探索校企联合办学新模式，把产业、专业、就业相连接，努力构建开放办学大平台。学校先后与重庆电信、重庆移动、中兴、华为、惠普、长安、四联、南方证券、西永微电园、红亿机械等 100 余个市内外企业签订了合作协议，建立了紧密的联合办学合作关系，形成了与企业互动的人才培养体系，为服务信息行业和地方经济产业升级发展培养人才。

探索和实践与重庆五一高级技工学校等中高职学院联合办学新模式，为中高职学生人才成长搭建"立交桥",同时也使学校招入一批具有实际操作能力的学生进行进一步的培养。目前,已开展中职学生"3+4"人才培养模式,学生在中职学校学习 3 年,再到大学学习 4 年,最终取得大学本科学历证书。这一模式实现了中职与大学人才培养的无缝对接,学生中职学习阶段镶嵌大学部分课程,之后再进入大学深造,完成大学本科段课程学习。

9.4.4　以应用科技实用技术改革教学内容,加强实践环节教学,突出"学与做"互动的教学方法改革

1. 研究"课+训+赛"教学内容改革

学校构建课内外教学互动的教学体系,优化课程内容,加强学生实践实习训练和设计能力培养;以教学体系构建为主导,坚持以创新项目带动学科建设,创建设备先进、管理规范、开放式的现代教学环境;鼓励教师进行教学研讨、教学改革、创新教学项目等,提高教师的综合素质。加强学生实践能力、创新能力和综合应用能力的教学体系建设;通过开设综合性、设计性实验,巩固学生课堂基础理论知识和综合应用知识,提高学生发现问题、解决问题的能力,进而培养和训练学生动手能力、分析能力、基本的科研能力和严谨的工作作风。

2. 探索开放课堂的教学方法改革

根据企业对人才培养的要求,调整专业设置和教学内容;为提高教学质量和科研水平,强化学生实践实训环节,实施以应用型人才培养为目标的教学模式,加强校企合作,走"学+研"相结合的道路,使学校和企业互惠互利;结合科技竞赛和校园文化活动,培养学生创新精神,通过组织开展数学建模竞赛、电子设计大赛、英语竞赛、电子商务竞赛、"挑战杯"创业计划竞赛、计算机仿真大赛和"三下乡"社会实践活动、读书月活动、社团活动、文艺汇演活动等各种科技创新活动和校园文化活动,培养学生的创新精神和实践能力。

3. 实施"教+学+做"教学实践改革

根据信息行业发展的需要及时调整培养目标,吸收国内外先进的教育思想和教育理念,创新人才培养模式。在培养方案中明确了实践教学体系,除了理论课程自带的实验课外,还强调实践教学,4 年内不低于 24 学分,主要包括集中上机、金工实习、企业调查、电装实习、各类实验、课程设计、毕业实习、毕业设计(论文)等。培养方案以"公共基础实践平台+专业基础实践平台+专业实践平台+集中实践平台"的设置方式构建实践教学环节,加强对学生基本技能的培养,实践教学体系设计符合培养目标要求,实现 "教+学+做"一体化教学实践的人才培养机制。

4. 大学期间的"学与做"课外成果取代毕业设计(论文)改革尝试

学校强调和鼓励学生在大学期间的"学与做"课外科技活动,对获得优秀成果奖励的学生,如本专业学科竞赛国家三等奖以上,或者有发明专利、软件著作权、用于企业生产管理实践的软硬件系统等,可以免做毕业设计(论文)。要求取代毕业设计(论文)的项目,须由学生本人向所在院系提出申请,论文按学校规定的设计(论文)文本撰写,由指导教师根据毕业论义的学术要求,并参照学校学士论文答辩程序和要求组织结题汇报和答辩。汇报验收和答辩小组应包括校、院系"课外科技计划"指导工作组成员、指导教师等,成绩优秀者予以批准。同时按照毕业论文和"课外科技计划"项目同时归档。

9.4.5   建设适应应用科技大学发展的师资队伍

打破师资力量瓶颈，巨资聘任有丰富企业经验，能够理论联系实际的教授、讲师，外聘部分企业高管作为客座教授，规定专业核心课程主讲教师必须具有企业工作的经历，双师双能型教师占30%以上。

到 2017 年，学校教职工总人数将达到 1400 人。其中专任教师总数要达到 1000 人；具有硕士以上学位教师数量占80%以上，教师队伍中具有讲师以上职称的比例占90%以上，其中具有副高级以上职称的比例达到40%以上。

要求每个教师积极申报、参与科研项目，科研项目与绩效考核相结合。有计划派教师外出进修、培训和参加学术活动；组织对国外的教育考察；支持青年教师的成长，派出青年教师至企业开展三个月以上的企业实习以熟悉企业运作及应用型人才培养需求。学校设立校级科研项目、青年基金项目和质量工程项目。

建立专业辅导导师制。为每名学生配备相应专业教师及高年级学生（可作为教师助手）作为专业学习的导师，指导、帮助专业课学习。

加大双师双能型教师队伍建设力度，加强培养和大力引进双师双能型教师，在薪酬管理上，单设双师双能型教师的薪酬标准，并远超过一般教师；在专业教师的企事业单位顶岗实习方面给予优厚的补贴，并将相关工作作为二级单位的年度考核目标。

9.4.6   建设适应应用科技大学发展的内部治理结构

学校在建设适应应用科技大学发展的内部治理结构方面，主要做了两个方面的工作，一是制度层面的完善，二是资源配备的倾斜。

在制度层面，设计了一整套适应应用科技大学发展的制度。如在学校管理的顶层，严格落实董事会领导下的院长负责制，重大战略方针由董事会确定，院长按照董事会通过的工作计划开展工作，并具有财务及人事权力。在校院（系）关系方面，给予二级院系充分授权，比如建立完全的预算制度，二级院系在预算范围内有完全的资金使用权，同时，以考核指标体系引导二级院系开展校企合作、双师双能型师资培训等符合应用科技大学发展需要的工作，同时建立《重庆邮电大学移通学院教师培训管理办法（试行）》《重庆邮电大学移通学院校企合作管理办法（试行）》等一系列配套制度。

在资源配备方面，将资源配备的重心朝着有利于应用科技大学发展的方向倾斜。学校3 年前开始实施"远景百万教师奖励基金"，每年拿出 100 万元，奖励教学成绩突出的教师，最高奖 5 万元/人最多时达到 10 人。其中关键的一点要求是教师必须走出课堂，深入企业一线，以问题为导向，带领学生去解决企业面临的实际困难，从关注学生成长的角度来构建理论与实践的整合体系，促进教师理论联系实际，尽快向"双师双能型"教师转变，切实提高教学质量和人才培养质量。按照"骨干教师的工资要大大高于重庆民办高校同类人员的待遇"的原则，学校还大幅提高了一线教师尤其是骨干教师薪酬待遇，并在实际上形成了"教师待遇可以高于院系负责人，院系负责人可以高于校领导"的局面，较好地激励了广大教师。学校还成立了单独的实训中心，集中力量，统一实验实训的人财物，协调管理各大实验平台，以促进学生的技术技能的培养。学校投入巨资打造的双体系卓越人才教育基地，作为模拟企业实战培养人才的模式，在具有企业工作经验的师资力量引进上，为他们的薪酬待遇开辟了"绿色通道"。学校对优秀骨干教师给予了多方面的能力培养、学术提升渠道，包括每年利用寒暑假选拔近 20 名优秀教师赴美国、德国大学交流访问。

　　移通学院在应用科技大学建设方面有着较为坚实的基础，也已经做出了一些有益的尝试，但还需要正视并克服各种困难，沿着设计的路径前进，经过不断的积累，将应用科技教学型大学建设目标逐步变成现实，实现学校的转型发展，真正成为国内应用科技大学建设的示范高校，培养更多具有良好理论知识和文化基础、同时具备专业技能和实践能力的高层次应用型人才。

参考文献

[1]安世全.职场关键能力[M]北京：人民邮电出版社，2012 年 4 月

[2]林凤彩，陈晓莉.德国应用科技大学的调查与研究[M]天津;科学技术出版社 2014 年 12 月

[3]中国教育科学研究院课题组.欧洲应用技术大学国别研究报告.2013 年 12 月 10 日

[4]张衍学，尹邦满.以创业学院为平台的创业教育模式探索——以重庆邮电大学移通学院为例[J].创新与创业教育.2013（02）:38~41 页

[5]尹浩亮.现代学徒制与中国应用技术大学建设[J].学园.2015（09）:13~14 页

[6]陈杰菁.德国应用技术大学培养模式的研究及启示[J].工业和信息化教育.201309）:60~63 页

[7]陈志杰.地方本科高校向应用技术大学转型发展的探讨[J].福建教育学院学报.2014（10）:38~41 页

[8]马陆亭.应用技术大学建设的若干思考[J].中国高等教育，2014（10）10~14 页

[9]顾德库，孙建三. 民办本科高校向应用技术大学转型的战略思考[J]. 黄河科技大学学报，2014（9）10~14 页

[10]王维坤，温涛.应用技术大学：新建本科院校转型发展的现状、动因与路径[J]. 现代教育管理，2014（7）80~83 页

[11]曲一帆，史薇.中国应用技术大学路向何方[J]. 清华大学教育研究，2014（8）71~77 页

[12]应用技术大学（学院）联盟.地方本科院校转型发展实践与政策研究报告[R].2013

第10章 山西农业大学信息学院的办学特点及建设应用科技大学的实践探索

王双喜

10.1 山西农业大学信息学院简介

山西农业大学信息学院是经教育部、山西省人民政府批准设立的全日制普通本科高校。根据教育部《独立学院设置与管理办法》的要求，2010年4月，山西农业大学与山西泰古投资有限公司签署协议，建立了山西农业大学信息学院新校区，目前已发展成为一所以信息工程为特色，农、工、经、管、语、艺等多学科协调发展的应用技术大学。

学院位于晋商文化名城——太谷。学院周边环境优雅，广阔的花园式校园点缀着宽敞舒适的教室、宿舍，现代化的图书馆；颇具创意、让人赏心悦目的"右岸书吧"与"右岸花园"；配备一流高端数字电影设备的电影院，标准化的室内恒温游泳馆、剧院、健身房、钢琴房；还有山西高校唯一的素质拓展基地。学院建设了高水平的实验实训中心，建成了满足计算机、电气、电子、网络、机械、食品、管理、经贸、生物等学科的实验室81个；所有教室均配备了多媒体教学设备；配备有网络高清同步视频录播系统的教室，可同时满足5000人的教学需要。学院大力推进"数字化校园"建设，构建了一个集教学、管理、生活为一体的数字化育人环境。

学院以高度重视师资队伍建设为抓手，构建教学质量工程。面向全球引进高端人才，重点培养中青年骨干教师，辅以各界名人、名师、名家和技术专家短期讲学。实施了《"优秀教师百万奖励基金"奖励办法》《山西农业大学信息学院教师出国进修选拔办法》等激励制度，使师资结构逐步优化，实力不断增强。

学院目前在校生达到16000余人。设有信息工程系、机电工程系、经济管理系、工商与公共管理系、环境科学与食品工程系、艺术传媒系、外国语言文学系、远景学院、艺术教育中心、双体系卓越人才教育基地等16个教学单位。开设有42个本科专业（方向）和若干国际合作项目（专业）。包括网络工程、电子信息工程、电气工程及其自动化、软件工程、自动化、物联网工程、数字媒体技术、电子商务等8个核心专业。学院致力于打造信息工程类核心学科专业群，并以信息化带动全校各学科的建设与发展。全面提升经济与管理类学科专业群，着力办好环境科学类、食品工程类、农学类学科专业群，积极培育人文与艺术学科专业群。学院致力于建设专业特色鲜明、适应社会需求、多学科协调发展的学科专业布局结构。

　　学院以"创办一所与众不同的大学"为指引，定位于中部信息领域国际化应用型人才培养基地，坚持"成人、成才、成功"的办学理念，努力创新人才培养模式，坚持课内课外教学协同并重，逐步形成了以通识教育、完满教育、专业教育为主的三位一体的教育模式。附以名人讲堂、双体系培训、素质拓展和形意拳四大特色教学项目，努力为国家和区域经济培养具有国际视野的应用型、工程型、创新创业型人才，使之成为中部地区工程师、会计师、设计师和企业家的摇篮。

10.2　建设应用科技大学的专业设置及课程体系实践探索

10.2.1　建设应用科技大学的战略定位与专业设置的改造探索

1. 信息学院的办学战略定位

1）学院办学战略定位

　　山西隶属我国四大经济区之一的中部地区。正在崛起的中部地区在由资源消耗型经济向可持续发展的绿色经济转型。中部地区信息产业相对不发达，信息化应用领域发展依然广阔，对信息应用型人才需求会持续强劲。就山西省而言，无论公办高校还是民办高校信息专业普遍薄弱。信息学院信息学科及其专业具有在信息教育异军突起的后发优势，通过努力进取，力争建成**"中部信息领域国际化应用型人才培养基地"。**

　　实行国际化办学，引进国外优质教育资源，采用引进来、走出去的灵活方式，培养顺应世界经济一体化、具有国际视野及更强适应性和竞争力的国际化人才，是新建独立学院可持续发展的必由之路。

　　2）学院专业发展定位

　　信息学院建校依托的是山西农业大学，该校有百余年发展历史，农学类专业在山西省优势突出，考虑到与山西农业大学错位发展和地区经济发展需求，进行了较大的专业设置与发展定位调整，向信息类专业发展。

　　经济管理类专业虽具有招生吸引力大，培养成本较低，适合独立院校学生就读、就业面向广阔、符合民办独立院校特质等优势，但就全国民办本科大学（含独立学院）来看，选择经管类专业为主的学校很多，从而造成了同质化的现象。如山西省的民办独立院校山西工商学院、山西大学商务学院、山西财经大学华商学院、中北大学信息商务学院等，近几年已形成经管类专业优势。显然，信息学院不能以经管类专业为特色或发展优势。

　　为进一步提升专业水平和综合实力，满足经济建设与社会发展对应用型人才的需求，通过实施品牌专业、优势专业、重点专业、特色专业建设工程，优化专业结构，合理学科布局，着力建设信息科技类专业特色，推进农、工、经、管、艺、理等专业协调发展，现已开设了 12 个信息与机电类相关专业及专业方向，并计划把信息与机电类相关专业发展壮大到 18～22 个。

　　综上所述，信息学院将按照相对稳定、动态调整、扬长避短、积极慎重、量力而行、错位发展、突出特色的原则，侧重发展与建设以下专业群：

　　1）信息与机电类专业群；

　　2）经管类专业群；

3）景观、环境与食品类专业群；

4）文学艺术类专业群。

信息学院目前建设与发展的信息及其相关类专业如表9.1。

表 10.1　信息与机电专业群基本信息表

序号	专业代码	专业名称	学位授予门类	备注
1	080202	机械设计制造及其自动化	工学	
2	080601	电气工程及其自动化	工学	
3	080701	电子信息工程	工学、理学	
4	080901	计算机科学与技术	工学	
5	080902	软件工程	工学	
6	080903	网络工程	工学	
7	120102	信息管理与信息系统	管理学、工学	
8	130310	动画	艺术学	
9	080905	物联网工程	工学	
10	080906	数字媒体技术	工学	
11	080801	自动化	工学	
12	120801	电子商务	管理学、理学、工学	
13	130508	数字媒体艺术	艺术学	
14	080703	通信工程	工学	
15	080204	机械电子工程	工学	
16	080706	信息工程	工学	
17	040104	教育技术学	教育学、理学、工学	
18	080904	信息安全	工学、理学、管理学	

2. 人才培养战略（Strategy）

学院以"成人、成才、成功"为办学理念，突出信息工程类学科的优势，彰显"完满教育"育人特色，把学校建设成校园环境优美、人文氛围浓郁、思维开放活跃、专业特色鲜明、多学科协调发展的中部信息领域国际化应用型人才培养基地，国内工科类专业教育具有重要影响的民办大学。

学院以信息—机电类专业为核心，以经管类专业为重点，突出各专业的信息化、国际化特色。努力创新人才培养模式，坚持课内课外教育协同并重，通识教育与专业教育有机结合，创立了完满教育、通识教育、专业教育三位一体的教学模式与育人特色。

1）人才培养的核心专业

学院建设的 8 个核心专业是电子信息工程、网络工程、电气工程及自动化、软件工程、自动化、物联网工程、电子商务、数字媒体技术，其中"网络工程"是学校在着力建设的品牌专业。其基本情况见表9.2。

2）学生素质及能力方面达到的 3C 标准

学院遵循素质教育的思想，重视学生的政治思想、品德意志、人文素养、科学素养、身心素质、专业知识与技能、交流与沟通能力、组织管理能力、开拓创新精神等全面发展，期望其基本素质及能力方面应达到 3C 标准：

表 10.2　信息学院信息类特色专业（或称信息类核心专业）

序号	专业代码	专业名称	学位授予门类	备注
1	080903	网络工程	工学	2013 招生
2	080701	电子信息工程	工学、理学	2013 招生
3	080601	电气工程及其自动化	工学	2002 招生
4	080902	软件工程	工学	2013 招生
5	080801	自动化	工学	2015 招生
6	080905	物联网工程	工学	拟增设
7	080906	数字媒体技术	工学	2014 招生
8	120801	电子商务	管理学、理学、工学	拟增设

批判性思维（Critical thinking）：接受或者形成观点、结论前，有自己的辨别、反思、理解能力，并能针对不同种类的信息进行去粗取精、去伪存真，进而进行聚合、消化与吸收。

创造力（Creativity）：能综合想象力、智力、洞察力、情感等要素，解决不同问题；并对现存的（既有的）想法、图景或技术，以开创性、原创性的方式加以集成、提升或升级、改变。

沟通能力（Communication）：对基本交流技术的掌握，如语言、文字、音乐、交流技巧、相互合作等。

3）学士学位学习的基本要求

以"完整的人"为目标，努力培养学生成为具有社会责任感，较强的交流能力，批判思维、勇于质疑、专业创新、多学科融合，有国际视野和多元化视野的高素质人才，学士学位学生学习的基本要求主要包括：

1）对全球化相互联系、全球化相互依存关系的整体性理解。

2）与多样化背景、持多样化观点的人群交流，具备跨文化理解与适应能力。

3）分析连接人类社会与自然世界的环境认知能力。

4）展现批判性、创新性、独立性的思考能力。

5）清晰、有效交流能力。

6）与他人合作，达成特定目标能力。

7）使用或结合适当的定性、定量推理技巧，思考和解决问题能力。

8）与某一特定专业或特定领域的知识学习相匹配，创新性地运用知识与技能，能取得创新成果。

10.2.2　建设应用科技大学的培养战略与课程体系实践探索

1. 人才培养愿景

1）人才培养特色

信息学院人才培养最大的特色是课外教育（活动）和课堂教学并重，地位同等。完满教育模式的目标是培养学生的品格、能力、体能等全面发展。

2）人才培养目标

通过高素质的完满教育，希望学生有专业背景，可以理解和掌控本专业的知识与技术，又具有综合的组织与领导才能。其基本要求是：

1）具有全球化时代公民的义务和权益意识，道德方面做到诚实守信和有为社会服务的公益意识。

2）较强的写作、表达能力，并具有在社会交往中的基本礼仪以及谈判技巧，以提高学生的有效沟通能力。

3）具有扎实专业基础和专业知识技能，紧跟专业发展前沿，并掌握专业创新方法和意识的专门人才。

4）勇于探索、独立思考、善于质疑、开拓创新，能孜孜不倦地寻找答案、追求真理。

5）具有艺术修养，热爱艺术、享受生活，让学生了解他们既是艺术、思想、价值等传统的产品，也是这些传统的创造者；具有人文艺术的创意理念，形成专业与创意相结合的能力。

6）团队精神和有效的协调能力，使学生具有应变能力，培养学生的组织和领导能力。

2. 人才培养方案的基本框架与课程体系

为实现人才培养愿景，达到培养完满应用型人才的目标，信息学院的人才培养方案是由通识课程、公共必修课程、基础课程与各专业的专业基础和专业课程四大部分组成。各个部分又可分为不同模块，详见表 9.3～9.4.

1）通识课程

通识课程包括通识必修与选修，详见 9.3 部分的论述。

2）完满课程

完满教育——即特色化的公共必修课程，包含有"卓越教育"、名师课堂、思想素质基础课程、身体素质基础课程、公共英语基础课程、公共计算机基础课程与毕业设计或毕业实习等 7 个模块，详见完满教育部分。

3）基础课程

基础课程是不同专业需要设置的基础性理论课程，分为理、工、农、经和管类专业的数学基础课程、工科类专业的物理基础课程与理、工、农学类专业的化学基础课程等模块。

4）各专业的专业基础和专业课程模块

各专业的专业基础和专业课程设置根据专业性质不同，课程设置亦不同。

10.3　建设应用科技大学的通识教育

10.3.1　通识教育的基本概念与发展

1. 通识教育的基本概念

通识教育，英文表述为 "General Education" 或 "liberal education"，从字面上可以直接翻译为"一般教育"，也有学者把它译为"普通教育"、"通才教育"等等。即指在高等教育阶段，在全体学生范围内所普遍进行的关于基础性的语言、文化、历史、科学知识等内容的传授、个性品质的训练、公民意识的熏陶以及不直接服务于专业教育的人所共需的一些实际能力的培养[①]。

通识教育的概念可从不同视角阐述：

其一，从通识教育的性质角度加以阐述。通识教育是高等教育的组成部分；通识教育是"非专业、非职业性的教育"；通识教育是对所有大学生的教育；通识教育是一种大学理念，即整个大学的办学思想；通识教育与自由教育同义，通识教育的实质就是对自由与人文传统的继承。

其二，从通识教育目的的角度进行阐述。如"通识教育指非职业性和非专业性的教育，目的在于培养健全的个人和自由社会中健全的公民""通识教育作为大学的理念应该是造就具备远大眼光、通融识见、博雅精神和优美情感的人才的、高层的、文明教育和完备的人性教育""通识教育旨在给学生灌输关于好公民的态度和理解"，等等。这类定义强调通识教育是关注人的生活的、道德的、情感的和理智的和谐发展的教育。

其三，从通识教育的内容角度进行阐述。如"给 20～25 岁的青年一种关于人类兴趣的所有学科的准确的、一般性的知识""通识教育是一种使学生熟悉知识主要领域内的、事实的、思想的教育类型"。这类定义认为，通识教育是关于人的生活各个领域的知识和技能的教育，是非专业性的、非职业性的、非功利性的、不直接为职业做准备的知识和能力的教育，其涉及范围宽广全面。

因此，通识教育是教育的一种，这种教育的目标是：在现代多元化的社会中，为受教育者提供通行于不同人群之间的知识和价值观[1]。通识教育与专业化教育，只是教育模式的不同选择，但其本质上，却是对"教育"的不同理解造成的。

通识教育重在"育"而非"教"，因为通识教育没有专业的硬性划分，它提供的选择是多样化的。而学生们通过多样化的选择，得到了自由的、顺其自然的成长，可以说，通识教育是一种人文教育，它超越功利性与实用性。之所以要以"大学问家、大思想家"为榜样，是因为他们身上有着独立人格与独立思考的可贵品质，而这正是通识教育的终极追求。因为，教育不是车间里的生产流水线，制造出来的都是同一个模式、同一样的思维。而是开发、挖掘出不同个体身上的潜质与精神气质。所以，通识教育是要"孕育"出真正的"人"而非"产品"。

当然，通识教育与专业教育都是为培养全面发展的人服务的，二者是相互促进、互为补充的，决不存在相互对立的状态。通识教育决不是可有可无的。哈佛 19 世纪 70 年代通识教育改革的设计者罗索夫斯基认为："通识教育的好处可能会随着年龄的增加、身心的成熟、世事的洞察和生活的经验而越发显著。最重要的是，通识教育是专业学术能力在其最高层次的实施中所不可或缺的。"

2. 中国通识教育的历史渊源

中国通识教育的思想，源远流长。《易经》中就主张"君子多识前言往行"；《中庸》中也主张，做学问应"博学之，审问之，慎思之，明辨之，笃行之"。古人一贯认为博学多识就可达到出神入化，融会贯通。《淮南子》中说："通智得而不劳。"通识教育可产生通人，或者称之为全人。《论衡》中说"博览古今为通人""读书千篇以上，万卷以下，弘扬雅言，审定文牍，以教授为师者，通人也""通人胸中怀百家之言"。通识教育可产生通才，即博览群书，知自然人文、知古今之事、博学多识、通权达变、通情达理、兼备多种才能的人。

3. 国际通识教育的起源与发展

西方文化中通识教育思想同样也很古老，亚里士多德主张"自由人教育"，他的对话式、散步式、讨论式多学科教育，被称为吕克昂式逍遥学派。伴随工业革命，由纽曼倡导的博雅教育，主张培养博学多才、行为优雅的人。所以说通识教育源于古希腊的自由教育，是出于一种价值理性的思想，认为教育的目的不是为了谋生或者某种功利，而是为了完善人的心智，促进人的发展。

自 19 世纪初美国博德学院（Bowdoin College）的帕卡德（A. S. parkard）教授第一次将它与大学教育联系起来后，有越来越多的人热衷于对它进行研究和讨论。虽然人们对于通识教育这个概念的表述各有不同，但是，对于通识教育的目标人们可以达成共识，其目的是培养学生能独立思考，且对不同的学科有所认识，能将不同的知识融会贯通，其最终目的是培养出完全、完整的人。

赫钦斯是 20 世纪中叶美国著名的教育改革家和思想家。他在教育实践基础上形成了独特的高等教育观点。他的高等教育思想对我国的大学教育以及大学通识教育的发展具有积极的启示和借鉴意义。赫钦斯的高等教育思想可概述为[2]：

（1）大学应是灯塔，不应是镜子；应引导社会，不应迎合大众的浅近需求。

在赫钦斯看来：大学"具有一种强烈而严肃的使命，这就是思考。大学是独立思想的中心，既然它是一个独立思想的中心，那么它也是一个批判的中心"。大学成为一个独立思想和批判的中心既是社会发展的需要，也是大学自身发展的需要。

（2）大学的教育目标，不应只着眼"人力"，而应着眼"人性"，培养有学识、有智慧、止于至善的人。

赫钦斯将大学教育的终极理想确定为智慧及至善。他认为：教育只注意培养人力而不注意培养人性，人类只懂得发展科技而不知善用科技，其后果是相当危险的。最好的教育应是引导人们普遍向善的教育，即作为一个国家力量最重要因素之一，它的教育应将被统治阶级的价值观导向道德、智慧、审美和精神成长。

（3）教育应在特殊中见普遍，在短暂中见恒久，最实用的教育也是最重理论的教育。

赫钦斯认为：社会的产业技术越进步，教育就越难侧重专科。因为社会愈倚重生产技术，它的变革就愈迅速，专科教育的价值就愈低。我们现在似乎可以肯定地说，最实用的教育是最重理论的教育。"人心非器，知识亦非教育。教育是学校所传授的知识已被遗忘以后尚且余留的精华，诸如观念、方法和思考习惯等。这些都是教育留给个人而光芒四射的结晶。"

（4）最有价值的教育，最应由教育承担的教育是通才教育。

赫钦斯认为：世界的事物、知识本来是相互联系的统一整体，由于人的认识能力的局限，才把它人为地分成学科。只囿于单一学科的教授，肯定会成为井底之蛙。解决这一难题的办法就是必要的通才教育，通才教育也是办好一所大学的必要条件。

4. 现代大学通识教育的必要性①

———————————

① http://hi.baidu.com/%D7%C5%D2%CE%B4%FD%B1%CA/blog/item/a6ad6413219b640a5baf533e.html

联合国教科文组织在《教育：财富蕴藏其中》一书中提出：接受教育不再是为了升学和谋生，而是为了个人能力的充分发挥以及个人终身学习，是为了社会的和谐发展。人的发展是教育的主旋律，是教育的终极目标。

进入 21 世纪，社会快速演变，科学技术日新月异。随着学科分类的日益精细和社会就业的日趋严峻，大学教育的目的性与功利性越来越强，大学教育的纯粹性与圣洁性被破坏，使整个教育的目的发生了一定程度上的偏离，同时连带把通识教育挤到了大学教育的边缘角落，从而产生了一系列的社会问题。

而纵观当前社会，高等教育在教育思想上过分注重社会本位的功利价值观，导致了在人才培养上的功利主义倾向，把人当作工具培养，重共性要求，而忽视了人的发展及其差异，忽视对个性发展需求的认可和引导。而学生本身对教育的本质和目的也存在偏差，不少人认为上大学就是为了将来能够找一个好工作，忽视了高等教育不仅仅是专业教育，更是要培养人的社会活动能力，使其所培养的人才是好公民，具有较高的知识水平、智能水平，高尚的道德情操，拥有作为高素质人才的基本素质。

作为高等教育的重要部分，通识教育一向重视学生作为一个社会的"人"和国家"公民"生活的需要，致力于提供一种知识结构和能力结构合理的高等教育，使学生具有一定广度的知识和技能，以促使学生在生理与心理、智力与情感、道德与意志、人格与学识等各方面得到自由、和谐和全面的发展。

总之，通识教育是一种传授广泛的、非专业性的、非功利性的基本知识和培养学生理念及人生态度的教育方式。通识教育是一种综合素质教育。

通识教育的性质决定了通识教育存在的合理性。而现今教育状况漠视通识教育及其所导致的一系列社会问题，愈发表明了通识教育的必要性。高等教育中通识教育的价值与必要性主要表现在以下几方面[①]：

1）全球化趋势带来的多元文化冲突与碰撞，迫切需要大学的通识教育

社会经济高速发展，整个世界日趋一体化。在此一体化的过程中，首先会碰到一个非常棘手的问题，即不同文化之间冲突碰撞的问题。在这种多元文化的社会里，我们必须要尊重各种不同的文化，必须要学会欣赏其他文化的长处，而不能以自己的文化固步自封，同时不能一味盲目崇拜其他文化。当代教育的日趋专业化，使人和知识都变成了单向度的。知识与人的基本情感、道德伦理开始分离，使整个社会日趋冷漠、无情甚至是残暴。面对这种问题，我们不能不承认，正是对于通识教育的不够重视，才引发了这一系列社会问题。

2）长期实行的专业化教育模式迫切呼唤大学通识教育

专业化教育模式是我国高等教育在特定时期、特定社会背景中的选择。这个选择尽管在当时有合理性，对我国社会发展发挥了积极作用，不过缺陷也是明显的。过分强调专业划分，把学生的学习限制在一个狭窄知识领域，不利于学生全面发展。社会生产的发展日新月异，旧工作岗位不断消失，新工作岗位不断出现，而高等教育中专业的变化，已经无法跟上社会职业的变化。过去大学毕业生就业中的"专业对口"已经不再是一个目标了。高等教育的专业化做得越好，学生就越难适应变换了的工作，情况可能就越糟糕。应对工作岗位的变化，培养学生的一般能力似乎比专业化更为有效。而当前的产业升级和建立创

① http://hi.baidu.com/%D7%C5%D2%CE%B4%FD%B1%CA/blog/item/a6ad6413219b640a5baf533e.html

新型和谐社会，要求高等教育培养深入了解人性、市场和社会的全能人才。

3）通识教育已是世界各大学普遍接受的国际化议题

如果对通识教育没有国际化的认同，就会在相当程度上失去话语权，失去国际共识，从而也就失去国际交流的一些前提。对此，最好的办法就是使通识教育融入中国高等教育的基础概念中，从而丰富和发展我们的教育思想和教育方法。

4）通识教育实际上是素质教育最有效的实现方式

以北师大分校为例，在通识教育中，贯彻"博学与精专相统一的个性化素质教育"，把通识教育分解成哲学社会科学素养、人文素养、自然科学与技术素养、美学艺术素养、实践能力素养等五大模块。鼓励学生结合自己实际跨学科、跨专业自由选课，充分发展个性，博学多识；鼓励学生从难、从严、从自己实际出发自主选课，从而增强学生学习主动性，以全面提高素质。

5）通识教育也是"大学精神"的课程实现方式

现代大学，大多数都贯彻和践行"民主、科学、真理、正义、自由、宽容"的大学精神，这种精神不仅需要大学体制保证来实现，同样需要课程体系来实现。通识教育课程体系，力图把学生培养成崇尚科学和民主、追求真理和正义、尊重他人、善于沟通并能"仰望星空"的人才。

6）通识教育是现代教育理念中国化的实践过程

无论是国外与通识教育相关的博雅教育、全人教育、自由教育、能力拓展训练等教育方式，还是中国贯彻多年的素质教育和"德、智、体、美、劳"全面发展教育，以及爱国主义、集体主义、社会主义教育；还有培养一专多能、德才兼备的人才教育，或者弘扬传统文化教育等等，都能涵盖在通识教育的范畴之中。这种包容体现了中国通识教育即有中国特色，又全面改革开放，面向世界。用通识教育的理念可在相当程度上整合多样性的现代教育理念和模式，赋予通识教育以中国传统文化内涵，既体现时代性，又保持民族性，把现代科学技术与中国传统的文化典籍结合起来，把现代信息文明与中华优秀文化历史统一起来。

7）通识教育是防止学生偏科的重要方式

中国教育由于历史的原因，偏科、专业过窄的情况比较严重，在中学打基础时就分文理科，进入大学又产生较严重的文理分家。而通识教育则规定学生必须跨专业、跨学科选课，禁止选那些与本专业相重复或相关相近的课程，这就从制度上保证了学生课程结构的合理性，从而也就能使学生知识结构趋于合理。

8）通识教育还能防止因应试教育出现"高分低能"学生

通识教育特别强调学生实践能力培养。以北师大为例，他们把能力素养课作为通识教育五大模块之一，强调让学生必选和通选，同时与国家人事系统的专业资格证书自愿培训相结合，从而可以全面增强学生社会实践能力。

10.3.2　信息学院通识教育的基本模式

1. 通识课程基本内容

由于中国大学形成的以专业为主导的教育模式，以及应试教育的长期导向作用，使基础教育在一定程度上停滞在单一学科教育上，学科分化加剧，基础教育功利性明显，走向思想单一，思维狭窄、僵化，缺乏思辨性、创造性思维的模式，而在人文、心灵和智慧等教育方面却被弱化，对中华民族的智慧与能力培养不利。为改变这种基础教育态势，信息学院较大幅度调整了原来的人才培养方案，在基础课程部分纳入了通识课程。经遴选纳入的通识课程为以下六个方面：

① 人文精神与生命关怀

② 科技进步与科学精神

③ 艺术创作与审美经验

④ 交流表达与理性评价

⑤ 社会变迁与文明对话

⑥ 道德承担与价值塑造

其中，前三为"文理部分"，即英文中 Liberal Arts and Science，广含人文、艺术、科学等三方面，是最基本、最具体的通识教育。四是培养学生书面表达能力、批判性思维、理性与逻辑思维能力。五是中国与世界、文明交流、社会变迁等方面，是社会科学内容，与前三个领域构成"人文学科、社会科学、自然科学"的三大板块。六是意在培养学生价值目标的追寻，一般体现为"道德与生活、理性与信仰"。

2. 通识课程的基本体系

通识课程体系内包括通识必修与选修两大类，必修课程情况如表 9.3 所示。而选修类是要学生从 14 门通识选修课程中任选 7 门进行学习，详见表 9.4。

表 10.3 通识必修课程内容的 6 个模块

模块		课程名称	学分/学时	理论	实践	开课学期	建议适用专业
人文精神与生命关怀	1	苏格拉底、孔子及其门徒所建立的世界	2/32	2/32		1 或 2	各专业
	2	300 年来的世界文学	2/32	2/32		1 或 2	
科技进步与科学精神	1	信息技术与社会	2/32	2/32		1 或 2	各专业
	2	生命科学中的伦理	2/32	2/32		1 或 2	
艺术创作与审美经验	1	音乐剧	2/32	2/32		1 或 2	各专业
	2	从小说到电影	2/32	2/32		1 或 2	
交流表达与理性评价	1	创意写作	2/32	2/32		1 或 2	各专业
	2	修辞与论理	2/32	2/32		1 或 2	

续表

模块		课程名称	学分/学时	理论	实践	开课学期	建议适用专业
社会变迁与文明对话	1	欧洲文明的现代历程	2/32	2/32		1或2	各专业
	2	美国社会公共政策	2/32	2/32		1或2	
道德承担与价值塑造	1	正义论	2/32	2/32		1或2	各专业
	2	幸福课	2/32	2/32		1或2	

表 10.4　通识选修课程内容的 6 个模块

模块		课程名称	学分/学时	理论	实践	开课学期	建议适用专业
人文精神与生命关怀	1	论美国的民主	2/32	2/32		1-7	各专业
	2	罗素与西方哲学史	2/32	2/32		1-7	
科技进步与科学精神	1	时间简史	2/32	2/32		1-7	各专业
	2	移动互联网与科技进步	2/32	2/32		1-7	
艺术创作与审美经验	1	古典音乐入门	2/32	2/32		1-7	各专业
	2	经典电影赏析	2/32	2/32		1-7	
交流表达与理性评价	1	劝服与说理	2/32	2/32		1-7	各专业
	2	经典演讲	2/32	2/32		1-7	
社会变迁与文明对话	1	当代世界的国际冲突	2/32	2/32		1-7	各专业
	2	山西票号与中国近现代金融	2/32	2/32		1-7	
	3	经济学	2/32	2/32		1-7	
	4	中国社会公共政策及城市化研究	2/32	2/32		1-7	
道德承担与价值塑造	1	弗洛伊德与荣格、阿德勒	2/32	2/32		1-7	各专业
	2	佛教文化	2/32	2/32		1-7	

10.3.3　通识教育的师资队伍建设

通识教育得以实施，必然离不开高水平的传授者—教师。目前，就我国高校的情况来看，真正能够担当通识教育传授者的教师还亟待培养，其主要原因：一是虽然专任教师在自己的研究领域精通，但没能把通识教育的思想渗透到课程中，不重视对学生思维方式的训练；二是有些教师对通识教育的目标认识不够，简单地认为通识教育只是一种常识性的教育；三是有些教师的敬业精神和个人修养都有待提高。

通识教育的实践需要知识面广具有、创新精神、多角度思维、课堂教学能力强的高水平教师队伍。信息学院对其建设情况尚在摸索中。目前，对通识教育的师资队伍建设所做的工作主要是：

1）成立了通识教育部门，专门组织与指导全校通识教育与教学工作；

2）聘请国内外知名院校毕业的相关通识教育专业的高才生；

3）给在校专任教师提供培训、进修的学习机会；

4）聘请校外一些高水平的专家做通识教育的兼职教师；

5）教师待遇与绩效挂钩，提高他们参与通识教育的积极性。

目前，信息学院已有相关通识课程教师 20 余名，其知识类别、总体数量基本可以实现目前教学需求。但学校还在继续聘请高素质的通识教育教师。

诚然，通识教育的实施除了明确目标、提高认识、课程设置、加强师资等因素外，外部条件的改善也必不可少。如，学院不断加强与企业、科研单位和地方社区的合作，实行灵活有效的产、学、研结合，力求把通识教育寓于专业教育的实践环节当中，以通识教育促进专业教育的健康发展。

10.4　建设应用科技大学的全面教育

10.4.1　全面教育的基本概念与发展

1. 全面教育是素质教育基本理念的体现

改革开放以来，我国教育发展取得令人瞩目的成就，但当前教育还不能适应时代发展新要求和人民群众新期待。不论是学生抱怨课业负担沉重，还是家长感慨为子女"择校"的奔波，不论是人们诟病各种"补习班"的畸形发展，还是老师诉苦在升学率面前"压力山大"……都反映了全社会共同的呼声——改变应试教育现状，实施素质教育[①]。

为什么素质教育聚焦了这么多人的关注，牵动着全社会的神经？其根本在于：

1）素质教育是时代发展的呼唤

当今时代，科技进步日新月异，知识经济迅猛推进，经济社会发展日益转向创新驱动。只有高度重视和发展素质教育，大力培养创新型人才，才能抢占发展主动权和制高点，才能在激烈的国际竞争中立于不败之地。

2）素质教育决定着国家的未来

---

① http://baike.baidu.com/link?url=UEZM8RohvaDVVEuEv2XN97o47f4Mb48g-2NBtKmZxZm-LXP8_nOctqtUIX3FRJAgJnDXWjj PHmioWTDXMmtTuxqBQY-p4P6rMciBXUXx1sy

兴国必先兴学，强国必先强教。当前我们与发达国家在经济和科技上的差距，说到底是人的素质的差距。只有全面推进素质教育，打造大批一流的人才，才能加快实现发展方式的转变，提升发展的质量，为国家发展和民族振兴奠定坚实的人才基础。

3）素质教育关系亿万家庭的幸福

在很多父母心中，子女是整个家庭的中心，特别是当今的孩子大多数是独生子女，寄托了几代人的希望。只有通过素质教育，才能让青少年成为身心健康的人、人格健全的人、学有所长的人，每个家庭的幸福生活才真正有盼头。

4）素质教育也是教育自身改革发展的需要

我国教育发展正处在由全面普及向质量提升跨越的阶段，"有学上"的问题基本解决，"上好学"的问题日益凸显。只有全面贯彻党的教育方针，大力实施素质教育，才能推动我国教育在新的起点上向前发展，实现教育强国的目标。

素质教育在国内已经争论得沸沸扬扬，但是面对中国的应试教育，一路坎坷，很不乐观。如何处理好与应试教育的关系，也就成了在中国推动素质教育的关键。与传统的将素质教育和应试教育视为对立概念的观点相反，杨江南在用 10 多年时间写成的新书《教学反思：高分与素质并重的学习方法》中指出，素质教育的真正障碍不在考试的存在，而在于师资、文化与人们对素质教育的认识；素质教育能够应付好考试，而且会比单纯的应试教育做得更好，因为它能通过综合素质的提高来从长远的角度提高考试成绩。

由于角度不同，给素质教育下的定义不尽相同，但不同定义常有着共同特点：

第一，认为素质教育是以全面提高全体学生的基本素质为根本目的的教育；

第二，认为素质教育要依据社会发展和人的发展的实际需要；

第三，主张充分开发智慧潜能与个性的全面发展，重视心理素质的培养。

因此，素质教育可以定义为：依据人的发展和社会发展的实际需要，以全面提高全体学生的基本素质为根本目的，以尊重学生个性，注重开发人的身心潜能，并注重形成人的健全个性为根本特征的教育。素质教育，就是把具有人的基本形态的高等动物培养成为具有人的基本素质的真正人的教育。

素质教育中的素质，指的是人在先天基础上通过后天环境影响和教育训练所获得的内在、相对稳定并长期发挥作用的身心特征及其基本品质结构，通常又称为素养。主要包括人的道德素质、智力素质、科学素质、身体素质、审美素质、劳动技能素质等。

素质教育主要包括内在素质和外在的素质。内在素质主要是人对世界、环境、人生的看法和意义，包括人的世界观、人生观、价值观、道德观等，也就是一个人对待人、事、物的看法，也可以成为人的"心态"。外在素质就是一个人具有的能力、行为、所取得的成就等。

素质教育，是以全面提高人的基本素质为根本目的，尊重人的主体性和主动精神，以人为的性格为基础，注重开发人的智慧潜能，注重形成人的健全个性为根本特征的教育。素质教育，是社会发展的实际需要，要达到让人正确面临和处理自身所处社会环境的一切事物和现象的目的。

全面推进素质教育，就是要面向现代化，面向世界，面向未来，使受教育者坚持学习科学文化与加强思想修养的统一；坚持学习书本知识与投身社会实践的统一；坚持实现自身价值与服务祖国人民的统一；坚持树立远大理想与进行艰苦奋斗的统一。"三个面向"和

"四个统一"是实施素质教育的指导思想。

全面教育是实践素质教育的模式之一，是目前大学素质教育的一种具体体现。是在大学教育的领域内，在完善专业教育的体系上，系统整合了传统的大学生思想政治教育工作及共青团工作的内涵，搭建了校园社团活动（社团活动）、志愿者服务（公益服务）、竞技体育、艺术修养与实践（艺术实践）四维一体的活动体系，并在制度、模式、氛围、机制、资源整合等方面予以配套，旨在培养学生公民意识、健全人格、阳光心态、健康体魄、团队协作等综合能力的一种教育实践[4]。

全面教育将学生课外活动提升到与传统课堂教学同等重要的位置，并以必修学分的形式纳入人才培养方案，以更加注重学生的体验和实践、更加关注学习的自律与主动性。全面教育的本质就是促进学生完满发展，就是简单的回归，让教育回归生活、让学习回归实践、让学历回归能力①。

"全面教育"主张培养的学生是完整的人，而非某个专业的工具，专业只是做人的一个生存手段，学生乃是学习未来如何生活，而生活不仅是职业，我们要帮助学生更好地发挥生命的潜力、享受生命的愉悦、为自己和社会创造价值并且享受这个过程。

全面教育是一种大学理念，即整个大学的办学思想。如"全面教育目的在于培养健全的个人和自由社会中健全的公民""全面教育作为大学的理念应该是造就具备远大眼光、通融识见、博雅精神和优美情感人才的高层的文明教育和完备的人性教育""全面教育旨在给学生灌输关于好公民的态度、理解和行为"，等等。这类定义强调全面教育是关注人生活的、道德的、情感的与理智的和谐发展的完全教育[4]。

2. 中国全面教育的历史渊源

在中国完满教育是有历史渊源的，古代的著名学者往往是文理兼备的通才（全才），他们的涉及的专业面之广、知识之渊博往往令现代人望尘莫及。所谓通才，通常指学识广博、具有多种才能之人，从人才学、教育学的角度则称横向型人才。通才教育是为了培养具有高尚情操、有高深学问、有高级思维，能自我激励、自我发展的人才。它实行的是一种博雅教育，注重理智的培养和情感的陶冶，重视知识的综合性和广泛性等。这种历史渊源凝结了中国 2000 多年教育史和文明史的精髓，也奠定了当前实施全面教育的基础和条件。

1）孔子的"知、仁、勇"三达德思想

"三达德"即"知""仁""勇"三大美德。《论语·子罕》说："子曰：'知者不惑，仁者不忧，勇者不惧。'" 意思是有智慧的人不会迷惑，有仁德的人不会忧愁，有勇气的人不会畏惧。同时，据《中庸》载："子曰：'好学近乎知，力行近乎仁，知耻近乎勇。'"（《中庸》第二十章）孔子就是以"仁、智（知）、勇"为核心建立起他的基本道德规范体系的，其基本目的是为了培养和规范一种理想的主体人格——孔子认为具有仁、智、勇三种德性，才是完全的人格。

在 2000 多年后的今天，当我们回过头分析这一基本道德规范体系时，我们很自然他理解到不忧的前提就是"仁"，不惑的前提就是"知"，不惧的前提就是"勇"。在孔子看来，仁、智、勇"三达德"是一个相互联系、相互补充的整体。首先，"仁"为核心，"智"若

①王征，傅永林，周伟等. 完满之路——大学生素质教育创新与实践[M]. 人民邮电出版社，2015 年 9 月第 1 版

离开"仁"，必将迷失方向而流于恶；"勇"若离开"仁"，就势必成为背义之勇。其次，"智"是基础，"仁"离不开"智"，只有以"智"明是非、辨善恶，方可爱所当爱，恶所当恶；"勇"也离不开"智"，徒勇而无智，则遇事而乱。再次，"仁"和"智"都是靠体现意志力的勇去推行的，所谓"杀生成仁""舍生取义"都需要以"勇"作为后盾；同样，如果徒智而无勇，则遇事而挫，只有两者互补，方可成为智勇双全的人才。

孔子的仁、智、勇"三达德"的君子人格蕴涵人类普遍理想人格思想的胚芽，含有许多人类共有的高尚道德，具有高度概括和持久普遍的意义。在当今社会的道德文明建设中，我们仍然可以借鉴并利用其作为道德范畴形式的"品牌"价值，立足于当代语境给予新的阐释，赋予其适应时代要求的新鲜内涵。因此，在现代社会我们培养的学生也应该具备"仁智勇"的特点，否则就做不到"不惑""不忧""不惧"。

2）梁启超的全面教育思想[①]

梁启超先生是中国近代思想家、政治家、教育家、史学家、文学家，他在特定的历史条件下主张教育必须培养新国民，即教育必须以培养"新民"为目的。他所说的新民的精神是进取的、思想是自由的、行动是自立的、团体生活是有组织的，是重公德的，是爱国家的，是有毅力尽义务的，是勇敢尚武的。同时，梁启超先生在不同著作中阐述了教育应培养融民族性、现代性、开放性于一体的人才，"何为学生？学习如何生活也。求学是为什么？为的是做人"。此外，梁启超先生在《敬业与乐业》一文中进一步阐述了一个人应该在"发展中领略乐、奋斗中感知乐、竞争中体味乐、专注中享受乐"，这种教育思想和理念在100多年后的今天仍然具有强烈的时代意义。

3）毛泽东教育思想的全面发展观[②]

毛泽东非常重视人的全面发展问题，曾多次予以强调。1957年2月他在《关于正确处理人民内部矛盾的问题》的讲话中，第一次明确提出了社会主义教育的目的："我们的教育方针，应该使受教育者在德育、智育、体育几方面都得到发展，成为有社会主义觉悟的有文化的劳动者。"

具体到德、智、体三者的关系，毛泽东认为，思想和政治是统帅，是灵魂，是生命线，是完成技术工作的保证，但必须寓于教育活动中去；掌握专业技术知识是建设社会主义的必须要求。学校作为传授知识，提高人们文化素质的重要阵地，要大力普及文化知识，扫除文盲。他要求"人人都要努力学习。有条件的要努力学技术，学业务，学理论"。身体条件是基础，是人全面发展的物质前提，在人的全面发展中占着重要的地位。针对解放初对学生健康重视不够的偏向，毛泽东于1951年提出了"健康第一"的口号。1953年6月30日他在接见中国新民主主义青年团第二次全国代表大会主席团时，讲话强调"青年时期是长身体的时期，如果对青年长身体不重视，那很危险。……一方面学习，一方面娱乐、休息、睡眠，这两方面要充分兼顾"，并向全国青年发出了"身体好，学习好，工作好"的号召。针对青年学生的特点，毛泽东要求他们生动活泼地发展，而不是僵化被动的发展，他说："青年人就是要多玩一点，要多娱乐一点，要蹦蹦跳跳，不然他们就不高兴。"

促进人的全面发展是马克思主义、毛泽东思想的一个重要观点。从本质上说，社会主

---

① 王征，傅永林，周伟等. 完满之路——大学生素质教育创新与实践[M]. 人民邮电出版社，2015年9月第1版
② 王红升.论建国后毛泽东的教育思想.http://www.mzdbl.cn/gushi/wodewaigong/jiaoyusixiang.html

义制度的建立，为促进人的全面发展提供了理论可能和现实条件。毛泽东关于德智体必须全面发展的观点，作为我国教育长期坚持的一条指导方针，为提高劳动者的素质已经并将继续发挥积极的指导作用。

3. 国际赫钦斯等人高等教育思想对大学全面教育的启示

通过前面所阐述的赫钦斯的高等教育思想，结合大学通识教育在高等教育中的必要性，我们可以获得以下几点启示[1]：

1）大学教育要有助于培养学生完整的人格

赫钦斯说"大学是独立思想的中心"。大学教育应该帮助大学生认识自我、反思自我、战胜自我、超越自我。

全面教育是一种朝向完整人格的建立，促成人的自我解放的教育。作为一种合乎历史潮流的价值理念，它着眼于"人"的培养，目标是培养完整的人（又称全人），即具备远大眼光、通融识见、博雅精神和优美情感的人，而不仅仅是某一狭窄专业领域的专精型人才。基于通识教育的全面教育通过培养学生超越文化、信仰、种族等界限的道德准则和国际化的视野，不断完善学生的智能结构，提高他们的审美情趣，加强他们的创造性和适应性，这些都对培养学生完整的人格、促进学生的和谐发展有着重要意义。

当然，通识教育、全面教育与专业教育都是为培养全面发展的人服务的，它们是相互促进、互为补充的，决不存在相互对立的状态，对于完满教育来说决不是可有可无的。

2）大学教育要有助于培养学生的独立思考的能力

赫钦斯认为："教育是学校所传授的知识已被遗忘以后尚且余留的精华，诸如观念、方法和思考习惯等。"大学教育的目的不在于教给学生多少具体的知识，而是教会学生学习方法、思维方式，让他们学会怎么去自主学习，怎么进行独立思考。

全面教育的任务，就是让学生通过各种学术的熏陶，养成科学和文明精神，从而具备理性的力量，最终能够摆脱监护而获取独立、自由的精神走向社会。全面教育对于培养全面发展的人和创新型人才都有十分重要的作用。

3）大学教育要有助于培养学生的自主学习能力

赫钦斯的通才教育理念指出了"人为划分学科"对人才培养的不足。而全面教育的培养方式是让大学生在进入专业研究以前，通过人文教育、基本素质教育来发展自己的思维能力、判断能力、批评能力、推理能力、评价能力，进而获得继续教育自己的习惯、观念及方法，从而成为一个能够自主学习、融会贯通的人。

4. 全面教育的基本目标[2]

全面教育作为信息学院特有的育人理念和模式，最基本的目标就是培养学生成为"健全的人"，让每一名学生都能拥有健康的身心、健全的人格、高效学习的能力和自觉的意识，为步入社会做好切实的准备。

其次，全面教育作为一种教育机制和体系，在不断构建校园活动体系和平台的过程中，将不断促进校园文化建设和软实力提升，为构建一所"与众不同的大学"的目标和"致力于教育革新"的过程而服务，进而影响和推动中国高等教育的育人理念革新及育人方式的

---

[1] 陈洪琳.赫钦斯高等教育思想对我国大学通识教育的启示[J].《文教资料》，2008 年 1 月号下旬刊
[2] 王征，傅永林，周伟等.完满之路——大学生素质教育创新与实践[M].人民邮电出版社，2015 年 9 月第 1 版

变革，促进教育事业向前发展。

在全面教育模式下，学生可以通过融会贯通的学习方式，综合、全面地了解人类知识的总体状况。拓展知识视野，认识不同学科的理念和价值；提升对人类共同关心问题的触觉；建立判断力及价值观；理解不同学科之间的关联和融汇发展的可能，发掘终生学习的潜力。这样，学生能够在拥有基本知识和教育经验的基础上，最后理性地选择或形成自己的专业方向，同时发展全面的人格素质，有更高眼光、更宽胸怀之认识，以提升人的生命价值及生活品质。

10.4.2　信息学院全面教育的基本内容

1.校园社团活动（社团活动）

校园社团活动以学生社团为载体，以校园各类社团活动为平台，构建了全方位、多角度的校园社团活动体系，包罗万象、内容丰富。学院围绕"科技文化节""宿舍文化节""大学生校园电影节""大学生校园创意节"等，建立了100个左右的学生社团，同学们可以以兴趣为导向加入自己喜欢的学生社团，在社团中学生可以找到兴趣的发展，可以大胆创意、创造，结交朋友、交流思想、锻炼组织能力、学会团队相处，认识到个人努力和团队成就的一致和差异。

2.志愿者服务（公益服务）

学院构建了"暖心工程""市民课堂""传递正能量""行走的力量"等若干条公益服务主线，将学校周边的社区、村落、中小学、幼儿园等有关组织和机构与学校、各二级系（院）的青年志愿者组织对接，定期开展"走出去""请进来"的各类志愿者服务活动，提高志愿者服务活动的参与面和覆盖面，坚持志愿者服务工作的长期性、系统性和阵地性，不断推动志愿者服务工作向前发展。

3.竞技体育

竞技体育进一步整合了学校原有的体育项目和元素，重点发展足球、篮球、排球、游泳、铁人三项以及武术、健美操、乒乓球等团体性、竞技性、对抗性体育项目。聘请了20余位国内高水平退役运动员到校任教，并组建竞技体育中心专门负责竞技体育的训练、赛事组织、氛围营造等各方面工作。学院设立专项基金，每年给20余支运动队的成员发放训练补助，奖励竞技体育各类获奖队伍，以不断促进院系两级竞技体育工作向前发展，让每一位同学都能参与到竞技体育的锻炼和成长过程中来。

4.艺术实践

以学校大学生艺术团及各二级系（院）艺术团为载体，组织开展校园音乐节、校园戏剧节等重点艺术实践活动，并搭建了校园十佳歌手大赛、校园主持人大赛、舞蹈大赛、校园歌曲合唱比赛、校园诗歌朗诵大赛等各类艺术活动平台，学生既创建了美的氛围，也在美中成长。

10.4.3　信息学院全面教育的基本体系构架

全面教育作为伴随大学生四年的育人体系，已经从时间、空间等各个维度形成了完整的体系。这些体系确保了完满教育在实施过程中的科学性、系统性、针对性及可操作性。

体系要求学生在大一阶段"全面与主动"；大二阶段"引导与坚持"；大三阶段"结

合与升华"；大四阶段"转化与传递"。这个过程也是学生们从懵懂和青涩到成长与成熟的过程[①]。

1. 大一阶段，全面与主动

当大学生刚从中学阶段迈入大学的时候，心中对大学生活是充满着期待与憧憬的，也富有热情与激情。此时的他们就像一张白纸，具有极强的可塑性，对"自身感兴趣的是什么""什么是适合自己的""怎样的活动锻炼才有助于自身成长"等问题的认识还不是很明确，这就需要通过全面与主动地参与完满教育活动来发现自己的兴趣点，培养并强化自身的特长，在不断尝试中挖掘自身的闪光点。

2. 大二阶段，引导与坚持

经过一年的专业知识学习以及完满教育活动的塑造，大二学生对大学有了一定的了解、对大学生活有了一定的体验。这个时候，学生或是找到了自己最感兴趣的活动，或是显露出对艺术、体育、文学、科技等某一方面的特长。在这一阶段，学生可以根据自己的兴趣和特长有针对性地参与完满教育活动。

3. 大三阶段，结合与升华

经过前两年大学生生活的熏陶及完满教育活动的砥砺，大三的学生在广泛参与和专项锻炼后，已经初步具备了一定的能力和素养，对自身的定位和未来的规划也逐渐清晰。这一阶段，学生们要学会融会贯通，做好巩固与升华，更加注重锻炼自己的战略思维、全局眼光、宽广视野和统筹能力。而这些能力，需要结合自己的专业教育和特点，在学校完满教育的氛围和机制下，不断予以树立和提升。

4. 大四阶段，转化与传递

经过三年的锻炼和积淀后，大四学生的个人兴趣爱好、能力素养已经趋于成熟和稳定。在这一阶段，学生们需要做的就是学会将之前所学到的知识和能力与就业方向、毕业之后的发展规划相结合，可以积极参与完满教育开展的创新创业类、职场实战类活动，将理论运用于实践，将能力转化为职业素养，全过程、全方位地为进入社会做好充分的准备。

10.4.4　信息学院全面教育的课程体系

在具体的全面教育活动体系构建中，学院注重正确处理好几个"平衡"问题，其主要是[②]：

1. 大与小的平衡

即注重大活动与小活动的平衡，学校和系级层面组织开展大型的、重点的活动，专业、班级、甚至宿舍可以举办小型的学生活动，以小博大，让我们每一个同学都能参与到适合自己的活动中去。

2. 多与少的平衡

在具体的活动过程中要注重活动的辐射和影响，注意活动的增减，坚持"不要数量要质量"的原则，让每一个活动都能尽可能多地影响一批人、带动一批人。

3. 强与弱的平衡

① 王征，傅永林，周伟等. 完满之路——大学生素质教育创新与实践[M]. 人民邮电出版社，2015 年 9 月第 1 版
② 王征，傅永林，周伟等. 完满之路——大学生素质教育创新与实践[M]. 人民邮电出版社，2015 年 9 月第 1 版

校级层面和二级系（院）层面在不同时间节点和时间段应有重点、有针对性地开展好每一个主体活动，切忌"眉毛胡子一把抓"；与此同时，每一个二级系（院）、每一个专业、每一个年级作为完满教育工作的一个主体，应重点发展自己的关键模块和重点活动，再以此带动和影响其他主体活动的发展。

4. 虚与实的平衡

在具体的工作中结合 95 后大学生的实际特点，做好网络与现实的结合、线上与线下的结合、新媒体与传统媒体的结合，让学生活动从现实辐射到网络、走上网络后再回归现实。

5. 特殊与大众的平衡

在具体的活动设计中既注重学生的个体差异，又尊重普通大众的选择，用学生"在意"的东西打动学生，给学生一个"赢得自己"和"赢得工作"的理由。

6. 课堂教育与课外活动的平衡

全面教育最重要的是课堂教育与课外活动的互补与共赢，不能彼此排斥与抵触，要相互协调与促进，要相互补充与激励。

信息学院将完满教育纳入培养方案的主要课程情况见表 9.5。

表 10.5　"全面教育"模块

序号	项目	学分	周数	开设学期以及相关事项
1	军训含军事理论课、入学、安全教育）	2	3	第 1 学期
2	校园活动与社会实践	2		学期不限
3	志愿者服务（含社会工作、公益活动）	2		
4	艺术修养与实践	2		至少修读 2 学分，主要通过相关实践取得学分
5	竞技体育	2		
6	职场关键能力	2		第 5 学期（计算机、工商、管理、外语、传媒等），第 6 学期（通信、自动化系、电子等）
7	大学生职业发展与就业指导（含心理教育）	2		第 2 和 6 学期各 1 学分
8	拓展训练	1		第 2 和 7 两个学期进行
9	技能与创新	2		学期不限
合计				13 学分为必修学分，4、5 项目中所修的 4 学分可为培养方案中的全校任选课程学分。

10.4.5　全面教育的师资队伍

全面教育的实践需要一批具有创新精神、多角度思维、全能的高水平教师队伍。这支队伍形成了"全面教育命运共同体"和"全面教育成长共同体"，全方位带动了全面教育工作的向前发展[①]。

1. 艺术教师队伍

学校聘请了国内外艺术院校毕业的高才生、有关社会艺术团体高水平的艺术教师到校任教，成立了艺术教育中心，专门指导全校艺术实践工作。目前，信息学院有舞蹈、舞美、

---

①王征、傅永林、周伟等. 完满之路——大学生素质教育创新与实践[M]. 人民邮电出版社，2015 年 9 月第 1 版

摇滚、合唱、声乐、音乐剧、双排键、民乐、管乐、播音、小品、音乐编辑、打击乐、贝斯、钢琴、服装等各专业艺术教师 20 余名。

2. 体育教练队伍

学校聘请了国家队、省队等退役的高水平体育运动员到校担任各类运动队的教练，成立了竞技体育中心专门指导全校竞技体育工作。目前，信息学院有足球、篮球、排球、游泳、铁人三项、形意拳等男女教练 15 名，这些教练有云南红塔"快马"、新加坡职业联赛"最佳射手"、山东省篮球队退役运动员、全军铁人三项比赛冠军得主、辽宁省排球队退役运动员、国家花样游泳队退役运动员、山西太谷形意拳直系传人等。

3. 学生工作队伍

学生工作队伍包括辅导员、团委、学生处教师，这支队伍是学校全面教育工作的主要力量。辅导员们任劳任怨、努力成为同学们的知心朋友和成长导师，在学业帮扶、校园生涯规划、活动指导等方面全方位、全过程为大学生涯保驾护航。团委教师们主要承担了校园社团活动、志愿者服务、竞技体育、艺术修养与实践等模板有关活动的组织和指导，带领学生会、学生骨干积极为学校全面教育事业贡献自己的力量。学生处的教师们承担着学生日常管理、安全稳定、大学生思想政治教育等各方面的工作。

10.5　信息学院建设应用科技大学的实践教学体系建设探索

10.5.1　建设应用科技大学的核心是实践教学

人才培养方案、教学模式、课程体系、教学内容和评价都应以专业人才培养目标为根本。对一个专业来讲，四年的课程设置是一个完整的体系，但是在这个体系中有基础性的、通识性的，有专业性的、有拓展性的等等。应用型本科院校在人才培养课程体系的设置上应充分体现职业能力的核心性特征，要以社会需要、职业需要为核心，积极探索以能力为主线、实践体系为主体、理论为其服务的新模式。课程体系要紧紧围绕职业能力这个核心来构建、取舍、优化、整合。因为人们已越来越清醒地认识到，实践教学是培养学生创新能力的重要环节，也是提高学生社会职业素养和就业竞争力的重要途径。

教学过程的实践性是应用型本科院校的一个显著特征。在教学各环节中应强化实践教学，突出实践能力、专业能力、职业能力的培养，注重实践教学对应用型人才培养的基础性作用。为此，信息学院的主要思路：一是注重实践教学要与人才培养目标相适应；二是着力改变实践教学过分依附于理论教学的状况，减少演示性、验证性实验，增加项目教学、课程设计、实训实习、工学结合等综合性实践环节，提高学生对知识的综合应用能力，建立结构科学、目的明确、管理规范的以能力为本的实践教学体系；三是注重采用多种途径，充分利用社会资源，形成稳定的校外实习基地，不断提高实践的社会化水平；四是不断持续加大实践教学投入，确保实践教学经费满足人才培养要求；五是强力加强实践教学指导队伍建设，通过政策引导，吸引高水平教师指导实践教学，通过合作培养，聘请业界专家指导实习实训，切实提高实践教学效果。

实践是教学鲜活起来的根本方式，是真正以能力为本教育的知行统一，开展体验性、问题性、自主性、开放性等实践教学是调动学生成为学习主体的有效方法。这是彰显学院的实践出真知、尊重能力和人才多样化教学观的重要方面。

教学与生产劳动相结合，是培养全面发展人才的重要途径。信息学院在加强专业教学实践环节的同时，加强和改进了课外学生的生产劳动和实践教育，促使他们走入社会、接触自然、了解社会，培养学生热爱劳动的习惯和艰苦奋斗的精神。学校建立了学生参与社区服务和社区建设的制度，加强了学生校外劳动和社会实践基地的建设，利用周末、假期组织志愿者到城乡支工、支农和支教等。

信息学院的教学正在快速向五个结合迈进，即："学用结合"—— 学习和应用相结合；"学做结合"—— 学习和做事相结合；"学改结合"—— 学习和改革相结合；"学设结合"—— 学习和设计相结合；"学创结合"—— 学习和创新相结合。组织学生参加科技创新竞赛、科学研究、技术开发和推广活动以及社会服务活动等，着力推进"做中学""动中学"，充分体现教学过程的实践性、能力训练的本位性。大力度深入探索三位（通识、完满、专业）融合、三段（基础、专业基础、专业与拓展）融通和三系（理论体系、实践体系、创新体系）融合，能力贯穿始终的实践教学模式、体系与方法，并借力社会进行合作实践教学，显著提升了信息学院实践教学效果乃至整体的教学质量。

10.5.2　山西农业大学信息学院实验室建设的基本情况

1. 实践学院教育职能、适应社会发展的需要

应用型本科重在"应用"二字，要求以体现时代精神和社会发展要求的人才观、质量观和教育观为先导，在新的形势下构建满足和适应经济与社会发展需要的学科方向、专业结构、课程体系，更新教学内容、教学环节、教学方法和教学手段，全面提高教学水平，培养具有较强社会适应能力和竞争能力的高素质应用型人才，在教学体系建设上要体现"应用"二字，其核心环节是实践教学。

实验室是高等学校进行实践教学和从事科学研究的重要场所，在培养创新型人才和发展科学技术中具有重要的地位和作用，实验室的建设水平体现了学校教学水平、科学水平和管理水平。高水平实验室是培养创新人才的重要阵地，是科技创新的主要场所，实验室的数量与水平是一所大学科技创新能力的基本标志之一。显然实验室建设是应用型大学发展的核心。

信息学院实验室是本着"面向教学、统筹规划、以群建设、技术领先、逐步完善"的原则进行建设的，建设的基本目标是：

1）基于本科实践教学，利用率高、教学效益好。

2）统筹规划，合理设置，可持续发展，投效比好。

3）本科教学之必需，技术先进，款式新颖。

4）挖掘潜力，重视创新集成与设计实验

5）能激发学生兴趣，调动学生主动性和创新能力。

6）实行开放管理，学生可随时进行实验、实习和创新制作。

7）满足创新技能大赛和职业技术实训，能增强学生的就业竞争力。

2. 实验室建设规模与准则

1）建设规模

建设规模涉及到 11 个大学科领域、42 个专业，100 余个实验室，其中重点是信息—机

电类专业的 46 个工科实验室。另外，还包括虚拟实验室、实验室管理体系与管理平台、学生创新实验及其作品展览厅等的建设。为实现建设目标，就信息—机电类的 46 个主要实验室而言，实施了"一揽子方案规划与设计，按专业群发展需求分批建设"的方案。

2）建设准则

①深化实验体系，强化专业基础类课程、设计性实验体系建设；

②最大限度创造动手氛围，还原实验本色；

③创造真实的岗位实验教学环境，为就业创造条件；

④分区域、分层次建设组合式开放实验室，提高实验室的利用率；

⑤软件和硬件建设同时并举，以硬件建设为主体；

⑥构建支持虚拟化、远程化网络实验环境，为校企、院校强强联合做准备。

3. 专业群的设置及其实验室建设

在实验室建设中，为了建设高质量、高标准、资源共享、利用率高、开放与易管理的实验室，学院按照不同专业的属性、相关性等，将信息工程系、机电工程系、经济管理系、工商与公共管理系、环境科学与食品工程系、艺术传媒系、外国语言文学系、太古远景学院、公共课教学部、艺术教育中心、双体系卓越人才教育基地等 16 个教学单位、42 个本科专业（方向）划分为信息与机电专业群、人文科学与管理专业群、资源与环境科学专业群、食品科学与安全专业群、园林与城规专业群、文理基础课群等六个大领域群，进行实验室规划与建设。

4. 信息—机电类实验室建设情况

就信息—机电类实验室建设而言，依照学院发展战略中要重点建设和发展的 18 个信息—机电类专业及要重点建设的"电气工程及其自动化"、"网络工程"等 8 个核心专业，建设了涉及到信息与机电类专业的 46 个主要实验室，并配套建设了 10 门主要课程的虚拟实验室、实验室管理体系与管理平台、学生创新实验室及其作品展览厅等。该类实验室设置在建筑面积约为 8000 ㎡的 2 号实验楼，在功能上分为电信馆和机械馆两大部分，可同时容纳 1800 个学生上实践课，信息—机电类实验室具体情况见表 9.6～9.12。

表 10.6　信息—机电类基础实验室基本数据

序号	实验室名称	服务专业	工位	数量	面积（m²）
1	电路、电子技术实验室（数电、模电）	自动化；电子信息；信息；通讯；机械设计；机械电子；电气；计算机；软件；网络；信安；媒体技术；物联网；信管；教育技术；媒体艺术	36	4	120
2	微机原理与接口技术实验室	自动化；电子信息；信息；通讯；机械设计；机械电子；电气；计算机；软件；网络；信安；媒体技术；物联网；信管；教育技术；媒体艺术	36	1	100
3	计算机组成原理与操作系统实验室	自动化；电子信息；信息；通讯；机械设计；机械电子；电气；计算机；软件；网络；信安；媒体技术；物联网；信管；教育技术；媒体艺术	36	1	120
4	信号与系统实验室	自动化；电子信息；信息；通讯；机械设计；机械电子；电气；计算机；软件；网络；信安；媒体技术；物联网；信管；教育技术；媒体艺术	36	1	90

序号	实验室名称	服务专业	工位	数量	面积（m²）
5	数字信号处理实验室	自动化；电子信息；信息；通讯；机械设计；机械电子；电气；计算机；软件；网络；信安；媒体技术；物联网；信管；教育技术；媒体艺术	36	1	90
6	嵌入式原理与系统实验室	自动化；电子信息；信息；通讯；机械电子；计算机；软件；网络；信安；媒体技术；物联网；信管；教育技术；媒体艺术	36	1	100
7	传感器与检测技术实验室	自动化；机械设计；机械电子；电气；网络；媒体技术；物联网；教育技术；媒体艺术	36	1	120
8	计算机网络实验室（高配）	计算机；软件；网络；信安；媒体技术；物联网；信管；教育技术；电子商务；媒体艺术；动画	36	1	120
9	电磁场与微波技术实验室	自动化；电子信息；信息；通讯；机械电子；物联网	36	1	100
10	通信原理实验室	电子信息；信息；通讯；网络；信安；媒体技术；物联网；教育技术；媒体艺术（合光纤一室）	36	1	120
11	计算机网络实验室（普配）	自动化；电子信息；信息；通讯；机械设计；机械电子；电气；计算机；软件；网络；信安；媒体技术；物联网；信管；教育技术；媒体艺术；动画；电子商务	36	1	120

表 10.7　信息—机电类专业实验室基本数据 （电方面）

序号	实验室名称	服务专业	工位	数量	面积（m²）
1	电力电子技术与电机控制实验室	自动化；机械设计；机械电子；电气；物联网	36	1	100
2	网络与软件测试实验室	电子信息；信息；通讯；计算机；软件；网络；信安；媒体技术；物联网；信管；教育技术；媒体艺术；动画；教育技术；电子商务	36	1	120
3	多媒体艺术实验室	计算机；软件；网络；信安；媒体技术；物联网；信管；教育技术；媒体艺术；电子商务；动画	36	1	120
4	密码技术与信息安全实验室	电子信息；信息；通讯；计算机；软件；网络；信安；物联网；信管；动画；电子商务	18	1	120
5	计算机控制技术实验室	自动化；机械设计；机械电子；电气；网络；媒体技术；物联网；教育技术；媒体艺术；	36	1	120
6	高频电子线路实验室	自动化；电子信息；信息；通讯；机械电子；物联网	36	1	120
7	移动通信实验室	电子信息；信息；通讯；网络；物联网	36	1	120
8	软交换技术实验室	电子信息；信息；通讯；物联网	36	1	120

续表

序号	实验室名称	服务专业	工位	数量	面积（m²）
9	物联网实验室	自动化；电子信息；信息；通讯；机械设计；机械电子；电气；计算机；软件；网络；信安；媒体技术；物联网；信管；教育技术；媒体艺术；动画；电子商务；工业设计	36	1	120
10	综合控制与PLC实验室	自动化；机械设计；机械电子；电气；网络；物联网；	18	1	100
11	光纤通信实验室	电子信息；信息；通讯；网络；物联网（与通原一室）	36	1	100
12	多媒体技术实验室	计算机；软件；网络；信安；媒体技术；物联网；信管；教育技术；媒体艺术；电子商务；动画	36	1	120

表 10.8　信息—机电类专业实验室基本数据（机方面）

序号	实验室名称	服务专业	工位	数量	面积（m²）
1	普通机加工实验室	机械设计；机械电子；电气工程；工业设计；全院学生		1	800
2	数控加工实验室	机械设计；机械电子；电气工程；工业设计；全院学生		1	800
3	焊接实验室	机械设计；机械电子；电气工程；工业设计	18	1	80
4	钳工实验室	机械设计；机械电子；电气工程；工业设计	18	1	80
5	流体力学实验室	机械设计；机械电子；电气工程；工业设计	18	1	80
6	工程力学实验室	机械设计；机械电子；电气工程；工业设计	18	1	80
7	机械测量实验室	机械设计；机械电子；电气工程；工业设计	18	1	80
8	机械原理实验室	机械设计；机械电子；电气工程；工业设计	18	1	130
9	机械设计实验室	机械设计；机械电子；电气工程；工业设计	18	1	130
10	金相与热处理实验室	机械设计；机械电子；电气工程；工业设计	18	1	80
11	现代加工技术演示厅	机械设计；机械电子；电气工程；工业设计；全院学生		2	80

表 10.9　信息—机电类专业特色实验室基本数据

序号	实验室名称	服务专业	工位	数量	面积（m²）
1	现代通信特色实验室	电子信息；信息；通讯；网络；物联网	36	1	100
2	电工、电信与网络工程特色实验室	自动化；电子信息；信息；通讯；机械设计；机械电子；电气；计算机；软件；网络；信安；媒体技术；物联网；信管；教育技术；媒体艺术；动画；电子商务；工业设计	36	1	110

表 10.10   信息—机电类专业创新实验室基本数据

序号	实验室名称	服务专业	工位	数量	面积（m²）
1	人工智能与机器人创新实验室	全院学生	36	1	160
2	电子与电信工程创新实验室	全院学生	18	1	90
3	物联网创新实验室	全院学生	18	1	90
4	教育技术创新实验室	全院学生	18	1	100

表 10.11   信息—机电类专业虚拟实验室基本数据

序号	实验课名称	服务专业	工位	数量	面积（m²）
1	电路分析	全院学生		1	
2	模拟电路	全院学生		1	
3	数字电路	全院学生		1	
4	信号与系统	全院学生		1	
5	计算机网络	全院学生		1	
6	Java 程序设计	全院学生		1	
7	Linux 操作系统	全院学生		1	
8	计算机网络安全	全院学生		1	
9	高频电子线路	全院学生		1	
10	通信原理	全院学生		1	

表 10.12   信息—机电类实验室的附属设施或系统基本数据

序号	实验课名称	服务专业	工位	数量	面积（m2）
1	实验室管理硬件系统	全院学生		1 套	20
2	实验室管理软件系统	全院学生		1 套	
3	虚拟实验室硬件设备	全院学生		1 套	20
4	教学作品与宣传展厅	全院学生		3 个	260

10.5.3   信息—机电类实验室建设的基本特点

工程类实验室建设目标定位在应用与创新。建设的宗旨是"围绕物联网、突出智能化、强化嵌入式"。基本思路是以信息类实验室为核心，以物化实验室建设为重点，以实验室管理与管理平台建设为载体，以电子信息基础实验室、信息工程专业实验室、和机械工程实验室为 3 条主线，以创新实验室、特色实验室、学生创新作品展厅建设、虚拟实验等集成与融合的模式实施。为了实现学院的发展战略，培养信息、网络、电子、机械、电器等工程方面的应用型人才，势必要实施高强度、密集型实践训练，建设方案的设计将学生团队实践和创新型实践引入课程实验和开放实验体系，将实物实验室、虚拟实验室、开放性创新实验室和特色实验室相结合，将教师实验课指导、学生团队指导、交互式视频演示指导等相结合，纳入"一揽子"计划，统一规划进行建设。建成的实验室基本特点主要集中在以下六个方面：

1）深化实践体系、强化基础类课程与设计性实验

从培养创新人才需要的角度出发，按照"三个面向"要求，结合学院工程专业的实际

情况，在传统实验室和课程建设思路的基础上，扩大电子技术课程及其实验的内涵，将单片机技术、EDA 技术、DSP 技术和电子综合设计等实践课程，纳入电子设计与创新实验室的重点建设范围，并着重在实验室数量与规模、实验内容与体系、开放实验与成果辐射及管理体制等多方面着力实施了建设。

2）最大限度创造动手氛围，还原实验本色

社会或企事业单位用人的标准是具有动手能力的电子信息技术人才，而目前实验设备对其元器件都进行了不同程度的固化，学生只能亦步亦趋，按照设备设计者的规定进行实验，学生基本没有动手改变元器件配置的可能，实验效果大打折扣。方案中"电子基础实验室"和"电子工艺技术实验室"的建设内容，就是要改变目前的流行模式，给学生提供电子元器件和相应的铜板，让学生从制作电路板、选择元器件开始进行电路与电子技术实践。为了提高学生实践的效率与效果，将虚拟实验与实物实验相结合，从而真正做到了虚实实践结合。

3）最大限度提供真实的运行环境，为就业创造条件

社会或企事业单位更需要的是具有动手能力的网络技术人才，学生动手能力的培养，在很大程度上取决于学校的实验环境和学生的实践经验。如在网络工程实践体系建设中，强调了提供真实的网络运行环境，实验室建设采用目前社会流行的网络标准和设备进行实验，让学生能直接接触毕业后实际使用的网络标准、设备、环境和应用技术等。

4）分区域、分层次建设组合式开放实验室，提高实验室的利用率

由于要面向不同层次的实验、实习和实训，要满足验证性、操作性、综合型、设计型和开放实验等，还要能提供课程设计、毕业设计和社会培训等不同层次的实验或实习环境，建设在实验功能区域上进行了划分。在以电子信息基础实验室、信息工程专业实验室和机械工程实验室为 3 条主线的基础上，还根据实际的需要，切分出"自主式"信息安全高级实验区、"探索型"网络集成与组网实验区、"基础类"网络应用与开发实验区，并使它们能灵活打通使用，以满足不同层次实践教学的要求，且又能提高实验设备的利用率。

5）软件和硬件建设同时并举，以硬件建设为主体

电信类实验室建设都含有软硬件两个部分。在软件建设方面，强调调研市场环境，把握技术发展趋势，应用主流的、易升级的技术软件。在硬件建设方面，主要是根据电子、信息与通讯发展开发的动态情况，把握目前主流方向和发展趋势的开发软件、实验平台、测试设备，集成搭建出先进的硬件实验平台。

6）优化配置实验设备，形成系统化、一体化的实验体系

大学一个专业的课程设置是系统性的，不同课程的内涵连接非常紧密，从而形成一个相对完善的专业知识体系。实验室建设应该遵循这一原则，通过系列不同实验、实习或实训，使学生建立一个相对完整的专业知识概念。因此，要各个专业建设自己的实验室，投入大、利用率低。但我们通过以专业群的划分，通过优化配置实验设备，实施实验室建设，相对完满地解决了这个难题，形成了更加完善的系统化、一体化的实验体系。如我们机制专业的特色确定为智能制造，因此，以学科群建设的机械原理、机械设计、机械测量、传感器与测试技术、微机原理与接口设备、电机与拖动、计算机控制等实验室在完成其基本实验功能的基础上，向数控与智能化技术倾斜，学生经过各类实验后，既可获取智能制造的全面知识，又能做出相应一体化产品或模型，且还可实现专业群资源共享。

7）构建支持虚拟化、远程化网络实验环境，实现全方位虚实结合

为了提高实验环境的可管理性和设备的利用率，考虑采用虚拟计算和远程实验、在线交互实验等多种手段，通过 Citrix 应用发布、虚拟网络实验室、多媒体交互等技术提供实验室、校园环境和社会远程等多场合的复合实践环境。并结合有效的实验管理系统和校园网对远程实验进行管理、对本地设备进行快速维护。在学院不断发展壮大中，考虑和企业、兄弟院校的实验体系打通，实现异地与多校和企业的资源共享。

10.5.4　信息学院建设应用科技大学实践教学体系的建设

实践教学体系是人才培养模式中的一个重要环节，实验室建设仅是实现该环节的基础条件。因此，围绕我院各专业的教学计划，构建科学的实践教学体系，是提高学生实践动手能力、实现人才培养目标的重要保障。信息学院实践教学体系建设大体归纳为以下几方面：

1. 改革实践课程体系，强化社会实践

我院的实践教学体系在逐步推行"CDIO"模式，向"模块化"体系改进，其实施形式分为课内实践、课外实践和社会实践三个部分。课内实践主要以课程虚拟实验、设计实验与课程设计为主；而课外实践包括综合实习、实验室的课余开放、科研兴趣小组、科技竞赛、假期校内实践、毕业实习等；社会实践主要是校企合作实习、假期社会实践、顶岗实习等一系列环节。三个部分环环相扣，相互映射，以全方位对学生的实践能力进行培养，确保实践能力培养工作四年不断线。

2. 着力改革实践教学内容，不断改进实践教学方法

学院在逐步以"翻转课堂"的思路改进实践教学内容和方法，以培养学生发现问题、分析问题和解决问题的能力为教学宗旨，即和理论教学密切联系，又注重实践教学的特殊性。在教学实践中，通过教学方式、方法、手段以及考核形式的改革，实现从知识教育向能力教育的转变，确保实践教学与理论教学环节的相互促进、有机结合。如改变理论教学与实践教学的时序，突出实例和案例式教学方法的运用；努力提高综合性、设计性实验的比例及实验效果；改变实践环节的考核方式，突出能力考核、过程考核，非标准结果考核。

3. 组织学生参与管理和建设，促使学生在过程中学习

尽可能营造"实践中学、学中实践"的氛围，为了让学生真正做到利用所学知识解决实际问题，以机房和实验室为实践基地，在课余时间，有计划、有组织地安排学生进入机房和实验室，参加机房和实验室的日常管理及维护维修工作。通过这种全员分布式参与的工作实践，培养学生利用所学知识发现问题、分析问题和解决问题的实践动手能力，在提高学生的专业技能的同时，提高了学生管理能力和组织协作能力。

4. 开展科研兴趣小组活动，以科技竞赛促进实践能力培养

为了培养全院师生的科研能力和团队协作能力，成立以教师或高年级学生为核心的科研或科技竞赛兴趣小组，开展各种学习研究、学术研究和科技竞赛活动。通过科技竞赛兴趣小组的活动，不但使教师和学生的科研实践能力得到提高，在全院营造出科研氛围，同时也使教师和学生在科研小组中明确自己的发展方向，因而也有效地培养了他们的团队协作能力。

5. 注重假期实践工作，让学生在社会中锻炼成长

结合学院的专业特色和学生的实际情况，将假期社会实践活动和专业实习活动相结合，坚持以技术服务为特点，开展信息化调查、项目研发、深入工厂企业与 IT 公司体验等内容丰富、形式多样的社会实践活动，让学生在社会实践中得到锻炼，从而巩固实践能力培养的效果。

6. 注重校企联合，抓好毕业设计，提高就业竞争力

毕业实习与毕业设计是最后一个、也是大学非常重要的实践教学环节，通过毕业实习与设计，可以使学生得到一次综合性的、全面的实践锻炼，实现角色的顺畅转换。在毕业实习与设计环节的建设上主要注重的是：

1）方向性　设计题目与实习内容的选定尽量以教师自己实际的科研课题或企业的目前生产要求为主；

2）结合性　鼓励和自己的专业爱好、期望的工作相结合，激励毕业设计在学生预期的职业行业里进行，实践毕业实习就是就业预习；

3）创新性　毕业设计内容应有一定创新性，内容要体现老师科研项目的阶段成果或解决企业或行业生产问题的部分结果；

4）融合性　针对学生最后一个学期的综合性实习工作，积极探索校企联合培养的模式，把毕业实习和学生就业有机融合，通过与软件公司、制造企业的不断协调与沟通，为学生提供理论与实践生产有机结合的机会，提升学生实际项目的研发能力，增强就业竞争力，实现在校生由"校园人"向社会实用型人才"社会人"或"企业人"的转变。

10.5.5　信息学院建设应用科技大学实践教学团队的建设

应用型人才培养需要一批具有创新精神、空间思维力强、技能高超，多才多艺的高水平实践教师队伍，这支队伍形成了"应用型人才培养实践教学主团队"，有效地推动了全校应用型人才培养工作向前发展。信息学院在实验教学团队建设方面做的主要工作是：

1）成立了学校实验实习中心，专门协调与指导全校实践教学工作；

2）聘请国内外知名院校或企业的高级技师指导实践教学环节；

3）给在校专任实验教师提供培训、顶岗学习机会；

4）聘请企业高水平的工程师或技师做实践教学的兼职教师；

5）教师待遇与绩效挂钩，提高他们进行实践教学的积极性；

6）通过对外承揽加工，提高他们的教学责任心和技术水平；

7）通过对外不断交流、促使他们持续跟进社会发展需求。

10.6　信息学院建设应用科技大学的进一步思考

适应社会发展对应用型人才的需求，信息学院虽在应用型人才培养的专业和课程设置、通识教育、完满教育和实践教学等方面做了一些工作，但纵观学校的建设与发展，总结工作的经验与教训，我们认为还应继续深入，不断推进。

10.6.1   建设应用科技大学的专业设置及课程体系建设的进一步思考

1）学校紧跟社会发展步伐，专业建设与课程设置才能取得最大化社会效益；

2）进一步把通识教育、完满教育与专业教育有机融合，取得课程设置最优化，教学成果最大化；

3）进一步理清通识教育、完满教育与专业教育的配比，更好实现应用型人才培养目标；

4）进一步处理课堂教学、课外教学与实践教学的关系，做到资源共享、经济高效、人才辈出。

5）进一步和国际高等教育接轨，建立具有国际共识的专业及其课程体系。

10.6.2   通识教育发展的深入思考

1）如何教，以较少的课时，取得最优化通识教育效果；

2）能更好地把通识教育与专业教育有机融合；

3）建设一支高素质通识课程的师资队伍；

4）通识教育应如何应对不断发展与变化的社会需求。

5）不断加强国际交流，吸取国际先进教学理念，拓展教学国际视野。

10.6.3   完满教育发展的深入思考

1）优化完满教育内容、方式与时间，取得较理想的完满教育效果；

2）能更好地把通识、完满教育与专业教育有机融合；

3）建设一支具有国际视野的完满教育指导队伍；

4）完满教育应如何应对不断发展与变化的学校与社会需求。

5）加强国际交流，拓展国际视野，不断实施完满教育国际化。

10.6.4   建设应用科技大学实践教学体系建设的深入构想

1）紧扣应用型人才培养目标，不断建设与提高实践教学体系，取得实践教学效益最大化；

2）不断吸取国际先进教学模式，更好地把课堂教学、实践教学有机结合，取得课程设置最优化，教学成果最大化；

3）进一步理清课堂教学与实践教学的内在联系与时间配比，更好实现应用型人才培养目标；

4）深入处理不同专业、相近专业或类似专业实践教学的属性与关系，做到资源共享、利用率高、效果好。

5）不断加强校外实践教学基地建设，持续深化校企合作，提高创新创业竞争力。

从以上叙述可以看出，信息学院着力于应用型、复合型和国际化人才的培养，建立了通识教育、完满教育、专业教育三位一体教学体系，旨在培养德、智、体、美、劳等全面发展，基础扎实、知识面宽、实践动手能力强、综合素质高、富有国际视野、社会就业竞争力和创造力强，个性与人格得到健全发展的应用型高级专门人才。

于此，学院强化实践，注重能力培养，还推出了包括"社团活动、公益服务、竞技体育、艺术实践、学科竞赛、创新创业"等 6 大模块的卓越教育方案和"双体系"卓越人才教学模式。

学院以人为本，注重个性发展，不但开设了"名人大讲堂"，还着力创办了"太古远景学院"，每年从新生中选拔 200 人，与教授一对一、面对面开展教育，实施自主选课，小班上课，深度培养，显著提升了学生创新创业能力。

学院通过不断的探索与实践，"三位一体"的人才培养模式日臻完善，培养质量逐年提升，有力地促进了学生的成人、成才、成功。

学院高度重视人才培养质量，坚持以人为本、因材施教的原则，按照"就业、创业、考研、出国"等多个成才导向，帮助学生成功，为他们的完满生活做准备。就科研而言，信息学院 2016 届毕业生考取研究生形势喜人，共有 315 名同学考上硕士研究生，其中考取国外著名高校研究生 2 人，考取 985 高校研究生 9 人，考取 211 高校研究生 43 人，全校考研录取率达 34%。

通过"三位一体"模式的不断优化与推进，显著提升了教学质量和学校声誉，由此，学院获得"全国十大独立学院""全国十大品牌独立学院""中国品牌影响力独立学院""中国最具办学特色独立学院""山西省重点工程项目""山西省教学体制改革试点单位""全国最具就业竞争力示范（院）校"等荣誉，综合实力位居全国前列。中国校友会网 2016 年中国农林独立学院排行榜第 3 名，2016 年《中国科教评价网》独家公布的中国独立学院排名第 13 名，全山西省第 1 名，被山西省教育厅称为"最规范的独立学院"。

总之，学院坚守质量兴校工程，坚持教学中心地位不动摇，把教学质量当作学院发展的"生命线"，不断深化教学改革与创新，特别是课程体系、教学内容和教学方法的改革与创新，正在形成具有时代特征和信息学院特色的人才培养模式、课程体系和教学运行机制，规范化、制度化、现代化的教学管理体系，以全面提高教学质量，实现培养具有"双创"能力的高级专门人才的目标。

参考文献

[1]陈洪琳.赫钦斯高等教育思想对我国大学通识教育的启示[J].《文教资料》，2008 年 1 月号下旬刊

[2]王征、傅永林、周伟等.完满之路——大学生素质教育创新与实践[M]．人民邮电出版社，2015 年 9 月第 1 版

[3]王红升.论建国后毛泽东的教育思想. http://www.mzdbl.cn/gushi/wodewaigong/jiaoyusixiang.html

第11章 共生的职业和学术的知识及能力的共生

Kapitel 11

Berufliches sowie akademisches Wissen und Können in Symbiose der Transfergedanke im Zentrum dualer Studienmodelle in Deutschland am Beispiel der FOM Hochschule

Prof. Dr. Frank P. Schulte
Wissenschaftliche Leitung Evaluationsbüro
FOM Hochschule für Oekonomie und Management, Essen, Germany

Das *duale Studium* ist eine Studienform, die den sekundären Bildungssektor der mit der Schulbildung befasst ist）, den tertiären Bildungssektor also den Bereich, der die Befähigung zur Ausübung eines Berufes zum Ziel hat, und auch den quartären Bildungssektor der Weiterbildung beinhaltet, des deutschen Bildungssystems miteinander verbindet. Duale Studienangebote sind Studiengänge, die in systematischer Weise und in zeitlicher Parallelität berufspraktischen und akademischen Wissens- und Fertigkeitserwerb verbinden und so in idealer Weise für eine schnelle Integration der Studienabsolventen und Studienabsolventinnen in den Arbeitsmarkt sorgen. Dies geschieht, indem die Studierenden dualer Studiengänge sowohl einen akademischen Qualifikationsnachweis in der Regeln einen Bachelor-Abschluss）, wie auch eine berufliche Ausbildung erwerben die häufig auch einer staatlichen Qualitätskontrolle unterliegt）. Dem Angebot an dualen Studiengängen kommt damit eine wichtige Rolle in der erfolgreichen Weiterentwicklung des deutschen Bildungssystems zu, was nach der folgenden Betrachtung der historischen Entwicklungen klar wird.

Wege der Berufsqualifikation im deutschen Bildungssystem

Bis in die 1970er Jahre hinein war das deutsche Bildungssystem von einer klaren Ausdifferenzierung in zwei Bildungswelten geprägt. Auf der einen Seite konnten Schülerinnen und Schüler mit dem Besuch des Gymnasiums ein Abitur erwerben, dem sich in der Regel die Aufnahme eines Studiums an einer Universität anschloss. In diesem akademisch geprägten und staatlich qualitätsgesicherten Qualifikationspfad wurde vor allen Dingen Wert auf eine eher abstrakte wissenschaftlich-forschungsorientiere Ausrichtung der Studienangebote gelegt. Eine Orientierung an eher konkreten beruflichen Handlungsanforderungen stand nicht im Fokus, denn es wurde davon ausgegangen, dass eine erfolgreiche Umsetzung von akademischem Wissen in erfolgreiches berufliches Tun mit dem Einstieg der Hochschulabsolventinnen und -absolventen in den Berufsalltag automatisch erfolgen würde. Ein Besuch anderer Schulformen und ein Erwerb anderer schulischer Abschlüsse führte in der Regel zur Aufnahme einer systematischen, organisierten beruflichen Ausbildung. Neben einer Qualifikation in rein schulischer Form(Hall & Krekel, 2014; Baethge, Buss & Lanfer, 2003） erfolgt diese in Deutschland vor allen Dingen im Rahmen des s. g. *dualen Ausbildungssystems*.

Zentrales Merkmal dieses Systems ist eine *Partnerschaft von Bildungsinstitutionen und Unternehmen*, mit deren Hilfe eine systematische Berufsqualifikation an zwei Lernorten erfolgt: Neben dem Besuch einer Berufsschule sind die Auszubildenden schon während der Ausbildung systematisch in qualifikationsrelevante Arbeits- und Handlungsprozesse in Unternehmen eingebunden. Entsprechend gesetzlicher und anderer Vorgaben etwa durch das Berufsbildungsgesetz BBiG und durch die Ordnungen der entsprechenden Handwerks- oder Industrie-und-Handelskammern erfolgt so ein großer Teil der praktischen Ausbildung in und durch die Betriebe, während die Berufsschule den eher theoretischen Teil übernimmt. Die Auszubildenden sind während dieser Zeit auch Mitarbeiterinnen und Mitarbeiter der Betriebe, und erhalten von diesen eine Ausbildungsvergütung.

Dieses traditionelle Nebeneinander der beiden Wege zu einer beruflichen Qualifikation kommt in verschiedenen Bildungskulturen, Organisations- und Rechtsformen, sowie Zertifizierungssystemen zum Ausdruck, die in vielen Bereichen eine organisatorische und kulturelle Trennung der beiden Bereiche manifestierte. Es ist jedoch zu konstatieren, dass dabei aber immer von einer *Gleichwertigkeit* akademischer und beruflicher Bildung ausgegangen wurde und wird (vgl. Teichler, 2014). Die strikte Trennung der beiden Bereiche des tertiären Bildungssektors erschien jedoch aus verschiedenen Gründen nicht mehr anstrebenswert. So wurde unter anderem die Befürchtung geäußert: „dass sich die traditionellen Studiengänge an Universitäten und Fachhochschulen zu theorielastig und praxisfern entwickeln könnten." Holtkamp spricht hier von einem „academic drift" (Holtkamp, 1996, S. 4; vgl. auch Rauner, 2012） , Baethge von einem „Bildungs-Schisma" (Baethge, 2006, S. 13） . Ebenfalls relevant für die Auflösung der scharfen Trennung zwischen akademischer und berufspraktischer Qualifikation erscheinen die veränderte Anforderungen der Arbeitswelt: Es werden immer höhere kognitive-theoretische Anforderungen auch an Mitarbeiterinnen und Mitarbeiter in jenen Tätigkeiten gestellt, die früher eher durch praktische Wissensprofile erforderten. Auch die steigende Studierneigung der Schulabsolventen und Schulabsolventinnen in Verbindung mit der demografischen Entwicklung in Deutschland, das daraus resultierende Absinken der Auszubildendenzahlen und die damit einhergehende Angst vor einem Fachkräftemangel lässt sich als Grund für eine Öffnung der Bildungsbereiche nennen.

Zum Zwecke der Sicherung des Fachkräftenachwuchses für die deutsche Wirtschaft und Wissenschaft wurden daher seit Beginn der 1970er Jahre zunehmend Möglichkeiten geschaffen, die eine *Durchlässigkeit* zwischen den beiden Bereichen ermöglichen sollen und somit bedarfsorientiert die klassische Dualität des tertiären Bildungssektors zumindest in Teilen auflösten. Um Mitarbeiterinnen und Mitarbeiter entsprechend ihrer Talente und Interessen optimal passend zu den Anforderungen der beruflichen Tätigkeiten einsetzen zu können, wurden biografisch neue Wege zum Erwerb des Abiturs als Hochschulzugangsberechtigung etabliert, die schon Berufstätigen mit anderen Schulabschlüssen als dem Abitur den Zugang zu einem Hochschulstudium ermöglichen der s. g. „zweite Bildungsweg". Darüber hinaus wurden auch ganz neue Formen der Hochschulzugangsberechtigung entwickelt, wie etwa die „fachgebundene Hochschulreife", die den Zugang zu einem fachlich mit der Bildungsbiografie kompatiblen Fachhochschulstudium ermöglicht. Und nicht zuletzt wurde diesen Forderungen auch durch die Schaffung einer neuen Hochschulform, den Fachhochschulen, entsprochen, die statt einer Forschungsorientierung eine Entwicklungs- und Praxisorientierung im Leitbild verankert haben und somit die klassischen Universitäten mit einem neuen Profil ergänzten.

Diese kurze historische Betrachtung lässt es daher nicht verwunderlich erscheinen, dass sich das akademische und das berufliche Bildungssystem Deutschlands inzwischen zum Teil durchdringen. International etwa in westlichen Ländern wie den USA, Japan oder Dänemark lassen sich ähnliche Bestrebungen zur Herstellung von Durchlässigkeit zwischen akademischen und beruflichen Qualifikationswegen identifizieren (Euler & Severing, 2014）; jedoch kann nur in Deutschland dabei auf eine etablierte Kultur der Zusammenarbeit von Bildungsinstitutionen und Unternehmen zurückgreifen. Duale Studiengänge sind dabei die historisch jüngste Entwicklung in den Versuchen, die beiden oben beschriebenen klassischen deutschen Wege zu einer Berufsqualifikation miteinander zu verbinden. Wie im Folgenden gezeigt wird kombinieren duale Studiengänge in idealer Weise ein akademisches Studium an einer Hochschule mit einer berufspraktischen Ausbildung in einem Unternehmen. Sie haben dabei das Ziel, orientiert an den Bedarfen der Wirtschaft und der Studierenden zeitlich parallel wissenschaftlich forschungsorientiertes und zugleich beruflich-handlungsorientiertes Wissen, Fertigkeiten und Fähigkeiten zu vermitteln.

Das duale Studium als hybrider Weg der akademischen und zugleich praktischen Berufsbefähigung

Das zentrale Merkmal eines dualen Studienangebotes ist eine *systematische organisatorische, rechtliche und inhaltliche Verzahnung des Lernens an mehreren Lernorten*: Studierende lernen an der Hochschule wie im klassischen Weg der akademischen Qualifikation, sie lernen in Unternehmen und ggf. noch in Berufsschulen wie im dualen System der Ausbildung. Die Prozesse, die an diesen Lernorten ablaufen, sind idealerweise aufeinander abgestimmt und die beteiligten Institutionen und Individuen aufeinander eingestellt. Wie genau eine solche Verzahnung der Lernorte aussehen kann und wie hoch der Grad der Verzahnung ist, hängt von den Bedarfen und den Möglichkeiten der Beteiligten Studierende, Unternehmen, Hochschulen ab und wird an vielen Stellen diskutiert (vgl. Meyer-Guckel, Nickel, Püttmann & Schröder-Kralemann, 2015）. Allgemein zeichnen sich duale Studiengänge dadurch aus, dass Studierende schon während ihres Studiums umfangreiche Praxiserfahrungen vom qualifizierten

Arbeitszeugnis bis hin zu einem Berufsabschluss nach BBiG zusammen mit der akademischen Qualifikationen oft ist dies der Bachelor-Abschluss, in letzter Zeit ist auch von dualen Master-Studiengängen die Rede erwerben. Darüber hinaus werden die dualen Studierenden in der Regel schon als Mitarbeiterinnen oder Mitarbeiter im Unternehmen geführt, und die Unternehmen beteiligen sich an der Finanzierung der　Studierenden selber durch ein Ausbildungsgehalt und ihres dualen Studiums – sei es durch die Übernahme der Ausbildungs- und Studiengebühren oder durch eine finanzielle Beteiligung an den das Studium durchführenden Institutionen. Hier zeigen sich rechtlich wie auch organisational starke Ähnlichkeiten zum dualen System der Ausbildung.

Die ersten dualen Studiengänge wurden in Deutschland in der Mitte der 1970er Jahre angeboten. Seit dieser Zeit wächst das Angebot stetig: Die Datenbank *AusbildungPlus* des *Bundesinstitut für Berufsbildung* BIBB verzeichnet im Berichtsjahr 2014 insgesamt 1.505 Studienangebote, in denen insgesamt über 94.000 Studierende eingeschrieben sind (Leichsenring, König & Göser, 2015; Minks, Netz & Völk, 2011）. Das duale Studium ist damit einer der prozentual am stärksten wachsenden Bereiche des deutschen Bildungssystems (Sterz, 2011; vgl. auch Kupfer & Mucke, 2010. Schulte 2015.）. Es konnte bei einer Befragung von Personalverantwortlichen von 100 deutschen Unternehmen zeigen, dass diese der Möglichkeit, duale Studienplätze zusammen mit Hochschulen anbieten zu können, eine besondere Wichtigkeit für die Personalakquise und Personalentwicklung beimessen. Die Größe der Unternehmen spielte dabei keine Rolle. Gleichzeitig zeigte sich aber auch, dass in Abhängigkeit von der Unternehmensgröße die Einschätzung des Aufwandes für die Unternehmen steigt: Je kleiner das Unternehmen, desto aufwändiger wird die Durchführung eines dualen Studiums zusammen mit einer Hochschule eingeschätzt .

Die Erwartung der Stakeholder eines dualen Studiums, also der Studierenden aber auch der Unternehmen und Hochschulen, erklärt die oben geschilderte positive Entwicklung der Studienangebots- und Studierendenzahlen. Gensch(2014) fand in einer Befragung dual Studierender im Bundesland Bayern heraus, dass eine bessere Vorbereitung auf das Berufsleben und eine größere Praxisorientierung als ein klassisches Studium erwartet wird. Das Sammeln von Berufserfahrungen schon im Studium und zugleich eine praxisorientierte akademische Qualifikation zu erhalten sind weitere Faktoren für die Aufnahme eines dualen Studiums. Auch die Studienfinanzierung durch die Unternehmen und gute Übernahmeaussichten zu haben sind wichtige Motive für die Aufnahme eines dualen Studiums. Die Ergebnisse zeigen auch, dass die deutliche Mehrheit der dual Studierenden mit der Studiensituation zufrieden ist.

Auch von Seite der Unternehmen werden hohe Erwartungen an duale Studienangebote und ihre Absolventen gestellt. Kupfer (2013) befragte 1387 im Rahmen eines dualen Studiums mit Hochschulen und Akademien zusammenarbeitenden Unternehmen und zeigt, dass diesen die praxisnahe Ausbildung der Absolventinnen und Absolventen eines dualen Studiums besonders wichtig ist. Die Unternehmen berichten, dass sie durch ihre Beteiligung an dualen Studiengänge in der Lage seien, die besten Nachwuchskräfte zu werben und dass duale Studienangebote für

Jugendliche attraktiver seien als eine klassische berufliche Ausbildung. Die befragten Unternehmen berichten weiterhin, dass sie durch ihr Angebot dualer Studienplätze die Arbeitgeberattraktivität steigern konnten. Im Gegenzug erwarten die Unternehmen von den Absolventinnen und Absolventen dualer Studienangebote, dass diese im Laufe ihres Studiums mehr berufspraktisches Wissen als ihre Kommilitonen und Kommilitoninnen in klassischen Studiengängen erwerben, dass sie belastbarer und leistungsbereiter als diese sind und ein höheres Maß an Organisations- und Teamfähigkeit zeigen. Von den Absolventinnen und Absolventen klassischer Studiengänge wird dagegen mehr theoretisches Fachwissen erwartet. Dem Deutschen Industrie- und Handelskammertag zufolge berichteten ein Großteil der befragten Unternehmen, dass sie schon Erfahrungen mit dualen Studienangeboten gemacht haben oder planen, Erfahrungen mit dieser Studienform zu sammeln (Heidenreich, 2011).

Der Transfergedanke im Zentrum des Dualen Studiums

Das Angebot dualer Studiengänge in Deutschland ist nicht nur umfangreich, sondern auch sehr heterogen. Dies erscheint nicht verwunderlich, denn es ist ein wichtiges Ziel eines dualen Studiums, eine passgenaue akademische und zugleich berufspraktische Qualifikation sicherzustellen. Hierbei muss also auf die Heterogenität des akademischen, wie auch des betrieblichen Lernortes reagiert werden, damit beide Institutionen ihren Teil effektiv und effizient beitragen können. Eine Gemeinsamkeit zeigte sich aber in vielen Stimmen des Diskurses zum dualen Studium: In nahezu allen Überlegungen spielt der *Transfer zwischen Theorie und Praxis* eine wichtige Rolle. Jedoch war lange unklar, was im Allgemeinen und im Speziellen im Rahmen eines dualen Studiums unter „Transfer" zu verstehen ist. (Barth und Reischl 2008） beispielsweise konstatieren: „Es findet ein Transfer zwischen Theorie und Praxis statt, der über gegenseitige Bezugnahmen, z.B. über folgende Instrumente umgesetzt werden könnte". Sie identifizieren dann formale, vermeintlich transfersichernde Maßnahmen und fordern, dass erfolgreicher Theorie-Praxis-Transfer zu dokumentieren sei. Wie genau jedoch Transfer aussieht, beschreiben sie aber nicht, was die Nützlichkeit der Vorschläge stark einschränkt, da es Qualitätssicherung und -management unter Berücksichtigung von Transfer erschwert.

Mucke und Schwiedrzik sind der Meinung, dass Transfer von der Theorie in die Praxis, wie auch von der Praxis in die Theorie geschehen sollte; sie sehen in der Richtung „von betrieblicher Praxis in die akademische Theorie" einen wichtigen Unterschied von dualen Studiengängen zu klassischen Fachhochschulstudiengängen.(Berthold, Leichsenring, Kirst und Voegelin 2009） Sehen im Transfer-Lernen und Transferieren-Können das zentrale Element der *Employability*, also der Beschäftigungsfähigkeit von Hochschulabsolventen: „Die Transferleistung zwischen Theorie- und Praxisphasen muss so gestaltet werden, dass ein wechselseitiger Bezug von Tun Praxis und Denken Theorie erreicht wird, der als notwendig für die Entwicklung von Handlungskompetenzen angesehen wird" (Berthold, Leichsenring, Kirst und Voegelin, 2009, S. 32). Eine Definition von Transfer bleiben aber auch sie schuldig.

Neben der oben geschilderten Unklarheit im Verständnis von Transfer fällt auf, dass

Transfer und Transfer-Lernen an vielen Stellen offenbar noch alleinige Aufgabe der Studierenden ist (Holtkamp, 1996; Kupfer, 2013; Berthold, Leichsenring, Kirst & Voegelin 2009) verweisen darauf, dass dies jedoch seit dem Bologna-Lissabon-Prozess auch im akademischen Bildungssektor unter Anleitung von Lehrenden geschehen müsse, es also Aufgabe der ein duales Studium durchführenden Institutionen sein. Und auch der oben schon zitierte Wissenschaftsrat sieht hier die Hochschulen in der Pflicht: *„Ein unterschiedlicher Grad an inhaltlicher Verzahnung ist grundsätzlich möglich, solange das Profil des betreffenden Studiengangs in sich schlüssig ist und bspw. ein Teil der inhaltlichen Transferleistung zwischen Theorie und Praxis mit Absicht den Studierenden überlassen wird."* (Wissenschaftsrat, 2013, S. 28).

　　Ausmaß und Bedingungen einer Übertragbarkeit von Erkenntnissen aus einer Domäne zum Beispiel ein Lernort mit dem Fokus auf der Vermittlung von „Theorie" in eine andere Domäne wie beispielsweise ein Lernort, der von „Praxis" geprägt ist sowie nach den Bedingungen und Methoden eines solchen Transfers werden schon lange diskutiert (vgl. Thorndike, 1906）. „Transfer" wird dabei von den unterschiedlichen Disziplinen mit verschiedenen Schwerpunktsetzungen betrachtet (Gräsel, 2010). Die empirische, psychologisch und pädagogisch orientierte Lehr-Lern-Forschung sieht im Transfer oft einen erfolgreichen Prozess der Übertragung einer Aufgabenlösung auf eine andere, ähnliche und zugleich unterschiedliche Aufgabe (Renkl, 1996）. Die Forschung　zur betrieblichen Weiterbildung versteht dagegen unter Transfer oft die Übertragung von erworbenem Wissen, Fertigkeiten und Fähigkeiten, gar Kompetenzen aus einer dezidierten Trainingssituation in den beruflichen Anwendungsalltag (vgl. Law, 2000; Gnefkow, 2008; Schulte 2015a） integriert diese Überlegungen, und kommt zu einer Definition von Transfer, die er später auf das duale Studium im Speziellen bezieht: *„Transfer ist die Überführung von kontextspezifischen Wissensinhalten und Fertigkeiten in kontextunabhängige Wissensinhalte und Fertigkeiten, die dann in anderen　Kontexten genutzt werden."* (Schulte, 2015a, S. 23f). Transfer findet in dieser Betrachtung auf Basis von Lernprozessen statt, wobei Lernen als ein aktiver, emotionaler, selbstgesteuerter Prozess verstanden wird, mit Hilfe dessen Wissen konstruiert wird auf Basis denjenigen Informationen, die Lernende aufnehmen, und denjenigen Informationen, die Lernende schon in ihren Gedächtnissen abgelegt haben und dann für den Lernprozess abrufen (Gruber, Prenzel & Schiefele, 2006). Wissen entsteht somit durch die aktive, subjektive und soziale Konzeptkonstruktion mit dem Ziel der kurz- oder langfristigen Nützlichkeit der erworbenen Fähigkeiten und Fertigkeiten vgl. Gerstenmeier & Mandl, 1995; Gruber & Renkl, 2000）: *„Erfolgreicher Transfer ist eine angestrebte, beobachtbare Verhaltensänderung von Personen in einem Anwendungskontext aufgrund von Lernprozessen in einem Lernkontext, betrachtet unter Berücksichtigung subjektiver internaler sowie externaler im Besonderen: sozialer und organisationaler） Transferbedingungen."* (Schulte, 2015a, S. 20). „Inert Knowledge", also „träges", nicht oder nur schwer anwendbares Wissen soll verhindert werden (Whitehead, 1929), daher kann Transfer in der Definition nur auf Grundlage von Feedback aus der Anwendung der Wissensinhalte und Fertigkeiten in den anderen Kontexten erfolgen: *„Beim Transfer wird*

Feedback genutzt, um wichtige Wissensinhalts- und Fertigkeitsspezifika zu identifizieren, die bei der Übertragung aus dem Ursprungskontext in den Zielkontext beibehalten werden müssen, um die Wissensinhalte und Fertigkeiten im Zielkontext weiterhin nutzbar zu machen. Ebenfalls wird das Feedback genutzt, um diejenigen Wissensinhalts- und Fertigkeitsspezifika zu identifizieren, die für eine Anwendung der im Ursprungskontext erworbenen Wissensinhalte im Zielkontext nicht notwendig sind und zugleich eine Übertragung aus dem Ursprungskontext in den Zielkontext verhindern." (Schulte, 2015a, S. 24）.

Als *Kompetenzen* werden die im Rahmen von Lernprozessen erworbenen Kenntnisse und Fertigkeiten sowie weitere persönliche, soziale und methodische Fähigkeiten bezeichnet (Schermutzki, 2007; Weinert, 2001). Lernen führt somit also zu *Lernergebnissen*, die bezeichnen, was Lernende wissen, verstehen, und in der Lage sind zu tun. Diese *Handlungskompetenz* ist vor allen Dingen an den Bedürfnissen der Lernenden orientiert (European Union, 2011). Kompetenzen werden mit Hilfe von Qualifikationsbelegen nachgewiesen. Sie sind seit dem Bologna-Lissabon-Prozess Grundlage der Bildungsplanung und des Bildungshandelns (vgl. auch Nickel, 2011). Hierbei gilt, dass Wissen als Grundlage des Handelns von gesellschaftlicher, kultureller und wissenschaftlicher Praxis abgeleitet wird und somit kontextspezifisch entsteht und dies ebenso von den erworbenen Kompetenzen anzunehmen ist (Erpenbeck & Rosenstiel, 2007). Handlungskompetenz ist ein Konstrukt, das aus einzelnen *Kompetenzfacetten* besteht, die fachlich spezifisch, aber auch überfachlich sein können (vgl. Schulte & Heinemann, 2014; Schulte, Gerholz & Heinemann, 2015). Neben der *Fachkompetenz* werden oft *Selbst-* oder *Personalkompetenz, Sozial-, Kommunikations-* und *Teamkompetenz* sowie *Methodenkompetenz* angenommen. Die Ausprägung des Kompetenzerwerbs auf den einzelnen Facetten wird als *Kompetenzprofil* bezeichnet; seine Passung zu den Anforderungen aus der beruflichen Praxis bestimmt – zumindest theoretisch – den Erfolg der Absolventinnen und Absolventen auf dem Arbeitsmarkt (Kriegesmann et al., 2005).

Transferverhalten wurde lange Zeit nicht oder nur peripher als Teil des Kompetenzkonstrukts beschrieben (Patry, 2000; Baldwin und Ford, 1988; Rank & Wakenhut, 1998）. Seidel (2012） beschreibt ein Modell des Erwerbs von Transferkompetenz für den Kontext der beruflichen Weiterbildung. Dort wird aber eine klare Sukzession von Ausgangslage „vor dem Training", Lernen „während des Trainings" und Anwenden „nach dem Training" angenommen, daher erscheint das Modell eher geeignet für die Anwendung auf Transferlernprozesse im traditionellen Vollzeit-Studium. Weil sich wie oben geschildert Transferlernen und –verhalten jedoch als wichtiges und definierendes Kriterium für duale Studienangebote gezeigt hat, stellt (Schulte 2015a） auf Basis der oben geschilderten Überlegungen zum Prozess des Transferlernens eine Kompetenzfacette *Transferkompetenz* in den Kontext des Handlungskompetenzkonstrukts. Transferkompetenz wird hier als *„Fähigkeit und der Wille, kontextspezifische Wissensinhalte und Fertigkeiten aus ihrem Kontext zu lösen, um sie so kontextunspezifisch zu machen"* definiert und auf die Wichtigkeit der

Rückmeldeprozesse verwiesen: *„Dabei wird sowohl im Lern- als auch Anwendungskontext Feedback genutzt das bei der Anwendung der Wissensinhalte und Fertigkeiten sowohl im Ursprungs- wie auch im Zielkontext gegeben wird."* (Schulte, 2015a, S. 27）. Im Folgenden wird von den Erfahrungen bei der Gestaltung, Durchführung und Evaluation dualer Studienmodelle an der FOM Hochschule in Essen berichtet. Dort wurden die oben geschilderten Überlegungen zum Transferieren-können und zum Erwerb von Transfer-Kompetenz in verschiedene duale Studienmodelle integriert.

Transferkompetenzerwerb im Zentrum dualer Studienmodelle an der FOM Hochschule

Bei der FOM Hochschule handelt es sich um eine private, gemeinnützige und stiftungsgetragene Hochschule. Auf Grundlage einer seit 1907 existierenden Verwaltungs- und Wirtschaftsakademie wurde die FOM Hochschule 1991 gegründet, erhielt 1993 die staatliche Anerkennung und wurde 2004 durch den Wissenschaftsrat akkreditiert. Im Jahr 2015 hat die FOM Hochschule über 38.000 Studierende und ist damit eine von Deutschlands größten Fachhochschulen „university of applied science". Lehre wird an der Hochschule in Präsenzform an über 30 Studienstandorten in ganz Deutschland durchgeführt. Ein Schwerpunkt der FOM Hochschule liegt in Studiengängen zur Betriebswirtschaftslehre, seit einigen Jahren werden aber auch mit steigenden Studierendenzahlen Studiengängen in verwandten Bereichen wie Wirtschaftsinformatik, Wirtschaftsrecht, Wirtschaftspsychologie, Gesundheit und Soziales oder Ingenieurwissenschaften angeboten. Die Besonderheit der FOM Hochschule liegt aber in den Zielgruppen, an die sie sich mit ihrem Studienangebot wendet: Gemäß des Auftrages der sie tragenden Stiftung richtet sich die Hochschule vor allen Dingen an berufstätige Personen und an Personen, die ein Interesse an einer akademischen Qualifikation zeitgleich zu einer beruflichen Qualifikation haben, also an Interessenten für ein duales Studium. Bei den Bachelor-Studienanfängern des Jahrgangs 2014 handelt es sich bei ca. 75 % um berufsbegleitende Studierende und bei ca. 25 % um Studierende in verschiedenen als „dual" zu verstehenden Studienmodellen.

Bei der Gestaltung ihres Angebotes an dualen Studienmodellen folgt die FOM dabei immer mehreren Prämissen:

1. Bei dem angebotenen Studienmodell muss es sich um einen *qualitätsgesicherten wissenschaftlichen dualen Studiengang* handeln, der die Verleihung eines akademischen Abschlusses Bachelor oder Master rechtfertigt.

2. Die akademische Lehre erfolgt immer unter Berücksichtigung der aktuellen und der späteren beruflichen Praxis und mit dem Ziel einer gegenseitigen Bezugnahme im Sinne eines *Theorie-Praxis-/Praxis-Theorie-Transfers*. Dies kommt zum Ausdruck sowohl in der Auswahl der Lehrenden die immer auf umfangreiche Praxiserfahrung zurückgreifen können, als auch in einer spezifischen FOM-Didaktik. Diese wurden in den vergangenen Jahren von einer interaktiven Didaktik (Fichtner-Rosada, 2011) zu einer Transferdidaktik weiterentwickelt.

3. Die Lehre erfolgt immer in *Präsenzform*, Studierende lernen vor Ort zusammen mit

anderen dualen oder berufsbegleitend Studierenden. Hierbei gilt es, die organisatorischen Anforderungen zu berücksichtigen, die sich aus dem Lernen an mehreren Orten ergeben. Möglichkeiten zum Fernlernen werden dort wo sinnvoll als punktuelle wichtige Ergänzung bereitgehalten.

4. Die Lehrorganisation erfolgt *effizient*, d.h. es wird versucht, ein möglichst optimales Verhältnis aus Kosten zum Beispiel Studiengebühren für die Studierenden oder die Unternehmen, Zeit für die Anreise zum Studienort, Aufwand für die Abstimmung und Nutzen Kompetenzgewinn unter Berücksichtigung der generellen und individuellen Lernziele zu erreichen.

Aus diesen Vorgaben ergeben sich verschiedene Modelle des dualen Studiums, die von der Hochschule angeboten werden. Im Folgenden werden einige der Modelle exemplarisch vorgestellt.

In einem Studium nach einem ausbildungsintegrierenden dualen Studienmodell Abbildung 3）erwerben die Studierenden eine Qualifikation im Rahmen einer Ausbildung im dualen System der beruflichen Ausbildung. Entsprechend den Vorgaben ihrer Ausbildungsordnungen besuchen sie auch die entsprechende Berufsschule. Zeitlich parallel dazu besuchen sie Veranstaltungen an der Hochschule mit dem Ziel des Erwerbs eines Bachelorabschlusses. Um diesen akademischen Anteil am dualen Studium so effizient und flexibel wie möglich zu gestalten findet die Lehre an der Hochschule abends und am Wochenende statt. Die Lerninhalte des akademischen Studiums beziehen sich dort wo sinnvoll auf die Inhalte einer Berufsausbildung. Eine rechtliche Bezugnahme von Ausbildung im Unternehmen, Berufsschule und Hochschule kann bei Bedarf über einen Vertrag zwischen Hochschule und Unternehmen erfolgen; zwischen Hochschule und Studierenden kommt durch die Einschreibung immer eine vertragliche Bindung zustande. Zwischen den Studierenden und den Unternehmen werden klassische Ausbildungsverträge geschlossen; nach dem Erwerb des Ausbildungsabschlusses wird dieser in der Regel durch einen regulären Arbeitsvertrag ersetzt. Die Studierenden lernen wie in allen Modellen an der FOM Hochschule ausschließlich mit anderen berufsbegleitend oder dual Studierenden. Vorteile dieses Modells sind u.a. die Möglichkeit für die Studierenden und die Unternehmen, zwei Qualifikationsabschlüsse den der Berufsausbildung und den Bachelor-Abschluss zu erwerben. Viele Studierende –im Besonderen aus Bildungsaufsteigerfamilien– schätzen diese Rückfallmöglichkeit im Falle eines Studienabbruchs, denn dann kann die Ausbildung fortgesetzt und idealerweise mit einem berufsqualifizierenden Abschluss beendet werden.

Durch die Einschreibung in ein Hochschulstudium kann im Bundesland Nordrhein-Westfalen die Berufsschulpflicht ruhen. Stattdessen erfolgt eine Vorbereitung auf die Prüfung zum Abschluss des berufspraktischen Qualifikationsteiles der Besuch eines IHK-Vorbereitungskurses. Das Studium erfolgt dann häufig tagsüber am Studienstandort der Hochschule wie in der Abbildung gezeigt. Alternativ kann das Studium auch wie im ersten Modell am Abend und am Wochenende durchgeführt werden; dieses Modell wird häufig von

Studierenden und Unternehmen präferiert, die ein größeres Maß an Flexibilität im berufspraktischen Qualifikationsteil des dualen Studiums suchen zum Beispiel weil während dieser Zeit eine Teil des Lernens am Lernort Unternehmen an einem anderen Unternehmensstandort stattfinden muss. Darüber hinaus gelten die oben gemachten Angaben des ausbildungsintegrierenden Modells mit Besuch der Berufsschule.

In beiden oben beschriebenen Modellen erwerben die dualen Studierenden zwei Qualifikationsabschlüsse. Darüber hinaus gibt es auch duale Studienmodelle, in denen statt der Berufsausbildung ein unternehmensinternes Trainee-Programm abgestimmt auf die Studieninhalte und die Spezifika des Unternehmens, absolviert wird. Dies praxisintegrierenden dualen Studienmodelle werden ebenfalls an der FOM Hochschule angeboten und mit Erfolg durchgeführt. Hier ist die Abstimmung zwischen Hochschule und Unternehmen besonders wichtig, damit es zum angestrebten Kompetenzerwerb bei den Studierenden kommen kann. Die Hochschule bietet hierfür verschiedene Möglichkeiten der Verzahnung an, um entsprechend ihres Bildungsauftrages den sehr heterogenen Anforderungen und Möglichkeiten der Unternehmen im Besonderen der kleinen und mittelgroßen Unternehmen und ihren Mitarbeiterinnen und Mitarbeitern, sowie den Spezifika unterschiedlicher Studiengänge zu entsprechen.

Evaluation des dualen Studiums an der FOM Hochschule

Seit 2012 ist die FOM Hochschule systematisch akkreditiert, d.h. sie verfügt über ein geprüftes, funktionierendes internes Qualitätssicherungssystem und kann in der Folge ihre Studiengänge unter Beteiligung von externen Expertinnen und Experten selbst akkreditieren. Die Systemakkreditierung orientiert sich dabei an den European Standards and Guidelines for Quality Assurance in Higher Education, den Vorgaben der deutschen Kultusministerkonferenz und den Kriterien des Akkreditierungsrates, der die Vorgaben zur hochschulischen Qualitätssicherung in Deutschland verantwortet (Akkreditierungsrat 2010-2013）. Nicht nur, aber besonders aus der Systemakkreditierung ergibt sich eine Verpflichtung zur konstanten, systematischen Evaluation des Studienerfolges. Neben Absolventenstudien etwa im Rahmen des INCHER/KOAB-Projektes der Universität Kassel, Lehrveranstaltungsevaluationen und Lehrendenbefragungen führt die FOM auch Studien zur Erfassung des Kompetenzerwerbs dualer Studierender durch. Eine Erfassung ihres Kompetenzerwerbs und des Kompetenzstatus ist wichtig für das Qualitätsmanagement des dualen Studienangebotes (Blömeke et al., 2013; Schaeper, 2005; Erpenbeck & Rosenstiel, 2007; Zlatkin-Troitschanskaia & Seidel, 2011）. Hierbei ist zu unterscheiden zwischen der Erfassung „objektiver Kompetenz" und „subjektiver Kompetenz": Die erstgenannte Kompetenzart bezieht sich auf die objektiv erbrachten Leistungen der untersuchten KompetenzträgerInnen, während die zweite Kompetenzart den subjektiven Eindruck der Lernenden, was sie gelernt haben oder was sie lernen werden, behandelt.

Es zeigt sich, dass die befragten 477 dualen Studierenden höherer Fachsemester von einem Transferkompetenz erwerben im Rahmen eines dualen Studiumsberichts, der auf der Höhe des Erwerbs personaler Kompetenz und allgemeiner Methoden kompetenz befindet. An den Standardabweichungen （SD） in der Abbildung ist erkennbar, dass die befragten Individuen in ihrer Einschätzung durchaus um den dort berichteten Mittelwert streuen. Eine Regressionsanalyse zeigt dann, dass sich ein unterschiedliches Maß des subjektiven Erwerbs von Fach-, Methoden- und Sozialkompetenz vor allen Dingen auf das Transferlernen und die Persönlichkeit der Studierenden zurückführen ließ. Die subjektiv wahrgenommene inhaltliche Passung von akademischen Lerninhalten vermittelt am Lernort „Hochschule" zu den berufspraktischen Inhalten vermittelt am Lernort „Unternehmen", sowie die wahrgenommene organisatorische Abstimmung der Lernorte untereinander spielten nur eine deutlich untergeordnete Rolle; die unterschiedlich organisierten Studienmodelle spielten keine Rolle (Schulte, 2015b）.

Fazit

Die hier kurz berichteten Evaluationsergebnisse scheinen – zumindest für die FOM Hochschule mit ihren spezifischen Studienangeboten und ihrer spezifischen Wegen der operativen und transferorientierten didaktischen Durchführung eines dualen Studiums – die theoretischen Überlegungen zu bestätigen. Auf Basis lernpsychologischer, didaktischer und bildungswissenschaftlicher Überlegungen lässt sich erkennen, dass im Fokus eines dualen Studiums als Lernergebnis eine besondere Form des Transfers steht: der bidirektionale *Theorie-Praxis-/Praxis-Theorie-Transfer*. In ihm werden wechselseitig Wissensinhalte aus einem Kontext in einen anderen übertragen, finden dort ihre Anwendung und die Rückmeldung über dieses Erproben im Ursprungskontext wird für die Fortsetzung des Lernprozesses genutzt wie von Mucke und Schwiedrzik 2000）für ein duales Studium gefordert. Diese Fertigkeit des „Transferieren-können" ist dabei nicht als selbstverständliche und immer vorhandene Fähigkeit zu verstehen. Vielmehr scheint das Ausmaß der Beherrschbarkeit variabel und lehr- und lernbar zu sein. *Ein systematischer Erwerb von Transferkompetenzerwerb schon während des Studiums ist neben dem gleichzeitigen Erwerb von akademischer wie auch berufspraktischer Fach-, Methoden-, Sozial- und personaler Kompetenz offenbar die Besonderheit eines dualen Studiums.* Die Erfahrungen der FOM Hochschule mit verschiedenen Studienmodellen bestätigen dies.

Diese Erkenntnis bringt eine Verpflichtung für die Anbieterinnen und Anbieter dualen Studiums mit sich: Transferieren lehren ist Aufgabe der Bildungsplanung und -organisation. Wichtiges Ziel eines dualen Studiums ist somit eine „Transfer-Qualifikation", also eine Qualifikation die belegt, dass ein besonderer Schwerpunkt des Bildungshandelns auf dem Transferlernen und dem Erwerb von Transferkompetenz lag. Eine „Doppelqualifikation" ist dafür nicht notwendig, aber manchmal hilfreich. Die häufig und an verschiedenen Stellen für ein duales Studium als notwendig bezeichnete „rechtliche" oder „organisatorische" Verzahnung der beteiligten Lernorte erscheint somit Mittel zum Zwecke eines *Transfermanagements* zu sein, wie es etwa Solga（2011）unter Bezugnahme auf Broad und Newstrom（1992）und Lemke（1995）beschreibt.

Duale Studienangebote mit einer Verbindung von wissenschaftlich forschungsorientiertem und beruflich handlungsorientiertem Fokus und einer Schwerpunktsetzung auf dem Erwerb von Transferkompetenz erscheinen darüber hinaus ein geeignetes Mittel zur Herstellung von mehr

Durchlässigkeit zwischen den akademischen und beruflichen Bereichen der tertiären Bildungssektors nicht nur in Deutschland zu sein. Sie können so helfen auf die geänderten Anforderungen zu reagieren, die sich aus dem Wandel der Arbeitswelt und den demografischen Entwicklungen ergeben. Im Besonderen scheint Deutschland mit seinen historisch gewachsenen guten Beziehungen zwischen Unternehmen und Bildungsinstitutionen im Bereich der gemeinsamen Qualifikation von zukünftigen Mitarbeiterinnen und Mitarbeitern dafür prädestiniert zu sein. In anderen Bildungssystemen und Volkswirtschaften ist hier möglicherweise noch Überzeugungsarbeit zu leisten: So sind Unternehmen mit hoher Wahrscheinlichkeit erst einmal davon zu überzeugen, dass es sich bei einer Beteiligung an einem dualen Studium um eine Investition in die eigene Zukunft handelt: Mit Hilfe eines dualen Studiums lassen sich motivierte und leistungsbereite Bewerberinnen und Bewerber schon früh an das Unternehmen binden, und als „return-of-investment" werden sie zu Mitarbeiterinnen und Mitarbeitern entwickelt, die ein besonders nachhaltiges Kompetenzprofil aufweisen, mit dem sie schnell und mit einer guten Passung der eigenen Talente, Interessen und Qualifikationen zu den Anforderungen der Tätigkeiten in einem Unternehmen eingesetzt werden können. Es ist zu erwarten, dass mit solchen durchlässigen Qualifikationsmodellen, die effizient und innovativ, sowie qualitätsgesichert an den Bedürfnissen aller Stakeholder, Studierende, Unternehmen, Hochschulen und Gesellschaft orientiert sind, effektiv auf die sich schnell wandelnden Anforderungen des globalen Wirtschaftssystems reagiert werden kann.

Literatur

Akkreditierungsrat 2010）. Handreichung der AG „Studiengänge mit besonderem Profilanspruch", Beschluss des Akkreditierungsrates vom 10.12.2010, Drs. AR 95/2010.

Akkreditierungsrat 2013）. Regeln für die Akkreditierung von Studiengängen und für die Systemakkreditierung, Beschluss des Akkreditierungsrates vom 08.12.2009, zuletzt geändert am 20.02.2013, Drs. AR 20/2013.

Baethge, M. 2006）. *Das deutsche Bildungs-Schisma: Welche Probleme ein vorindustrielles Bildungssystem in einer nachindustriellen Gesellschaft hat.* SOFI-Mitteilungen Nr. 34, S. 13-27. Verfügbar unter http://www.econbiz.de/archiv1/2008/41112_deutsche_ bildungs_schisma.pdf Letzter Zugriff: 15.11.2015）

Baethge, M., Buss, K.-P. & Lanfer, C. 2013）. *Konzeptionelle Grundlagen für einen Nationalen Bildungsbericht – Berufliche Bildung und Weiterbildung/Lebenslanges Lernen.* Bonn: Bundesministerium für Bildung und Forschung.

Baldwin, T. T. & Ford, J. K. 1988）. Transfer of training: A review and directions for future research. *Personnel Psychology, 41,* 63-105.

Barth, H. & Reischl, K. 2008）Hrsg.）. *Qualitätssicherung dualer Studiengänge.* Berlin: Hochschule für Wirtschaft und Recht. Verfügbar unter http://www.hwr-berlin.de/fileadmin/ downloads_internet/ ba/sonstiges/FHW_BLK_-_Leitfaden_Qualitaetssicherung_dualer_StG_ 2008-05.pdf Letzter Zugriff: 15.11.2015）

Berthold, C., Leichsenring, H., Kirst, S. & Voegelin, L. 2009）. *Demographischer Wandel und Hochschulen. Der Ausbau des Dualen Studiums als Antwort auf den Fachkräftemangel.* Gütersloh: CHE Consult. Verfügbar unter http://www.che-consult.de/ downloads/Endbericht_ Duales_Studium_091009.pdf Letzter Zugriff: 15.11.2015）

Blömeke, S., Zlatkin-Troitschanskaia, O., Kuhn, C., & Fege, J. 2013）. Modeling and measuring competencies in higher education. Tasks and challenges. In S. Blömeke, O. Zlatkin-Troitschanskaia, C. Kuhn & J. Fege Hrsg.）, *Modelling and measuring competencies in higher education. Tasks and challenges*，S. 1 -12. Rotterdam, Niederlande: Sense.

Broad, M. L. &Newstrom, J. W. 1992）. *Transfer of training. Action-packed strategies to ensure high payoff from training investments.* Reading, MA: Addison-Wesley.

Erpenbeck, J. & Rosenstiel, L.v. 2007）. *Handbuch Kompetenzmessung: Erkennen, verstehen und bewerten von Kompetenzen in der betrieblichen, pädagogischen und psychologischen Praxis.* Stuttgart: Schäffer-Poeschel.

Euler, D. & Severing, E. 2014）. *Durchlässigkeit zwischen beruflicher und akademischer Bildung. Bielefeld: Bertelsmann Stiftung.* Verfügbar unter: http://www.bertelsmann-stiftung.de/ fileadmin/files/BSt/Publikationen/GrauePublikationen/LL_GP_Hintergrundpapier_Durchlaessig keit_1412_neu.pdf Letzter Zugriff: 22.11.2015）.

European Union 2011）. *Using Learning Outcomes. European Qualifications Framework Series: Note 4.* Luxembourg: Publications Office of the European Union. Verfügbarunter: http://www.cedefop.europa.eu/en/news-and-press/news/using-learning-outcomes LetzterZugriff: 15.11.2015）

Fichtner-Rosada, S. 2011）. Interaktive Hochschuldidaktik als Erfolgsfaktor im Studium für Berufstätige – Herausforderung und kompetenzorientierte Umsetzung. *Arbeitspapiere der FOM 21*）. Essen: FOM Hochschule. Verfügbar unter http://www.fom.de/fileadmin/fom/ downloads/ Schriften/FOM_Arbeitspapier_21.pdf Letzter Zugriff: 15.11.2015）

Gerstenmaier, J. & Mandl, H. 1995）. Wissenserwerb unter konstruktivistischer Perspektive. *Zeitschrift für Pädagogik, 41*, 867–888.

Gensch, K. 2014）. *Dual Studierende in Bayern – Sozioökonomische Merkmale, Zufriedenheit, Perspektiven. Studien zur Hochschuleforschung, Bd. 84.* München: Bayerisches Staatsinstitut für Hochschulforschung und Hochschulplanung.

Gnefkow, T. 2008）. *Lerntransfer in der betrieblichen Weiterbildung. Determinanten für den Erfolg externer betrieblicher Weiterbildung im Lern- und Funktionsfeld aus Teilnehmerperspektive.* Saarbrücken: VDM Verlag Dr. Müller.

Gräsel, C. 2010）. Stichwort: Transfer und Transferforschung im Bildungsbereich. *Zeitschrift für Erziehungswissenschaft, 131*）, 7-20.

Gruber, H., Prenzel, M. & Schiefele, H. 2006）. Spielräume für Veränderung durch Erziehung. In A. Krapp & B. Weidenmann Hrsg.）, *Pädagogische Psychologie*, S. 99 - 135. Weinheim: Beltz.

Gruber, H. & Renkl, A. 2000）. Die Kluft zwischen Wissen und Handeln: Das Problem des trägen Wissens. In G. H. Neuweg Hrsg.）, *Wissen – Können – Reflexion*, S. 155-175. Innsbruck:

Studien-Verlag.

Hall, A. & Krekel, E.M. 2014）. Erfolgreich im Beruf? Duale und schulische Ausbildungen im Vergleich. *BIBB REPORT*, S. 1 - 15. Verfügbar unter: www.bibb.de/dokumente/pdf/ BIBB_Report_2_2014_Internet.pdf Letzter Zugriff: 22.11.2015）

Heidenreich, K. 2011）. *Unternehmen und duale Studiengänge. Sonderauswertung der Unternehmensbefragung „Erwartungen der Wirtschaft an Hochschulabsolventen"*. Berlin: Deutscher Industrie- und Handelskammertag e. V.. Verfügbar unter Http://www.dihk.de/ ressourcen /downloads/sonderauswertung-duales-studium/at_ download/file?mdate=1330508098219 Letzter Zugriff: 15.11.2015）.

Holtkamp, R. 1996）. *Duale Studienangebote der Fachhochschulen*. Hannover: HIS.

Kriegesmann, B., Kottmann, M., Masurek, L. & Nowak, U. 2005）. *Kompetenz für eine nachhaltige Beschäftigungsfähigkeit*. Dortmund/Berlin/Dresden: Bundesanstalt für Arbeitsschutz und Arbeitsmedizin.

Kupfer, F. 2013）. Duale Studiengänge aus Sicht der Betriebe - Praxisnahes Erfolgsmodell durch Bestenauslese. *Berufsbildung in Wissenschaft und Praxis, 4*, S. 25-29. Verfügbar unter http://www.bibb.de/veroeffentlichungen/en/bwp/show/id/7105 letzter Zugriff am 15.11.2015）

Kupfer, F. & Mucke, K. 2010）. *Duale Studiengänge an Fachhochschulen nach der Umstellung auf Bachelorabschlüsse. Eine Übersicht*. Bonn: Bundesinstitut für Berufsbildung.

Law, L.C. 2000）. Die Überwindung der Kluft zwischen Wissen und Handeln aus situativer Sicht. In H. Mandl, J. Gerstenmeier & A. Bangerter Hrsg.）, *Die Kluft zwischen Wissen und Handelns. Emprirische und theoretische Lösungsansätze*, S. 253-288. Göttingen: Hogrefe.

Leichsenring, A., König, M. & Göser, H. 2015）. *AusbildungPlus. Duales Studium in Zahlen. Trends und Analyse 2014*. Bonn: Bundesinstitut für Berufsbildung. Verfügbar unter: http://www.ausbildungplus.de/files/Duales-Studium_in_Zahlen_2014.pdf Letzter Zugriff: 15.11.2015）

Lemke, S. G. 1995）. *Transfermanagement*. Göttingen: Verlag für Angewandte Psychologie.

Meyer-Guckel, V., Nickel, S., Püttmann, V. & Schröder-Kralemann, A.-K. 2015）. *Qualitätsentwicklung im dualen Studium Ein Handbuch für die Praxis*. Essen/Berlin: Stifterverband für die Deutsche Wissenschaft. Verfügbar unter: http://www.stifterverband.de/ pdf/handbuch_duales_studium.pdf Letzter Zugriff: 15.11.2015）.

Minks, K.-H., Netz, N. & Völk, D. 2011）. *Berufsbegleitende und duale Studienangebote in Deutschland: Status quo und Perspektiven*. Hannover: HIS. Verfügbar unter http://www.dzhw.eu/pdf/pub_fh/fh-201111.pdf Letzter Zugriff: 15.11.2015）

Mucke, K. & Schwiedrzik, B. 2000）. *Duale berufliche Bildungsgänge im tertiären Bereich – Möglichkeiten und Grenzen einer fachlichen Kooperation von Betrieben mit Fachhochschulen und Berufsakademien*. Verfügbar unter http://www.bibb.de/dokumente/ pdf/Abschlussbericht-duale-Studiengaenge2000.pdf Letzter Zugriff: 15.11.2015）

Nickel, S. 2011）. *Der Bologna-Prozess aus Sicht der Hochschulforschung. Analysen und Impulse für die Praxis*. Gütersloh: CHE gemeinnütziges Centrum für Hochschulentwicklung.

Verfügbar   unter   http://www.che-consult.de/downloads/CHE_AP_148_Bologna_Prozess_ aus_Sicht_der_Hochschulforschung.pdf Letzter Zugriff: 15.11.2015）

Rank, B. & Wakenhut, R. 1998）. Ein Bedingungsmodell des Praxistransfers. In: B. Rank & R. Wakenhut Hrsg.）: *Sicherung des Praxistransfers im Führungskräftetraining*. S. 11-30. München: Hampp.

Patry, J.-L. 2000）. Transfersicherung. In S. Seeber, E. M. Krekel & J. van Buer Hrsg.）, *Bildungscontrolling – Ansätze und kritische Diskussionen zur Effizienzsteigerung von Bildungsarbeit*, S. 131-150. Frankfurt am Main: Europäischer Verlag der Wissenschaften.

Rauner, F. 2012）. Akademisierung beruflicher und Verberuflichung akademischer Bildung – widersprüchliche Trends im Wandel nationaler Bildungssysteme. *bwp@Berufs- und Wirtschaftspädagogik -online*, *23*, S. 1-19. Verfügbar unter http://www.bwpat.de/ ausgabe23/ rauner_bwpat23.pdf Letzter Zugriff: 15.11.2015）

Renkl, A. 1996）. Träges Wissen: Wenn Erlerntes nicht genutzt wird. *Psychologische Rundschau, 472*）, 78–92.

Schaeper, H. 2005）. Hochschulbildung und Schlüsselkompetenzen. Der Beitrag der Hochschulforschung zur Evaluation der Qualifizierungsfunktionen und -leistungen von Hochschulen. *Zeitschrift für Pädagogik, 50. Beiheft*, 209–220.

Schermutzki, M. 2007）. Learning outcomes – Lernergebnisse: Begriffe, Zusammenhänge, Umsetzung und Erfolgsermittlung. Lernergebnisse und Kompetenzvermittlung als elementare Orientierungen des Bologna-Prozesses. In W. Benz, J. Kohler & K. Landfried Hrsg.）, *Handbuch Qualität in Studium und Lehre: Evaluation nutzen, Akkreditierung sichern, Profil schärfen*, S. 1-30. Berlin: Raabe.

Schulte, F.P. 2015a）. *Die Bedeutung und Erfassung des Erwerbs von Theorie-Praxis-/Praxis-Theorie-Transferkompetenz im Rahmen eines dualen Studiums. Expertise des Projekts „KompetenzDual" der FOM Hochschule, erstellt im Rahmen des Qualitätsnetzwerk Duales Studium des Stifterverbandes für die Deutsche Wissenschaft*. Berlin: Stifterverband für die Deutsche Wissenschaft. Verfügbar unter: http://www.stifterverband.de/pdf/hds- essen-transferkompetenz.pdf Letzter Zugriff: 1.10.2015）

Schulte, F.P. 2015b）. *Die Rolle didaktischer vs. persönlichkeitspsychologischer vs. organisationaler Bedingungen für den Kompetenzerwerb im dualen Studium*. Präsentation auf der Jahrestagung der Gesellschaft für wissenschaftliche Weiterbildung und Fernstudium DGWF）, 23. bis 25. September, 2015 in Freiburg, Deutschland.

Schulte, F.P., Gerholz, K.-H. & Heinemann, S. 2015）. Linking "Doing", "Doing Right" and "Doing Right With Others"—Empirical Indications of the Relationship Between Ethical Competency, Diversity Competency and Other Parts of the Competency Construct. In L. O`Riordan, P. Zmuda& S. Heinemann Hrsg.）, *New Perspectives on Corporate Social Responsibility: Locating the Missing Link*, S. 527-545. Wiesbaden: Springer.

Schulte, F.P. & Heinemann, S. 2014）. Anders kennen, anders können – Die Erwartung von Studierenden an eine Vermittlung von Diversity-Kompetenz im Kontext anderer

Kompetenzfacetten. In K. Spelsberg Hrsg.）, *Einsichten und Aussichten – ein interdisziplinärer Auftakt. Gender 360° Bd. 1*, S. 248 - 262 Berlin: LIT.

Seidel, J. 2012）. *Transferkompetenz und Transfer. Theoretische und empirische Untersuchung zu den Wirksamkeitsbedingungen betrieblicher Weiterbildung*. Landau: Verlag Empirische Pädagogik.

Solga, M. 2011）. Förderung des Lerntransfers. In J. Ryschka, M. Solga & A. Mattenklott Hrsg.）, *Praxishandbuch Personalentwickung – Instrumente, Konzepte, Beispiele*, S. 303-331. Wiesbaden: Springer.

Sterz, A. 2011）. Die Entwicklung dualer Studiengänge zwischen 2004 und 2010. In M. Friedrich Hrsg.）, *Datenreport zum Berufsbildungsbericht 2011 : Informationen und Analysen zur Entwicklung der beruflichen Bildung*. Bonn: Bundesinstitut für Berufsbildung. Verfügbar unter http://datenreport.bibb.de/html/3696.htm Letzter Zugriff: 15.11.2015）.

Teichler, U. 2014）. *Hochschulsysteme und quantitativ-strukturelle Hochschulpolitik*. Münster, New York: Waxmann.

Thorndike, E. L. 1906）. *Principles of teaching*. New York: Seiler.

Whitehead, A.N. 1929）. *The aims of education*. New York: MacMillan.

Weinert, F. E. 2001）. Concept of Competence - A Conceptual Clarification. In S. Rychen& L.H. Salganik Hrsg.）, *Defining and Selecting Key Competencies*, S. 45-66. Seattle: Hogrefe & Huber.

Wissenschaftsrat 1996）. *Empfehlungen zur weiteren Differenzierung des Tertiären Bereichs durch duale Fachhochschul-Studiengänge*. Köln: Wissenschaftsrat.

Wissenschaftsrat 2013 ）. *Empfehlungen zur Entwicklung des dualen Studiums. Positionspapier*. Köln: Wissenschaftsrat. Verfügbar unter http://www.wissenschaftsrat.de/download/archiv/3479-13.pdf Letzter Abruf: 28.12.2014）

Zlatkin-Troitschanskaia, O. & Seidel, J. 2011）. Kompetenz und ihre Erfassung – das neue „Theorie-Empirie- Problem" der empirischen Bildungsforschung? In O. Zlatkin-Troitschanskaia Hrsg.）, *Stationen Empirischer Bildungsforschung. Traditionslinien und Perspektiven*, S. 218–233. Wiesbaden, Germany: VS Verlag für Sozialwissenschaften.

共生的职业和学术的知识及能力的共生

——以德国埃森经济管理应用科技大学为例的
德国双元制学习模式中的转换思维

弗兰克·舒尔特教授、博士（Prof. Dr. Frank P. Schulte）
德国埃森经济管理应用科技大学评估办公室科学主任

双元制学习是一种学习模式，它将德国教育体系中（与学校教育相关的）第二教育领域、（以获得从业能力为目的）第三教育领域以及（内容为继续教育的）第四教育领域相互联系起来了；双元制学习模式所提供的大学课程，以系统的方式和在平行的时间内将职业实践和学术的知识及技能的获取相联系，并以理想的方式帮助毕业生迅速地融入劳动市场。这样，完成双元制大学课程的学生既能获得一份学术能力证明（一般情况下是获得学士学位），又能接受（通常是辖属国家质量监管的）职业教育。因而，在德国教育体系卓有成效的发展中，提供双元制大学课程具有重要的作用。在对历史发展进行了如下分析后，这将会变得非常明显。

德国教育体系中的职业资质之路

直到 19 世纪 70 年代，德国教育体系的特色反映在两个教育领域呈现着明显的区别。一方面，当时的学生在完成高中学习后便可获得高中毕业证，通常情况下，紧接着就是就读综合性大学。这样一条具有学术特色、又由国家保证质量的职业资质道路，课程设置的导向主要重视的是（多为抽象）的科研，并不关注（更为具体的）职业方面的动手要求。因为一般认为：随着高校毕业生进入职场，学术知识将会自动且有效地落实为成功的职业行为。另一方面，参加其他形式的学校学习，获得其他学校的毕业证书，通常都会去接受系统的和有组织的职业培训。在德国，除了在纯学校接受教育，职业资质（霍尔与克雷克尔-Hall & Krekel, 2014；贝特格、布斯与兰弗-Baethge, Buss & Lanfer, 2003）主要还是在所谓的双元制教育体系框架内获得的。

这种体系的主要标志就是教育机构与企业的伙伴关系，在双方的帮助下，在两个学习场所系统地举办职业技能培训：在职业学校学习的同时，学徒在受训期间就已经在企业中系统地介入对职业技能意义重大的工作及行动过程。按照法律及其他相关规定（例如，通过《联邦职业教育法》以及相关的手工业协会、工商协会制定的规定），大部分实践培训是在企业或是通过企业来进行，而职业学校更多地则是承担理论部分的教学。在此期间，学徒也是企业的员工，并从中获得学徒酬金。

这种传统平行的可以获得职业资质的两条道路，反映于不同的教育文化、组织及法律形式以及认证体系，已经在许多地方显示出了这两个领域在组织及文化方面的区别。不过需予指出的是，既往总是认为，学术教育与职业教育是等值的（参见，泰希勒-Teichler，2014）。然而，出于不同原因，显然已不再致力于严格区别第三教育领域的两个方面。此外，人们还担忧综合性大学和应用技术大学所开发的传统课程可能会偏重理论及远离实际。霍尔特坎普称此为"学术漂移"（霍尔特坎普-Holtkamp，1996.4；也可参见劳拉，2012），贝特格则称之为"教育分裂"（贝特格-Baethge，2006.13）。同时，对职业领域的变化要求，对引发学术资质与职业实践技能的明显区别显得同样重要：现在对员工提出越来越高的认知－理论要求的那些领域，在之前要求更多的是实践性的知识。此外，高中毕业生日益增长的就读大学的倾向、与德国的人口发展相关联并由此导致接受职业教育学生数量的下降，以及随之产生的对于专业人员缺口的恐惧，这些都是称之为开放教育领域的原因。

以为德国的经济和科学提供专业人员储备保障为宗旨，因此，自 20 世纪 70 年代以来，两个领域相互贯通日益成为可能，并以需求为导向，第三教育领域传统的二元性至少被分解为几个部分。为使员工能够按其天赋和兴趣，以及最佳地与职业活动要求相匹配得到聘用，按学历设立了获得作为高等教育入学资格的高中毕业证书的新途径，这使得拥有其他学校毕业证书而非高中毕业证书的已从业人员也有了进入高等教育机构学习的机会（即所谓的"第二条教育道路"）。此外，还施行了新型的大学入学资格，如"与相关专业挂钩的高等教育机构入学资格"，这使得就读专业与学历相兼容的应用技术大学成为可能。尤其是这样的需求通过创建新的高等教育机构——应用技术大学也得到了满足。它注入了不以研究为导向而以开发和实践为导向的新模式，并以新的特色成为传统的综合性大学的补充。

因此，对这一历史作简单的回顾显得并不那么令人诧异，其间，德国的学术教育与职业教育已部分地相互渗透。在国际上（诸如美国、日本或丹麦等西方国家）也正在类似地谋求建立学术资质道路与职业资质道路之间的贯通性（欧拉与泽韦林-Euler ＆ Severing，2014）。然而只有在德国，早就业已存在着教育机构与企业之间形成的合作文化。同时，双元制大学课程也是史上最新的发展，以尝试将上述描述的传统德国获得职业技能道路联系在一起。如下所述，双元制教学课程以非常理想的方式将高校的学术学习与企业的职业实践培训结合起来。双元制教育的目的在于，以经济和学生的需求为导向，平行传授以科学研究为导向的和以职业—行动为导向的知识、技能和能力。

双元制高等教育：同时具备学术的和实践的职业能力的混合型途径

双元制课程设置的主要特征：对多个地点的学习进行系统的、组织的、合规的运作：学生们就读高等教育机构（传统的获得文凭途径），在企业进行学习或在职业学校学习（如接受双元制职业教育）。在这些学习地点的诸过程得到了最佳的相互协调，参与其中的机构和个人有完美的合作。不同的学习过程、学习系统之间的运作程度究竟如何，完全取决于参与者（学生、企业和高校）的需求和为之提供的可能性，这也是在许多方面经常讨论的一个问题（比较 Meyer-Guckel, Nickel, Püttmann ＆ Schröder-Kralemann, 2015）。双元制课程的一般特点是，大学生在就学期间就已经获得了丰富的实践经验（符合《联邦职业教育法》规定的从业资格证书和职业学校毕业证书）以及学位证书（通常是学士学位，最近也在谈论双元制课程的硕士学位）。此外，双元制大学生们也可以作为企业的雇员。企业对学生本人予以资助（发放培训工资）以及对学习进行投资，或承担培训/学习费用，或向参与教学的机构支付费用。在此可以看出，这在法规上和组织结构上与双元制职业教育有着极强的相似性。

第一个双元制课程诞生于上世纪 70 年代中期的德国。自那时以来双元制课程稳步扩张：联邦职业教育和培训研究所的数据库表明，2014 年共有 1505 门课程，注册学生超过94000 名。双元制教育成为德国教育体制内增长最快，最有发展潜力的领域。舒尔特 2015年对 100 家德国公司人力资源部负责人所做的调查问卷表明，他们在招聘员工时将在学校学习的专业能力和在工作岗位上获得的实践能力作为筛选的重点。无论公司规模如何，皆是如此。然而另一结果显示，公司的规模和公司所需投入的资金息息相关：公司越小，在与高校合作共同推进双元制教育时所需投入的费用越高。

双元制教育模式利益相关者的期望，即学生、企业、高校的期望，解释了上述课程数目和学生数目向上发展的原因。Gensch 在 2014 年针对巴伐利亚州学生所做的调查发现，为职业生涯作更好的准备以及更多的实践引导比传统的大学学习更受学生欢迎。如何在大学期间积累工作经验，同时具备相应的专业及学术能力，也是双元制教育在将来需要引进和考虑的一些因素。获得企业的科研教育经费以及良好的发展前景也是引入双元制学习的一个重要的动机。调查结果也明确显示出，大多数已进入双元制体系的学生们对他们的学习环境感到满意。

不仅如此，企业家们也对双元制的学习制度以及在这种制度下培养出的学生抱以很高的期待。Kuper（2013）针对 1387 家与高校和研究院建立了双元制学习合作模式的企业进行了问卷调查，调查结果表明，他们非常看重双元制体系下对学生实践操作能力的培养。他们提到，参与双元制学习合作项目能够从中为企业获得一流的技术人才储备，并且相对传统的职业培训，双元制学习的教学模式对当下的年轻人更有吸引力。他们还指出，为学生提供双元制学习实践岗位能够提高企业的招聘吸引力。不仅如此，这些企业也对这些从双元制学习体制下走出来的毕业生们青睐有加，相对于在传统教育模式下培育出来的学生们来说，这些学生在他们的学习生涯中获得了更多的实践经验，更能吃苦耐劳，更有上进心，并且有更强的组织能力和团队合作能力。相反，那些传统教育模式下的毕业生则更注重理论知识。根据德国工贸协会调查，大部分企业已经有过参与双元制教学的经验或正计划参与这一新型的教学模式。（Heidenreich, 2011）

双元制学习的核心——转换性思维

在德国，双元制的学习范围不仅广，而且学习内容也具有相当的多样性。在人们眼里这不足为奇，因为这正是双元制学习的一个重要目标，即既要确保学生的理论素养，又要加强学生的实践能力。因此，学生们必须很好地适应在学校以及在企业两种截然不同的学习模式，这样才能使得学生们在这两个学习平台中更有效率地进行学习。在许多关于双元制学习的讨论或者文献中都提到一点，那便是理论和实践转换的重要性。然而如何理解在一般的以及特殊的双元制教育体系下的"转换"，一直以来都无人能给出准确的答案。例如Barth 和 Reischl（2008）曾申明："理论和实践的转换已经发生，它并不是互相参考，例如工具设备的借鉴。"之后他们证实了一些正式的、可能能够确保转换的措施，并提出已有文献资料证明了理论与实践转换的成功案例的存在。然而他们并没有描述这种转换的具体过程，这大大限制了这一观点的实用性，因为它加大了这种"转换"的质量保证和管理的难度。

Mucke 和 Schwiedrzik（2000）认为，理论转化为实践亦或是实践转化为理论都应当可行，在"企业实践到学术理论"这一思想中，他们发现了双元制教学与传统高校教学的重要区别。Berthold、Leichsenring、Kirst 和 Voegelin（2009）在转换性思维学习以及转换能力习得中看到了高校毕业生工作能力的核心元素："通过理论和实践阶段之间的转换工作，必须使得理论和实践可以很好的转换，并将此视为行为能力发展的重要的一部分。"（Berthold、Leichsenring、Kirst 和 Voegelin, 2009, 32 页）但对于"转换"一词的准确定义却仍旧没有提及。

除了上文提到的关于"转换"一词定义的不明确性，还有一点也非常引人注目，那便是"转换"和"转换性思维学习"在很多方面只是作为学生的任务（Holtkamp, 1996; Kupfer, 2013）。Berthold、Leichsenring、Kirst 和 Voegelin（2009）指出，自博洛尼亚条约和里斯本条约后，"转换"和"转换性思维学习"就必须作为老师教学中的一部分出现，也应当成为实施双元制教学的教学机构的任务。上文提到的科学委员会也将此视为高校的义务："只要所涉及的大学课程特色鲜明，方针明确，例如将理论和实践在内容上的转换任务的一部分有意识地交给学生完成，那么不同程度的内容衔接基本都是可行的。"（科学委员会, 2013, 28 页）

如何从一个专业领域中，将其知识的范围和条件（例如"理论"的教学，学习地点也是针对理论知识的）转换到另一个专业领域（其学习内容和学习地点是"实践"的），这些转换的条件和方法又是什么，这些已经在很长一段时间内备受讨论（参看：Thorndike, 1906）。同时，在不同学科中"转换"的重点也不一样（Gräsel, 2010）。以实践经验、心理学、教育学为导向的"教—学—研"过程，在这一转换中常常可以将一个解决问题的成功方案，转换到另一个相似却并不相同的任务解决过程中（Renkl, 1996）。与此相反，对于企业中的继续教育来说，这一转换则通常是已获得的知识、技巧和能力的转换，甚至是来自于日常职业实践中固化的能力的转换（参看 Law 2000; Gnefkow, 2008）。

舒尔特（2015A）整合了这些考虑因素并且定义了"转换"这个概念，后来他将其引入到双元制学习中："转换是指将有特定关联的知识和技能转换到无特定关联的知识和技能领域，并在之后使用于其他的关联当中。"（Schulte, 2015a, S. 23f）在这个过程中转换是以学习过程为基础发生的。学习被看做是一个积极的、有情感的、能够自我控制的过程。转换是借助知识，将学习者接受的信息以及已经存储在他们记忆中的信息唤醒来促进学习过程 Gruber, Prenzel & Schiefele, 2006）。知识是通过积极、主观以及社会的理念体系而形成，其目的是短期或长期实用性技能和能力的获得。（参看：Gerstenmeier & Mandl, 1995; Gruber & Renkl, 2000）"成功的转换是一个努力追求的、可以观察到的人们在应用中的行为变化。这是基于学习过程是在一个的学习上下文中，要考虑到主观，内部以及外部（特别是社会和组织）的转换条件。"（Schulte, 2015a, S. 20）"惰性知识"，也就是所谓的"懒"，很难或不可能适用知识应该要减少（Whitehead, 1929），因此转换在定义中只是在知识内容和在其他关联技能的应用的反馈的基础上进行的："在转换过程中会用到反馈，以确定需要从目标关联中的原始环境在传输过程中要保持内容和技术细节，为了让知识和技能继续在目标关联内容中可用。同样在转换过程中会用到反馈，以确定需要从目标关联中的原始环境在传输过程中要保持内容和技术细节，为了让知识和技能继续在目标关联内容中可用。"

　　在学习过程中当中获得的知识和技能以及其他的个人、社会、方法技能被统称为能力。学习学者了解并有能力进行的学习也会带来学习结果。这种行为能力首先取决于学习者的需要（欧盟，2011 年）。能力通过资格证获得认可。从博洛尼亚/里斯本进程开始它们就成为了教育规划和教育行动的基础。行动基于知识从社会、文化和科学实践衍生而来，在特定条件中下产生，及从已有的能力中获得。行为能力是由一个个能力面构建而成，这些能力面可能是专业的、特定的，但也可能是非专业的。除专业技能外，往往还体现出自我或个人能力，社会、沟通和团队技能及方法技能。单方面能力习得的形成被称为能力面；其适合于专业实践的要求至少在理论上确保了大学毕业生在劳动市场上的成功。

　　转换行为很长时间没有或只是被轻微形容为能力建设的一部分。赛德尔为职业培训背景描绘了一个转换能力获得的模型。一个清晰的演替呈现在眼前——起始情况（培训前）、学习（培训中）、运用（培训后），由此得出，这个模型更适合在传统全日制学习的转换学习过程中运用。正如上面所述，因为转换学习和转换行为是双元制教育课程的最重要和定义的标准，舒尔特以上面提及的转换学习进程的思想为基础提出了在领导能力建设背景下的转换能力。在这转换能力被定义为——从其背景中释放能力和意志，特定背景下的知识和能力，使其转变成不定背景下的能力。再者，转换能力表明了确认过程的重要性："此外反馈被用在学习情景和应用情景中。反馈来源于知识内容和技能的运用以及原始和最终背景。"接下来开始论述埃森经济管理应用技术大学双元制教学模式的经验——成型、实施和评估。以上描述的有关"转换能力"及"转换能力的获得"的各种因素，在不同的双元制教育模式下将得到整合统一。

埃森经济管理应用科技大学双元制教育模型的核心——转换能力的获得

　　埃森经济管理应用科技大学是一所私立的、非盈利性的、有基金会支持的大学。埃森经济管理应用科技大学在 1907 以来便存在的管理和商学院的基础上，于 1991 年成立，并在 1993 年得到国家承认，然后于 2004 年获得了德国科学联合会的资格认可。2015 年，埃森经济管理应用科技大学拥有超过三万八千名学生，同时它也是德国最大的应用技术大学之一。教学在全德超过 30 个研究点进行。埃森经济管理应用技术大学的重心在于企业经济学课程，随着几年前学生人数的增加，它又在相关领域开设了如经济计算机科学、商业法、商业心理学、健康和社会科学或工程学的课程。埃森经济管理应用技术大学的特别之处在于其目标群体，它的课程都是针对他们的。据其基金会的使命，埃森经济管理应用技术大学主要针对的是从业人员和既对学术资格又对从业资格感兴趣的人群，简单言之就，是对双元制教育感兴趣的人群。2014 年大学学生中大约 75%是兼职学生，大约 25%是不同于被当作双元制理解的学习模型的学生。

　　埃森经济管理应用技术大学提供双元制教学课程一贯遵循多项前提：

　　1. 提供的教育模式必须是保质保量的、科学的双元制大学课程，在修完大学课程之后能够保证颁发学位证（学士学位或硕士学位）。

　　2. 在关注当下和未来职业实践及在理论—实践/实践—理论意义下的学院教学是成功的。这反映了大学生的选择（这些学生能获得广泛的实践技能），也反映了埃森经济管理应用技术大学特色的教学法。在过去几年这些由互动教学发展成为转换教学。

　　3. 教学的进行永远是一个现在时，大学生在当地和其他双元制或者在职的学生们一起学习，同时还必须考虑到组织上的要求，远程教育的可能将会在该地区逐渐成为一个随时可用的重要补充。

4. 教学组织必须有效运作，也就是要尝试尽可能达到成本（比如大学生或者企业的大学学习费用、到达大学所用的时间以及适应期）与收益（还考虑到个体差异学习目标的能力获得）之间的完美平衡。

由此产生了 FOM 所提供的双元制学习的不同模式。

在一体化的双元制职业培训完成之后，学生将获得在双元制职业培训框架结构下的资格认定，按照相应的培训规则，他们也可以上相应的职业学校。与此同时，他们也可以参加高校的活动，以获得学士学位为目标。为了尽可能高效且灵活地塑造这种大学双元制学习，学校的教学一般在晚上和周末进行。大学的教学内容涉及到职业教育的内容。法律规定企业、职业学校和高校之间的培训学习，必须与企业和高校的合同为需要。在高校和大学生之间，大学生完成注册之后就实现了一个法律的约束力。标准的培训合同也因此在学生和企业之间缔结。在职业教育结束之后，一般来说，随之而来便是一份正式的劳动合同。大学生们就如所有的在 FOM 高校的大学生们一样，仅仅和其他的在职大学生或者双元制学习的学生一起学习，这种教学模式的优点是可给学生和企业很多机会去获得两种资格认定（获得职业培训和学士学位），特别是中途学习职业教育的许多大学生都认为这种职业教育模式非常好，因为职业教育可以很完美地以获得职业资格认定结束。

通过登记注册一所高校，可以免去北莱茵—威斯特法伦洲规定的就读职业学校的义务。取而代之的是接下来准备参加 IHK（德国工商业联合会）的职业资格认定考试，而大学里的学习经常是进行一整天（正如插图中介绍的那样）。像前面所说的第一种教学模式一样，也可以选择在晚上和周末进行；这种模式常常受到学生和公司的青睐，这些学生和公司大多追寻的是在双元制教育体系中实习的灵活性（例如，因为在这段时间内的一部分企业实习必须是在实习公司的其他地区进行的）。由此可见，以上这种一体化的职业培训模式和职业学校的学习模式是相同的。

参加以上两种模式的双元制教育的学生可以获得两种专业技能毕业证。此外还有另外一些双元制教育模式，在这些模式中，学生通过学习高效课堂内容和企业的特色就可以毕业，而不需要再去参加企业培训项目中的职业教育了。FOM 大学正好提供了这种集实践为一体的双元制教育模式，而且进行得非常成功。学校和企业能够达成一致是特别重要的，这样能够让学生获得技能和知识。学校提供不同的选择性，是为了按照相应的教育协议，满足不同企业对员工的差异化要求和提供的差异化机会（特别是中小企业），以及满足不同课程下学习的特殊性。

FOM 大学双元制教育的评估

自 2012 年以来，FOM 大学就已经得到了系统的认证，这意味着，它拥有一个经过审查的、正在运作的内部质量保证系统，并且能够在外部专家的参与下完成学业。这种毕业系统是以欧洲高校教学质量指导标准为核心的，是以文化会议和德国毕业率的的范围的内容为指导方向的。不仅如此，系统的完成率也呈现了学校对于持续的，系统的教育成果的评估的责任。除了毕业教育、师资力量的评估和满足学生要求外，FOM 大学也致力于双元制学生能力获得的教育。获得技能和达到能力标准对于双元制教育管理非常重要。在此我们将对客观能力和主管能力进行区别。客观能力是指拥有技能的人掌握的客观能力，主观能力是指学生已经掌握了什么，还会掌握什么。在双元制教育下能力获得的主观报告显示，477 个被采访的高年级的双元制学生拥有符合双元制教育标准的转换能力。这些学生拥有很强的个人能力和基本的理论学习能力。在标准的教育评估中我们可以发现，几乎所有的学生都达到了所报告的平均的标准。图表分析显示，专业能力，理论学习能力和社会能力的主观获得的不同比例主要归功于到学生的转换能力和个人能力。学术内容（学习地点如：大学）与工作实践内容（学习地点如：企业）在内容方面达到主观上的一致。也就是说，不同学习地点之间系统的协调只扮演着一个次要的角色，相异而系统的学习模式并不那么重要。

结论

上述简要报道的评估结果显示：至少对于 FOM 大学的特殊学习建议和它的特殊教学方式，而引入可操作的和以相互转换为导向的双元制教学，这个理论构想得到了证实。在对于学习心理、教学法和教育学思考的基础上，我们明白了一点：关注双元制学习的同时，一种转换的特殊形式——"理论—实践/实践—理论的双向转换"成为了学习的重点。用此种方式，一篇文中的信息内容得以向另一篇的内容相互转换。而对于该方法的运用和对原文内容的检验，会促使学习过程中的进步（正如穆克和史伟德茨克对于双元制教学的要求）。这项技能现在不是一项明显的、已有的能力而被人们所理解。可控性的范围更多是可变的，可以学习和教授。在学习过程中，系统的转换能力的收获（近似于同时的收获，在学术与工作实践的专业、方法、社会的收获以及个人能力的进步）显然是双元制教育的特点。FOM大学在不同学习模式方面的经验证实了这些。

这项认识也给双元制教育的倡导者带来了一项义务：教育计划和教育组织的任务是学习思维的转换。双元制教育的重要目的是占据"转换条件"，教育行为特别的难点在于学习思维转换和转换能力的获得上（双重条件并不是必要的，但有时会大有裨益）。频繁和不同的地点对于双元制教育是必要的。学习地点正确而有组织地契合是完成转换调整目的的方法。如索尔加（2011 年）、涅斯特罗姆（1992 年）和莱姆克（1995 年）写到的。

双元制教育的提议，连接着科学—研究指向、职业的—行为指向和转换能力获得；这也促使了在学术和工作领域产生更多渗透教育因素的合适方法。它们能有利于反映已经改变的要求，这是由于工作领域的改变和人口发展而引起的。德国未来员工在其领域有共同的资质，这注定使企业和教育机构之间历史上有着良好的关系。在其他的教育体系和国民经济中可能有更多的论据：企业有很大可能会第一次相信，参与到双元制教育便是投资于自己的未来：在双元制教育的帮助下，那些积极而勤劳的求职者紧密地和企业联系在了一起，"返回投资"也使他们成为员工，这将会特别而长久的表明，在双元制教育的作用下，员工们能够很快地把适合于自己的天赋、利益和资历投入到企业的日常要求中。值得提到的是，有这样一个能满足赎金保管者、学者、企业、大学和社会所有需求，而且高效的、创新的、质量有保障的资格模式，一定能够高效地适应快速变化的经济全球化的挑战。

参考文献

［1］认证委员会（2010）．"有特殊方针要求的大学课程"工作小组指南，认证委员会2010年12月10日决议，Drs. AR 95/2010

［2］认证委员会（2013）.大学课程认证与系统认证规则，认证委员会2009年12月8日决议，2013年2月20日最后修改，Drs. AR 20/2013

［3］Baethge, M. 2006.《德国教育的分裂：前工业时代的教育系统在后工业社会下的问题》哥廷根乔治奥古斯特大学社会研究所（SOFI）报告34号，13-27页

［4］网址：http://www.econbiz.de/archiv1/2008/41112_deutsche_ bildungs_schisma.pdf（最后访问时间：15.11.2015）

［5］Baethge, M., Buss, K.-P. & Lanfer, C. 2013.《国家教育报告基础概念—职业教育及继续/终身教育》波恩：德国联邦教育与研究部

［6］Baldwin, T. T. & Ford, J. K. 1988.《培训转移：回顾与未来的研究方向》人事心理学41, 63-105

［7］Barth, H. & Reischl, K. 2008（ Hrsg.）.《双轨制教育课程的质量保证》柏林：柏林经济和法律应用技术大学（网址：http://www.hwr-berlin.de/fileadmin/downloads_ internet/ba/sonstiges/FHW_BLK_-_Leitfaden_Qualitaetssicherung_dualer_StG_2008-05.pdf 最后访问时间: 15.11.2015

［8］Berthold, C., Leichsenring, H., Kirst, S. &Voegelin, L. 2009）．《人口结构变化与应用技术大学. 以大学双轨制教育模式的扩大作为人才缺乏的应对措施》居特斯洛：高等教育发展咨询中心.（网址：http://www.che-consult.de/downloads/Endbericht_ Duales_Studium_091009.pdf 最后访问时间: 15.11.2015）

［9］Blömeke, S., Zlatkin-Troitschanskaia, O., Kuhn, C., & Fege, J. 2013.《高等教育中建模和测量能力、任务和挑战》摘自 S. Blömeke, O. Zlatkin-Troitschanskaia, C. Kuhn & J. Fege Hrsg.），《高等教育中建模和测量能力、任务和挑战》1-12页. 荷兰，鹿特丹: Sense

［10］Broad, M. L. &Newstrom, J. W. 1992. 《培训转移：确保培训投资取得高回报的多种策略》阅读，马萨诸塞州：艾迪生韦斯利

［11］Erpenbeck, J. &Rosenstiel, L.v. 2007. 《能力评测手册：企业、教育及心理实践中的认识、了解和评估》斯图加特: Schäffer-Poeschel 出版社

［12］Euler, D. & Severing, E. 2014.《职业教育和学历教育的互相渗透》比勒费尔德：贝塔斯曼基金会。（网址: http://www.bertelsmann- stiftung.de/fileadmin/files/BSt/Publikationen/GrauePublikationen/LL_GP_Hintergrundpapier_Durchlaessigkeit_1412_neu.pdf 最后访问时间: 22.11.2015）

［13］European Union 2011.《运用学习成果》欧洲学历资格框架系列：Note 4 卢森堡：欧盟官方出版物办公室。（网址：http://www.cedefop.europa.eu/en/news-and-press/news/using-learning-outcomes 最后访问时间：15.11.2015）

［14］Fichtner-Rosada, S. 2011.《高校互动式教育是在职教育成功的因素- 挑战和能力为导向的贯彻》 FOM 工作报告 21）. 埃森：经济与管理应用技术大学（FOM）. 网址http://www.fom.de/fileadmin/fom/downloads/Schriften/FOM_Arbeitspapier_21.pdf 最后访问时间：15.11.2015）

［15］Gerstenmaier, J. &Mandl, H. 1995.《建构主义视角下的知识获取》教育学杂志, 41, 867–888.

［16］Gensch, K. 2014.《巴伐利亚州双元制学生—社会经济的特征，满意度及观点》高校研究，第 84 册.慕尼黑：巴伐利亚州高校研究及计划研究所.

［17］Gnefkow, T. 2008. 《企业在职教育中的学习转换。从受训者角度分析企业外职业培训在学习及工作领域取得成功的决定因素》萨尔布吕肯：VDM 出版社 Müller 博士.

［18］Gräsel, C. 2010. 《关键词：教育领域中转变及转变研究》教育杂志, 131）, 7-20.

［19］Gruber, H., Prenzel, M. &Schiefele, H. 2006.通过教育进行改变. 摘录自 A. Krapp&B. Weidenmann《教育心理学》 99 – 135 页. 魏因海姆：贝尔茨

［20］Gruber, H. &Renkl, A. 2000. 《知识与行动之间的差距：惰性思想引起的问题》摘录自 G. H. Neuweg《知识—技能—思考》155-175 页. 因斯布鲁克：Studien 出版社

［21］Hall, A. & Krekel, E.M. 2014. 《工作中的成功？双元制教育与中学职业教育的比较》 BIBB 报告，1–15 页. （网址：www.bibb.de/dokumente/pdf/ BIBB_Report_2_2014_Internet.pdf 最后访问时间：22.11.2015）

［22］Heidenreich, K. 2011. 《企业与双元制课程. 对企业调查"高校毕业生中对于经济的期望"的特别分析》柏林：德国工商会 （网址 Http://www.dihk.de/ressourcen/downloads/sonderauswertung-duales-studium/at_download/file?mdate=1330508098219 最后访问时间：15.11.2015）

［23］Holtkamp, R. 1996.《应用技术大学中的双元制课程》汉诺威：HIS. Kriegesmann, B., Kottmann, M., Masurek, L. & Nowak, U. 2005.《可持续就业能力》多特蒙德/柏林/德累斯顿：联邦职业安全与健康中心

［24］Kupfer, F. 2013. 《从企业的角度看双元制课程—通过最佳选择并结合实践的成功模式》职业培训研究与实践，4，25-29 页. （网址 http://www.bibb.de/veroeffentlichungen/en/bwp/show/id/7105 最后访问时间： 15.11.2015）

［25］Kupfer, F. & Mucke, K. 2010. 《本科学位调整后应用技术大学的双元制课程》概览. 波恩：联邦职业培训研究院

［26］Law, L.C. 2000.《越过知识与行动之间鸿沟概览》，摘录自 H. Mandl, J. Gerstenmeier& A. Bangerter《知识与行动之间的鸿沟：时间及理论方法》, 253-288 页哥廷根：霍格雷夫

［27］Leichsenring, A., König, M. & Göser, H. 2015. 《AusbildungPlus 双元制学习数据：趋势及分析 2014》波恩：联邦职业培训研究院. （网址：http://www.ausbildungplus.de/files/Duales -Studium_in_Zahlen_2014.pdf 最后访问时间：15.11.2015）

［28］Lemke, S. G. 1995.《转换管理》哥廷根: 应用心理学出版社

［29］Meyer-Guckel, V., Nickel, S., Püttmann, V. & Schröder-Kralemann, A.-K. 2015）.《双轨制学习的质量发展，实践手册》埃森/柏林: 德国科学捐助协会.（网址: http://www. stifterverband. de/pdf/handbuch_duales_studium.pdf 最后访问时间: 15.11.2015）

［30］Minks, K.-H., Netz, N. &Völk, D. 2011）.《德国的兼职人员和双元制课程：现状和前景》汉诺威: HIS（网址： http://www.dzhw.eu/pdf/pub_fh/fh-201111.pdf 最后访问时间: 15.11.2015）

［31］Mucke, K. &Schwiedrzik, B. 2000.《第三产业中的双元制职业培训课程–技术学院工厂和职业院校之间技术合作的可能性和限制》.（网址 http://www.bibb. de/dokumente/pdf/Abschlussbericht-duale-Studiengaenge2000.pdf，最后访问时间: 15.11.2015）

［32］Nickel, S. 2011.《博洛尼亚进程的高校研究. 对于实习的分析和促进》居特斯洛: 高等教育盈利中心发展（网址: http://www.che-consult.de/downloads/CHE_AP_148_ Bologna_Prozess_aus_Sicht_der_Hochschulforschung.pdf 最后访问时间: 15.11.2015）

［33］Rank, B. & Wakenhut, R. 1998）.《实践转换的模型》摘录自 B. Rank & R. Wakenhut《在管理人才训练中实践转换的保证》 11-30 页慕尼黑: Hampp

［34］Patry, J.-L. 2000.《转换保证》摘录自 S. Seeber, E. M. Krekel& J. van Buer《教育管控—关于提高教育工作效率的方法和重要讨论》131-150 页美因河畔的法兰克福: 欧洲科学出版社

［35］Rauner, F. 2012）.《职业教育的学院化和学院教育的职业化—在国家教育系统变迁中的矛盾趋势》bwp@职业教育与经济教育-online, 23, 1-19 页（网址 http://www.bwpat.de/ ausgabe23/rauner_bwpat23.pdf 最后访问时间: 15.11.2015）

［36］Renkl, A. 1996.《惰性思想: 如不学以致用》心理评论报, 472, 78–92.

［37］Schaeper, H. 2005.《高校教育和核心竞争力. 高校研究对于其资质职能和资质表现评估的贡献》教育学杂志, 50. Beiheft, 209–220.

［38］Schermutzki, M. 2007. Learning outcomes–《学习成果：概念，关系，实践及调查. 将学习成果和技能传授作为博洛尼亚进程的基本定位》摘自 W. Benz, J. Kohler & K. Landfried《教学质量手册：使用评估，确保认证，强化特征》1-30 页柏林: Raabe.

［39］Schulte, F.P. 2015a）.《在双元制学习框架中理论与实践互相转换能力的意义及获取.在德国科学捐助协会双元制学习质量框架内制定的埃森经济管理大学"双元能力"项目》柏林: Stifterverbandfür die Deutsche Wissenschaft.（网址: http://www. stifterverband. de/pdf/hds-essen-transferkompetenz.pdf 最后访问时间: 1.10.2015）

［40］Schulte, F.P. 2015b）.《教学，个人心理及组织条件在双元制学习能力获取的角色》来自科学继续教育及远程教育协会 DGWF 年会上的演示文件 2015 年 9 月 23 至 25 日于德国弗莱堡

［41］Schulte, F.P.，Gcrholz, K.-H. & Heinemann, S. 2015）.《链接"DoingRight"and "DoingRightWithOthers"—道德能力，综合能力及能力构成的其他部分之间关系的实验》摘录自 L. O`Riordan, P. Zmuda& S. Heinemann《关于企业社会责任的新视角：查找缺失的一环》 527-545 页威斯巴登：斯普林格

[42] Schulte, F.P. & Heinemann, S. 2014.《不同认知，不同能力–对于大学生通过其他竞争中综合竞争能力的预期》. 摘录自 K. Spelsberg《洞察与展望—跨学科 360 度》第一册，248 – 262 页柏林: LIT

[43] Seidel, J. 2012. 《能力转换和转换. 在公司内部培训条件下的有效性理论与实证研究》兰道：实证教育出版社

[44] Solga, M. 2011.《学习转换的推广》摘录自 J. Ryschka, M. Solga & A. Mattenklott，《人力发展实践手册—工具，理念，实例》303-331 页威斯巴登：斯普林格

[45] Sterz, A. 2011. 《双元制课程在 2004 至 2011 年之间的发展》摘录自 M. Friedrich,《2011 年职业培训数据报告: 职业培训发展的信息和分析》. 波恩: 联邦职业教育所. （网址 http://datenreport.bibb.de/html/3696.htm 最后访问时间: 15.11.2015）

[46] Teichler, U. 2014.《高等教育系统和定量结构的高校政策》敏斯特，纽约: Waxmann.

[47] Thorndike, E. L. 1906.《教学原则》纽约: Seiler.

[48] Whitehead, A.N. 1929.《教育的目标》纽约: MacMillan

[49] Weinert, F. E. 2001.《竞争力的概念—竞争力的概念—概念澄清》摘录自 S. Rychen & L.H. Salganik《关键能力的定位和选择》 45-66 页，西雅图: Hogrefe & Huber

[50] 科学委员会 1996.《通过应用科技大学的双元制课程进一步分化大专教育的建议》科隆: 科学委员会

[51] 科学委员会 2013. EmpfehlungenzurEntwicklung des dualenStudiums. Positionspapier. Köln: Wissenschaftsrat. （网址 http://www.wissenschaftsrat.de/ download/ archiv/ 3479-13. pdf 最后访问时间: 28.12.2014）

[52] 科学委员会 2013.《双元制学习发展的建议》科隆: 科学委员会. （网址 http://www.wissenschaftsrat.de/download/archiv/3479-13.pdf 最后访问时间: 28.12.2014）

[53] Zlatkin-Troitschanskaia, O. & Seidel, J. 2011.《能力及其获取—主要教育研究理论问题的新论》摘录自 O. Zlatkin-Troitschanskaia《实证教育研究站点:传统原则和观点》218–233 页，德国威斯巴登: VS Verlag für Sozialwissenschaften 出版社

后记

　　本书由编者赴欧洲对应用科技大学进行考察研究，结合中国应用科技大学的发展，和多年应用型人才培养经验编写而成，编写过程中参考了大量相关领域的优秀参考资料，同时诚邀清华大学公共管理学院何晋秋教授、德国埃森经济管理应用科技大学校长哈拉德.白潇乐博士为本书作序，并请清华大学公共管理学院何晋秋教授、德国埃森经济管理应用科技大学评估办公室科学主任弗兰克.舒尔特教授分别参加本书第一、二章及第十一章的撰稿。同时，清华大学何晋秋教授、重庆邮电大学移通学院副院长尹邦满博士参与了本书的研讨和评审，提出了许多宝贵的修改意见。重庆邮电大学移通学院外语系张晏瑀、裘春妍老师，中德学院饶前程、张亮老师对外文文献及书稿中外语部分进行翻译和校正。以上专家和老师的参与对本书的完成起到了非常重要的帮助作用，在此深表感谢。

　　本书第一章由何晋秋、陈晓莉编写，第二章由何晋秋、谢承红编写，第三章由李文娟、胡珺珺编写，第四章由高飞编写，第五章由霍敏霞、张衍学、刘鹏编写，第六章由林毅编写，第七章由陈仲华编写，第八章由范俊华、李学军、张衍学、陈仲华、谢承红编写，第九章由尹浩亮编写，第十章由王双喜编写，第十一章由弗兰克.舒尔特编写。其中第一、二、三、四章由林毅、刘鹏、霍敏霞审阅，第五、六、七章由高飞、胡珺珺、李文娟审阅，第八、九、十、十一章由陈仲华，张衍学，谢承红审阅。全书由陈晓莉、尹浩亮、范俊华、王双喜审阅，由陈晓莉、尹浩亮、李文娟统稿。编者在编写过程中投入了极大的热情和关注，各尽所能，解决了编书过程中的各种问题，对本书的完成作出了巨大贡献，对此致以深刻的谢意。

　　此书对中国应用科技大学发展、专业设置及课程体系、教学研究、教学质量评估及认证、师资队伍建设、管理体系与运行机制和校企合作与科学研究等方面进行了研究探讨，并通过两所应用科技大学的建设实践对理论进行了论证和进一步的探索。该书是对中国应用科技大学研究成果的结晶，对推进我国应用科技大学的建设和发展的进一步探索具有一定参考作用。

　　由于编者水平有限，加之时间仓促，书中难免有缺点和不妥之处，希望读者给予批评和指正。

编者

2016 年 9 月